SCHRIFTENREIHE DES IFO-INSTITUTS FÜR WIRTSCHAFTSFORSCHUNG

Nr. 86

IFO-INSTITUT FÜR WIRTSCHAFTSFORSCHUNG

Konjunkturprognose mit Hilfe von Urteilen und Erwartungen der Konsumenten und der Unternehmer

Von

Gernot Nerb

DUNCKER & HUMBLOT / BERLIN

Gedruckt 1975 bei Berliner Buchdruckerei Union GmbH., Berlin 61
Printed in Germany

ISBN 3 428 03514 3

Inhaltsverzeichnis

Einführung und Zusammenfassung 13

I. Konjunkturtheoretische Konzeption von Verbraucher- und Unternehmerumfragen 16

1. Bisherige Berücksichtigung von Urteilen und Erwartungen in der Konjunktur- und Wirtschaftstheorie 16

2. Ansätze der ökonomischen Verhaltensforschung 17

II. Konjunkturumfragen bei den Verbrauchern 26

1. Beschreibung einiger Erhebungen 26

a) Vereinigte Staaten 26
α) Überblick 26
β) Survey Research Center, Michigan 29
γ) Bureau of the Census, Washington 31
δ) National Industrial Conference Board, New York 32
ε) Sindlinger & Company, Philadelphia 34

b) Großbritannien 35
α) The Gallup Poll, London 36
β) British Market Research Bureau (Financial Expectations Survey) 37

c) Frankreich 38
α) INSEE-Institut, Paris 39

d) Bundesrepublik Deutschland 39
e) Europäische Gemeinschaft 40

2. Erfahrungen mit finalen Konsumentenäußerungen (Kaufplänen) 42

a) USA 43
α) Schätzfunktionen 46

b) Großbritannien 52

c) Frankreich 55

d) Bundesrepublik Deutschland 65

e) Europäische Gemeinschaft 68

3. Erfahrungen mit rezeptiv-kritischen Konsumentenäußerungen (Konsumentenstimmungen) 69

a) USA 69

b) Großbritannien 76

c) Frankreich 84

d) Bundesrepublik Deutschland ... 86
α) Aussagewert ausgewählter Testfragen ... 88
β) Ergebnisse von Zeitreihenanalysen ... 96
αα) Privater Verbrauch insgesamt ... 97
ββ) Langlebige Konsumgüter ... 106
γγ) Pkw-Neuzulassungen ... 113
δδ) Schätzung von Wachstumsraten ... 122

e) Europäische Gemeinschaft ... 130
α) Rezeptiv-kritische Konsumentenäußerungen von sozio-demographischen Subgruppen ... 130
β) Globalindizes aus Verbraucherumfragen ... 136
γ) Schlußfolgerungen für die harmonisierten Verbraucherumfragen der Kommission der Europäischen Gemeinschaften 140

III. Konjunkturbefragungen bei den Unternehmern ... 143

1. Frageprogramm im Ifo-KT und -IT ... 144

2. Erfahrungen mit finalen Unternehmeräußerungen ... 145
a) Investitionspläne von Industrieunternehmen ... 145
b) Produktionspläne von Industrieunternehmen ... 150
c) Preiserwartungen der Unternehmer in Industrie und Handel 151
d) Beschäftigtenerwartungen der Industrieunternehmen ... 156

3. Erfahrungen mit rezeptiv-kritischen Unternehmeräußerungen ... 169
a) Unternehmerische Beurteilung der Fertigwarenbestände ... 170
b) Unternehmerische Urteile über den Auftragsbestand ... 171
c) Unternehmerische Urteile zur augenblicklichen und zur künftigen Geschäftslage (Geschäftsklima) ... 172

IV. Umfrageergebnisse als Instrumente für die Konjunkturanalyse und -prognose ... 176

1. Konjunkturindikatoren ... 176

2. Antizipationsmodelle ... 183
a) Ökonometrisches Modell versus Indikatorenansatz ... 183
b) Bisherige Erfahrungen mit ökonometrischen Konjunkturmodellen ... 184
c) Das kurzfristige Prognosemodell von Fair ... 186
d) Erläuterungen zu den 7 Verhaltensgleichungen des nominalen BSP-Sektors ... 190
e) Würdigung des Fair'schen Modells und Verbesserungsvorschläge ... 198
f) Vergleich der Treffsicherheit des Fair-Modells mit der anderer Modelle ... 200
g) Vorschläge ... 201

V. Ausblick 204

1. Bestimmungsgründe von Einstellungen 204

2. Soziale Indikatoren 204

Anhang

A. Zur Bedeutung der „Erwartungen" in der Wirtschaftstheorie 211

1. Klassik und Neoklassik 211

2. Die Stockholmer Schule 213

3. Die Behandlung von Urteilen und Erwartungen bei Keynes 218

B. Statistische Probleme beim Umgang mit rezeptiv-kritischen und finalen Äußerungen der Wirtschaftssubjekte 221

1. Unterglieàerung der Meßskala 222

2. Probleme bei der Aggregation von finalen und rezeptiv-kritischen Äußerungen 224

a) Aggregation von finalen Äußerungen, die auf metrischen Skalen gemessen werden 225

b) Aggregation von finalen Äußerungen, die auf Ordinalskalen gemessen werden 226

c) Aggregation von rezeptiv-kritischen Äußerungen auf ordinalen oder metrischen Skalen 228

3. Umsetzen ordinaler Werte in metrische 229

4. Konstruktion von Global-Indizes 233

5. Signifikanzprüfung von Testergebnissen und Schlußfolgerung daraus für Frageprogramm, Stichprobenumfang und Befragungstechnik 244

a) Signifikanzprüfung von Testergebnissen 244

b) Schlußfolgerung für Frageprogramm, Stichprobenumfang und Befragungstechnik 247

C. Ergänzende Schaubilder zu EG-Verbraucherumfragen 253

Literaturverzeichnis 261

Verzeichnis der Tabellen

Tab. 1: Geplante und ungeplante Pkw-Käufe (USA) ... 45

Tab. 2: Verhältnis von Kaufabsichten und Zahl der tatsächlichen Käufe im Monatsdurchschnitt der Jahre 1961 - 1967 ... 53

Tab. 3: Realisationsquote von Kaufabsichten unter Berücksichtigung der Marktsättigung (1961 - 1967) ... 54

Tab. 4/7: Realisation und Fortbestehen von Kaufabsichten ... 57

Tab. 4: Personenkraftwagen ... 57

Tab. 5: Kühlschränke ... 57

Tab. 6: Staubsauger ... 58

Tab. 7: Herkunft der zwischen Okt. 1965 und Okt. 1966 getätigten Käufe ... 58

Tab. 8: Korrelationsmatrix der finalen und rezeptiv-kritischen Verbraucheräußerungen in Frankreich ... 61

Tab. 9: Ladungskoeffizienten der ersten drei Hauptkomponenten (Konsumentenbefragung von INSEE) ... 63

Tab. 10: Geplante und ungeplante Käufe in Italien ... 68

Tab. 11: Faktorenanalyse von Zeitreihen britischer Verbraucherumfrageergebnisse ... 79

Tab. 12: Britische Schätzfunktionen zur Prognose der Kfz-Neuzulassungen ... 82

Tab. 13: Schätzfunktionen für die Entwicklung des privaten Verbrauchs insgesamt (Niveauschätzung) ... 98

Tab. 14: Schätzfunktionen für die Entwicklung des privaten Verbrauchs insgesamt (Niveauschätzung) ... 100

Tab. 15: Privater Konsum (Ergebnisse der gleitenden Regressionsuntersuchungen ... 107

Tab. 16: Schätzfunktionen für den Absatz von langlebigen Konsumgütern insgesamt (Niveauschätzung) ... 109

Tab. 17: Langlebige Konsumgüter (Ergebnisse der gleitenden Regressionsuntersuchungen ... 113

Tab. 18: Schätzfunktionen für die Pkw-Neuzulassungen (Niveauschätzung) ... 115

Tab. 19: Pkw-Neuzulassungen (Ergebnisse der gleitenden Regressionsuntersuchungen) ... 121

Tab. 20: Schätzfunktionen für den Absatz langlebiger Konsumgüter und die Pkw-Neuzulassungen (Wachstumsratenschätzung) 124

Tab. 21: Soziodemographische Aufgliederung der EG-Konjunkturumfragen bei den Konsumenten 133

Tab. 22: Einkommensschichten 134

Tab. 23: Zur Treffsicherheit von Investitionsplänen in der Industrie ... 146

Tab. 24: Zur Treffsicherheit von Investitionsplänen in der Industrie ... 148

Tab. 25: Erwartete und tatsächliche Veränderung der Verkaufspreise in den nächsten 3 Monaten 154

Tab. 26: Quantifizierung von Beschäftigtenerwartungen in der Industrie 159

Tab. 27: Quantifizierung von Beschäftigtenerwartungen in der Industrie 167

Tab. 28: Quantifizierung von Beschäftigtenerwartungen in der Industrie 168

Tab. 29: Vorlauf des Geschäftsklimas an 4 Wendepunkten 174

Tab. 30: Nominales Bruttosozialprodukt („The Money GNP Sector" des Fair-Modells) 188

Tab. 31: Mittlere quadratische Abweichung zwischen tatsächlicher und ex post geschätzter Entwicklung 201

Tab. 32: Partielle Korrelationskoeffizienten für quartalsmäßige Einstellungsreihen (saisonbereinigt) 235

Tab. 33: Partielle Korrelationskoeffizienten für Ergebnisse von Verbraucherbefragungen in der BRD 236

Tab. 34: Partielle Korrelationskoeffizienten für Verbraucherbefragungen in Großbritannien 237

Tab. 35: Hauptkomponenten der britischen Konsumentenumfrageergebnisse 240

Tab. 36: Relative Stichprobenpräzision von ausgewählten Testreihen .. 249

Tab. 37: Statistische Signifikanz von Veränderungen des SRC-Konsumentenstimmungsindex und des SRC-Kaufabsichtsindex 250

Verzeichnis der Abbildungen

Abb. 1: Gebrauchsgüterabsatz und Kaufstimmung 73

Abb. 2: Tatsächliche und geschätzte Pkw-Neuzulassungen in Großbritannien 83

Abb. 3: Deutsche Konsumenten immer noch sehr pessimistisch 87

Abb. 4: Urteile über Preisentwicklung und Kaufzeitpunkt 92

Abb. 5: Schätzfunktion für den privaten Verbrauch insgesamt (Niveauschätzung) 102

Abb. 6: Schätzfunktion für den privaten Verbrauch insgesamt (Niveauschätzung) 103

Abb. 7: Schätzfunktion für den privaten Verbrauch insgesamt (Niveauschätzung) 104

Abb. 8: Schätzfunktion für den Absatz langlebiger Konsumgüter (Niveauschätzung) 111

Abb. 9: Schätzfunktion für den Absatz langlebiger Konsumgüter (Niveauschätzung) 112

Abb. 10: Schätzfunktion für den Pkw-Absatz (Niveauschätzung) 116

Abb. 11: Schätzfunktion für den Pkw-Absatz (Niveauschätzung) 117

Abb. 12: Schätzfunktion für den Pkw-Absatz (Niveauschätzung) 118

Abb. 13: Schätzfunktion für den Pkw-Absatz (Niveauschätzung) 119

Abb. 14: Schätzfunktion für den Pkw-Absatz (Niveauschätzung) 120

Abb. 15: Schätzfunktionen für den Absatz langlebiger Konsumgüter (Wachstumsraten) 125

Abb. 16: Schätzfunktionen für den Absatz langlebiger Konsumgüter (Wachstumsraten) 126

Abb. 17: Schätzfunktionen für den Pkw-Absatz (Wachstumsraten) 127

Abb. 18: Schätzfunktionen für den Pkw-Absatz (Wachstumsraten) 128

Abb. 19: Schätzfunktionen für den Pkw-Absatz (Wachstumsraten) 129

Abb. 20: Sozio-demographische Differenzierung von Ergebnissen der EG-Konsumentenbefragungen 131

Abb. 21: Indikatoren aus Verbraucherumfragen 138

Abb. 22: Treffsicherheit von Preiserwartungen für die nächsten 3 Monate ... 155

Abb. 23: Beschäftigten-Erwartungen ... 161

Abb. 24: Indikatoren zur Konsumkonjunktur (Verbrauchsgüter) .. nach 172

Abb. 25: Zur Auftragslage in der Industrie ... vor 173

Abb. 26: Indikatoren zur Konsumkonjunktur ... nach 180

Abb. 27: Konsumklima verschlechtert sich ... 207

Abb. 28/35: Sozio-demographische Aufgliederung der EG-Verbraucherumfrageergebnisse ... 253/260

Einführung und Zusammenfassung

Im ersten Kapitel wird untersucht, inwieweit bisher Urteile und Erwartungen der Wirtschaftssubjekte in der Konjunkturtheorie berücksichtigt worden sind. Es zeigt sich dabei, daß eine Reihe von Autoren, insbesondere die sogenannten Antizipationstheoretiker und Keynes, diesen weitgehend psychologischen Einflußgrößen eine große Bedeutung für den Konjunkturverlauf beimaßen. Es wurde aber von diesen Nationalökonomen kein brauchbarer Weg aufgezeigt, wie die Urteile und Erwartungen gemessen und damit für die empirische Wirtschaftsforschung nutzbar gemacht werden können (vgl. hierzu auch S. 211 ff. im Anhang). Inwieweit die ökonomische Verhaltensforschung einen Ausweg aus diesem Dilemma bietet, ist bis heute noch umstritten. Die in dieser Arbeit vorgelegten Untersuchungsergebnisse lassen diesen neuen Ansatz, der vor allem auf Katonas Werken beruht, als recht brauchbar erscheinen. Die von Katona vorgeschlagene Einteilung in rationales und habituelles Verhalten erwies sich als nützlich. Nur im ersteren Fall empfehlen sich finale Fragen (z. B. Kaufabsichten, Investitionspläne); bei weitgehend habituellem Verhalten ist rezeptiv-kritischen Äußerungen (Urteilen und Einstellungen) der Wirtschaftssubjekte der Vorzug zu geben.

Das Kernstück der Arbeit bilden das zweite und das dritte Kapitel. Im zweiten Kapitel sind die wichtigsten bisherigen Erfahrungen mit Verbraucherumfragen in den USA, Frankreich, Großbritannien und der Bundesrepublik Deutschland zusammengestellt, und zwar getrennt nach rezeptiv-kritischen und finalen Konsumentenäußerungen. Für die BRD wurden umfangreiche Berechnungen vorgenommen, um die Stabilität von Verhaltensfunktionen, die einen Konsumklimaindex als eine Erklärungsvariable aufweisen, in unterschiedlichen Zeiträumen zu untersuchen. Insbesondere die rezeptiv-kritischen Konsumentenäußerungen erwiesen sich als sehr wertvoll für die Absatzprognose von langlebigen Konsumgütern. Die finalen Äußerungen scheinen nach den bisherigen Erfahrungen für die Konjunkturprognose nur bedingt brauchbar zu sein. Allenfalls die Kaufpläne für Pkw dürften einen prognostischen Wert haben. Es wurden vom Verfasser neue analytische Methoden bei der Auswertung der finalen Umfrageergebnisse vorgeschlagen. Man sollte die empirischen Ergebnisse dieses neuen Ansatzes abwarten, bevor ein endgültiges Urteil über die Zweckmäßigkeit finaler Konsumentenäußerungen gefällt wird.

Im dritten Kapitel wird auf die wichtigsten Erfahrungen mit rezeptiv kritischen und finalen Äußerungen der Unternehmer eingegangen, die bisher mit dem Ifo-Konjunktur- und Investitionstest gesammelt worden sind*. Insbesondere die Beurteilung der Auftragsbestände, der Fertigwarenlager sowie der augenblicklichen und der künftigen Geschäftslage erwiesen sich als wertvolle Leading-Indikatoren. Anders als bei den Verbraucherumfragen konnte auch der prognostische Wert einiger finaler Unternehmeräußerungen, insbesondere der Investitions- und Beschäftigtenpläne, aber auch der Preiserwartungen, deutlich nachgewiesen werden. Die Produktionspläne in der Industrie erwiesen sich demgegenüber als weniger zuverlässig. Dies dürfte daran liegen, daß die Unternehmer im Einsatz ihres Aktionsparameters Produktion wesentlich flexibler sind als etwa bei der Preisgestaltung, ihren Investitionsprojekten oder der Beschäftigtenpolitik.

Um nicht den Gang der Arbeit zu unterbrechen, wurden einige wichtige methodisch-statistische Probleme, die bei den Verbraucher- und Unternehmerumfragen auftreten (z. B. Meßskalen und Indexkonstruktion) im Anhang behandelt (vgl. S. 221 ff.).

Kapitel IV. gibt Anhaltspunkte über die Verwendungsmöglichkeiten von Unternehmer- und Verbraucherumfrageergebnissen in Konjunkturindikatorensystemen und in ökonometrischen Antizipationsmodellen. Konjunkturindikatoren sind in der Vergangenheit schon von vielen Stellen mit — längerfristig gesehen — meist geringen Erfolgen entwickelt worden. Analysiert man die Gründe für ihr Versagen, so stößt man vor allem auf das unter dem Begriff „Measurement without theory" bekannt gewordene Problem. Der Vorwurf, rein symptomatisch vorzugehen, d. h. über keinen kausal fundierten Zusammenhang zwischen den einzelnen Reihen zu verfügen, trifft für das hier vorgestellte Indikatorensystem nach Ansicht des Verfassers nicht zu. Die Urteile, Erwartungen und Absichten der Wirtschaftssubjekte weisen nämlich in den meisten Fällen eine empirisch belegbare Verhaltensrelevanz auf. In einer überwiegend marktwirtschaftlich strukturierten Wirtschaft, in der die Entscheidungen einer Vielzahl freier Wirtschaftssubjekte den Konjunkturprozeß maßgeblich bestimmen, erscheint dieser entscheidungsorientierte Ansatz als der adäquate. Der

* Was einen internationalen Vergleich derartiger Unternehmerumfragen anbelangt, sei auf bereits vorliegende Publikationen verwiesen, z. B.: J. M. Courtois, G. Goldrian, S. Richter, Indikatoren aus Konjunkturumfragen in den Europäischen Gemeinschaften oder Konjunktur- und Investitionstest. Ferner: Eine synoptische Tabelle, veröffentlicht als CIRET-Informationsbrief 1/71, Ifo-Institut, München, November 1971.

nach Wirtschaftsstufen gegliederte Ansatz des hier skizzierten Indikatorensystems erlaubt es, den konjunkturellen Diffusionsprozeß eingehend zu studieren und frühzeitig darüber Informationen zu erhalten, ob die Antizipationen in einzelnen Wirtschaftsstufen auf andere Bereiche übergreifen und zu kumulativen Prozessen führen.

Die zweite Verwendungsart der rezeptiv-kritischen und der finalen Äußerungen der Wirtschaftssubjekte für die Konjunkturanalyse und -prognose wird anhand des Fair'schen Antizipationsmodells für die US-Wirtschaft demonstriert. Wenn es sich auch nicht empfehlen dürfte, das insgesamt befriedigende US-Prognosemodell, das zudem gegenüber den herkömmlichen ökonometrischen Modellen den Vorzug hat, recht handlich zu sein, unverändert auf die bundesrepublikanische Wirtschaft zu übertragen, so lassen sich daraus doch wichtige Erkenntnisse für ein eigenes deutsches Antizipationsmodell gewinnen.

Im Ausblick werden zwei weitere Themenkreise für Verbraucher- und Unternehmerumfragen angerissen: Einmal die Erforschung der Gründe, *weshalb* sich Einstellungen der Wirtschaftssubjekte verändern. Dieses Thema dürfte für die Wirtschaftspolitiker insofern von Interesse sein, als dann *im voraus* Informationen vorliegen, wie sich bestimmte Maßnahmen auf die Einstellungen der Konsumenten und Unternehmer auswirken dürften. Darüber hinaus wird ein Vorschlag unterbreitet, in welche Richtung insbesondere bei den Verbraucherumfragen das Frageprogramm erweitert werden sollte, um aus den Umfrageergebnissen soziale Indikatoren entwickeln zu können.

I. Konjunkturtheoretische Konzeption von Verbraucher- und Unternehmerumfragen

1. Bisherige Berücksichtigung von Urteilen und Erwartungen in der Konjunktur- und Wirtschaftstheorie

Bis in die 30er Jahre dieses Jahrhunderts wurde den Urteilen und Erwartungen der Wirtschaftssubjekte wenig Bedeutung für die wirtschaftliche Theorie beigemessen. Es war insbesondere ein Verdienst der Stockholmer Schule und von John M. Keynes, auf die unrealistischen Prämissen und den dadurch bedingten begrenzten Erkenntniswert der klassischen und der neoklassischen Theorie für die Erklärung der Wirklichkeit hinzuweisen (vgl. hierzu S. 211 ff. im Anhang). So anerkennenswert es ist, daß diese Forscher den Menschen mit seinen häufig nicht rationalen, auf unsicheren Erwartungen basierenden Entscheidungen in den Mittelpunkt ihrer theoretischen Überlegungen stellten, so ist doch nicht zu verkennen, daß sich sowohl bei Keynes als auch bei den Antizipationstheoretikern die Erforschung von wirtschaftlichen Urteilen und Erwartungen im wesentlichen auf gedankliche Konstruktionen beschränkt. Es wird nicht der Versuch unternommen, die Erkenntnis von Nachbardisziplinen, etwa der Psychologie oder der Verhaltensforschung, zu nutzen, um die weitgehend psychologischen Größen zu messen. Vielleicht schwebte Keynes etwas Derartiges vor; er bemerkt nämlich, daß „... a priori nicht viel über den Zustand des Vertrauens gesagt werden kann“[1], obwohl dieser zu den Hauptbestimmungsgrößen der langfristigen Erwartungen zählt. Er schlägt deshalb vor, die Analyse „hauptsächlich auf die tatsächliche Beobachtung der Märkte und die Geschäftspsychologie zu stützen“[2]. Die Nachfolger von Keynes maßen einer empirischen Erfassung der statistisch schwer zugänglichen Stimmungen und Erwartungen keine große Bedeutung bei und verhängten bei ihren ökonomischen Analysen die Ceteris-paribus-Klausel über die Präferenzstruktur, Liquiditätsvorliebe und die Ertagserwartungen der Unternehmer.

Einen Ausweg aus dieser Sackgasse könnte die ökonomische Verhaltensforschung aufzeigen. Im folgenden soll näher auf diese neuere

[1] Vgl. J. M. Keynes, The General Theory of Employment, Interest and Money, London—New York 1936, dt.: Allgemeine Theorie der Beschäftigung, des Zinses und des Geldes, übersetzt von Fritz Wagner, Berlin 1955, S. 125.

[2] Ebenda S. 125.

Forschungsrichtung eingegangen werden, da sie im wesentlichen die Basis der Konjunkturbefragungen bei den Unternehmern und den Konsumenten darstellt.

2. Ansätze der ökonomischen Verhaltensforschung

„Es könnte keine Wissenschaft vom Menschen geben, wenn die menschliche Verhaltensweise tatsächlich völlig willkürlich wäre[3].“ Die Nationalökonomie als eine derartige Wissenschaft vom Menschen würde also ihrer Basis entbehren, wenn sich nicht einige Gesetzmäßigkeiten oder doch Regelmäßigkeiten im menschlichen Verhalten feststellen ließen. Dieser Tatsache waren sich die Nationalökonomen seit jeher bewußt. „Jede ökonomische Theorie ist natürlich zugleich Verhaltenstheorie; sie berücksichtigt mehr oder weniger schematisierte Verhaltensweisen[4].“ Wie in dem kurzen konjunkturtheoretischen Überblick dieses Kapitels gezeigt wurde, müssen aber erhebliche Bedenken angemeldet werden, ob die in den Prämissen (z. B. Rationalprinzip) und den unterstellten Abhängigkeitsbeziehungen (z. B. Robertson-Lag) unterstellten Verhaltensnormen zutreffend sind. Ein formal noch so logischer Überbau kann wenig zur Erklärung der Wirklichkeit beitragen, wenn das Fundament unzureichend ist. Das Kennzeichen der relativ neuen Forschungsrichtung „ökonomische Verhaltensforschung“ ist daher auch nicht darin zu sehen, *daß* sie das Verhalten der Wirtschaftssubjekte berücksichtigt, sondern *wie* sie dies bewerkstelligt. Anders als bei den Klassikern und Neoklassikern, aber auch im Gegensatz zu Keynes und den Antizipationstheoretikern werden die Verhaltenshypothesen empirisch abgesichert. Im Vordergrund dieser neuen Forschungsrichtung steht daher die Analyse von Entscheidungsprozessen und das Messen von weitgehend psychologischen Größen, wie etwa Urteilungen und Erwartungen. Die wohl grundlegendste Erkenntnis der wirtschaftlichen Verhaltensforschung ist darin zu sehen, daß die ökonomischen Entscheidungen der Unternehmer und Konsumenten weitgehend sozial determiniert sind. Der auf einer einsamen Insel, von jeglichem menschlichen Verkehr unbeeinflußt und abgeschlossen lebende Robinson ist eine Modellfigur, die zur Erklärung und Prognose gesellschaftlich bestimmten Wirtschaftens ungeeignet ist. Der Mensch ist sein ganzes Leben lang ein Mitglied der Gesellschaft; der isolierte Mensch ist eine weltfremde Abstraktion. Die klassischen und neoklassischen Produktions-, Investitions- und Konsumtheorien ver-

---

[3] W. Krelle, Theorie wirtschaftlicher Verhaltensweisen, Meisenheim—Wien 1953, S. 13.

[4] G. Schmölders, Ökonomische Verhaltensforschung, in: Arbeitsgemeinschaft für Forschung des Landes Nordrhein-Westfalen, Köln-Opladen, o. J., H. 71, S. 44.

nachlässigen die soziale Determiniertheit wirtschaftlicher Entscheidungen und beschränken sich auf das rational handelnde Individuum. Wie begrenzt der Erklärungswert von Theorien ist, die auf derartigen Annahmen beruhen, sei am Beispiel der Grenznutzentheorie gezeigt.

Die heute noch vorherrschende Konsumtheorie basiert auf der Grenznutzenlehre, die sich die Nationalökonomen des 19. Jahrhunderts mangels eines bereits vorhandenen psychologischen Fundaments selbst schufen. Die Grenznutzenlehre leitete aus den zugrundegelegten Annahmen durchaus folgerichtig ab, daß der Nutzenzuwachs mit steigendem Einkommen kleiner wird und daß die Menschen mit wachsendem Wohlstand auf einen immer höheren Stand ihrer Bedürfnisbefriedigung gelangen. Wenn dies zuträfe, müßten zum einen die Menschen mit zunehmender Güterfülle immer zufriedener werden, und zum anderen würde sich die Nachfrage nach Gebrauchsgütern immer mehr einer Sättigungsgrenze nähern. So erfreulich die erste Folgerung wäre, so gefährlich wäre die zweite: Die Konsumgüterindustrie würde wegen mangelnder Nachfrage stagnieren. Die Vollbeschäftigung wäre gefährdet. Die sogenannten Unterkonsumtionstheoretiker haben die angeblich drohenden Gefahren für Konjunktur und Wachstum ausführlich beschrieben.

Es setzt sich heute aber immer mehr die Erkenntnis durch, daß die hausgemachte Individualpsychologie in Gestalt der Grenznutzenlehre für unsere Gesellschaft des Massenwohlstandes nicht zutrifft. Zum *einen* läßt sich die These vom interpersonell unabhängigen Konsumverhalten nicht länger halten: Jeder Konsument ist zur gleichen Zeit Angehöriger mehrerer Gruppen (Berufskollegen, Vereine etc.), die seine Einstellung zu einem angemessenen Lebensstandard beeinflussen. Die mit jeder sozialen Rolle verbundenen Konsumentenerwartungen werden vom einzelnen weniger als Pflichten, sondern als Rechte und Ansprüche betrachtet. Daher werden sie schnell akzeptiert und als eigene Wünsche und Antriebe im Verhalten zum Ausdruck gebracht[5]. Der Wirkungsgrad psychologischer Faktoren wird noch dadurch erhöht, daß die modernen Massenmedien die Einstellungen und Erwartungen breiter Gesellschaftsgruppen stark beeinflussen und bei diesen eine gleichgerichtete psychologische Reaktion auf bestimmte Ereignisse und Neuigkeiten herbeiführen können.

Zum anderen ist die Annahme einer drohenden Konsumsättigung unrealistisch. Das Anspruchsniveau der Konsumenten ist nämlich keine unveränderliche Größe, sondern erhöht sich nach den bisherigen Erfahrungen ständig. „Die interpersonelle Abhängigkeit der Nutzempfin-

[5] Vgl. K. H. Hillmann, Soziale Bestimmungsgründe des Konsumentenverhaltens, Stuttgart 1971.

dungen, die im Widerspruch steht zu den überlieferten Annahmen von der Autonomie des Individuums, ist dazu angetan, eine Revolution der steigenden Erwartungen und zugleich eine gewisse permanente Unzufriedenheit hervorzurufen. Man könnte von einer Bedürfnisspirale sprechen, die sich unaufhörlich dreht[6]." Das ist auch der Grund, weshalb der Grad der Zufriedenheit mit wachsender Güterfülle kaum zunimmt. Bisherige Luxusgüter werden ständig zu Produkten des Existenzbedarfs; der Reiz des Neuen und Außergewöhnlichen geht verloren.

Nach Streissler ist die neoklassische Konsumtheorie noch wirklichkeitsfremder als die auf der Gewinnmaximierungsannahme der Produzenten beruhende neoklassische Produktionstheorie, da die Rechenhaftigkeit der Haushalte geringer sei als die der Unternehmer und der Nutzen ein viel vagerer Begriff sei als der Gewinn[7].

Wenn die ökonomische Verhaltensforschung auch eine weitgehend empirisch ausgerichtete Wissenschaft ist, so bedarf sie doch einer theoretischen Fundierung. Um diese Grundkonzeption aufzuzeigen, will ich mich weitgehend an den Werken von Prof. Katona ausrichten, der zu den bekanntesten Vertretern der ökonomischen Verhaltensforschung zählt. Ausgehend von der Beobachtung, daß die Wirtschaftssubjekte auf gleiche Änderungen objektiver Daten, z. B. verfügbares Einkommen, Steuersätze, Preise, Zins etc., im Zeitablauf unterschiedlich reagieren, prägte Katona den Begriff der intervenierenden Faktoren. Hierunter sollen alle Größen zusammengefaßt werden, die nicht unmittelbar durch die Aufzeichnung von Situation und Reaktion erfaßbar sind, die aber erst die Erklärung des Verhaltens ermöglichen[8]. Schematisch läßt sich das Zusammenwirken von objektiven und intervenierenden Variablen anhand des folgenden Schaubildes zeigen[9]:

Es wurde hier als Beispiel das Konsumentenverhalten gewählt: Es setzt sich immer mehr die Erkenntnis durch, daß — insbesondere bei der Anschaffung langlebiger Konsumgüter, wie etwa Pkw — neben der Kauffähigkeit (insbesondere verfügbares Einkommen, privates Vermögen, Kreditfähigkeit) — die weitgehend psychologisch bedingte Kaufbereitschaft (Kaufwille) von Bedeutung ist. Bisher sind noch

6 Emil Küng, Die Volkswirtschaftslehre auf dem Weg ins 21. Jahrhundert, Kieler Vorträge, N.F. 70, Tübingen 1972, S. 10.

7 Vgl. E. und M. Streissler (Hrsg.), Konsum und Nachfrage, Köln—Berlin 1966, S. 48.

8 Vgl. George Katona, Das Verhalten der Verbraucher und Unternehmer. Über die Beziehungen zwischen Nationalökonomie, Psychologie und Sozialpsychologie, hrsg. von Erik Boettcher, Tübingen 1960 (Original 1951), S. 37.

9 Detailliertere Darstellungen hierzu finden sich z. B. in R. Schulz, Kaufentscheidungsprozesse der Konsumenten, Betriebswirtschaftlicher Verlag Dr. Th. Gabler, Wiesbaden 1972.

keine Verfahren entwickelt worden, um den Einfluß von bestimmten Ereignissen und Informationen — also den intervenierenden Variablen — auf das Verhalten, in diesem Fall der Nachfrage nach dauerhaften Konsumgütern, *direkt* zu messen. Als recht praktikabel hat es sich dagegen erwiesen, sie indirekt über psychologische Einstellungen zu erfassen. In einem anderen Falle, etwa bei der Erklärung des Investitionsverhaltens, würden an die Stelle der unter dem Begriff Kauffähigkeit subsumierten Faktoren andere objektive Bestimmungsgrößen treten, etwa der Gewinn der Vorperiode, Höhe des Kapitalzinses, Grad der gegenwärtigen Kapazitätsauslastung etc. Der Einfluß der intervenierenden Variablen ließe sich dann unter dem Sammelbegriff „Investitionsbereitschaft" zusammenfassen. Wie er empirisch gemessen werden kann, wird später gezeigt.

Im folgenden soll generalisierend der Einfluß von intervenierenden Variablen auf das wirtschaftliche Handeln untersucht werden. In der

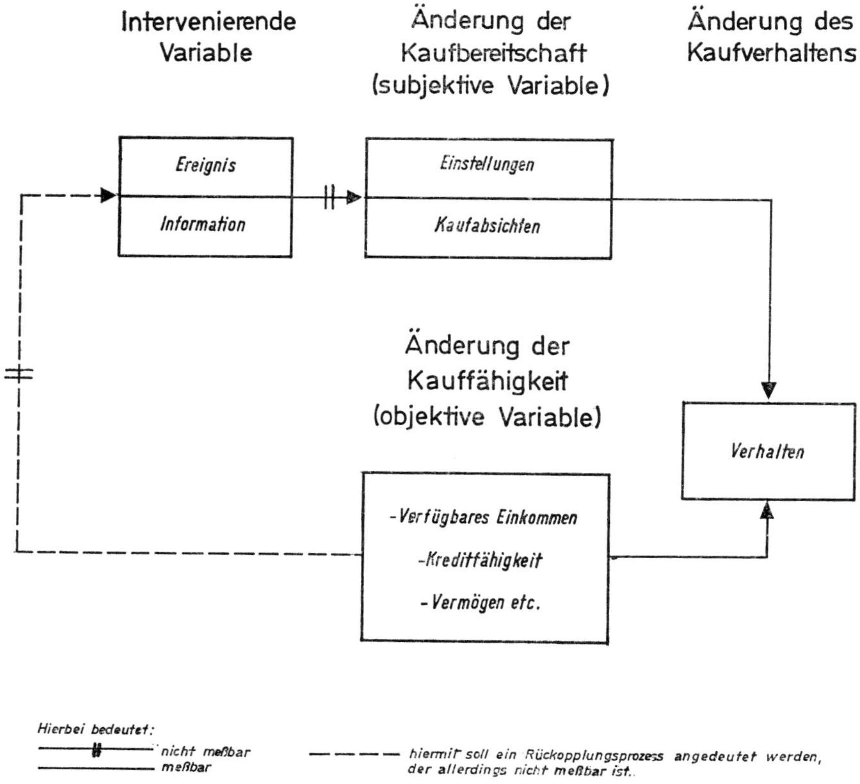

ökonomischen Verhaltenswissenschaft wird allgemein üblich zwischen zwei prinzipiellen Arten menschlichen Verhaltens unterschieden: dem rationalen und dem traditionalen oder auch habituellen Verhalten[10]. Zum traditionalen oder auch habituellen Verhalten bemerkt Katona: „In den meisten Situationen erkennen wir die Möglichkeit für alte, wohlbekannte und schon ausprobierte Reaktionen. Der einzige Ausweg, den wir automatisch einschlagen, ist, so zu handeln, wie wir auch zuvor in ähnlichen Situationen schon gehandelt haben[11].“ Das traditionale Handeln ist also dadurch gekennzeichnet, daß es sich fast unbewußt und gleichsam mechanisch wiederholt. Es wird nicht geprüft, ob in der aktuellen Situation ein anderer Mitteleinsatz vorteilhafter wäre. Das traditionale Handeln gleicht in vieler Hinsicht dem instinktiven Verhalten[12]. Das rationale Handeln ist demgegenüber mit einem originären Entscheidungsprozeß verbunden. Das aus der Wirtschaftstheorie bekannte ökonomische Prinzip reicht zur Beschreibung des rationalen ökonomischen Handelns noch nicht aus. Das ökonomische Prinzip sagt ja bekanntlich noch nichts über die Motive und die Zielsetzung der Handlung aus, sondern charakterisiert nur eine bestimmte Art einer Zweck-Mittel-Beziehung. Einem rational Handelnden geht nach Katona ein bestimmtes „Betroffensein“ voraus: „Wir müssen uns einer Lücke, einer Frage, etwas Rätselhaftem oder Neuem gegenüberstehen. Oder wir müssen uns, subjektiv gesehen, an einem Scheideweg befinden, der uns verschiedene Möglichkeiten eröffnet. Es bedarf einer Spannung als Ausdruck starker Motivationskräfte, die uns antreiben, uns auf eine neuartige, ungewohnte Aufgabe einzulassen[13].“ Es gehört also einmal der Wille dazu, ein bestimmtes Projekt in Angriff zu nehmen; zum anderen muß die Überzeugung bestehen, das Vorhaben realisieren zu können. Erst wenn diese beiden Voraussetzungen gegeben sind, beginnt der Prozeß der Zielverwirklichung. Nach dem ökonomischen Prinzip wird das Subjekt versuchen, den angestrebten Zustand möglichst optimal zu erreichen. Die Auswahl der zur Verfügung stehenden Mittel wird hauptsächlich unter den drei Gesichtspunkten erfolgen:

— Sicherheit, mit der die Mittel den Erfolg hervorbringen;

— Aufwand, den diese Mittel erforderlich machen;

— keine oder wenigstens nur geringe Nebenwirkungen[14].

---

10 Vgl. George Katona, Das Verhalten der Verbraucher und Unternehmer, S. 57 ff.

11 Ebenda, S. 57.

12 Vgl. Peter Machinek, Behandlung und Erkenntniswert der Erwartungen in der Wirtschaftstheorie, veröffentlicht im Rahmen der Reihe „Volkswirtschaftliche Schriften“ hrsg. von Dr. J. Broermann, Berlin 1968, S. 143 ff.

13 George Katona, Das Verhalten der Verbraucher und Unternehmer, S. 57.

14 Vgl. Peter Machinek, Behandlung und Erkenntniswert der Erwartungen in der Wirtschaftstheorie, S. 142.

Es sei betont, daß es sich beim traditionalen und rationalen Handeln um die zwei *Grund*formen menschlichen Verhaltens handelt; es sind durchaus Mischformen denkbar. Welchen Einfluß haben nun intervenierende Variable — gemessen als Urteile, Erwartungen und Stimmungen — auf diese beiden grundsätzlichen Verhaltensformen? Aus der Beschreibung des traditionalen Handelns wurde bereits deutlich, daß hier „... Erwartungen ähnlich wie der Motivations- und Kontrollaufwand und das Bemühen um eine klare Erkenntnis der Situation auf eine niedrige Bewußtseinsstufe abgesunken sind“[15]. „Soweit der Unternehmer, der Händler oder der Konsument traditional handelt, hegt er *unbewußte* Erwartungen, die ihm ein Bild von seiner sozialen Lage vermitteln, von der Einstellung, welche die Konkurrenten und Abnehmer zu ihm haben, von der künftigen Verhaltensweise dieser Menschen und von der gesamtwirtschaftlichen und politischen Situation im allgemeinen[16].“ Die Stärke derartiger unbewußter Erwartungen hängt von der Häufigkeit ab, mit der der Eintritt bestimmter Ereignisse erlebt worden ist. Dies ist eine der wesentlichsten Erkenntnisse der sogenannten Lerntheorien[17]. Es bedarf verhältnismäßig starker Umweltveränderungen, bevor das gewohnheitsmäßige Handeln durchbrochen wird[18]. Die intervenierenden Variablen müssen damit einen relativ hohen Schwellenwert überschreiten, bevor sie einen Einfluß auf das vorwiegend habituelle Verhalten ausüben können. Wertheimer, auf dessen Lehre Katonas Lehre weitgehend basiert, bezeichnet die Wahrnehmungsstruktur der Menschen beim traditionalen Handeln als statisch[19]. Die Subjekte nehmen grundsätzlich keine neuen Ereignisse wahr, die Anlaß zu irgendwelchen Änderungen ihres Handelns auf Grund produktiven, d. h. einsichtigen Denkens, hätten bieten können.

Anders beim rationalen Handeln; die Subjekte gehen hier von bewußten definitiven Erwartungen aus, wenn sie sich in ihrer Vorstellung den angestrebten künftigen Zustand vergegenwärtigen, und wenn sie anschließend Zweck-Mittel-Überlegungen anstellen, wie sie am besten zu diesem Ziel gelangen können. Die Wahrnehmungsstruktur ist hier empfindlicher als beim habituellen Verhalten. Katona spricht im Zusammenhang mit der Wahrnehmungsstruktur von einem „psychologischen Feld“, das die Erfahrungen vergangener Zeiten ebenso umfaßt

---

15 Ebenda, S. 147.

16 Ebenda, S. 148.

17 Die Lerntheorien erklären das Lernen im wesentlichen durch den Erfolg und das Prinzip der Wiederholung. Vgl. E. R. Hilgard, Theories of Learning, New York 1956.

18 Vgl. George Katona, Psychological Analysis of Business Decisions and Expectations, in: Am. Ec. Rev. 36 (1946), S. 53.

19 Vgl. Max Wertheimer, Productive Thinking, New York 1945, dt.: Produktives Denken, übersetzt von Wolfgang Metzger, Frankfurt a. M. 1957, S. 43.

wie das strukturierte (d. h. subjektiv gefilterte) Erkennen der gegenwärtigen Verhältnisse und insbesondere auch die Erwartungen, Pläne, Hoffnungen und andere in die Zukunft gerichtete Einstellungen[20]. Neue Informationen, beispielsweise Meldungen aus der Wirtschaftspresse, können zu einer Umstrukturierung des psychologischen Feldes führen. Als Ergebnis dieser Umstrukturierung entstehen neue bewußte Erwartungen, die einen maßgeblichen handlungsbestimmenden Einfluß ausüben können. Als Fälle rationalen Verhaltens, bei denen derartige bewußte Erwartungen eine große Rolle spielen, nennt Katona Investitionsentscheidungen. "No doubt, the decision to start a new business, to build a new factory or to install new machinery, may result from the emergence of definite expectations[21]." Aber auch die „Investitionen" der privaten Haushalte, d. h. also die Anschaffungen langlebiger Konsumgüter wie etwa Pkw, Farbfernseher etc. dürften zum Teil der Kategorie rationaler Entscheidungen zuzuordnen sein.

Welche Schlußfolgerungen lassen sich aus diesen theoretischen Erkenntnissen für die empirische Wirtschaftsforschung ziehen? Beim habituellen Verhalten ist eine Berücksichtigung der intervenierenden Variablen in der Regel nicht notwendig. Die in der Vergangenheit festgestellten Verhaltensweisen haben mit großer Wahrscheinlichkeit auch in der Prognoseperiode Gültigkeit. Wie noch zu zeigen sein wird, gehört insbesondere der Kauf kurzlebiger Verbrauchsgüter weitgehend in die Kategorie habituellen Verhaltens. Die Nachfrage nach Nahrungs- und Genußmitteln oder auch nach textilen Kurzwaren läßt sich kurzfristig recht gut durch eine einfache Extrapolation — unter Berücksichtigung des Saisoneinflusses — ermitteln. Anders beim rationalen Handeln. Die Vergangenheit gibt hier nur wenige Anhaltspunkte für das künftige Verhalten. Es bieten sich im Rahmen der Verhaltensforschung zwei Wege der Prognose an:

— Es kann versucht werden, den Einfluß von intervenierenden Variablen durch einfaches Messen von Einstellungen — etwa Urteile zur eigenen finanziellen Situation und zur allgemeinen wirtschaftlichen Lage — zu erfassen. Auch wenn dies gelingt, ergibt sich immer noch das Problem, den Einfluß der objektiven Bestimmungsgrößen — beim Konsumentenverhalten unter dem Begriff Kauffähigkeit subsumiert — und den der intervenierenden Variablen — repräsentiert z. B. durch die subjektive Größe Kaufbereitschaft — abzuschätzen. Es kommen hierfür eine Reihe verschiedener Verfahren in Frage, auf die noch weiter eingegangen wird; es läßt sich aber nicht leugnen, daß hierbei eine zusätzliche Fehlermöglichkeit gegeben ist.

---

20 Vgl. George Katona, Das Verhalten der Verbraucher ..., S. 43.

21 George Katona, Psychological Analysis ..., S. 57.

— Man verzichtet auf eine getrennte Erfassung der objektiven Bestimmungsgrößen und der intervenierenden Variablen und stellt den repräsentativ ausgewählten Wirtschaftssubjekten konkrete Fragen über ihr künftiges Verhalten. Als Beispiel für dieses Vorgehen ist der Ifo-Investitionstest zu nennen, bei dem konkrete Investitionspläne erfragt werden; auch die Preis- und Produktionspläne im Ifo-Konjunkturtest und die Erfassung von Kaufplänen für ausgewählte langlebige Konsumgüter gehören hierher. Derartige Befragungen haben den großen Vorteil, daß eine Zusammengewichtung von objektiven und subjektiven Einflußfaktoren bereits beim Befragten stattfindet. Wie noch gezeigt wird, können derartige Befragungen allerdings recht problematisch sein, wenn das zu prognostizierende Verhalten nur bei einem Teil der Interviewten rational, beim anderen aber habituell erfolgt. Die erfaßten Pläne sind dann nicht repräsentativ für die Grundgesamtheit.

Um die angesprochenen Untersuchungsmethoden besser zu charakterisieren, werden hier die konkreten Absichten als *finale Äußerungen* bezeichnet, dagegen die Einstellungen und Urteile der Wirtschaftssubjekte, beispielsweise zur eigenen finanziellen Lage oder zur allgemeinen wirtschaftlichen und politischen Situation — ex ante und ex post —, als *rezeptiv-kritische Äußerungen*[22].

Die finalen Äußerungen der Wirtschaftssubjekte können sich einmal auf Variable richten, deren Werte innerhalb bestimmter, durch technische, gesetzliche und andere Bedingungen gegebener Grenzen auf Grund eigener Willensentscheidungen (Dispositionen) festgesetzt werden (Instrumentalvariable); zum anderen aber auch auf Variable, die weitgehend der eigenen Einwirkungsmöglichkeit entzogen sind, deren Werte also weitgehend von der „Außenwelt" — d. h. von anderen Unternehmen, von privaten Haushalten und verschiedenen Institutionen (Staat, Zentralbank etc.) — bestimmt und daher von den Wirtschaftssubjekten nur erwartet werden können (Erwartungsvariable)[23].

Als Beispiel für die erste Kategorie der Variablen (Instrumentalvariablen) lassen sich im Bereich der Unternehmen etwa die Produktion, die Verkaufspreise, die Einstellung und Entlassung von Arbeitskräften sowie die Beschaffung von Roh-, Hilfs- und Betriebsstoffen nennen; im Bereich der Konsumenten gehören hierzu nahezu alle Kaufentscheidungen. Zur zweiten Variablen-Kategorie (Erwartungs-

---

[22] Vgl. G. Poser, Der Beitrag der Konsumforschung zur Diagnose und Prognose konjunktureller Entwicklungen, CIRET-Studie Nr. 15, hrsg. vom Ifo-Institut, 1969, S. 64 ff.

[23] Vgl. Oscar Anderson jun., Das Konjunkturtest-Verfahren und sein Beitrag zur empirischen Untersuchung der ex ante- und ex post-Problematik. Münchener Dissertation 1957, S. 54

variable) zählen beim Unternehmer etwa der Auftragseingang und die Preise fremder Erzeugnisse, beim Konsumenten überwiegend der Stundenlohn und die Produktpreise.

Darüber hinaus gibt es noch Mischvariable, deren Werte zum Teil einer eigenen Gestaltungsmöglichkeit unterliegen, so z. B. der Gewinn oder der Bestand an Fertigwaren beim Unternehmer bzw. das Monatseinkommen beim Konsumenten (auch wenn der Stundenlohn festliegt, kann durch Überstunden oder Nebenarbeit auf das Einkommen Einfluß genommen werden).

In dieser Arbeit soll der Begriff „finale Äußerungen der Wirtschaftssubjekte" nur in dem engeren Sinn verwendet werden, daß er sich nur auf Instrumentalvariable bezieht.

II. Konjunkturumfragen bei den Verbrauchern

1. Beschreibung einiger Erhebungen

Die Amerikaner verfügen über eine rund 25jährige Erfahrung mit Verbraucherumfragen[1]. Es lag daher nahe, daß sich die Europäer diesen Erfahrungsschatz zunutze machten und sich zunächst weitgehend bei den eigenen Erhebungen an dem US-Beispiel orientierten. Mittlerweile haben auch einige europäische Länder, bisher insbesondere Frankreich, Großbritannien und Deutschland, eigene Erfahrungen auf diesem Gebiet gesammelt. Zum Teil wurde daraufhin das Frageprogramm und die Befragungstechnik gegenüber dem ursprünglichen amerikanischen Vorbild (Survey Research Center in Michigan und amerikanisches Census Bureau) geändert. Grundsätzlich kann heute wohl nicht mehr von einem methodischen Vorsprung der USA gegenüber den genannten europäischen Ländern bei der Verbraucherumfrageforschung gesprochen werden. Trotzdem soll die Entwicklung der Verbraucherumfragen in den USA etwas ausführlicher beschrieben werden, da hierbei ein Methodenstreit deutlich wird, der bis heute noch nicht ganz beigelegt ist. Aus den amerikanischen Erfahrungen dürften sich einige wichtige Schlußfolgerungen für die europäischen Erhebungen ableiten lassen.

a) Vereinigte Staaten

α) Überblick

Anfang 1959, d. h. rund 13 Jahre nachdem eine Forschungsgruppe unter Leitung von Prof. Katona im Survey Research Center (SRC) der University of Michigan mit den Tendenzbefragungen bei den Verbrauchern begonnen hatte, wurde vom US-Census Bureau eine neue Untersuchung über Konsumentenerwartungen in Angriff genommen. Der Anstoß hierzu kam von der amerikanischen Notenbank, dem Federal Reserve Board, die bis dahin die Katona-Erhebungen maßgeblich mitfinanziert hatte. Nach Prüfen des „Index of Consumer Sentiment“ und der ebenfalls vom SRC erhobenen Kaufabsichten, kam der hierfür eingesetzte Ausschuß zu folgendem Ergebnis[2]:

---

[1] Vgl. F. O. Bonhoeffer und W. H. Strigel, Amerikanische Unternehmer- und Verbraucherbefragungen. Schriftenreihe des Ifo-Instituts für Wirtschaftsforschung Nr. 63. Berlin—München 1966, S. 86 ff.

Den Kaufabsichten sei zur Prognose des Absatzes von dauerhaften Konsumgütern ein größerer Vorhersagewert beizumessen als den Konsumenteneinstellungen (rezeptiv-kritische Äußerungen). Dieses Urteil war insbesondere durch Untersuchungsergebnisse auf der Mikroebene untermauert worden: Während die Personen, die vorher Kaufabsichten geäußert hatten, nämlich tatsächlich deutlich mehr kauften als die „Non-Intenders“, ließ sich zwischen Einstellungen und nachträglichem Kaufverhalten der Reinterviewten kein so enger Zusammenhang feststellen. Auch in Zeitreihenanalysen waren die rezeptiv-kritischen Äußerungen den finalen angeblich unterlegen.

Diese zuletzt genannte Feststellung des „Consultant Committee on Consumer Survey Statistics“ aus dem Jahre 1955 wurde durch zahlreiche empirische Arbeiten widerlegt[3]. Selbst Juster vom National Bureau of Economic Research, der sich im Lager der Befürworter von finalen Konsumentenäußerungen besonders profiliert hatte, konnte aufgrund seiner späteren Untersuchungen den höheren Erklärungswert von Konsumenteneinstellungen in Zeitreihenanalysen nicht leugnen[4]. In die Fachliteratur ist dieses auf den ersten Blick widersprüchliche Ergebnis (Überlegenheit der Kaufabsichten in Querschnittsanalysen, Überlegenheit der Konsumenteneinstellungen in Längschnittanalysen) als „Cross-Section-Time-Series-Paradoxon“ eingegangen. Wie im Laufe dieser Arbeit noch gezeigt wird, ist dieses Paradoxon aus der Verschiedenheit finaler und rezeptiv-kritischer Konsumentenäußerungen durchaus erklärbar.

Nichtsdestoweniger hat das Federal Reserve Board aufgrund der Empfehlung des Consultant Committee die finanziellen Zuwendungen für das vorwiegend auf die Erfassung von Konsumenteneinstellungen ausgerichtete Survey Research Center an der Universität Michigan stark gekürzt.

Auf der anderen Seite unterstützte das Federal Reserve Board ab 1959 eine neue Konsumentenbefragung des Bureau of Census, die sich primär auf Kaufabsichten konzentrierte; daneben wurde in dieser

---

[2] Federal Reserve Board: U.S. Congress, Joint Economic Committee, Reports of the Federal Reserve Consultant Committee on Economic Statistics, 1955, USA.

[3] Vgl. insbesondere E. Mueller, Ten Years of Consumer Attitudes Surveys: Their Forecasting Record, Journal of the American Statistical Association, Dezember 1963, S. 946 - 965. — Ferner: E. Scott Maynes, Consumer Attitudes and Buying Intentions: Retrospect and Prospect, University of Minnesota, 1966.

[4] F. T. Juster, Anticipations of Purchases of Consumer Durables, National Bureau of Economic Research, New York, April 1968. — Derselbe: Consumer Anticipations and Models of Durable Goods Demand: The Time Series Cross-Section Paradox Reexamined, in Economic Forecasts and Expectations, hrsg. von Jacob Mincer, Columbia University Press, 1969.

neuen Erhebung noch nach dem Besitz und dem Anschaffungsdatum dauerhafter Konsumgüter sowie einigen demographischen Variablen und den Anlageformen von Sparbeträgen gefragt (Name der Erhebung: Quarterly Survey of Intensions, kurz QSI).

Gegen Ende 1963 wurde vom Census Bureau eine Überprüfung des Frageprogramms und der Auswertungsmethode angeregt. An diesem Forschungsprogramm nahm auch das National Bureau of Economic Research teil. Hauptsächliches Ziel dieses gemeinsamen Vorgehens war es, einen Weg zu finden, wie das Kaufverhalten der „Non-Intenders" besser prognostiziert werden kann. Es hatte sich nämlich gezeigt, daß die Kaufpläne recht gut geeignet waren, das Kaufverhalten der Haushalte mit festen Kaufabsichten zu prognostizieren; große Fehlprognosen ergaben sich allerdings bei der Voraussage des Verhaltens von solchen Haushalten, die vorher keine Kaufabsichten geäußert hatten. Das Problem war um so gravierender, als der Anteil der Non-Intenders nicht nur rund 80 - 90 % ausmachte, sondern daß auf sie 55 - 75 % der getätigten Käufe entfielen. Daher konnten mit Hilfe der Kaufabsichten nur Prognosen für einen relativ kleinen Teil der gesamten Käufe gemacht werden[5].

Als Ausweg schlug Juster vom National Bureau of Economic Research zunächst vor, die Meßskala für die Kaufabsichten zu ändern. Anstelle der verbalen Absichtsklassen (kaufe sehr wahrscheinlich, vielleicht, wahrscheinlich nicht, weiß nicht) führte er eine Skala von subjektiven Kaufwahrscheinlichkeiten ein, die von 0 bis 100 reichte. Die Konsumenten wurden von den Interviewern gebeten, den Grad ihrer Kaufabsicht anhand dieser Skala anzugeben. Wie umfangreiche Probeinterviews ergaben, konnte damit tatsächlich ein Teil der Befragten, die anhand der verbalen Skala keine Kaufabsicht geäußert hatten, dazu veranlaßt werden, ihre Aussage zu präzisieren[6]. Aufgrund dieser positiven Ergebnisse wurde die Wahrscheinlichkeitsskala ab April 1967 generall übernommen: die Umfrage wurde von diesem Zeitpunkt an umbenannt in „Consumer Buying Expectations" (kurz CBE). Wie sich aber aufgrund einer rund 5jährigen Erfahrung mit den subjektiven Kaufwahrscheinlichkeiten feststellen ließ, brachte die neue Meßtechnik nur eine marginale Verbesserung der Gesamtprognose: Der Anteil der Käufe von Non-Intenders sank hierdurch von vorher 55 - 75 % auf knapp 50 %. Rund die Hälfte der Käufe von PKWs und anderen dauerhaften Konsumgütern werden also immer noch von Personen getätigt, die vorher keine Kaufabsichten angegeben hatten.

---

[5] Vgl. F. Thomas Juster, Consumer Anticipations Surveys: A Summery of U.S. Postwar Experience, National Bureau of Economic Research, New York, August 1969, S. 5 f.

[6] Ebenda, S. 6.

Es kann daraus der Schluß gezogen werden: Eine Einteilung des Kaufverhaltens in „habituell" und „rational" läßt sich nicht mit genügend großer Trennschärfe nach *Güterkategorien* vornehmen. Bei ein und derselben Anschaffungsart, z. B. PKW-Kauf, ist sowohl habituelles als auch rationales Kaufverhalten zu vermuten.

Das amerkanische Census Bureau ist nach eingehenden Untersuchungen zu dem Schluß gekommen, daß eine einseitige Erfassung von Kaufabsichten nicht problemadäquat ist. Aus diesem Grund wurde der „Survey of Consumer Buying Expectations" Mitte 1973 eingestellt[7]. Es bleibt abzuwarten, ob an Stelle dieser Umfrage eine neue Erhebung eingeführt wird, deren Schwerpunkt auf rezeptiv-kritischen Konsumentenäußerungen liegt oder ob auf diesem Gebiet der Verbraucherumfragen anderen Institutionen das Feld überlassen wird.

In den folgenden Abschnitten werden die Verbraucherbefragungen von folgenden Stellen kurz beschrieben:

— Survey Research Center, Michigan
— Bureau of the Census, Washington
— National Industrial Conference Board, New York
— Sindlinger & Company, Philadelphia

Darüber hinaus gibt es noch weitere Organisationen, die Konsumenten regelmäßig konjunkturspezifische Fragen vorlegen und aus den Ergebnissen vorauseilende Indikatoren entwickeln. So stellt z. B. das Survey Research Center der Universität von Kalifornien in Los Angeles im Rahmen seines „Los Angeles Metropolitan Area Survey (LAMAS)" regelmäßig die Kaufstimmung der Konsumenten fest, wobei die Fragestellung dem von Katona entwickelten Frageschema entspricht. — Ferner kann hier als Beispiel für die Aktivitäten von den großen Anlageberatungsgesellschaften der „Index of Consumer Confidence" der Firma Lionel D. Edie & Company, New York, erwähnt werden.

β) Survey Research Center, Michigan

Das bis vor kurzem unter der Leitung von Prof. G. Katona stehende Survey Research Center (SRC) in Michigan begann bereits 1946 im Auftrag des Federal Reserve Board mit regelmäßigen Konsumentenbefragungen. Im Jahr 1951 entstand der „Survey of Consumer Attitudes and Inclinations to Buy", der zunächst in halbjährlichen und seit 1960 in vierteljährlichen Abständen durchgeführt wird.

---

[7] Consumer Buying Indicators, hrsg. vom U.S. Department of Commerce, Social and Economic Statistics Administration, Bureau of the Census, Reihe P—65, No. 46, Juli 1973, S. 1.

Befragungsrhythmus:	Vierteljährlich: jeweils Februar, Mai/Juni, August/September und Oktober/November.
Stichprobenumfang:	Pro Quartal werden zwischen 1 300 und 1 500 Interviews durchgeführt.
Art des Interviews:	Persönliche Interviews in den gesamten USA. Infolge finanzieller Engpässe werden neuerdings auch Telefoninterviews durchgeführt.
Umfang und Inhalt des Fragebogens:	Das Interview umfaßt ca. 120 Fragen und nimmt ca. 45 Minuten in Anspruch. Der Schwerpunkt des Frageprogramms liegt auf Konsumentenstimmungen. Kaufabsichten dürfen nach Ansicht des SRC nicht gemäß dem Wortlaut der Fragestellung ausgelegt werden. Sie sollten vielmehr als eine besondere Art von Konsumentenstimmungen interpretiert werden. Was den Wortlaut einiger wichtiger Fragen anbelangt vgl. S. 70.
Saisonbereinigung:	Bisher wird keine Saisonbereinigung vorgenommen.
Zeithorizont:	Kaufabsichten und auch die meisten anderen Erwartungsfragen beziehen sich auf die nächsten 12 Monate.
Methode:	Konstruktion des Index of Consumer Sentiment (vgl. S. 70).
Veröffentlichung:	Die Ergebnisse werden an die Abonnenten des Survey Research Center in Form des vertraulichen Berichts „The Outlook for Consumer Demand" verschickt.

Würdigung:

George Katona, der amerikanische Altmeister der Konsumforschung, vertritt die wohl richtige Ansicht, daß man die Kaufbereitschaft der Konsumenten nur mit einer Batterie von Fragen erfassen kann. Als besonders informativ werden sogenannte offene Fragen angesehen, da hier die Konsumenten bei der Beantwortung intensiver nachdenken müssen. Einzelne isolierte Reihen, wie beispielsweise Kaufabsichten, führen — wie sich beim Bureau of the Census bestätigt hat — leicht zu Fehlinterpretationen. Aus diesem Grunde wurde auch der bekannte Index of Consumer Sentiment entwickelt, der allerdings nur ein recht grobes Barometer ist und auch im Survey Research Center nur mit gewissem Vorbehalt herangezogen wird. Katona und seine Mitarbeiter sind sich durchaus bewußt, daß eine konjunkturelle Analyse der Testreihen bisher meist zu kurz gekommen ist. Hieraus resultiert auch eine gewisse Unsicherheit der Verwender dieser Daten, die häufig nicht wissen, wie sie die Informationen interpretieren sollen.

Das Frageprogramm der SRC-Erhebung ist sehr ausgereift (kein Wunder bei einer nunmehr fast 20jährigen Erfahrung auf dem Gebiet von Konsumentenerhebungen); doch ist die Auswertung der Ergebnisse für die Konjunkturanalyse bisher noch unzureichend.

γ) Bureau of the Census, Washington

Das Census-Bureau begann im Jahr 1959 mit seiner Verbraucherbefragung. 1973 wurde die Erhebung eingestellt. Wahrscheinlich wird sie jedoch mit veränderter Fragestellung weitergeführt. Darüber ist jedoch noch nichts Näheres bekannt.

Befragungsrhythmus:	Vierteljährlich, jeweils Januar, April, Juli und Oktober.
Stichprobenumfang:	Ungefähr 15 000 Haushalte. Ein Sechstel der befragten Haushalte wird zwischen zwei Erhebungen ausgewechselt.
Art des Interviews:	Der Großteil der Interviews erfolgt durch persönlichen Besuch (80 %), der Rest telefonisch (20 %).
Umfang und Inhalt des Fragebogens:	Das Frageprogramm umfaßt ca. 20 bis 30 Fragen; das Interview dauert 10 bis 15 Minuten. Es werden nahezu ausschließlich Kaufabsichten erfragt.
Saisonbereinigung:	Die subjektiven Kaufwahrscheinlichkeiten selbst werden nicht saisonbereinigt, wohl aber die Indices, die daraus berechnet werden. Es werden quartalsmäßig drei saisonbereinigte Indices veröffentlicht: (1) Erwartete Nachfrage nach neuen PKW (2) Erwartete Nachfrage nach Wohnhäusern (3) Erwartete Veränderungen des Familieneinkommens.
Zeithorizont:	Das Bureau of the Census erfaßt sowohl Kaufabsichten für PKWs innerhalb der nächsten 6 und innerhalb der nächsten 12 Monate, für den Kauf eines Hauses innerhalb der nächsten 2 Jahre.
Methode:	Sowohl die Kaufpläne als auch die Einkommenserwartungen werden mit Hilfe einer Wahrscheinlichkeitsskala gemessen. Die Haushalte erhalten eine Karte, auf der eine Skala von 0 (absolut keine Kaufabsicht bzw. keine Einkommenssteigerung) bis 100 (ganz sichere Kaufabsicht bzw. sicherer Einkommensanstieg) aufgetragen ist; sie werden gebeten, die Intensität ihrer Kaufabsicht bzw. Einkommenserwartung anhand dieser Skala anzugeben.
Veröffentlichung:	Consumer Buying Indicators, herausgegeben vom U.S. Department of Commerce.

Würdigung:

Die *einseitige* Betonung der Kaufabsichten und die Vernachlässigung der Fragen nach Konsumenteneinstellungen (Attitudes) haben sich eindeutig als eine Fehlentscheidung erwiesen[8]. Nachdem dieser grundsätzliche Fehler mittlerweile vom Census Bureau und auch von Juster eingesehen wurde, war zunächst an eine Reform der Erhebung gedacht[9]. Folgende Änderungen waren vor allem vorgesehen:

— Aufnahme von Tendenzfragen zur privaten und allgemeinen gegenwärtigen und künftigen wirtschaftlichen Lage, zur Sicherheit der Arbeitsplätze und zur Einstellung der Hausfrauen gegenüber dem Eintritt ins Berufsleben bzw. dem Ausscheiden aus dem Berufsleben.

— Frage nach der Beurteilung der persönlichen beruflichen Aufstiegschancen sowie nach den Einkommenserwartungen, getrennt nach den einzelnen Familienmitgliedern, die im Berufsleben stehen.

— Fragen nach der erwarteten Preisentwicklung in den nächsten Monaten.

Wie bereits erwähnt, wurde jedoch Mitte 1973 der „Survey of Consumer Buying Expectations" ganz eingestellt[10].

δ) National Industrial Conference Board, New York

Der National Industrial Conference Board (NICB) begann 1958 mit finanzieller Unterstützung der Zeitschrift „Newsweek" regelmäßige Konsumentenbefragungen. Im Vordergrund steht die Erfassung von Kaufabsichten. In den 60er Jahren wurde die Erhebung vorübergehend eingestellt.

Befragungsrhythmus:	Zweimonatlich (6mal im Jahr); die Befragung wird von der National Family Opinion, Inc., einer Marktforschungsfirma in Toledo, Ohio, für NICB durchgeführt.
Stichprobenumfang:	Panel von 10 000 Haushalten; auswertbare Antworten ca. 7 500. Die National Family Opinion Inc. verfügt über 11 Panels à 5 000 Haushalte. Bei jeder Konsumentenerhebung werden zwei andere Panels (à 5 000 Haushalte) angeschrieben, damit der Paneleffekt etwas gemildert wird.

---

8 Vgl. Ausführungen auf S. 42 ff.

9 Mündliche Auskünfte anläßlich von Besuchen des Verfassers beim Census Bureau im Jahre 1971.

10 Vgl. S. 29.

Art des Interviews: *Schriftliche* Befragung, also keine persönlichen Interviews.

Umfang und Inhalt des Fragebogens: Frageprogramm umfaßt 7 Fragen (s. unten), die — auf 2 IBM-Karten gedruckt — verschickt werden. Die auf den zurückgesandten Lochkarten (Rücklaufquote 75 %) enthaltenen Informationen werden im Mark-Sensing-Verfahren über einen Computer verarbeitet. Wie aus dem Frageprogramm hervorgeht, wird Konsumentenstimmungen und Kaufabsichten in etwa dasselbe Gewicht beigemessen.

Saisonbereinigung: Seit 1970 werden die Testergebnisse saisonbereinigt ausgewiesen.

Zeithorizont: Kaufabsichten und Erwartungsfragen beziehen sich ausschließlich auf die nächsten 6 Monate.

Methode: Es wird kein Konsumentenstimmungsindex konstruiert; jede Variable wird als eigener Indikator ausgewiesen.

00021-1

BE SURE YOU CAREFULLY READ INSTRUCTIONS ON OTHER SIDE OF CARD BEFORE ANSWERING QUESTIONS

1. How would you rate the present general business conditions in your area?
☐ GOOD ☐ NORMAL ☐ BAD
a. SIX MONTHS from now do you think they will be:
☐ BETTER? ☐ SAME? ☐ WORSE?

2. What would you say about available jobs in your area right now?
☐ PLENTY ☐ NOT SO MANY ☐ HARD TO GET
a. SIX MONTHS from now do you think there will be:
☐ MORE? ☐ SAME? ☐ FEWER?

3. How would you guess your total family income to be SIX MONTHS from now?
☐ HIGHER ☐ SAME ☐ LOWER

4. Does anyone in your household plan to buy a house in the next SIX MONTHS?
☐ YES ☐ NO ☐ MAYBE
a. If YES: ☐ NEW? ☐ LIVED IN? ☐ DON'T KNOW

5. Does anyone in your household plan to buy a car in the next SIX MONTHS?
☐ YES ☐ NO ☐ MAYBE
a. If YES: ☐ NEW? ☐ USED? ☐ DON'T KNOW
Make?________________ ☐ DON'T KNOW

00021-2

BE SURE YOU CAREFULLY READ INSTRUCTIONS ON OTHER SIDE OF CARD BEFORE ANSWERING QUESTIONS

6. Please check which, if any, of these items you plan to buy in the next SIX MONTHS, and which brand you are most likely to choose:

		BRAND PREFERENCE
Refrigerator.......	☐	________________
Washing Machine....	☐	________________
Black/White TV.....	☐	________________
Color TV...........	☐	________________
Vacuum Cleaner.....	☐	________________
Range..............	☐	________________
Clothes Dryer......	☐	________________
Air Conditioner....	☐	________________
Carpet (over 4'x6')	☐	________________

☐ NONE OF THESE

7. Do you plan to take a vacation away from home between NOW and the next SIX MONTHS?
☐ YES ☐ NO ☐ UNDECIDED
a. Where will you spend the most of your time while on vacation?
☐ HOME STATE ☐ OTHER STATE(S) ☐ FOREIGN COUNTRY
b. How will you mainly travel?
AIRPLANE ☐ CAR ☐ TRAIN ☐ BOAT ☐ BUS ☐
Name of Airline________________

Veröffentlichung: Consumer Attitudes and Buying Plans[11]. Ein zweimonatlicher Bericht des Conference Board, der auf einer Erhebung basiert, die von der National Family Opinion Gesellschaft durchgeführt wird.

Würdigung:

Das Frageprogramm ist zu knapp, um die für die Kaufbereitschaft entscheidenden Faktoren erfassen zu können. Der Paneleffekt macht sich trotz Panel-Rotation störend bemerkbar. Die konjunkturelle Auswertung der Testergebnisse ist unzureichend.

ε) Sindlinger & Company, Philadelphia

Die Sindlinger Gesellschaft ist ein privates Marktforschungsunternehmen, das sich seit 1947 u. a. mit der Feststellung der Konsumentenstimmung und von Kaufabsichten der Konsumenten beschäftigt.

Befragungsrhythmus: Tägliche Befragung.

Stichprobenumfang: Täglich werden etwa 300 Personen befragt, pro wöchentlicher Erhebung somit knapp 2 000 Personen.

Art des Interviews: Telefonische Befragung.

Umfang und Inhalt des Fragebogens: Jedes Telefonat dauert ca. 10 bis 15 Minuten und umfaßt 60 Fragen. Konsumentenstimmungen und Kaufplänen wird in etwa gleiches Gewicht beigemessen.

Saisonbereinigung: Neuerdings werden die Ergebnisse saisonbereinigt.

Zeithorizont: Bei den erfaßten Kaufplänen für Schwarz-weiß- und Farbfernsehgeräte sowie für PKWs werden sukzessiv die Zeiträume 1, 2, 3 bis 6 Monate zugrunde gelegt; darüber hinaus ist noch die offene Kategorie enthalten: Kaufpläne in der nächsten Zeit, aber noch keine feste Terminangabe möglich.

Methode: Die Intensität der Kaufabsichten für PKW und elektrische Haushaltsgeräte wird von Sindlinger weder mit Hilfe verbaler Absichtsklassen (sicher, vielleicht etc.) noch mit Hilfe subjektiver Kaufwahrscheinlichkeiten erfragt. Die Haushalte brauchen nur anzugeben, ob sie in dem angegebenen Zeitraum voraussichtlich das betreffende Gut kaufen werden. Sindlinger weist die Kaufabsichten getrennt für zwei Gruppen von Haushalten aus. Die Gruppierung erfolgt durch eine Unterscheidung der Kaufstimmung, die in zwei Indices ausgedrückt wird. Beide Indices basieren auf vier Fragen, mit denen

[11] Vgl. Survey of consumer attitudes and buying plans. Introduction to a new economic indicator. “Conference Board Record” , Februar 1968, S. 34 f. “Consumer Attitudes and Buying Plans”.

alle Interviews regelmäßig eingeleitet werden. Die erste Frage zielt auf die gegenwärtige finanzielle Lage der Haushalte ab, die drei anderen Fragen beziehen sich auf Erwartungen der Haushalte über die Einkommensentwicklung, die allgemeine Wirtschaftsentwicklung und die Situation auf dem Arbeitsmarkt.

Den ersten Index nennt Sindlinger *Consumer Confidence:* er wird folgendermaßen entwickelt: Wenn ein Konsument alle vier Basisfragen „positiv" (d. h. besser bzw. mehr) zumindest aber mit „gleichbleibend" beantwortet, dann hat er nach Sindlingers Definition „Consumer Confidence". Der Anteil dieser Personen in Prozent aller befragten Personen gibt den Indexwert an.

Der zweite Index heißt *„Consumer Forecast Confidence":* Er entsteht wie der erste Index, lediglich mit dem Unterschied, daß er sich nur auf die drei Erwartungsfragen bezieht.

Veröffentlichung: Wöchentliche Bekanntgabe der Testergebnisse an Abonnenten. „Consumer Confidence" im „Tuesday Report"; Kaufabsichten im „Thursday Report".

Würdigung:

Das Charakteristische dieser Erhebung ist der Befragungsrhythmus und die Befragungstechnik. So anerkennenswert die große Aktualität der Sindlinger-Daten ist, so bestehen doch Bedenken gegen telefonische Interviews. In den europäischen Ländern, in denen die Telefondichte meist noch wesentlich geringer ist als in den USA, würde eine Beschränkung der Befragung auf Telefonbesitzer erst recht verzerrte Ergebnisse liefern.

Sindlingers primäres Anliegen ist es, Marktforschungsunterlagen für die Konsumgüterindustrie bereitzustellen. Seine Erfolge bei Großunternehmen wie z. B. General Motors und Radio Corp. of America beweisen, daß seine Befragungs- und Auswertungstechnik hierfür gut geeignet ist. Eine eingehende konjunkturelle Analyse der Daten erfolgt nicht. Die Konstruktion der beiden Consumer Confidence-Indices und insbesondere ihre Kombination mit Kaufabsichten scheint allerdings auch für die Konjunkturanalyse erfolgversprechend zu sein.

b) *Großbritannien*

In Großbritannien werden bisher von zwei privaten Institutionen regelmäßig Konjunkturumfragen bei den Konsumenten durchgeführt, und zwar vom

— Britisch Market Research Bureau, London

— Gallup Poll, London.

Ab Mai 1974 führt darüber hinaus im Rahmen der harmonisierten EG-Konjunkturumfragen die Social Survey Division des Office of Population Censuses and Surveys, London, im Auftrag der EG-Kommission Konjunkturumfragen bei Konsumenten durch (vgl. S. 40 f.).

Bevor auf die Erhebungen der beiden zuerst genannten privaten Stellen eingegangen wird, sei noch erwähnt, daß das Frageprogramm kommerziell orientierter Institute selten alle Elemente einer auf die Konjunkturanalyse ausgerichteten Erhebung, wie z. B. die EG-Verbraucherumfrage, enthält. Das hängt damit zusammen, daß aus kommerziellen Gründen die hier interessierenden Fragen nur als Beiprogramm zu anderen Erhebungen (Omnibusbefragungen) erfaßt werden. Was die Auswertung der Umfrageergebnisse anbelangt, stehen verständlicherweise Probleme der Marktforschung im Vordergrund, da sich die Finanziers dieser privaten Befragungen überwiegend aus Konsumgüterfirmen rekrutieren. Zum Teil, insbesondere bei Gallup Poll, liegen auch Aufträge vor, die von Parteien stammen. Es geht hierbei insbesondere darum, die Urteile und Erwartungen der Konsumenten zur persönlichen und zur allgemeinen wirtschaftlichen Lage nach Parteipräferenzen aufzuschlüsseln.

α) The Gallup Poll, London

Das englische Gallup-Institut hat im Jahr 1961 mit Befragungen von Konsumenten zur Beurteilung der konjunkturellen Situation begonnen.

Befragungsrhythmus:	Monatlich seit 1961. Die Ergebnisse werden allerdings nicht monatlich, sondern quartalsmäßig veröffentlicht.
Stichprobenumfang:	1 000 Erwachsene; im Gegensatz zur EG-Befragung also keine Haushalte. Es erfolgt keine zufällige, sondern eine bewußte Auswahl (Quotaverfahren).
Art des Interviews:	Die Interviews werden etwa zur Hälfte in Form von persönlichen Hausbesuchen, zur anderen Hälfte auf der Straße vorgenommen.
Umfang und Inhalt des Fragebogens:	Das hier interessierende Frageprogramm wird an eine Omnibusbefragung angehängt und umfaßt nur fünf Fragen. Es handelt sich ausschließlich um Einstellungen. Die fünf Fragen beziehen sich auf Erwartungen hinsichtlich der künftigen Arbeitsmarktlage und der Einzelhandelspreisentwicklung, auf die Auftragslage in der eigenen Firma (bzw. in jener des Ehemanns), auf die persönlichen Einkommenserwartungen und die beabsichtigten finanziellen Verpflichtungen.

Saisonbereinigung: Nur die Testreihe „Voraussichtliche Arbeitsmarktentwicklung“ wird saisonbereinigt. Die übrigen Variablen weisen nach Gallup-Untersuchungen keine oder eine zu vernachlässigende Saisonkomponente auf (z. T. dürfte dies auch auf die glättende Wirkung des Drei-Monats-Durchschnittes zurückzuführen sein).

Zeithorizont: Der Zeithorizont beträgt sechs Monate bei der Frage zur Arbeitsmarktlage und zur Preisentwicklung; jeweils 12 Monate bei Einkommens- und Krediterwartungen.

Methode: Mit Hilfe der Faktorenanalyse wird ein „Index of Consumer Confidence“ konstruiert (siehe S. 77 ff.).

Veröffentlichung: „Consumer Confidence“, quartalsmäßige Veröffentlichung des Gallup-Poll (nur für Abonnenten).

Würdigung:

Das Frageprogramm dürfte zu knapp bemessen sein, um alle für die Kaufbereitschaft entscheidenden Faktoren erfassen zu können. Die Stichprobenanlage (Quota-Auswahl; zum Teil Straßeninterviews) ist nicht ganz befriedigend. Die Aktualität der Berichte und die Anwendung der Faktorenanalyse zur Konstruktion des Globalindex sind positiv hervorzuheben.

β) British Market Research Bureau (Financial Expectations Survey)

1970, d. h. fast 10 Jahre später als das Gallup-Institut, begann das British Market Research Bureau mit Konjunkturumfragen bei Verbrauchern.

Befragungsrhythmus: Monatlich.

Stichprobenumfang: 1 000 Erwachsene, also keine Haushalte. Es wird eine Variante des Flächenstichprobenverfahrens angewendet. Dabei werden genau spezifizierte Straßen nach dem Zufallsprinzip ausgewählt. Der Interviewer hat eine bestimmte Anzahl der in der betreffenden Straße wohnenden Erwachsenen zu befragen. Es werden hierbei bestimmte Quoten vorgegeben (Mann, Frau; berufstätig oder nicht; Alter; mit Kindern oder ohne etc.). Innerhalb der Quoten hat der Interviewer freie Hand, welche Personen er befragt. Dieses Stichprobenverfahren ist als bei weitem nicht so streng wie in den harmonisierten EG-Befragungen; dort werden dem Interviewer die genauen Anschriften der zufällig ausgewählten Haushalte vorgegeben.

Art des Interviews: Soweit aus den verfügbaren Unterlagen hervorgeht, handelt es sich vorwiegend um Hausbesuche.

Umfang und Inhalt des Fragebogens: Da es sich um eine Omnibusbefragung handelt, ist das Frageprogramm stark gestrafft. Neben 7 Urteilsfragen ist eine weitere Frage enthalten, die sich als Spar- und Kaufabsicht interpretieren läßt. Die Haushalte werden nämlich gefragt: „Angenommen, Sie erhalten morgen unerwartet DM 500,—, würden Sie diesen Betrag überwiegend sparen oder für Konsumzwecke ausgeben?“

Wenn angegeben wird, daß mehr als 50 % der Summe gespart werden sollen, wird die Form der Ersparnis erfragt. Wenn der überwiegende Teil für Konsumzwecke verwendet werden soll, wird nach konkreten Anschaffungen gefragt. Es handelt sich hierbei um eine offene Frage; der Interviewte erhält nämlich nicht eine Liste von Konsumgütern vorgelegt, sondern soll von sich aus Güter nennen, die der Interviewer dann in seine Liste mit 15 Positionen einordnen muß.

Saisonbereinigung: Wird nicht angewendet.

Zeithorizont: Bei einigen Urteilsfragen, die überwiegend wortwörtlich von Katona übernommen sind, wird die erwartete Entwicklung in den kommenden 12 Monaten angesprochen. Bei den obenerwähnten „Kaufwünschen“ wird kein Zeithorizont zugrunde gelegt.

Methode: In den Veröffentlichungen werden die Ergebnisse getrennt nach sozio-demografischen Gruppen ausgewiesen. Weitere anspruchsvollere Analyseverfahren wie Regressionsuntersuchungen, Varianz- und Faktoranalysen etc. sind bisher anscheinend nicht angewendet worden; zumindest findet sich davon nichts in den bisherigen Publikationen.

Veröffentlichung: Monatliche Veröffentlichung „Access; Financial Expectations“ des British Market Research Bureau. Darüber hinaus erscheint monatlich eine Kurzfassung dieses Berichts in der Financial Times.

Würdigung:

Das Frageprogramm ist umfangreicher als bei den Erhebungen des Gallup-Poll; trotzdem müßte es noch umfassender sein. Das Stichprobenverfahren erfüllt nicht alle Bedingungen einer Zufallsauswahl, aber ist besser als das übliche Quota-Verfahren. Die Veröffentlichungen sind sehr übersichtlich und aktuell.

c) Frankreich

Regelmäßige Konjunkturbefragungen bei den Konsumenten werden meines Wissens nur vom Institut National de Statistique et des Etudes Economiques (INSEE), Paris, durchgeführt (seit 1965 dreimal jährlich). Andere Institutionen wie etwa CREDOC, Centre des Recherches et de

Documentation sur la Consommation, Paris oder INED, Institut National d'Etudes Démographiques, Paris oder INH, Institut National d'Hygiène, Paris, beschäftigen sich weniger mit Konjunkturumfragen als mit speziellen Enquêten über die Bevölkerungsentwicklung, Ernährungsprobleme etc.; außerdem finden die Umfragen dieser Institutionen nur in unregelmäßigen Abständen statt[12].

INSEE-Institut, Paris

Seit Juni 1972 führt INSEE im Auftrag der EG-Kommission die harmonisierten EG-Konjunkturumfragen bei den Verbrauchern durch. Das Frageprogramm (bis auf einige zusätzliche Fragen), der Fragerhythmus und das Stichprobenverfahren unterliegen daher den einheitlichen EG-Normen; es soll deshalb an dieser Stelle nicht darauf eingegangen werden (vgl. die eingehende Darstellung der EG-Befragungen auf Seite 40 ff.). Erwähnenswert ist nur, daß der französische Stichprobenumfang mit 7 500 Haushalten größer ist als im EG-Durchschnitt. Die relativ große Zahl von Befragten erschien notwendig, da INSEE bis zuletzt — ähnlich wie das amerikanische Bureau of Census — den Kaufabsichten eine überragende Bedeutung beimaß. Wie sich zeigen läßt, muß der Stichprobenumfang bei Kaufabsichten etwa zehnmal so groß sein, um eine ebenso hohe Stichprobenpräzision der Ergebnisse zu erzielen wie bei rezeptiv-kritischen Konsumentenäußerungen. In den neueren Veröffentlichungen[13] von INSEE scheint jedoch den Konsumentenstimmungen eine zunehmende Bedeutung für die Konjunkturanalyse und -prognose beigemessen zu werden.

d) Bundesrepublik Deutschland

Bereits vor Beginn der harmonisierten EG-Konjunkturbefragungen bei den Verbrauchern im April 1972 wurden von verschiedenen privaten Stellen in der BRD Tendenzumfragen bei den Konsumenten durchgeführt[14]. Allerdings kann man nur wenige dieser Erhebungen als „*Konjunkturumfragen* bei den Konsumenten" bezeichnen. Die hier verwendeten Kriterien, nach denen sich die Auswahl der nachfolgend genannten Befragungen richtete, sind:

— Erfassung konjunkturell relevanter Tatbestände aus der subjektiven Sicht des jeweils befragten Verbrauchers.

---

12 L. Wirth und R. Voet, Konsumentenbefragungen in Frankreich. Internes Merkblatt des Ifo-Instituts für Wirtschaftsforschung, Nr. IX/1/1967.

13 INSEE, Tendances de la conjoncture, Informations INSEE Rapides.

14 Vgl. H. R. Streck, L. Wirth und R. Voet, Konjunkturumfragen bei Konsumenten in der BRD, internes Merkblatt des Ifo-Instituts Nr. IX/2/1967, März 1967.

— Regelmäßige Durchführung in relativ kurzen Zeitabständen. Die regelmäßige Durchführung ist Voraussetzung für die Bildung von Zeitreihen. Da die Resultate einer relativ kurzfristigen Wirtschaftsbeobachtung nutzbar gemacht werden sollen, dürfen die Zeitabstände zwischen den einzelnen Erhebungen nicht zu groß sein.

Solche Erhebungen wurden von folgenden Instituten vorgenommen:

DIVO: Institut für Wirtschaftsforschung, Sozialforschung und angewandte Mathematik GmbH, *Frankfurt* (Stichworte: Zufallsstichprobe, persönliche Interviews, rd. 2 000 Erwachsene, Omnibusbefragung, nur vier Tendenzfragen vierteljährlich).

EMNID: GmbH & Co., Institut für Marktforschung, Verbrauchsforschung, Werbeforschung, Meinungsforschung, Sozialforschung, Internationale Marktforschung, *Bielefeld* (Stichworte: Zufallsstichprobe, persönliche Interviews, 1 000 - 2 000 Haushalte, Omnibusbefragung, sieben Tendenzfragen vierteljährlich).

GfK: Gesellschaft für Konsum-, Markt- und Absatzforschung e.V., *Nürnberg* (Stichworte: Quotenverfahren, 2 000 Haushalte, Omnibusbefragung, 16 Tendenzfragen, zweimonatlich)[15].

Bei anderen Instituten, die konjunkturell relevante Faktoren erfassen, wie z. B. Infratest, München, oder Marplan, Frankfurt, ist vor allem das Merkmal der regelmäßigen Durchführung nicht erfüllt. Entsprechende Fragen werden hier nur gelegentlich im Rahmen anderer Untersuchungen gestellt.

Zu erwähnen ist, daß im Zeitraum 1968 - 1972 verschiedene der genannten Institute derartige Umfragen im Auftrag der Forschungsstelle für Sozialökonomik (Prof. Dr. G. Schmölders), Köln, durchgeführt haben. Dieses Projekt der Forschungsstelle wurde weitgehend aus Mitteln der VW-Stiftung finanziert[16].

Seit 1972 führt die GfK in Nürnberg in Zusammenarbeit mit der Kölner Forschungsstelle die harmonisierten EG-Befragungen durch. Die angesprochenen Konjunkturumfragen des DIVO- und des EMNID-Instituts finden nicht mehr regelmäßig statt.

Auf die EG-Konsumentenumfragen wird im nächsten Abschnitt eingegangen.

e) Europäische Gemeinschaft

Nach einer gründlichen Vorbereitungszeit wurde im April 1972 versuchsweise in fünf EG-Ländern (BR Deutschland, Frankreich, Italien, Niederlande, Belgien) mit einer einheitlichen Konjunkturbefragung bei

[15] Titel der Veröffentlichung: „Verbraucher und Konjunktur".

[16] Vgl. den Forschungsbericht von B. Biervert, H. P. Haarland und H. J. Niessen, Empirische Konsumforschung und Konjunkturprognose, Köln 1972.

den Verbrauchern begonnen; ab 1974 beteiligen sich auch Großbritannien, Irland und Dänemark an der Erhebung. Die Experimentierphase ist aufgrund der neu hinzutretenden Länder bis zum Frühjahr 1976 verlängert worden.

Befragungsrhythmus:	Dreimal jährlich (Januar, April, Oktober). Erste Erhebung: April 1972. Ab Frühjahr 1976, d. h. nach Ablauf der Experimentierphase, ist eine Änderung des Frageprogramms und des Fragerhythmus möglich.
Stichprobenumfang:	Pro Land und pro Erhebung 5 000 *zufällig* ausgewählte Haushalte. Die Interviewer sind verpflichtet, die vorgegebenen Haushalte bis zu dreimal aufzusuchen, wenn vorher kein Interview zustande kam.
Art des Interviews:	Ausschließlich mündliche Interviews anläßlich von Hausbesuchen.
Umfang und Inhalt des Fragebogens:	Der EG-Basisfragebogen umfaßt zur Zeit rund 40 Fragen. Der überwiegende Teil der Fragen gehört in die Kategorie der rezeptiv-kritischen Konsumentenäußerungen. Abweichend von den meisten anderen Verbraucherumfragen (z. B. den in den USA praktizierten Erhebungen) werden vorwiegend 5-stufige statt 3-stufige Antwortskalen benutzt. Die Kaufabsichten beziehen sich auf PKW, Tiefkühltruhe oder -schrank, Kühlschrank, Waschmaschine, Fernsehgerät (schwarz-weiß), Farbfernseher und Geschirrspülmaschine. Jeweils in der Aprilerhebung werden zusätzlich noch einige Fragen zur gegenwärtigen Wohnsituation (Eigentümer/Mieter) sowie zur Mobilität (seit wann wohnen Sie in der Wohnung) erfragt; außerdem werden in diesem Zusammenhang Kauf- bzw. Bauabsichten eines Eigenheims bzw. einer Eigentumswohnung erfaßt. Einen relativ breiten Raum nehmen Fragen nach der bereits getätigten und evtl. geplanten Ersparnis ein. Die Interviewdauer beträgt etwa 40 Minuten.
Saisonbereinigung:	Da die Reihen noch zu kurz sind, konnte noch keine Saisonbereinigung vorgenommen werden. Nach den bisherigen Erfahrungen ist jedoch der Saisoneinfluß bei den Urteilsfragen relativ gering; er macht sich damit bei der Konjunkturanalyse kaum störend bemerkbar. Anders dürfte es allerdings bei Kaufabsichten sein.
Zeithorizont:	Bei den Kaufplänen wird zunächst als Filter ein Prognosehorizont von 2 Jahren vorgegeben. Je nachdem, ob eine Kaufabsicht geäußert wird, wird der Planungshorizont dann sukzessiv auf 12 und schließlich auf 3 Monate eingeengt. Durch diese zeitliche Differenzierung soll die Aussagefähigkeit der Kaufabsichten erhöht werden.

Methode: Die Umfrageergebnisse werden nach verschiedenen sozio-demographischen Kriterien (Geschlecht, Alter, Schulbildung, Beruf, Einkommensklasse, Größe des Wohnorts und Zahl der Kinder) aufgeschlüsselt. Eine weitere Verarbeitung der Daten mit Hilfe mathematisch-statistischer Verfahren (etwa Varianz- und Faktoranalyse) ist bisher in einigen Ländern, aber noch nicht einheitlich für die gesamten EG-Umfrageergebnisse durchgeführt worden.

Veröffentlichung: Die Ergebnisse werden bisher nur ausschnittsweise in den EG-Pressemitteilungen veröffentlicht. Eine erste Zusammenstellung der EG-Ergebnisse findet sich bei Courtois und Molitor[17]. In der vorliegenden Arbeit wurde aus der Fülle der bisher angefallenen Daten einige Reihen zusammengestellt (vgl. Abbildung 20 und Tabelle 21). Es ist zu hoffen, daß nach Abschluß der Experimentierphase eine möglichst ausführliche und doch noch aktuelle Form der Veröffentlichung gefunden wird.

Würdigung:

Wie noch in dieser Arbeit gezeigt wird, waren die bisherigen Erfahrungen mit den EG-Verbraucherumfragen sehr positiv. Es kristallisieren sich allerdings heute schon einige Punkte heraus, bei denen nach Abschluß der Experimentierphase Änderungsvorschläge ansetzen sollten. Vor allem geht es darum, die Intervalle zwischen den bisher nur dreimal im Jahr erfolgenden Umfragen zu verkleinern; auf diese Weise könnten konjunkturelle Wendepunkte im Bereich des privaten Verbrauchs früher und exakter als bisher erkannt werden. Außerdem erscheint es nach den bisherigen Erfahrungen sinnvoll, den Schwerpunkt des Befragungsprogramms noch mehr als bisher auf die rezeptiv-kritischen Konsumentenäußerungen zu legen.

2. Erfahrungen mit finalen Konsumentenäußerungen (Kaufpläne)

Im folgenden Kapitel wird keine Vollständigkeit in der Analyse aller einschlägigen Erhebungen angestrebt. Es geht vielmehr darum, am Beispiel ausgewählter Umfragen die jeweils typischen Erfahrungen zusammenzustellen, die bisher mit Kaufplänen in den einzelnen Ländern gesammelt worden sind.

---

[17] J. M. Courtois und B. Molitor, Les enquêtes de conjoncture auprès des consommateurs de la CEE, Premières réflexions, Papier vorgelegt auf der 11. CIRET-Konferenz in London, 12. - 14. September 1973. Eine englische Fassung dieses Papiers liegt ebenfalls vor.

a) USA

Kaufabsichten werden in den USA von verschiedenen Stellen (z. B. Survey Research Center an der University of Michigan, Sindlinger & Co. in Philadelphia und dem amerikanischen Census Bureau in Washington) erfaßt (vgl. S. 29 ff.). Über die größten finanziellen Mittel, den weitaus größten Stichprobenumfang (15 000 Haushalte) und die wohl auch umfangreichste Forschung auf diesem speziellen Gebiet der Verbraucherbefragungen dürfte das Census Bureau verfügen. Es soll daher nur auf die Erfahrungen eingegangen werden, die mit den einschlägigen Erhebungen dieser offiziellen amerikanischen Stelle gesammelt wurden. Die sog. „Quarterly Surveys of Intensions" in den Jahren 1959 bis 1966 bzw. die „Consumer Buying Expectations" ab April 1967 erstrecken sich auf die Erfassung von Kaufplänen für PKW und Häuser sowie 15 weitere dauerhafte Konsumgüter (Möbel für Wohn-, Eß- und Schlafzimmer sowie für die Küche, weitere Möbelanschaffungen, Teppiche, Auslegware etc., Schwarz-weiß- und Farbfernseher, Waschmaschinen, Kühlschränke oder Kühltruhen, Geschirrspüler, Klimaanlagen, Radio, Phono, Hi-Fi-Geräte).

Eine Erfassung von Kaufplänen mittels verbaler Absichtsklassen bzw. seit 1967 mit Hilfe subjektiver Kaufwahrscheinlichkeiten erfolgt jedoch nur für PKW und Häuser; was die Restgruppe der dauerhaften Konsumgüter anbelangt, wird nur eine Karte mit den 15 Gütern vorgelegt. Die Haushalte haben lediglich die Güter anzukreuzen, die sie wahrscheinlich während der nächsten 12 Monate kaufen werden. Außerdem werden die Haushalte seit 1967 noch gebeten, die Wahrscheinlichkeit anzugeben, mit der sie irgendeines der 15 Güter während der nächsten 12 Monate kaufen werden und — falls die Wahrscheinlichkeit größer als Null ist — wieviele Dollar sie insgesamt für die Anschaffung dieser Güter ausgeben werden.

Über den Prognosewert der Kaufabsichten für diese 15 Güter liegen anscheinend nur interne Untersuchungen vor. Dasselbe gilt auch für die Pläne, ein Haus in den nächsten 12 bzw. 24 Monaten zu kaufen. Was die Überprüfung der Aussagefähigkeit von PKW-Kaufplänen anbelangt, existiert dagegen eine Vielzahl von Veröffentlichungen. Diese „Bevorzugung" der PKW-Kaufpläne dürfte sich einmal daraus erklären, daß die PKW-Anschaffungen vielfach als eine Anschaffungsart angesehen werden, die für den konjunkturanfälligen Bereich der Konsumausgaben besonders repräsentativ ist. Zum anderen liegen in den USA wie auch in den meisten europäischen Ländern ausführliche und zeitnahe Statistiken über den PKW-Absatz (Neuzulassungen und PKW-Händlerumsätze) vor. Was die anderen dauerhaften Konsumgüter anbelangt, fehlen in den USA — wie auch in den meisten europäischen Ländern — ähnlich detaillierte Absatzstatistiken. Wohl aus diesen Gründen konzentrierte sich die Überprüfung von Kaufabsichten bisher vorwiegend auf die PKW-Anschaffungspläne[18].

Ein Beispiel hierfür ist auch die Untersuchung von Henri Theil und Richard F. Kosobud[19]. Die von ihnen verwendeten Kaufabsichten stammen aus den erwähnten Erhebungen des Census Bureau (Quarterly Surveys of Intensions). Untersuchungszeitraum waren die Jahre 1961 bis 1966. Der Stichprobenumfang der „Quarterly Surveys of Intensions" lag bei jeweils rund 15 000 Haushalten; Reinterviews wurden bei jeweils 4 000 bzw. im Zeitraum Oktober 1962 bis Oktober 1963 nur bei 1 000 Haushalten durchgeführt. Die Zweitbefragungen derselben Haushalte erfolgten jeweils 12 Monate nach dem ersten Interview. In der Tabelle 1 ist einmal der Anteil der reinterviewten Haushalte angegeben, die bei der Erstbefragung angegeben hatten, sie würden „ganz sicher, sehr wahrscheinlich bzw. vielleicht" einen Wagen in den nächsten 12 Monaten kaufen; in der zweiten Spalte steht die Kaufrate der gesamten reinterviewten Haushalte, in Spalte 3 der Anteil der Haushalte, die vorher sowohl eine Kaufabsicht angegeben hatten und dann auch tatsächlich in den nächsten 12 Monaten kauften; in Spalte 4 die Kaufrate der Intenders und in Spalte 5 die der Non-Intenders.

In dem untersuchten Zeitraum (1961 bis 1966) bewegte sich also der Anteil der Haushalte mit der Absicht, in den nächsten 12 Monaten einen PKW zu kaufen, zwischen 6 und 11 %; der nachträglich festgestellte tatsächliche Kaufanteil lag in allen Fällen höher (Schwankung zwischen 8 und 12 %). Wie die Werte in Spalte 3 zeigen, war allerdings der Anteil der Haushalte, die eine Kaufabsicht angegeben hatten und dann auch tatsächlich kauften, nicht nur wesentlich geringer als der der „Intenders" (Spalte 1), sondern auch als der der „Käufer" (Spalte 2). Es ist zwar ermutigend, daß die nachträgliche Kaufwahrscheinlichkeit der „Intenders" (Spalte 4) deutlich höher war als die der „Non-Intenders" (Spalte 5). Dies kann aber nicht darüber hinwegtäuschen, daß

---

[18] Vgl. z. B. Thomas F. Juster, Anticipations and Purchases, Analysis of Consumer Behaviour (Princeton University Press, 1964).

— derselbe: Anticipations of Purchases of Consumer Durables, als Manuskript veröffentlicht vom National Bureau of Economic Research, April 1968;

— Daniel B. Suits and Gordon R. Sparks, Consumption Regressions with Quarterly Data, in James S. Duesenberry, Gary Fromm, Lawrence R. Klein und Edwin Kuh, The Brookings Quarterly Econometric Model of the United States (Chicago: Rand — McNally and Co; 1965), S. 203 - 226;

— E. Scott Maynes, Consumer Attitudes and Buying Intentions: Retrospect and Prospect, als Manuskript veröffentlicht, September 1966.

[19] H. Theil und R. Kosobud, How Informative are Consumer Buying Intensions Surveys? Review of Economics and Statistics, Februar 1968, S. 50 - 57.

Tabelle 1

Geplante und ungeplante Pkw-Käufe

Ergebnisse von Zweitbefragungen in den USA

Monat der Zweit-befragung	Prozent-Anteil der Haushalte, die				
	bei der Erstbefragung Kaufabsichten geäußert hatten (p)	zwischen der Erst- und Zweitbefragung gekauft haben (x)	bei der Erstbefragung Kaufabsichten geäußert hatten und in der Zwischenzeit gekauft haben		bei der Erstbefragung keine Kaufabsicht geäußert hatten und trotzdem in der Zwischenzeit gekauft haben bezogen nur auf Haushalte *ohne* Kaufabsichten (s)
			bezogen auf alle Haushalte	bezogen nur auf Haushalte mit Kaufabsichten (r)	
	1	2	3	4	5
1961					
Januar .	7,6	9,7	2,9	38,6	7,3
April ...	7,1	8,9	2,7	38,4	6,7
Juli	6,8	7,6	2,2	32,0	5,8
Oktober	8,0	8,5	2,6	33,2	6,4
1962					
Januar .	8,1	8,5	3,1	38,1	5,9
April ...	6,6	8,1	2,4	36,7	6,1
Juli	8,1	9,9	3,1	38,4	7,4
Oktober	8,3	9,6	3,3	39,4	6,9
1963					
Januar .	8,9	9,4	3,1	35,2	6,9
April ...	8,1	9,5	3,0	37,0	7,1
Juli	7,7	9,8	3,3	43,0	6,9
Oktober	10,7	10,7	4,3	40,5	7,1
1964					
Januar .	8,2	11,0	3,3	40,2	8,4
April ...	9,0	11,7	3,7	41,2	8,9
Juli	8,4	12,4	3,5	41,8	9,7
Oktober	9,1	11,2	3,6	39,8	8,3
1965					
Januar .	8,9	11,0	3,7	41,1	8,0
April ...	9,1	11,5	3,6	39,4	8,7
Juli	9,6	12,2	3,7	39,1	9,3

Quelle: H. Theil und R. Kosobud, How Informative are Consumer Buying Intensions Surveys?, S. 51.

deutlich mehr als die Hälfte der PKW-Käufe (Spalte 2 minus Spalte 3) von Haushalten getätigt wurde, die vorher keine Kaufabsicht geäußert hatten.

Durch die verfeinerte Meßtechnik (subjektive Kaufwahrscheinlichkeiten von 0 bis 100 anstelle der verbalen Absichtsklassen) konnte zwar ein etwas größerer Teil der nachträglichen PKW-Käufe mit Hilfe der Kaufabsichten erklärt werden: Der „unerklärbare“ Rest sank aber im Durchschnitt kaum jemals unter 50 %.

Trotz dieser nicht besonders erfolgreichen Erklärung auf der Mikroebene schienen die Kaufabsichten für die Prognose von Globalgrößen recht gut geeignet zu sein. Hierauf deuteten vor allem verschiedene Regressionsuntersuchungen (Ex-post-Schätzungen) hin. Als Beispiele solcher Untersuchungen seien angeführt:

Schätzfunktionen

Schätzfunktionen des amerikanischen Census Bureaus[20]

Untersuchungszeitraum: 1960 bis 1970; das 3. und 4. Quartal der Jahre 1964, 1967 und 1970 wurde jeweils nicht berücksichtigt, da hier streikbedingte Sondereinflüsse vorlagen.

(1) $$P_{t+2} = -0{,}12 + \underset{(0{,}027)}{0{,}054\, CBE_t} + \underset{(0{,}13)}{0{,}33\, \text{Mo.Sales}} - \underset{(0{,}09)}{0{,}18\, U_{t-1}}$$

$$R^2 = 0{,}88 \qquad DW = 1{,}13$$

(2) $$S_{t+2} = -1{,}4 + \underset{(0{,}02)}{0{,}08\, CBE_t} + \underset{(0{,}09)}{0{,}39\, \text{Mo.Sales}} - \underset{(0{,}06)}{0{,}23\, U_{t-1}}$$

$$R^2 = 0{,}96 \qquad DW = 1{,}71$$

Hierbei sind:

P_{t+2} = Neuzulassungen von PKWs durch private Haushalte in den 2 Quartalen, die auf den Erhebungstermin folgen (in Millionen Stück)

S_{t+2} = Verkäufe der PKW-Händler in den beiden Quartalen, die auf den Erhebungstermin folgen (in Millionen Stück)

CBE_t = saisonbereinigter Index der erwarteten PKW-Käufe. Die Indexwerte vor 1967 basieren auf den Quarterly Surveys of Consumer Buying Intensions im Erhebungsquartal, ab 1967 basieren sie auf den Consumer Buying Expectations (subjektive Kaufwahrscheinlichkeiten)

Mo.Sales = saisonbereinigte Zahl der von den Händlern abgesetzten neuen inländischen und importierten PKW im Erhebungsmonat (in Millionen Stück)

---

[20] U.S. Department of Commerce / Bureau of the Census, Current Population Reports, Consumer Buying Indicators, Series P—65, No. 36, Mai 1971, S. 5.

U_{t-1}	= saisonbereinigte Arbeitslosenrate in dem Quartal, das dem Erhebungsmonat vorangeht
R^2	= Bestimmtheitsmaß
DW	= Durbin Watson Statistik
( )	= die Werte in Klammern geben die Standardabweichung an.

Schätzfunktionen von Juster[21]

Untersuchungszeitraum: 2. Quartal 1953 bis 2. Quartal 1962.

(3) $$\underset{}{M_6} = \underset{(0,4)}{0{,}008} + \underset{(1,4)}{0{,}109\,A} + \underset{(1,5)}{0{,}063\,P} + \underset{(2,8)}{0{,}532\,M_{6t-1}}$$

$R^2 = 0{,}70$ $s_e = 1{,}08$ $DW = 2{,}10$

(4) $$D_6 = \underset{(0,9)}{0{,}037} + \underset{(0,9)}{0{,}114\,A} + \underset{(1,3)}{0{,}068\,P} + \underset{(2,5)}{0{,}546\,D_{6t-1}}$$

$R^2 = 0{,}738$ $s_e = 1{,}42$ $DW = 1{,}60$

Untersuchungszeitraum: 2. Quartal 1953 bis 2. Quartal 1967.

(5) $$M_6 = \underset{(2,0)}{0{,}026} + \underset{(2,5)}{0{,}121\,A} + \underset{(2,1)}{0{,}062\,P} + \underset{(4,9)}{0{,}590\,M_{6t-1}}$$

$R^2 = 0{,}957$ $s_e = 0{,}87$ $DW = 2{,}01$

(6) $$D_6 = \underset{(1,5)}{0{,}041} + \underset{(1,4)}{0{,}100\,A} + \underset{(1,8)}{0{,}074\,P} + \underset{(6,9)}{0{,}765\,D_{6t-1}}$$

$R^2 = 0{,}981$ $s_e = 1{,}23$ $DW = 1{,}88$

Hierbei sind:

M_6	= preis- und bevölkerungsbereinigte Ausgaben für PKW in den 6 Monaten, die auf das Erhebungsquartal folgen
D_6	= preis- und bevölkerungsbereinigte Ausgaben für die gesamten dauerhaften Konsumgüter (einschließlich PKW, Definition der Surveys of Current Business) während der 6 Monate, die auf das Erhebungsquartal folgen
A	= Konsumentenstimmungsindex des Survey Research Centers an der Universität Michigan
P	= saisonbereinigter Index der PKW-Kaufabsichten; bis 1953 basierend auf den Erhebungen des Survey Research Centers an der Universität Michigan; ab 1959 basierend auf den Erhebungen des Census Bureaus
R^2	= Bestimmtheitsmaß
s_e	= Standardabweichung der Regressionswerte
( )	= Die Werte in Klammern sind t-Werte.

Schätzfunktion von Fair[22]

Untersuchungszeitraum 1960 bis 1968; 36 Beobachtungswerte.

$$C_{Dt} = \underset{(4,38)}{-\,32{,}09} + \underset{(35,33)}{0{,}105\,BSP_t} + \underset{(2,35)}{0{,}164\,A_{t-1}} + \underset{(1,64)}{0{,}084\,P_{t-2}}$$

$R^2 = 0{,}527$ $s_e = 1{,}155$

[21] Thomas F. Juster, Anticipations of Purchases of Consumer Durables, S. 86 ff.

[22] Ray C. Fair, A Short Run Forecasting Model of the United States Economy, Lexington/Mass. 1971, S. 33

Hierbei sind:

C_{Dt}	= nominale Ausgaben der privaten Haushalte für dauerhafte Konsumgüter im Quartal t
BSP_t	= nominales Bruttosozialprodukt im Quartal t
A_{t-1}	= Konsumentenstimmungsindex (Survey Research Center der Universität Michigan) im Quartal, das dem Erhebungsquartal vorausgeht
p	= saisonbereinigter Index der PKW-Kaufabsichten (Census Bureau)
R^2	= Bestimmtheitsmaß
s_e	= Standardabweichung der Regressionsreste
( )	= t-Werte

Es fällt auf, daß in den hier vorgeführten Untersuchungen neben dem Kaufabsichtsindex entweder der Konsumentenstimmungsindex oder ein mehr oder weniger guter Ersatz hierfür (z. B. Arbeitslosenrate) herangezogen wird. Eine Beschränkung auf Kaufabsichten als der einzigen Erklärungsgröße hat anscheinend bisher nicht zu ähnlich befriedigenden Regressionsergebnissen geführt[23].

Erwähnenswert ist ferner noch, daß die PKW-Kaufabsichten von verschiedenen Autoren nicht nur zur Erklärung und Prognose des PKW-Absatzes, sondern auch der gesamten Aufwendungen für dauerhafte Konsumgüter herangezogen wurden. Dieses Vorgehen beruht wohl auf der — mehr oder minder berechtigten — Annahme, die PKW-Käufe seien repräsentativ für die konjunkturelle Entwicklung des gesamten Gebrauchsgüterabsatzes. Die zum Teil recht ansprechenden Regressionsergebnisse (beurteilt man sie anhand der Korrelationskoeffizienten und der t-Werte für die Erklärungsvariable „Kaufabsicht") überraschen allerdings nicht besonders.

Dies sei kurz anhand der folgenden Gleichung demonstriert:

(1)
$$x = pr + qs \qquad \text{Da } p + q = 1:$$
$$x = pr + (1 - p)\, s = pr + s - ps =$$
$$= s + (r - s)\, p$$

Hierbei sind:

x	= nachträgliche PKW-Kaufrate (Zahl der PKW-Käufe in % der reinterviewten Haushalte)
s	= nachträgliche PKW-Kaufrate der „Non-Intenders"
r	= nachträgliche Kaufrate (PKW) der „Intenders"
p	= Anteil der „Intenders"
q	= Anteil der „Non-Intenders".

[23] Diese Vermutung wurde im Gespräch zwischen G. Nerb mit Juster vom NBER und McNeil vom Census Bureau anläßlich einer US-Studienreise im August 1971 bestätigt.

Okun[24] hat gezeigt, daß der prognostische Wert der Kaufabsichten auf der aggregierten Ebene folgendermaßen beschrieben werden kann:

(2) $$M_{xp} = (\bar{r} - \bar{s})\, M_{pp} + \bar{p}\, M_{rp} + (1 - \bar{p}) M_{sp} + M_{rp,p} — M_{sp,p}.$$

($\bar{r}$, $\bar{s}$ und $\bar{p}$ sind Durchschnittswerte von r, s und p)

Hierbei steht M jeweils für die entsprechenden Varianzen bzw. Kovarianzen. Aus Gleichung (2) kann abgeleitet werden, daß — unter der nicht unwahrscheinlichen Annahme, r und s seien unabhängig von p — eine positive Korrelation zwischen Kaufabsichten und nachträglichen Käufen besteht, solange $r > s$ (in diesem Fall reduziert sich die rechte Seite von obiger Gleichung auf: $[\bar{r} — \bar{s}]\, M_{pp}$).

Wie alle bisherigen Erfahrungen gelehrt haben (vgl. auch Tabelle 1), ist $\bar{r}$ größer als $\bar{s}$; die nachträgliche Kaufrate der Intenders übersteigt also deutlich die der Non-Intenders. Es überrascht daher nicht, daß der Anteil der Planer (p) positiv korreliert ist mit der Kaufrate insgesamt (x).

Um eine zahlenmäßige Vorstellung zu erhalten, wollen wir empirische Durchschnittswerte (Tabelle 1) von s, r und p in Gleichung (1) einsetzen:

(1) $$\bar{x} = \bar{s} + (\bar{r} — \bar{s})\, \bar{p}$$

$$\bar{x} = 0{,}08 + (0{,}39 - 0{,}08) \cdot 0{,}08 = 0{,}105.$$

Aus diesem Zahlenbeispiel geht deutlich hervor, daß die gesamte Kaufrate x im wesentlichen von s, d. h. der Kaufrate der Non-Intenders, bestimmt wird. Trotz des beherrschenden Einflusses von s ließen sich Änderungen in der gesamten Kaufrate weitgehend mit p erklären, wenn s und r im Zeitablauf annähernd konstant wären. Wie aus Tabelle 1 hervorgeht, war dies in der Vergangenheit allerdings nicht der Fall (S. 45).

Anhand von Gleichung (1) kann man erkennen, wo eine Verbesserung der bisherigen Konzeption ansetzen müßte:

1. Erhöhung von p (Anteil der Intenders)
2. Erklärung von s (Kaufrate der Non-Intenders).

Die Forschergruppe um Juster bemühte sich anfangs ausschließlich darum, den Anteil der Intenders (p) in der Stichprobe zu erhöhen. Mit Hilfe der subjektiven Kaufwahrscheinlichkeiten konnte tatsächlich erreicht werden, daß fast die Hälfte der Befragten eine subjektive Kaufwahrscheinlichkeit angaben, die über Null lag. Bei Verwendung

24 Vgl. Arthur Okun, The Value of Anticipations Data in Forecasting National Product, in: The Quality and Economic Significance of Anticipations Data, Princeton University Press for National Bureau of Economic Research, 1960, S. 407 ff.

der verbalen Absichtsklassen betrug — wie bereits erwähnt — der Anteil der Antworten „kaufe in den nächsten 12 Monaten mit Sicherheit bzw. vielleicht" nur ca. 10 %. Dieses Ergebnis erscheint auf den ersten Blick recht vielversprechend. Man darf jedoch dabei nicht übersehen, daß der überwiegende Teil der subjektiven Kaufwahrscheinlichkeiten deutlich unter 50 % lag; es ist daher zu vermuten, daß $\bar{r}$ — d. h. die durchschnittliche Kaufrate der Intenders — sehr niedrig ist. (Andererseits ist zu erwarten, daß nach Einführung der neuen Meßtechnik die Kaufrate der Non-Intenders [s] zurückging[25].) Dieser Schluß liegt nahe, da nach dem Übergang zu subjektiven Kaufwahrscheinlichkeiten immer noch fast die Hälfte der später gekauften PKW auf Haushalte entfiel, die vorher keine Kaufabsicht bekundet hatten. Insgesamt gesehen wurde also mit Hilfe der neuen Meßtechnik der prognostische Wert der Kaufabsichten nur marginal erhöht.

Angesichts dieser unbefriedigenden Ergebnisse scheint sich das Census Bureau seit 1969 intensiver mit dem Problem zu beschäftigen, wie die Kaufrate der Non-Intenders (s) reduziert werden kann. Anläßlich seines Vortrags in Madrid gestand Juster[26] ein, daß der Übergang von verbalen Absichtsklassen zu subjektiven Kaufwahrscheinlichkeiten zwar nützlich sei; das eigentliche Problem läge aber in der Prognose von r und s. Die Bestimmungsgründe von r und s sind nach Justers[27] Untersuchungen recht unterschiedlich: Die Kaufrate der Intenders (r) kann als eine Zufallsvariable angesehen werden mit einem Erwartungswert, der sich — zumindest kurzfristig betrachtet — wenig ändert. Die Kaufrate der Non-Intenders (s) ist dagegen keine Zufallsvariable, sondern eine deterministische Funktion, und zwar:

— der Konsumentenstimmungen (Index of Consumer Sentiment)
— des Anteils der Kaufabsichten (p).

Bevor Juster sich zu dieser Aussage berechtigt fühlte, hatte er folgende Hypothesen geprüft:

Hypothese A

Sowohl r als auch s seien Zufallsvariablen mit den konstanten Erwartungswerten R und S.

---

25 Amerikanische Veröffentlichungen über die *durchschnittliche* Kaufrate der Intenders und der Non-Intenders bei Verwendung subjektiver Kaufwahrscheinlichkeiten liegen dem Verfasser nicht vor.

26 Thomas F. Juster, Anticipations of Purchases of Consumer Durables, Vortrag gehalten anläßlich der IX. CIRET-Konferenz in Madrid, September 1969.

27 Derselbe, Anticipations of Purchases of Consumer Durables, als Manukript veröffentlicht vom National Bureau of Economic Research, April 1968, S. 34 ff.

Hypothese B 1

Sowohl r als auch s seien keine Zufallsvariable, sondern abhängig von der Einkommenshöhe. Das Funktionsverhältnis sei für r und s gleich; alle Parameter (auch das konstante Glied) stimmen somit für r und s überein.

Hypothese B 2

Wie B 1, lediglich unterschiedliches konstantes Glied für r und s.

Hypothese C 1

r sei eine Zufallsvariable mit einem im Zeitablauf konstanten Erwartungswert, s sei eine Funktion der Konsumentenstimmungen (attitudes) und p.

Hypothese C 2

r sei Zufallsvariable, die eine systematische und eine zufällige Komponente enthält. Mit Hilfe einer Regressionsschätzung müssen diese beiden Komponenten getrennt werden, s sei eine Funktion wie in C 1.

Hypothese C 3

Wie C 2, lediglich s ebenfalls eine Zufallsvariable.

Darüber hinaus wurde noch eine sogenannte naive Hypothese aufgenommen (autoregressives Modell).

Hypothese N

$$x_t = b_0 + b_1 x_{t-1} + b_2 x_{t-2} + u_t.$$

Es wird also unterstellt, daß sich die Kaufrate x ausschließlich aus zurückliegenden Kaufraten entwickelt (Trendextrapolation). Würde diese Hypothese zutreffen, könnte man auf Konsumentenbefragungen gänzlich verzichten und brauchte lediglich die Zeitreihe zu verlängern.

Ergebnisse der Hypothesenprüfungen

Es zeigte sich, daß sämtliche Hypothesen außer C 1 und C 2 nicht haltbar sind. Am besten geeignet scheint Hypothese C 1 zu sein.

Als Fazit dieser Untersuchungen bietet sich also ein zweistufiges Prognoseverfahren an:

Stufe 1: Prognose der Käufe von Intenders mit Hilfe der Kaufabsichten (am besten subjektive Kaufwahrscheinlichkeiten).

Stufe 2: Prognose der Käufe von Non-Intenders mit Hilfe von Konsumenteneinstellungen (attitudes).

Auch wenn subjektive Kaufwahrscheinlichkeiten verwendet werden, muß das Schwergewicht der Untersuchungen eindeutig bei Stufe 2 liegen, da aus den Reihen der Non-Intenders der größere Teil der späteren Käufe stammt.

b) Großbritannien

In Großbritannien hat sich meines Wissens bisher nur das Gallup Poll mit der Erfassung und Analyse von Kaufabsichten der britischen Konsumenten beschäftigt. Das British Market Research Bureau stellt lediglich eine Frage, die als bedingte Kaufabsicht interpretiert werden kann (vgl. S. 37 f.); wegen des hypothetischen Charakters dieser Fragestellung ist eine Überprüfung des Aussagegehalts nur schwer möglich. Allerdings wurden die finalen Konsumentenäußerungen im Jahre 1968 aus dem Frageprogramm des Gallup Poll herausgenommen. Wie die nachfolgenden Ergebnisse zeigen, lag der Grund wahrscheinlich in der geringen Prognosefähigkeit der Plandaten. Es ist aber zu berücksichtigen, daß Gallup Poll keine Zufallsstichprobe durchführte, sondern eine bewußte Auswahl der Interviewten vornahm; zudem dürfte der Stichprobenumfang von 1 000 pro monatliche Erhebung für die Erfassung von Kaufabsichten viel zu klein gewesen sein. Wenn aus diesen Gründen das britische Beispiel zwar auch keinen fundierten Test für die Nützlichkeit von Kaufabsichten darstellen kann, so soll doch kurz auf die Ergebnisse eingegangen werden[28]. Die Personen wurden um ihre Kaufabsichten für 11 dauerhafte Konsumgüter gebeten[29]. Die Fragestellung lautete: „Wird jemand von Ihnen voraussichtlich in den nächsten 12 Monaten einen dieser Artikel für sich selbst oder als ein Geschenk für jemanden kaufen?“ Dann wurde der befragten Person eine Liste von 11 dauerhaften Konsumgütern vorgelegt. Es gab nur die Antwortalternativen „Ja“ und „Nein“. Es wurde also nicht wie bei den amerikanischen und französischen Erhebungen versucht, die Konsumenten zu veranlassen, ihre Kaufabsichten anhand verbaler Intensitätsklassen oder Wahrscheinlichkeitsskalen bzw. durch Vorgabe verschiedener Prognosezeiträume zu präzisieren.

Eine Überprüfung der Kaufabsichten erfolgte nicht durch Zweitbefragungen; vielmehr wurde die Zahl der „Planer“ je Erhebung hochgerechnet und nachträglich mit der Zahl der Käuferhaushalte in der Gesamtwirtschaft verglichen. Diese Kontrollzahlen für den Absatz der einzelnen Produkte wurden anhand der eingeschickten Garantiescheine ermittelt. Inwieweit dieses Verfahren zuverlässig war, läßt sich von hier aus nicht beurteilen.

Die Ergebnisse dieses Vergleichs sind in Tabelle 2 zusammengestellt:

---

[28] G. Heald, The Predictive Value of Buying Intentions in Great Britain, Tagungspapier zu der ökonometrischen Tagung in Amsterdam vom 2. - 7. September 1968.

[29] Aus dem Tagungspapier (siehe Fußnote 28) geht nicht hervor, um welche 11 Konsumgüter es sich gehandelt hat; es werden lediglich Untersuchungsergebnisse für Waschmaschinen, Kühlschränke, Elektroherde, Staubsauger und Fernsehapparate vorgeführt.

Tabelle 2

Verhältnis von Kaufabsichten und Zahl der tatsächlichen Käufe im Monatsdurchschnitt der Jahre 1961 bis 1967[a]

(Planungszeitraum jeweils 12 Monate)

Produkt	Zahl der Kaufabsichten (hochgerechnet) ./. Zahl der insgesamt getätigten Käufe
Waschmaschinen	0,90
Kühlschränke	1,25
Elektroherde	0,66
Staubsauger	0,65
Fernsehapparate	0,34

a) Die Zahlen sind folgendermaßen zustandegekommen: Die Kaufabsichten, die z. B. im Januar eines Jahres abgegeben worden sind, bezogen sich auf die folgenden 12 Monate, d. h. Februar des laufenden Jahres bis einschließlich Januar des nächsten Jahres. Es mußte also die Zahl der Verkäufe in diesen 12 Monaten (gemessen anhand der eingesandten Garantiescheine) aufaddiert und der hochgerechneten Zahl der Planer laut Erhebung gegenübergestellt werden.

Quelle: G. Heald, The Predictive Value of Buying Intensions in Great Britain, Tagungspapier zu der ökonometrischen Tagung in Amsterdam vom 2. bis 7. September 1968, S. 5.

Wie die Ergebnisse von Tabelle 2 zeigen, wurden die tatsächlichen Käufe in nahezu allen Fällen — wenn auch in unterschiedlichem Maß — unterschätzt. Die graduellen Unterschiede bei der Unterschätzung werden von Heald hauptsächlich auf die verschiedenen Sättigungsgrade bei den einzelnen Produkten zurückgeführt. Es wird also vermutet, daß bei Ersatzbeschaffungen die Wahrscheinlichkeit ungeplanter Käufe größer ist als bei Erstanschaffungen. Als Begründung für diese Hypothese wird angeführt:

Konsumenten, die sich an ein bestimmtes langlebiges Konsumgut, z. B. Fernseher, Waschmaschine etc. gewöhnt haben, neigen dazu, sich sofort ein neues Gerät anzuschaffen, wenn beim alten Gerät plötzlich größere technische Mängel auftreten. Sie sind nicht in dem Maße bereit, den Kauf hinauszuschieben und einen günstigeren Zeitpunkt für den Kauf abzuwarten wie Erstkäufer.

In Tabelle 3 sind die Ergebnisse der Tabelle 2 mit dem Grad der Marktsättigung und dem Verhältnis Ersatzbeschaffung / gesamter Absatz kombiniert.

Fernsehgeräte müssen bei einem Vergleich von Sättigungsgrad und Verhältnis Absichten/Käufe außer acht gelassen werden, da bei Fernsehgeräten in Großbritannien das Mietgeschäft eine große Rolle spielt. In England hat das Mietgeschäft beim Vertrieb von Fernsehgeräten einen Marktanteil von rund 50 %. Bei technischen Störungen fordern die Konsumenten sofort ein neues Gerät bei ihrer Verleihgesellschaft an. Dies dürfte der Grund sein, weshalb sich mit den Kaufabsichten nur rund 34 % der tatsächlichen Käufe erklären lassen. Insgesamt bleibt festzuhalten: Eine direkte Vorausschätzung von Absatzzahlen für spezielle langlebige Konsumgüter mit Hilfe von Kaufabsichten führte auch in Großbritannien zu nicht befriedigenden Ergebnissen. Auch der Einbau von finalen Konsumentenäußerungen in ökonometrische Prognosemodelle für einzelne Güter erwies sich als wenig erfolgreich; die Prognosefähigkeit der Modelle wurde dadurch nicht oder nur geringfügig verbessert[30].

Aus den eingangs genannten Gründen sind die britischen Erfahrungen auf dem Gebiet der finalen Konsumentenäußerungen allerdings nur beschränkt aussagefähig.

Tabelle 3

Realisationsquote von Kaufabsichten unter Berücksichtigung der Marktsättigung (1961 - 1967)

Produkt	Verhältnis: Absichten zu Verkäufen (Monatsdurchschnitt)	Grad der Marktsättigung %	Verhältnis: Ersatzbeschaffung zu gesamtem Absatz %
Waschmaschinen .	0,90	61	55
Kühlschränke	1,25	45	26
Elektro- und Gasherde	0,66	96	75
Staubsauger	0,65	81	68
Fernsehapparate .	0,34	93	80

Quelle: G. Heald, The Predictive Value of Buying Intensions in Great Britain, Tagungspapier zu der ökonometrischen Tagung in Amsterdam vom 2. bis 7. September 1968, S. 5.

[30] Es wäre nach Ansicht des Verfassers sinnvoller gewesen, die ökonometrischen Modelle nur zur Kontrolle der Aussagefähigkeit von Kaufabsichten heranzuziehen. Ein Aufpfropfen von Konsumententest-Ergebnissen auf Modelle, die hierfür nicht speziell konzipiert sind, erscheint wenig sinnvoll.

c) *Frankreich*

Seit 1959 führt das Institut National de la Statistique et des Etudes Economiques (INSEE), Paris, regelmäßig (von 1959 bis 1964 zweimal jährlich, seit 1965 dreimal jährlich) eine Erhebung über die Kaufgewohnheiten und -absichten der privaten Haushalte durch[31] (siehe auch S. 38 f.).

Vor Einführung der harmonisierten EG-Befragung (April 1972) umfaßte das Frageprogramm 11 Einstellungsvariable (attitudes), 14 Kaufabsichten, 1 Frage nach der Einkommensklasse sowie 7 Fragen nach dem Vorhandensein wichtiger dauerhafter Güter. Aus dieser Aufteilung geht bereits hervor, daß INSEE den Kaufabsichten ein relativ großes Gewicht beimißt.

Bis zuletzt wurden regelmäßig für folgende 7 Güter Kaufabsichten erfaßt: PKW, Kühlschränke, Waschmaschinen, Fernsehgeräte, Radio, Staubsauger und Plattenspieler. Die Meßskala umfaßte jeweils die folgenden verbalen Absichtsklassen:

IF:	Feste Kaufabsicht in den kommenden 12 Monaten (ja, sicher)
ID:	Zweifelhafte Kaufabsicht in den nächsten 12 Monaten (ja, vielleicht)
NSP:	Weiß nicht
SDN:	Wahrscheinlich kein Kauf in den nächsten 12 Monaten (wohl kaum)
NON:	Kein Kauf in den nächsten 12 Monaten, wohl aber voraussichtlich in den kommenden 2 - 3 Jahren
NON (2 - 3):	Kein Kauf in den nächsten 2 - 3 Jahren.

Zusätzlich zu diesen 6 Absichtsklassen wurde bei den PKW-Kauferwartungen noch die Kategorie C aufgenommen: „Wagen bereits bestellt, aber noch nicht ausgeliefert.“

Die Zweiteilung der „Nein-Antworten“ (NON; NON [2 - 3]) erfolgte ab 1964 bei allen Gütern mit Ausnahme der PKW; dort wurde sie erst 1967 eingeführt. Wie sich zeigen wird, ist sie recht nützlich. Die Stichprobe umfaßte jeweils rd. 8 000 zufällig ausgewählte Haushalte. Durch eine Stichprobenrotation ist sichergestellt, daß jeweils die Hälfte der Befragten ein Jahr später nochmals interviewt wird. Die in den folgenden Tabellen zusammengestellten Ergebnisse basieren auf derartigen Zweitbefragungen bei rd. 4 000 Haushalten[32].

31 Die Umfrageergebnisse werden veröffentlicht als „Informations Rapides“ des INSEE unter dem Titel „Tendances de la conjoncture“, vgl. z. B. Ausgabe Nr. 26 vom 14. März 1972.

32 Vgl. „Prognose der Kaufabsichten“, Interne Studie der Ecole Politechnique Laboratoire d'Econometrie, Paris 1968. Die Studie wurde der Sachverständigengruppe „Konjunkturbefragungen bei den Verbrauchern“ bei der Kommission der Europäischen Gemeinschaften zugeleitet.

In den folgenden Tabellen werden die Kaufabsichten unter drei Gesichtspunkten betrachtet:

— Die Tabellen geben einmal Auskunft über die Kauf-Realisierungsquote in den einzelnen Absichtsklassen (Ex-post-Kaufwahrscheinlichkeiten).

— Zum anderen läßt sich daran ablesen, ob eine Kaufabsicht bei der Zweitbefragung nach wie vor besteht, ob sie sich verstärkt oder abgeschwächt hat, oder ob sie ganz verschwunden ist. Diese Informationen dürften für die Konjunkturanalyse und -prognose mindestens ebenso wichtig sein wie die Beobachtung der Käufe in den einzelnen Absichtsklassen.

— Ausgehend von den insgesamt getätigten Käufen der reinterviewten Haushalte wird gezeigt, ob und wie fest diese Käufe geplant waren. Wie sich aus den amerikanischen Untersuchungen ergab, stammt rund die Hälfte der Käufe von den „Non-Intenders". Inwieweit auch in Frankreich derartige nur wenig befriedigende Ergebnisse erzielt wurden, läßt sich anhand von Tabelle 7 erkennen.

Die in den Tabellen 4 bis 7 dargestellten Ergebnisse lassen sich folgendermaßen zusammenfassen:

— Bei allen untersuchten dauerhaften Konsumgütern nimmt die Kaufrate erwartungsgemäß mit steigender Planintensität zu. Besonders deutlich kommt dies bei PKW, Kühlschränken und Fernsehapparaten zum Ausdruck. Wesentlich schwächer ausgeprägt ist diese Tendenz allerdings bei anderen Gebrauchsgütern, insbesondere bei Staubsaugern und Plattenspielern. Dieses Ergebnis deutet darauf hin, daß das Kaufverhalten bei den zuletzt genannten Gütern weitgehend habituell ist und sich mit finalen Fragen kaum erfassen lassen dürfte.

— Sofern im Zeitraum zwischen Erst- und Zweitbefragung nicht gekauft wurde, ist zu vermuten, daß an der einmal geäußerten Kaufabsicht weitgehend festgehalten wird. Ein Auf- oder Absteigen um ein oder zwei Intensitätsstufen wäre zwar auch nicht überraschend; schließlich sind solche „Planrevisionen" infolge unterschiedlicher konjunktureller Situationen zur Zeit der Erst- und Zweitbefragung durchaus plausibel. Skeptisch zu beurteilen sind jedoch verbreitete Bewegungen von einer sehr hohen Absichtsklasse, z. B. IF, zu einer sehr niedrigen, z. B. NON (2 - 3). Es besteht hier die Vermutung, daß eine Kaufabsicht ohne Gesetzmäßigkeit und ohne Ursache erscheint und wieder verschwindet. Dieser Verdacht drängt sich insbesondere bei einer Analyse der Tabelle 6 (Staubsauger) auf. Im Falle der Kaufabsichten für PKW, Kühl-

Tabellen 4 - 7: **Realisation und Fortbestehen von Kaufabsichten**
(Meldeanteile in %)
Basis: Rund 4 000 reinterviewte Haushalte

Zeichenerklärung (Alle Angaben in %):

A = Anteil der Käufe in den 12 Monaten zwischen Erst- und Zweitbefragung.

C = PKW bestellt, aber noch nicht ausgeliefert.

Zu den übrigen Abkürzungen vgl. S. 55.

Tabelle 4

Personenkraftwagen

Okt. '66 / Okt. '65		Kauf	Kaufintensität						Summe
		A	C	IF	ID	NSP	SDN	NON	
Kauf-inten-sität	C	90	—	—	—	—	—	10	100
	IF	57	2	22	3	4	6	6	100
	ID	45	3	11	13	3	5	20	100
	NSP ...	30	—	10	10	14	6	30	100
	SDN ...	30	—	8	11	3	8	40	100
	NON ..	7	—	4	3	2	2	82	100

Quelle: INSEE, Paris.

Tabelle 5

Kühlschränke

Okt. '66 / Okt. '65		Kauf	Kaufintensität						Summe
		A	IF	ID	NSP	SDN	NON	NON (2 - 3)	
Kauf-inten-sität	IF	55	20	8	2	0	6	9	100
	ID	28	9	21	10	1	6	25	100
	NSP ...	24	10	11	20	1	7	27	100
	SDN ...	18	16	18	7	0	11	30	100
	NON ..	9	3	13	7	2	11	52	100
	NON (2 - 3).	1	0	0	0	0	1	98	100

Quelle: INSEE, Paris.

Tabelle 6

Staubsauger

Okt. '65 \ Okt. '66	Kauf	Kaufintensität						Summe
	A	IF	ID	NSP	SDN	NON	NON (2 - 3)	
Kaufintensität IF	21	17	14	4	3	2	39	100
ID	15	14	15	5	3	6	42	100
NSP	14	9	11	14	4	3	45	100
SDN	13	4	4	25	4	—	50	100
NON ...	10	10	10	—	5	8	57	100
NON (2 - 3)..	1	—	—	—	—	1	98	100

Quelle: INSEE, Paris.

Tabelle 7

Herkunft der zwischen Okt. 1965 und Okt. 1966 getätigten Käufe
(in % aller Käufe, die von den 4 000 reinterviewten Haushalten getätigt wurden)

Gut \ Angaben vom Okt. '65	Kaufintensität							Summe
	C	IF	ID	NSP	SDN	NON	NON (2 - 3)	
PKW	6	14	12	10	5	53	—	100
Kühlschränke .	—	20	10	6	3	2	59	100
Wasch-maschinen ..	—	22	7	4	2	5	60	100
Fernsehgeräte .	—	7	11	1	2	5	74	100
Staubsauger ..	—	8	6	0	2	2	82	100
Plattenspieler .	—	10	8	0	0	2	80	100
Radio	—	8	5	0	2	2	83	100

Quelle: INSEE, Paris.

schränke und Fernsehapparate ist die Verschiebung der Meldeanteile durchaus folgerichtig: Die Kaufabsichten, die sich nicht realisiert haben, bleiben größtenteils bestehen (Werte auf der Hauptdiagonalen) oder verändern sich nur relativ wenig. Plausibel erscheint auch, daß die Rate des Fortbestehens um so höher ist, je schwächer die Absicht war. Je schwächer nämlich die Absicht ist, desto weniger dürfte sie bei rationalem Verhalten der Konsumenten verwirklicht werden und desto wahrscheinlicher ist daher ihr Fortbestehen.

— Ähnlich wie in den USA stammte selbst bei den Gütern, deren Anschaffung aufgrund der Ergebnisse der Tabellen 4 und 5 weitgehend rational erfolgen dürfte, also vor allem PKW, rund die Hälfte der Käufe von Haushalten, die vorher keine Kaufabsicht geäußert hatten (Tabelle 7). Bei Staubsaugern, Plattenspielern und Radios stieg dieser Anteil sogar auf über 80 %. Die zuletzt genannten Ergebnisse dürften sich wiederum damit erklären lassen, daß das Verhalten der Konsumenten bei der Anschaffung dieser Güter, die nur einen relativ geringen finanziellen Aufwand erfordern, weitgehend habituell ist. Aber auch bei PKW-Anschaffungen ist die Kohärenz zwischen Verhalten und Absicht nur zum Teil befriedigend. Immerhin stammten 53 % der Käufe von Haushalten, die vorher keine Kaufabsicht angegeben hatten. Wie sich in späteren Erhebungen zeigte, konnte zwar durch die Aufteilung der „Nein"-Antworten in „kein Kauf in den nächsten 12 Monaten, wahrscheinlich aber in den kommenden 2 - 3 Jahren" sowie „kein Kauf in den nächsten 2 - 3 Jahren" der Prognosewert der Absichten etwas verbessert werden. Es stammten aber immer noch 30 bis 40 % der Käufe von Haushalten, die sich vorher in die niedrigste Absichtsklasse eingeordnet hatten[33].

— Es muß aus diesen Ergebnissen der Schluß gezogen werden, daß mit Kaufabsichten allein das künftige Absatzniveau einzelner Güterarten nur unzureichend vorausgeschätzt werden kann. Es wäre jedoch vorschnell, allein aufgrund dieser insgesamt enttäuschenden Ergebnisse auf Mikroebene das Konzept der finalen Konsumentenäußerungen ganz aufzugeben. Einmal ließe sich einwenden, die vorgeführten Ergebnisse seien deshalb nicht aussagekräftig, da sie sich nur auf einen ganz speziellen Zeitraum bezögen (Oktober 1965 bis Oktober 1966). Dieser Einwand zieht allerdings nicht, da entsprechende Untersuchungen in anderen Perioden im wesentlichen zu den gleichen Ergebnissen gekommen sind[34].

---

33 „Prognose der Kaufabsichten", Interne Studie der Ecole Politechnique Laboratoire d'Econometrie, Paris 1968, S. 13.

34 Institut National de la Statistique et des Etudes Economiques, Generaldirektion, Erhebung über das Verhalten und die Kaufabsichten der privaten

Zum anderen ließe sich einwenden, die Kaufabsichten seien nicht richtig interpretiert worden. Diese Ansicht legt eine französische Studie nahe[35]: Hier wurden die Kaufabsichten nicht als Meßgrößen für den künftigen Absatz spezieller Güter angesehen, sondern zusammen mit den rezeptiv-kritischen Äußerungen als Komponenten des psychologischen „Feldes"[36].

Diese Interpretation der Kaufabsichten, die auch Katona im Gegensatz etwa zu Adams[36a] und Juster bevorzugt, erscheint insbesondere aus folgenden Gründen angemessener zu sein:

— Korrelationsmatrizen (vgl. Tabelle 8, S. 61) zeigen, daß die Kaufabsichten für die verschiedenen Güter nicht völlig unabhängig voneinander sind. Es besteht also, was das Kaufverhalten anbelangt, ein gewisses „Substitutionsverhältnis" zwischen den einzelnen Produkten. Beispiel: Infolge eines günstigen Angebots von Fernsehgeräten wird ein solches Gerät und nicht — wie ursprünglich beabsichtigt — ein Kühlschrank gekauft. Aus diesem Grunde erscheint es sinnvoller, die Kaufabsichten primär auf das Gesamtvolumen der dauerhaften Güter und nicht auf einzelne Produktarten zu beziehen. Lediglich bei PKW dürfte es vertretbar sein, die speziellen Produkt-Kaufabsichten zur Erklärung und Prognose des PKW-Absatzes direkt heranzuziehen. Hierauf deuten die durchgehend negativen Korrelationskoeffizienten zwischen PKW-Kaufabsichten und den Kaufplänen für die anderen dauerhaften Konsum güter hin. Eine PKW-Kaufabsicht schließt damit mehr oder weniger — wohl infolge des relativ hohen Anschaffungspreises — andere Kaufabsichten aus (vgl. Tabelle 8).

— Die Korrelationsmatrizen lassen den Schluß zu, daß die rezeptiv-kritischen und die finalen Konsumentenäußerungen nicht unabhängig voneinander sind. Dies überrascht nicht weiter. Letztlich haben Kaufabsichten den statistischen Charakter einer bedingten Wahrscheinlichkeit: Sie werden unter der Berücksichtigung der gegenwärtig verfügbaren Mittel, der zu erwartenden Entwicklung der eigenen finanziellen und der allgemeinen wirtschaftlichen Situation

---

Haushalte — Erste Zusammenfassung zehnjähriger Erfahrung, Interne Studie von INSEE, Paris 1968. Die Studie wurde der Sachverständigengruppe „Konjunkturbefragungen bei den Verbrauchern" bei der Kommission der Europäischen Gemeinschaften zugeleitet.

[35] Ebenda, S. 43 f.

[36] Vgl. G. Katona, Das Verhalten der Verbraucher und der Unternehmer über die Beziehungen zwischen Nationalökonomie, Psychologie und Sozialpsychologie, hrsg. v. Erik Boettcher, Tübingen 1960 (Original 1951), S. 38 ff.

[36a] Vgl. F. Gerard Adams, Consumer Attitudes, Buying Plans and Purchases of Durable Goods: A Principal Component, Time Series Approach, in: Review of Economics and Statistics, November 1964, S. 347 f.

Tabelle 8

Korrelationsmatrix der finalen und rezeptiv-kritischen Verbraucheräußerungen in Frankreich

Bezugszeitraum: 1959 - 1967

	1 SFAC	2 SFFU	3 REVN	4 IREF	5 IMAL	6 ITEV	7 IASP	8 IRAD	9 IAUTO
1 SFAC ...	1,00	0,91	0,80	– 0,06	0,11	0,50	– 0,08	– 0,33	0,43
2 SFFU		1,00	0,83	– 0,12	– 0,05	0,32	– 0,18	– 0,35	0,44
3 REVN ...			1,00	– 0,43	– 0,10	0,21	– 0,32	– 0,52	0,45
4 IREF				1,00	0,62	0,52	0,75	0,75	– 0,25
5 IMAL ...					1,00	0,85	0,67	0,61	– 0,37
6 ITEV						1,00	0,53	0,45	– 0,30
7 IASP							1,00	0,84	– 0,22
8 IRAD ...								1,00	– 0,53
9 IAUTO ..									1,00

Da die Matrix symmetrisch ist, ist die untere Hälfte spiegelbildlich zur oberen.

Die Kaufabsichten wurden folgendermaßen zusammengewichtet (das Gewicht steht jeweils in Klammern): Feste Absicht (1); vielleicht (0,5), weiß nicht und wahrscheinlich nicht (0,33).

Quelle: Interne Untersuchungsergebnisse der Ecole Polytechnique Laboratoire d'Econométrie, Paris.

Hierbei sind:

SFAC: Beurteilung der augenblicklichen finanziellen Situation des Haushaltes (Differenz der Meldeanteile der Haushalte, die angeben, es gelingt ihnen zur Zeit etwas zu sparen und solchen, die nach ihren Angaben ihre Rücklagen angreifen müssen bzw. ganz und gar nicht mit ihren finanziellen Mitteln auskommen)

SFFU: Beurteilung der künftigen finanziellen Situation (Differenz der Meldeanteile der Haushalte, die eine Verbesserung bzw. Verschlechterung ihrer finanziellen Situation in den kommenden Monaten erwarten)

REVN: Bei der Umfrage angegebenes Einkommensniveau (Es wurde jeweils der mittlere Wert der Einkommensklasse mit der Besetzungszahl multipliziert und über die verschiedenen Einkommensklassen addiert)

IREF: Kaufabsichten für Kühlschränke

IMAL: Kaufabsichten für Waschmaschinen

ITEV: Kaufabsichten für Fernsehgeräte

IASP: Kaufabsichten für Staubsauger

IRAD: Kaufabsichten für Radios

IAUTO: Kaufabsichten für PKWs

etc. abgegeben. Aus diesem Grunde dürfte der sozio-ökonomische „Hintergrund“, der mit Hilfe der rezeptiv-kritischen Konsumentenäußerungen erfaßt werden soll, in engem Zusammenhang mit den Kaufabsichten stehen. Die Realisierung der Absichten wird zudem nicht unwesentlich davon abhängen, wie sich der sozio-ökonomische Hintergrund während der Planungsperiode ändert.

Die hier angesprochenen Korrelationen zwischen den verschiedenen Variablen lassen sich in Querschnittsanalysen (Mikroebene), noch deutlicher aber in Längsschnittanalysen (Zeitreihen von aggregierten Größen), nachweisen (vgl. Tabelle 8). Die Korrelationsmatrix basierte auf den französischen Umfrageergebnissen bei jeweils rund 8 000 Haushalten im Zeitraum 1959 bis 1967 (14 Erhebungen).

Zusätzlich zu den bereits erwähnten Zusammenhängen zwischen den einzelnen Variablen sei noch speziell auf die Beziehung zwischen den Kaufabsichten und der Beurteilung der finanziellen Lage eingegangen: Der Zusammenhang zwischen diesen Variablen ist relativ eng bei Fernsehapparaten[37] und PKW; sehr schwach und obendrein zum Teil negativ korreliert sind dagegen die entsprechenden Variablen bei Kühlschränken, Waschmaschinen und Staubsaugern. Das niedrige Niveau der Korrelationskoeffizienten dürfte darauf zurückzuführen sein, daß bei Anschaffungsplänen für diese Güter — soweit deren Käufe überhaupt geplant sind — die finanzielle Situation wegen der nicht so hohen finanziellen Belastung eine wesentlich geringere Rolle spielt als beispielsweise bei geplanten PKW-Käufen. Die negative Korrelation, die besonders bei Radios ausgeprägt ist, dürfte zum Teil mit der bereits angesprochenen „Substitution“ im Kaufverhalten zurückzuführen sein: In einer finanziell angespannten Lage werden relativ teure Anschaffungen hinausgeschoben, und an ihre Stelle treten finanziell weniger aufwendige Käufe, z. B. eben Radios. Es bietet sich auch noch eine andere Erklärung für die negativen Vorzeichen der Korrelationskoeffizienten an: In finanziell „guten“ Zeiten ist nur bei Gütern, deren Anschaffung mit einer relativ großen finanziellen Belastung verbunden ist, ein rationales, also planendes Kaufverhalten festzustellen. Je ungünstiger die finanzielle Lage ist, um so stärker sehen

[37] Die Sonderstellung von Fernsehapparaten (vorwiegend schwarz-weiß) unter den dauerhaften Konsumgütern (ohne PKW) dürfte wohl zum Teil mit der Erhebungsperiode zusammenhängen. Anfang der 60er Jahre setzte die Verbreitung von Fernsehgeräten erst stärker ein. Da es sich vorwiegend um Erstkäufe in dieser Zeit handelte, und da darüber hinaus die Geräte anfangs noch ziemlich teuer waren, dürfte das rationale (d. h. planende) Verhalten beim Kauf eines Schwarz-weiß-Gerätes stärker ausgeprägt gewesen sein als heute. Was das Verhalten anbelangt, dürfte heute bei Farbfernsehgeräten eine ähnliche Situation vorliegen wie damals bei der Anschaffung von Schwarz-weiß-Geräten.

sich die Haushalte veranlaßt, rational mit ihrem Einkommen umzugehen, d. h. auch die Anschaffung relativ weniger kostspieliger Güter zu planen.

Wie sich noch zeigen wird, dürfte der zweiten Erklärungsvariante die größere Bedeutung zukommen.

Aus der Korrelationsmatrix lassen sich noch weitere wichtige Schlußfolgerungen ziehen. Hierzu muß aber zunächst ein Verfahren der deskriptiven Statistik, nämlich die Faktorenanalyse, angewendet werden. Die ersten drei Hauptkomponenten, die sich dabei herauskristallisierten, erklären mehr als 80 % der Gesamtvarianz der 9 finalen und rezeptiv-kritischen Konsumentenäußerungen. In Tabelle 9 sind die Ladungskoeffizienten der ersten drei Hauptkomponenten zusammengestellt.

Die *erste Hauptkomponente* ist positiv hochgeladen mit den Kaufabsichten für dauerhafte Konsumgüter mit Ausnahme der PKW; negativ geladen dagegen mit den Urteilen zur finanziellen Situation

Tabelle 9

Ladungskoeffizienten der ersten drei Hauptkomponenten Konsumentenbefragung von INSEE

Variable	1. Hauptkomponente	2. Hauptkomponente	3. Hauptkomponente
1 SFAC	– 0,44	0,87	0,02
2 SFFU	– 0,53	0,77	0,05
3 REVN	– 0,67	0,64	– 0,14
4 IREF	0,77	0,29	0,33
5 IMAL	0,72	0,55	– 0,17
6 ITEV	0,47	0,81	– 0,26
7 IASP	0,79	0,32	0,33
8 IRAD	0,93	0,10	0,12
9 IAUTO	– 0,63	0,18	0,70
Anteil an der Gesamtvarianz in %	46	33	9

Quelle: INSEE, Erhebung über das Verhalten und die Kaufabsichten der privaten Haushalte — Erste Zusammenfassung zehnjähriger Erfahrung, Paris 1968, S. 45.

und auch mit den PKW-Kaufabsichten. Während dieser Faktor in den Jahren 1959 bis 1964, d. h. in einer Zeit mit starkem konjunkturellen Wachstum, durchschnittlich nur rd. 20 % der Gesamtvarianz erklärte, erhöhte sich sein Anteil bei Einbeziehung der Jahre 1965 bis einschließlich 1967, d. h. in einer Phase mit schwachem konjunkturellen Wachstum, auf 46 %. Der bereits angesprochene zweite Erklärungsversuch scheint also zutreffend zu sein: Je schlechter die finanzielle Situation, um so verbreiteter und aussagefähiger sind die Kaufabsichten für dauerhafte Konsumgüter. Die negative Ladung der PKW-Kaufabsichten dürfte damit zusammenhängen, daß ein PKW-Kauf wegen der relativ hohen finanziellen Aufwendung bei der Mehrzahl der Haushalte nicht gleichzeitig weitere Anschaffungen von größeren Konsumgütern zuläßt.

Die *zweite Hauptkomponente* ist eng korreliert mit der Einschätzung der finanziellen Situation und dem Einkommensniveau sowie — allerdings in geringerem Maße — den Kaufabsichten. Sie „erklärte" rund 55 % der Gesamtvarianz im Zeitraum 1959 bis 1964; als man jedoch die weiteren Jahre bis einschließlich 1967 hinzunahm, erklärte sie nur noch 33 % der Gesamtvarianz, und ihre Korrelation mit den Kaufabsichten wurde deutlich geringer. Dies dürfte darauf zurückzuführen sein, daß die Absatzentwicklung von langlebigen Konsumgütern in den Jahren 1959 bis 1964 — also in einer Zeit, die keine nennenswerten konjunkturellen Schwankungen aufwies — verhältnismäßig stetig war. Es herrschte hier anscheinend beim Kauf dauerhafter Konsumgüter (ohne PKW) ein weitgehend habituelles Verhalten vor, das stark von der Einkommensentwicklung geprägt wurde.

Die *dritte Hauptkomponente,* auf die rund 10 % der Gesamtvarianz entfiel, ist nur mit den Kaufabsichten für PKW eng korreliert. Dieser Faktor kann damit als Indikator für den PKW-Absatz interpretiert werden.

Zusammenfassend läßt sich für die französischen Kaufabsichts-Erhebungen festhalten:

— Kaufabsichten für langlebige Konsumgüter — mit Ausnahme für PKW — erlauben keine zuverlässige Vorausschätzung der Absatzentwicklung *einzelner Güter*. Dies dürfte vor allem auf die angesprochene „Substitution" verschiedener Anschaffungspläne zurückzuführen sein. Es ist jedoch den Forschern des INSEE-Instituts zuzustimmen, daß die Kaufabsichten bei richtiger Interpretation (Kombination mit rezeptiv-kritischen Konsumentenäußerungen) einen wertvollen Beitrag bei der Prognose des *gesamten* Absatzes von langlebigen Konsumgütern zu leisten vermögen.

— Je ungünstiger die finanzielle Lage der Haushalte, um so verbreiteter und aussagefähiger sind die Kaufabsichten für dauerhafte Konsumgüter. Dies dürfte damit zusammenhängen, daß sich in einer angespannten finanziellen Lage die Haushalte eher rational verhalten dürften und auch Käufe, die nicht mit relativ großem finanziellen Aufwand verbunden sind, im voraus planen. Dies trifft zwar auch für die PKW-Kaufabsichten zu; allerdings ist hier auch in konjunkturell guten Zeiten ein weit verbreitetes rationales Kaufverhalten festzustellen.

— Kaufabsichten sind bedingte Kaufwahrscheinlichkeiten, deren Verbreitung und Intensität stark vom sozio-ökonomischen Hintergrund (gemessen durch die rezeptiv-kritischen Konsumentenäußerungen) zur Zeit der Planabgabe abhängen, und deren Realisierung wiederum stark von der sozio-ökonomischen Entwicklung während der Planperiode beeinflußt werden dürfte. Aus diesem Grunde erscheint eine Kombination von rezeptiv-kritischen und finalen Äußerungen angebracht.

d) Bundesrepublik Deutschland

Während in der BRD bereits frühzeitig (1957) — wenn auch in unregelmäßigen Abständen — mit der Erfassung rezeptiv-kritischer Konsumentenäußerungen begonnen wurde, beschränken sich die Erfahrungen mit Kaufabsichten bzw. -wahrscheinlichkeiten bisher nur auf insgesamt 9 Erhebungen im Zeitraum August 1968 bis Januar 1972. Die Erhebungen wurden im Auftrag der Forschungsstelle für empirische Sozialökonomik (Prof. Dr. G. Schmölders) von verschiedenen Marktforschungsinstituten durchgeführt. Dieses Projekt wurde weitgehend aus Mitteln der VW-Stiftung finanziert. Wegen des relativ kleinen Stichprobenumfangs während der ersten 8 Befragungswellen (jeweils rund 2 000 Haushalte), dürfte der zufallsbedingte Fehler relativ groß gewesen sein. Bisher liegt erst eine einzige Analyse zur Treffsicherheit von Kaufabsichten vor[38]. Sie wurde im Jahre 1969 durchgeführt und basierte auf einem Vergleich der Antworten von 945 Haushalten, die im Abstand von 6 Monaten zweimal interviewt worden sind. Diese geringe Zahl von Zweitbefragungen verbot eine Untergliederung der Erhebungsergebnisse nach sozio-demographischen Merkmalen, etwa Alter, Beruf, Geschlecht etc. Auch erschien es wenig ratsam, die Treffsicherheit der Kaufabsichten für die nicht weniger als 31 Gebrauchsgüter getrennt zu untersuchen[39]. Aus diesem Grunde

[38] Vgl. B. Biervert, H. P. Haarland, H. J. Niessen, Empirische Konsumforschung und Konjunkturprognose.

[39] Vgl. B. Biervert und H. J. Niessen, Privater Verbrauch und Konjunktur, Ergebnisse empirischer Konsumforschung, in: Jahrbücher für Nationalökonomie und Statistik, Band 186, Heft 5 (1972), S. 378.

wurden die in die Untersuchung aufgenommenen langlebigen Gebrauchsgüter in Klassen aufgeteilt und jeder Gruppe ein unterschiedliches Gewicht zugeordnet. Die Höhe der Gewichte entsprach etwa den durchschnittlichen Preisen und sollte das Wertverhältnis zwischen den einzelnen Gütergruppen widerspiegeln[40]. Wie die bereits beschriebenen französischen Untersuchungsergebnisse zeigten[41], erscheint dieses Vorgehen nicht nur als Notlösung wegen der relativ kleinen Stichprobe, sondern auch aus anderen Gründen vertretbar („Substituierbarkeit" der verschiedenen Güter; Prognose der *gesamten* Ausgaben für dauerhafte Konsumgüter als primäre Zielsetzung derartiger Verbraucherbefragungen).

Der nachträgliche Vergleich der Kaufpläne mit den tatsächlichen Käufen lt. Wiederholungsbefragung erbrachte hauptsächlich folgende Ergebnisse[42]:

— Die späteren tatsächlichen Käufe konnten nur zu 49 % aus geplanten Käufen erklärt werden, so daß im Durchschnitt die Hälfte der Anschaffungen „ungeplant" war. Ähnliche Ergebnisse wurden — wie bereits erwähnt — auch in den USA, Großbritannien und Frankreich erzielt.

— Das Niveau der geplanten Ausgaben überstieg das tatsächliche um ca. 25 %. Zum Teil dürfte dieses enttäuschende Ergebnis darauf zurückzuführen sein, daß die Zeitspanne zwischen Erst- und Zweitbefragung zu kurz war (rund 6 Monate). Auch wenn sich die Kaufpläne (lt. Fragestellung) auf einen 6-Monatszeitraum beziehen sollten, darf man nach aller Erfahrung — auch bei unternehmerischen Planangaben — diese Terminierung nicht zu wörtlich nehmen. Interessant wäre es gewesen, nach weiteren 6 Monaten eine Drittbefragung durchzuführen und die Plan-Realisierungsquoten festzustellen. Außerdem müßte zusätzlich eine Absichts-Matrix aufgestellt werden, die Aufschluß darüber gibt, wie sich die noch nicht realisierten Kaufabsichten verändert haben.

— Immerhin zeigte sich, ähnlich wie bei den beschriebenen Umfragen in den USA, Frankreich und Großbritannien, daß die nachträgliche Kaufrate der „Intenders" deutlich größer war als die der „Non-Intenders". Es ergab sich allerdings das nicht uninteressante Er-

---

[40] H. Laaf, Kaufpläne und deren Realisation, Kölner Diplomarbeit, WS. 1970/71.

[41] Vgl. S. 55 ff.

[42] Die dieser Analyse zugrundeliegenden Zahlentabellen finden sich in: H. Laaf, Kaufpläne und deren Realisation, Kölner Diplomarbeit, Wintersemester 1970/71.

gebnis, daß die Gruppe der Haushalte, die zunächst überhaupt keine Pläne geäußert hatten, mit ihren tatsächlichen Käufen im Durchschnitt über der Gruppe mit dem niedrigsten Planniveau lag.

— Wie zu vermuten, neigen Haushalte, die mit einer Verbesserung ihrer finanziellen Situation rechneten, deutlich stärker dazu, die Anschaffung langlebiger Gebrauchsgüter zu planen als Haushalte mit ungünstigen finanziellen Erwartungen. Keine Parallele hierzu ergab sich beim Vergleich der Kaufabsichten mit den Erwartungen zur allgemeinen wirtschaftlichen Lage. Wie sich noch zeigen wird, erwiesen sich auch in anderen Untersuchungen die allgemeinen wirtschaftlichen Erwartungen weniger verhaltensrelevant als die persönlichen Erwartungen.

— Weniger deutliche Unterschiede brachte eine Untersuchung der Plan*realisierung* getrennt nach Haushalten, die bei der Erstbefragung günstige bzw. ungünstige Erwartungen zur eigenen finanziellen Lage im nächsten Jahr geäußert hatten. Es hat den Anschein, als würden die Haushalte, die ihre eigene wirtschaftliche Lage in der Zukunft ungünstig einschätzen, zwar deutlich weniger Käufe planen als die „Optimisten“. Falls sie aber einmal einen Kaufplan gefaßt haben, stehen sie in der Realisierung der Pläne hinter den günstiger gestimmten Gruppen kaum zurück.

— Ein hoher Anteil der ungeplanten Käufe stammte von Haushalten, die bei der Erstbefragung ihre eigenen finanziellen Aussichten ungünstig beurteilt hatten. Es ist leider nicht untersucht worden, ob sich die Einschätzung der finanziellen Lage bei diesen Haushalten zwischen Erst- und Zweitbefragung gebessert hat. Falls dies der Fall wäre, hätte man ein zusätzliches Indiz für die Verhaltensrelevanz von derartigen rezeptiv-kritischen Konsumentenäußerungen. Es würde in diesem Fall die Entscheidung naheliegen, die mit Hilfe einer relativ kleinen Stichprobe erfaßbaren Konsumenteneinstellungen häufiger als bisher zu erfragen und die Ergebnisse zur Korrektur und zum Fortschreiben von Kaufplänen heranzuziehen.

Als Fazit bleibt festzuhalten: Die Kaufpläne für spezielle dauerhafte Konsumgüter scheinen in der BRD ebensowenig wie in den USA, Frankreich und Großbritannien allein auszureichen, das spätere Absatzvolmuen dauerhafter Konsumgüter zu prognostizieren. Falls an der Erfassung finaler Konsumentenäußerungen festgehalten wird, müßte diese stärker als bisher in Zusammenhang mit den rezeptiv-kritischen Äußerungen der Verbraucher interpretiert werden.

e) Europäische Gemeinschaft

Wie bereits erwähnt, werden im Rahmen der harmonisierten EG-Verbraucherbefragungen die Kaufabsichten für 7 Güter (PKW, Gefriertruhen und -schränke, Kühlschränke, Waschmaschinen, Schwarz-weiß-Fernsehgeräte, Farbfernsehgeräte und Geschirrspülmaschinen) erfaßt. Als Filterfrage wird zunächst ein Zeithorizont von 2 Jahren zugrundegelegt; falls eine feste oder zumindest eine vage Kaufabsicht (ja, sicher bzw. ja, vielleicht) geäußert wird, schließt sich eine Absichtsfrage mit einem Zeithorizont von 12 Monaten und schließlich 3 Monaten an. Die Ergebnisse werden neben den angesprochenen demographischen Merkmalen wie Alter, Beruf, Schulbildung, Einkommen auch danach aufgeschlüsselt, ob es sich um einen Erstkauf handelt, oder ob der fragliche Gegenstand bereits im Haushalt vorhanden ist.

Die Stichprobensituation ist so angelegt worden, daß bis zum April 1974 die Treffsicherheit der 2-Jahres-, 12-Monats- und 3-Monatspläne untersucht werden kann. Dies gilt natürlich nur für die fünf alten EG-Länder, die bereits im Frühjahr 1972 mit den Verbraucherumfragen begonnen haben. Wenn bis heute auch noch keine fundierte Analyse der EG-Kaufabsichten vorliegt, so zeichnen sich doch schon einige interessante Punkte ab. Nach den bisherigen Erfahrungen scheint die

Tabelle 10

Geplante und ungeplante Käufe in Italien

Von den im Zeitraum April 1972 bis April 1973 getätigten Käufen stammten ... % von Haushalten, die im April 1972 folgende Kaufabsichten geäußert hatten:

Gut	Kaufabsichten im April 1972 für die nächsten 12 Monate			
	ja, sicher	ja, vielleicht	sicher nicht	weiß nicht
PKW	41	20	25	14
Kühlschrank	44	36	3	17
Waschmaschine	30	54	2	13
Schwarz-Weiß-Fernseher	32	44	6	18
Geschirrspülmaschine	41	41	0	18

Quelle: EG-Kommission.

Treffsicherheit der Kaufpläne in Europa zwar besser zu sein als in den USA; es bestehen aber doch Bedenken, ob sich der bisher mit der Erfassung von Kaufplänen verbundene Aufwand lohnt. Stellvertretend für die anderen europäischen Länder seien hier die Ergebnisse für Italien wiedergegeben:

Es scheint zwar tatsächlich so, daß in Italien ein größerer Teil der Anschaffungen als in den USA im voraus geplant wird (in den USA liegt der Anteil der ungeplanten Käufe bei einem Prognosezeitraum von 12 Monaten bei durchschnittlich 50 %). Der Anteil der nicht geplanten Käufe ist aber auch in Italien mit 15 bis 40 % noch recht beachtlich. Es spricht zudem einiges dafür, daß das Kaufverhalten im Konjunkturverlauf deutliche Schwankungen aufweist. Je ungünstiger die eigene finanzielle Lage und die allgemeine wirtschaftliche Situation eingeschätz werden, um so verbreiteter scheint das rationale Kaufverhalten und damit auch das Aufstellen von Plänen verbunden zu sein. Es ist daher auch nicht auszuschließen, daß die oben vorgeführte Tabelle für Italien im untersuchten Zeitraum (April 1972 bis April 1973) das rationale Kaufverhalten wegen der schlechten wirtschaftlichen Situation möglicherweise stärker ausgeprägt war als in konjunkturell besseren Zeiten.

Es bleibt schließlich noch festzuhalten, daß die Kaufabsichten zwar wichtige Anhaltspunkte für die Veränderung der Kaufbereitschaft für ausgewählte Güter geben können, daß sie aber nicht ausreichen, das Absatzniveau der entsprechenden Güter hinreichend genau vorauszuschätzen.

3. Erfahrungen mit rezeptiv-kritischen Konsumentenäußerungen (Konsumentenstimmungen)

Ähnlich wie im vorangegangenen Kapitel soll hier nicht versucht werden, möglichst alle einschlägigen Veröffentlichungen auszuwerten. Es geht vielmehr darum, die typischen Erfahrungen zu vermitteln, die in den untersuchten Ländern mit dieser Form von Verbraucherumfragen bisher gesammelt worden sind.

a) USA

In den USA beschäftigen sich — wie bereits erwähnt — verschiedene Stellen mit der Erfassung von Konsumenteneinstellungen (vgl. S. 29 ff.). Über die weitaus größte Erfahrung dürfte aber das Survey Research Center an der Universität Michigan (Prof. Katona) verfügen. Es soll daher nur auf die nun seit über 20 Jahren in etwa 3-monatigen Abständen durchgeführten Erhebungen dieser Stelle eingegangen werden.

Obwohl in den SRC-Interviews (1 300 - 1 500 pro Quartal) rund 120 Fragen gestellt werden, konzentrierte sich bisher das Hauptinteresse der SRC-Forscher wie auch das der Abnehmer der Umfrageergebnisse (Regierungsstellen, Privatfirmen, Zeitungsredaktionen) auf den sog. „Index of Consumer Sentiment". In diesen Konsumentenklimaindex gehen die Ergebnisse zu folgenden 5 Fragen ein[43] (die Antwortskalen, die sinngemäß jeweils „verschlechtern bzw. gut", „unverändert" und „verschlechtern bzw. schlecht" lauten, wurden nicht aufgeführt):

— We are interested in how people are getting along financially these days. Would you say that you (and your family) are *better off* or *worse off* financially than you were a *year ago*?

— Now looking ahead — do you think that *a year from now* you (and your family) will be *better off* financially, or *worse off*, or just the same as now?

— Now turning to business conditions in the country as a whole — do you think that during the next 12 months we'll have *good* times financially, or *bad* times, or what?

— Would you say that *at the present time* business conditions are better or worse than they were *a year ago*?

— Now about the big things people buy for their homes — such as furniture, refrigator, stove, television, and things like that. *Generally speaking*, do you think now is a good or bad time for people to buy major household items?

Für jede der 5 Fragen werden die Differenzen zwischen den „positiven" und den „negativen" Antworten ermittelt; zu jeder Differenz wird dann 100 addiert. Diese Berechnungsformel läuft darauf hinaus, daß die „positiven" Antworten mit 2, die gleichbleibenden mit 1 und die „negativen" mit 0 gewichtet werden. Die Summe dieser 5 Testsalden wird anschließend auf einen Basiswert (Februar 1966 = 100) bezogen.

Auf methodische Einwände, die gegen diesen Globalindex geltend gemacht werden können, wird im Anhang eingegangen[44], es soll hier nur der prognostische Wert dieses Globalindex und einiger seiner Komponenten untersucht werden. Zuvor empfiehlt es sich aber, nochmals kurz auf den methodologischen Standpunkt von Katona und

---

[43] Vor 1963 waren es 6 Testvariablen, die in den Globalindex eingingen. Im Jahre 1963 wurde die Frage nach den Preiserwartungen für die nächsten 12 Monate aus dem Index of Consumer Sentiment herausgenomenen. Der Einfluß dieser Variablen auf das Kaufverhalten erwies sich nämlich als nicht eindeutig: Bei einem Teil der Befragten führten hohe Preiserwartungen offensichtlich zu einem Vorziehen von Käufen, die eigentlich für später vorgesehen waren; bei einem anderen Teil der Befragten schreckte das bereits erreichte hohe Preisniveau vom Kauf zurück, obgleich für die nächste Zukunft noch stärkere Preissteigerungen befürchtet wurden. Ähnliche Erfahrungen wurden auch in Großbritannien mit der Preiserwartungsfrage gesammelt.

[44] Vgl. Anhang, Seite 233 ff.

einiger anderer Autoren hinzuweisen, die sich zum Thema Verbraucherbefragungen geäußert haben. Katona hält es als Vertreter der Feld- und Gestaltspsychologie für unerläßlich, ganzheitlich vorzugehen, d. h. nicht einzelne Meßreihen, sondern ein möglichst weites Spektrum von Meßergebnissen zur Erklärung des Käuferverhaltens, heranzuziehen[45]. Im Vergleich zu anderen Autoren scheint sich Katona mehr der prognostischen Grenzen von Verbraucherbefragungen bewußt zu sein. Er vertritt die Ansicht, daß die verschiedenen Konsumenteneinstellungen eine intervenierende Variable bilden, die das Kaufverhalten beeinflussen dürfte. Eine feste, zeitinvariante Beziehung zwischen Verhalten und intervenierender Variable könne allerdings nicht aufgestellt werden. Aus diesem Grunde sollten Konsumenteneinstellungen primär zur Prognose von Richtungsänderungen im Kaufverhalten und nur sekundär zur Prognose der Änderungen im Absatz*niveau* herangezogen werden[46].

Andere Autoren messen dagegen den Ergebnissen von Verbraucherumfragen einen größeren *direkten* Prognosewert bei. So schlug Adams beispielsweise vor, sich bei der Prognose vornehmlich auf die separaten Erklärungsbeiträge der einzelnen Einstellungsreihen zu stützen[47]. Von einer noch größeren Präzision der Verbraucheräußerungen ging — wie ausführlich beschrieben — Juster[48] bei seinem subjektiven Wahrscheinlichkeitsansatz aus.

Katona hat dagegen immer davor gewarnt, derartige finale Äußerungen zu wörtlich zu nehmen, d. h. sie als direkten Prognosewert aufzufassen. Er bevorzugt nicht oder nur wenig formalisierte Prognosetechniken. Es obliegt dabei dem jeweiligen Konjunkturanalytiker, welchen Einflußgrößen, beispielsweise der Kauffähigkeit oder der Kaufbereitschaft, er in einer bestimmten konjunkturellen Situation ein größeres Gewicht beimißt. Der Nachteil dieses analytischen Prognoseansatzes liegt darin, daß der Prognoseprozeß für den Außenstehenden kaum nachzuvollziehen ist. Wohl um ihn transparenter zu machen, sah sich Katona gezwungen, den Klimaindex in verschiedene Konsumfunktionen einzubeziehen und seinen prognostischen Wert in Regressionsuntersuchungen nachzuweisen.

Unabhängig von den eigenen Forschungsarbeiten des Survey Research Centers in Michigan hat auch eine Reihe anderer Wissenschaftler die

45 G. Katona, Psychological Analysis of Economic Behavior, New York 1951, insbesondere Kapitel 3.

46 G. Katona, The Powerful Consumer, New York 1960, S. 67.

47 Vgl. F. Gerard Adams, Consumer Attitudes, Buying Plans and Purchases of Durable Goods: A Principal Component, Time Series Approach, in: Review of Economics and Statistics, November 1964, S. 347 ff.

48 Vgl. S. 49 ff.

Aussagefähigkeit der Einstellungen und insbesondere des Konsumentenklimaindex recht intensiv untersucht. Die wichtigsten Erkenntnisse aus den verschiedenen Arbeiten sollen kurz zusammengestellt werden:

— Aufgrund von Faktoranalysen kam Adams[49] zu dem Ergebnis, daß die Urteile und Erwartungen zur allgemeinen wirtschaftlichen Situation einen deutlich größeren Teil der Gesamtvarianz des Klimaindex erklären als die übrigen Index-Komponenten. Wie sich zeigen wird, weisen auch in anderen Ländern diese beiden Testvariablen eine besonders starke Schwankungsintensität im Konjunkturverlauf auf. Es erscheint jedoch nicht gerechtfertigt — wie Adams vorschlägt — aufgrund dieser Ergebnisse das Augenmerk ganz besonders oder gar ausschließlich auf diese beiden Größen zu richten. Die in Europa gesammelten Erfahrungen deuten darauf hin, daß die Antworten zur allgemeinen wirtschaftlichen Lage nicht allein ökonomische Sachverhalte indizieren, sondern unter anderem auch von politisch-gesellschaftlichen Grundeinstellungen abhängen und durch wechselnde politische Konstellationen beeinflußt werden[50]. Aus diesen Gründen wäre es verfehlt, diesen beiden Testvariablen eine ihrer Schwankungsintensität entsprechende Relevanz für das Kaufverhalten beizumessen. Es dürfte nach den bisherigen europäischen und amerikanischen Erfahrungen zweckmäßiger sein, sie als Frühsignale für mögliche Verhaltensänderungen aufzufassen; die Wahrscheinlichkeit für letztere nimmt zu, je stärker sich Änderungen in den mehr allgemeinen Urteilen und Erwartungen auch in der Einschätzung der eigenen finanziellen Situation niederschlagen.

— In Zeitreihenanalysen war der „Index of Comsumer Sentiment" einem — ebenfalls vom Survey Research Center entwickelten — Kaufabsichtsindex deutlich überlegen[51]. Dies dürfte zu einem wesentlichen Teil auf die — bei gleichem Stichprobenumfang — erheblich größere Stichprobenpräzision der rezeptiv-kritischen Konsumentenäußerungen gegenüber den finalen zurückzuführen sein[52]. Durch

---

[49] Vgl. F. Gerard Adams, Consumer Attitudes ..., S. 350 f.

[50] Hierauf deuten Ergebnisse des Infas-Instituts in Bad Godesberg hin, wonach die Urteile und Erwartungen zur allgemeinen wirtschaftlichen Lage nicht unwesentlich von der Parteipräferenz bestimmt sind. Es ließ sich beispielsweise zeigen, daß die entsprechenden Meldungen der Anhänger der Regierungspartei(en) durchweg optimistischer waren als die der Anhänger der Oppositionspartei(en). — Vgl. Infas-Institut, Konsumenteneinstellungen als wirtschaftliche, politische und soziale Indikatoren, Bericht über ein Arbeitsseminar, das vom 10. bis 13. August 1971 im Institut für angewandte Sozialwissenschaft stattfand, S. 7.

[51] Vgl. z. B. Leslie Kish, Variances for Indexes from Complex Samples Proceedings of the Social Statistics Section, American Statistical Association, 1962, S. 196 ff.

[52] Ebenda, S. 196.

die Verwendung anderer Meßskalen (subjektive Kaufwahrscheinlichkeiten) dürfte sich zwar die Meßgenauigkeit von Kaufabsichten etwas gebessert haben; an der grundsätzlichen Überlegenheit der rezeptiv-kritischen Äußerungen in Zeitreihenanalysen — bei gleichem Stichprobenumfang — hat sich allerdings nichts geändert.

— Eine Untersuchung der „Leading"-Eigenschaften des SRC-Konsumklimaindex brachte folgende Ergebnisse[53]:

a) Der Konsumklimaindex hatte gegenüber den konjunkturellen Wendepunkten der Reihe „Veränderung der realen Konsumausgaben für Gebrauchsgüter" im Zeitraum 1953 bis 1966 — bis auf eine Ausnahme (1. Quartal 1957) — einen Lead von rund einem Quartal. Am oberen Wendepunkt im Jahre 1957 lag ein Lag von einem Quartal vor (vgl. Abbildung 1).

Abb. 1: **Gebrauchsgüterabsatz**[a)] **und Kaufstimmung**[b)]

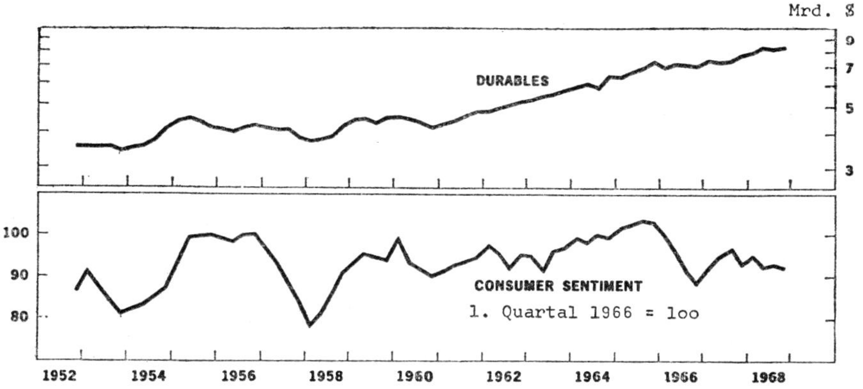

a) Real; Vierteljahreswerte, jeweils aufgetragen in dem dem Kaufstimmungsindex folgenden Quartal; halblogarithmischer Maßstab.

b) In den Jahren von 1952 - 1962 fehlen für 13 Qartale die Angaben. Die Kurve wurde über die fehlenden Angaben hinweg durchgezogen.

Quelle: S. W. Burch, The Forecasting Accuracy of Consumer Attitude Data. In: Journal of the American Statistical Association, Vol. 64 (1969), S. 1227.

b) Allerdings wies der Klimaindex eine Reihe von Schwankungen auf, die sich nachträglich nicht anhand der Absatzkurve erkennen ließen. Es dürfte sich daher empfehlen, nicht jede kleine Bewegung des Klimaindex bereits konjunkturell zu deuten. Be-

---

53 Vgl. S. W. Burch (Federal Reserve System), The Forecasting Accuracy of Consumer Attitude Data, in: Journal of the American Statistical Association, Vol. 64 (Dezember 1969), S. 1225 ff.

schränkte man sich nur auf Indexänderungen zwischen zwei aufeinander folgenden Quartalen von mindestens 2,5 Indexpunkten, so ergaben sich im Zeitraum 1953 bis 1966 7 „wahre“ Leads und 2 „falsche“: Erhöhte man den Indifferenzspielraum auf 4 Indexpunkte, so stand den 7 „wahren“ Leads nur 1 „falscher“ gegenüber.

c) Die Beschränkung auf Indexänderungen um mindestens 2,5 bzw. 4 Punkte hatte allerdings zur Folge, daß der ohnehin nicht große Lead zusammenschrumpfte; meist lag ein annähernder Gleichlauf vor. Berücksichtigt man, daß die Absatzdaten erst mehrere Monate nach Ablauf des Quartals vorliegen und dann meist nur vorläufiger Natur sind, während in den Ex-post-Untersuchungen nur die „wahren“ Werte der Referenzreihe herangezogen wurden, so besteht der „Lead“ des Klimaindex vor allem im informatorischen Vorsprung. Zusätzlich ist noch zu berücksichtigen, daß die Wendepunkte in der Klimareihe wesentlich deutlicher ausgeprägt waren als in der amtlichen Referenzkurve.

— Der Großteil der hier interessierenden Arbeiten beschäftigte sich mit der Eignung des Klimaindex zur Prognose von quantitativen Absatzschwankungen, also nicht von Richtungsänderungen im Absatz. Aus der Vielzahl der vorliegenden Regressionsergebnisse von Zeitreihenanalysen sollen nur einige charakteristische vorgeführt werden[54]:

Nach den Regressionsergebnissen zu schließen, üben sowohl das verfügbare Einkommen der privaten Haushalte als auch der Konsumklimaindex einen signifikanten Einfluß auf den Absatz dauerhafter Konsumgüter aus. Das verfügbare Einkommen bzw. der verzögerte Wert der Zielgröße scheinen vorwiegend den Trend der Zielgröße, der Klimaindex dagegen die Schwankungen um den Trend zu erfassen. Maynes kommt aufgrund seiner Untersuchungen zu dem Schluß, daß ein Konjunkturprognostiker, der sich ausschließlich auf Gleichung (1) gestützt hätte, vollständig die oberen Wendepunkte 1954, 1957 und 1966 sowie den unteren Wendepunkt 1958 verpaßt haben würde[55]. Mit Hilfe von Gleichung (2) hätten zwar die Wendepunkte durchweg mit einem Lead von 1 bis 2 Quartalen erkannt werden können (auch 1957!), die Intensität der Abschwächung oder Verstärkung der Nachfrage wäre dagegen kaum annähernd richtig getroffen worden (vgl. hierzu auch Abbildung 1,

---

[54] E. Scott Maynes, An Appraisal of Consumer Anticipations Approaches to Forecasting, in: Proceedings of the December 1967 Meetings of the American Statistical Association, S. 116 f.

[55] E. Scott Maynes, An Appraisal of Consumer Anticipations Approaches to Forecasting, S. 116.

Untersuchungszeitraum 1952 - 1965: 43 Konsumentenerhebungen

		R^2	SE	DW
(1)	$DG_{t+2} = \overset{(0,021)}{0,27}\, Y_{t-2} - \overset{(6,83)}{44,67}$	80	3,03	0,47
(2)	$DG_{t+2} = \overset{(0,17)}{0,86}\, A_t - \overset{(15,97)}{35,56}$	37	5,40	0,17
(3)	$DG_{t+2} = \overset{(0,06)}{0,50}\, A_t + \overset{(0,01)}{0,24}\, Y_{t-2} - \overset{(6,30)}{80,30}$	92	1,93	0,88
(4)	$DG_{t+2} - DG_t = \overset{(0,07)}{0,32}\, (A_t - A_{t-1}) + \overset{(0,03)}{0,07}\, (Y_{t-2} - Y_{t-3}) + \overset{(0,25)}{0,50}$	97	1,40	1,85
(5)	$DG_{t+2} = \overset{(0,04)}{1,03}\, DG_t + \overset{(0,07)}{0,30}\, (A_t - A_{t-1}) - \overset{(0,068)}{0,048}\, (Y_{t-2} - Y_{t-3}) - \overset{(1,63)}{0,97}$	97	1,42	1,97

Hierbei sind:

DG_{t+2} = Ausgaben für dauerhafte Konsumgüter (preis- und saisonbereinigt) in dem halben Jahr, das auf das Erhebungsquartal der Konsumenteneinstellungen folgt.

A_t = Index of Consumer Sentiment (SRC, Prof. Katona) im jeweiligen Erhebungsquartal.

Y_{t-2} = Verfügbares Einkommen der privaten Haushalte (preis- und saisonbereinigt) in dem halben Jahr, das der Verbrauchererhebung vorausging.

DW = Durbin Watson Statistik.

R^2 = Bestimmtheitsmaß.

SE = Standardabweichung.

( ) = Die über den Koeffizienten stehenden eingeklammerten Werte geben die mittlere quadratische Abweichung der Koeffizienten an.

S. 73). Die Kombination beider Einflußgrößen (verfügbares Einkommen und Konsumklima) in Gleichung (3) ist die Form, die in den SRC-Publikationen zumeist verwendet wird. Wie die Arbeiten von Mueller[56] zeigten, gelten die mit diesem Funktionstyp erzielten Ergebnisse im Prinzip auch für die Prognose von PKW-Neuzulassungen, Ausgaben für PKW-Käufe, Konsumentenkreditvolumen und den Absatz dauerhafter Konsumgüter ohne PKW. Der Nachteil

56 E. Mueller, Ten Years of Consumer Attitudes Surveys: Their Forecasting Record, in: Journal of the American Statistical Association, Dezember 1963, S. 899 ff.

von Gleichung (3) liegt vor allem in der wahrscheinlich hohen Autokorrelation der Regressionsreste. Die beiden Varianten (4) und (5) stellen etwa gleichwertige Schätzfunktionen dar, die weitgehend frei sind von dem störenden Einfluß der Autokorrelation.

Insgesamt bleibt also für die USA festzuhalten, daß sich die rezeptiv-kritischen Konsumentenäußerungen bei der Prognose von konjunkturellen Schwankungen im Absatz dauerhafter Konsumgüter bewährt haben, obgleich die Meßskalen der Variablen und das Konstruktionsprinzip des Stimmungsindex noch verbesserungsfähig sind.

b) *Großbritannien*

In Großbritannien werden zur Zeit — wie schon erwähnt (vgl. S. 35 ff.) — von 2 privaten Institutionen, dem Gallup Poll und dem British Market Research Bureau, Verbraucherumfragen regelmäßig durchgeführt. Da das Gallup Poll über längere Erfahrungen verfügt, soll nur auf die Gallup-Testergebnisse eingegangen werden.

Die einzelnen Fragen, die im Rahmen von Mehrthemeninterviews gestellt werden, lauten:

1 — Unemployment: Do you think that unemployment will get up, decrease, or remain the same during the next six months?

2 — Retail prices: Do you think that prices will go up, decrease, or remain the same during the next six months?

3 — Business Activity: Do you get the impression that your (your husband's) firm is busier now than it was this time last year, not so busy, or just about the same?

4 — Income expectations: And over the next 12 months do you expect to increase or decrease your income?

5 — Financial commitments: And over the next 12 months do you expect to increase or decrease your financial commitments such as mortgage and hire-purchase?

6 — Do you think this is a time to save or spend?

7 — Do you think now is a good time to buy major household items (like a car or washing machine) or do you think it is better to wait for a while?

8 — Only if ‚good time to buy‘ in 7

— Why do you say that?

Purchase tax increase
Prices may go up
Large selection now
Reduced prices now
Other
No reason

9 — Only if ‚better to wait' in 7

— Why do you say that?

Purchase tax decrease
Prices may go down
New models due
Reduced prices later
Other
No reason.

Für die Fragen 1 - 5 waren bis einschließlich dem 2. Quartal 1972 jeweils 3 Antwortkategorien (+/=/—) neben der Rubrik „weiß nicht" vorgesehen; seit dem 3. Quartal 1972 ist Gallup — in Anlehnung an das harmonisierte Frageprogramm der Europäischen Gemeinschaften — auf eine 5er-Skale (zusätzlich zur Kategorie „weiß nicht") übergegangen. Für die Fragen 6 und 7 bestehen nur jeweils 2 Antwortmöglichkeiten neben der „weiß nicht"-Kategorie.

Die Umfrageergebnisse zu den ersten 5 Fragen gehen in den „Consumer Confidence Index" ein. Anders als etwa beim Survey Research Center in Michigan werden als Gewichte für die einzelnen Testvariablen die Ladungskoeffizienten der ersten Hauptkomponente (Faktoranalyse) herangezogen. Dabei werden nicht die Testsalden, sondern nur jeweils die „positiven" Meldeanteile berücksichtigt. Der damit verbundene Informationsverlust wird in Kauf genommen, da sich in Regressionsanalysen ein derart konstruierter Globalindex angeblich als leistungsfähiger erwiesen hat als einer, der auf Testsalden beruhte. In einem kürzlich gehaltenen Vortrag[57] wies jedoch G. Heald vom Gallup Poll darauf hin, daß in Zukunft auch die übrigen Meldeanteile in dem Globalindex berücksichtigt werden sollten. Es ist beabsichtigt, einmal die einzelnen Meldeanteile (+/=/—) als separate Einflußgrößen zu behandeln; zum anderen sollen verschiedene Formen der Zusammengewichtung von Meldeanteilen getestet werden.

Die Anwendung der Faktorenanalyse zur Bestimmung der Variablen-Gewichte scheint sich bewährt zu haben. Hierauf deuten jedenfalls der Vorlauf dieses Indikators gegenüber den — saison- und trendbereinigten — Referenzkurven der amtlichen Statistik (PKW-Neuzulassungen und gesamter Gebrauchsgüterumsatz) sowie die weiter unten vorgeführten Regressionsergebnisse hin.

Die in letzter Zeit auftretenden Schwierigkeiten mit dem Globalindex dürften weniger mit dem Konstruktionsprinzip als mit dem zum Teil revisionsbedürftigen Frageprogramm zusammenhängen. Die rela-

57 G. Heald (Gallup Poll), British Experience of Consumer Anticipation Surveys, Vortrag anläßlich des Symposions „Konsum und Qualität des Lebens" vom 20. - 21. Oktober 1972 in Mainz.

tiv starken Preissteigerungen, die in Großbritannien in den letzten Jahren zu beobachten waren, haben anscheinend die Beziehungen zwischen den Testvariablen spürbar verändert. Dies wird deutlich anhand der unterschiedlichen Ladungskoeffizienten für den Zeitraum 1. Vierteljahr 1961 bis 3. Vierteljahr 1969 sowie 1. Vierteljahr 1961 bis 2. Vierteljahr 1971 (vgl. Tabelle 11).

Auffallend ist insbesondere, daß sich in dem längeren Untersuchungszeitraum (1. Quartal 1961 - 2. Quartal 1971) das Vorzeichen des Ladungskoeffizienten der Testvariable „Einkommenserwartungen" veränderte. Wählt man die mit minus 1 multiplizierten Ladungskoeffizienten der ersten Hauptkomponente als Gewichte zur Konstruktion des Globalindex[58], so würde sich mit steigenden Einkommenserwartungen die Konsumentenstimmung verschlechtern. Da dieses Ergebnis wenig plausibel erschien, wurde es als eine vorübergehende Sonderentwicklung abgetan, und man hielt an der alten Gewichtung fest. Dieses Vorgehen ist vom wissenschaftlichen Standpunkt aus gesehen natürlich unbefriedigend. Die in Großbritannien aufgetretenen Probleme ließen sich voraussichtlich beseitigen oder doch stark reduzieren, wenn insbesondere die Frage nach der künftigen Einkommensentwicklung umformuliert würde. Es sollte auf die künftige *finanzielle* Situation statt der künftigen Einkommenslage abgestellt werden. Eine derartige Frage ist nach amerikanischen und deutschen Erfahrungen ein guter Ersatz für die Perzeption des künftigen *realen* Einkommens. Wie Parallelversuche mit beiden Fragetypen in den USA und in der BRD gezeigt haben, sind die Einkommenserwartungen (Nominalgröße) auch dann immer noch positiv, wenn die voraussichtliche finanzielle Situation bereits negativ eingeschätzt wird. Mittlerweile hat Gallup im 3. Quartal 1972 ebenfalls einen derartigen Parallelversuch vorgenommen und ist zu dem gleichen Ergebnis gekommen: Steigende Einkommenserwartungen bei Überwiegen der negativen Meldungen zur künftigen finanziellen Situation. Ein Austausch der Einkommens-Komponente durch neue Testvariable ist beschlossen.

Darüber hinaus sollte nach allen bisherigen Erfahrungen die Frage nach der künftigen Preisentwicklung nicht in den Globalindex aufgenommen werden. Adams[59] wies bereits frühzeitig nach, daß ein eindeutiges Verhältnis zwischen Preiserwartung und Kaufverhalten nicht festzustellen ist; erwartete Preiserhöhungen können einmal zu einem Vorziehen der ursprünglich für später vorgesehenen Käufe führen, zum

---

58 Vgl. hierzu die ausführliche Beschreibung der Index-Konstruktion mit Hilfe der Faktorenanalyse auf Seite 238 ff. im Anhang.

59 Vgl. F. Gerard Adams, Consumer Attitudes, Buying Plans and Purchases of Durable Goods: A Principal Component, Time Series Approach, S. 347 ff.

Tabelle 11: **Faktorenanalyse von Zeitreihen britischer Verbraucherumfrageergebnisse**

Die Ergebnisse für den Zeitraum 1. Quartal 1961 bis 3. Quartal 1969 stehen in Klammern, die übrigen Werte beziehen sich auf den Zeitraum 1. Quartal 1961 bis 2. Quartal 1971.

	Hauptkomponenten							
	I		II		III		IV	
Anteil an der gesamten erklärten Varianz in %	44,9	(44,0)	25,0	(27,6)	18,3	(15,8)	8,2	(2,0)
Erwartung der Entwicklung								
— der Einkommen	0,355	(— 0,294)	0,567	(0,688)	— 0,717	(0,652)	— 0,168	(0,044)
— der Einzelhandelspreise	0,886	(0,783)	0,312	(0,509)	0,054	(0,005)	0,163	(0,232)
— der Kreditbelastung	0,622	(0,638)	0,399	(0,572)	0,608	(— 0,325)	— 0,234	(— 0,365)
— der allgemeinen Wirtschaftslage	— 0,557	(— 0,623)	0,705	(0,467)	0,138	(— 0,497)	0,411	(0,371)
— der Arbeitslosigkeit	0,798	(0,840)	— 0,418	(— 0,321)	— 0,119	(0,102)	0,363	(0,351)

Quelle: G. Heald, British Experience of Consumer Anticipations Survey 1961 - 1971, vorgelegt als Manuskript anläßlich der Tagung „Conference on the Use of Survey Data in Forecasting“, 27. - 29. März 1972, Oxford, S. 14.

anderen aber auch zu einer stärkeren Kaufzurückhaltung. Das Survey Research Center hat aufgrund dieser Ergebnisse die Komponente „Preiserwartungen" bereits 1963 aus dem „Index of Consumer Sentiment" herausgenommen. Weiter ist an dem Confidence Index des Gallup Polls — ähnlich wie bei den anderen Klimaindizes, die in dieser Arbeit untersucht wurden — zu bemängeln, daß die in ihm erfaßten 5 Testvariablen wohl kaum ausreichen dürften, das psychologische Verhaltensfeld (Katona) angemessen zu spezifizieren. Die aus anderen psychologischen Studien gewonnenen Erkenntnisse lassen es jedenfalls ratsam erscheinen, eine größere Zahl von Einstellungsmessungen heranzuziehen[60]. Bei Unternehmerbefragungen zeigte es sich, daß es durch sehr allgemein gehaltene und umfassende Fragestellungen (z. B. Beurteilung der Geschäftslage) möglich ist, etwaige Gewichtsverschiebungen der Ladungskoeffizienten der Hauptkomponenten, die durch den Analytiker bei den Verbraucherbefragungen erst ex post berücksichtigt werden können, schon ex nunc im Gesamturteil des Unternehmers über die Geschäftslage einzufangen; bei Abgabe der Meldung nimmt nämlich der Unternehmer selbst die Gewichtung vor[61].

In dem Gallup-Index hat die Testvariable „Erwartete Tendenz der Arbeitslosenzahl" unter den 5 Komponenten das größte Gewicht (vgl. Tabelle 11). Wenn man dazu berücksichtigt, daß die Arbeitsmarktvariable im gesamten Untersuchungszeitraum 1961 bis 1971 die mit Abstand größte Schwankungsbreite aufwies, wird ihr beherrschender Einfluß auf den Globalindex deutlich. Ähnlich wie bei den Erwartungen zur allgemeinen wirtschaftlichen Situation erscheint es aber auch hier fraglich, ob diese Variable in dem Maße für das Kaufverhalten relevant ist, wie es ihr hohes Gewicht im Klimaindex vermuten läßt. Diese Zweifel werden bestärkt durch die Untersuchung von Pickering, Har-

---

60 Vgl. P. B. Warr und C. Knapper, Perception of People and Events, New York 1968 sowie P. E. Green und V. R. Rao, Rating Scales and Information Recovery — How many Scales and Response Categories to Use, in: Journal of Marketing, 34 (1970), S. 33 f.

In diesem Zusammenhang sei auf das kanadische Experiment hingewiesen, eine einzige Konsumklimafrage zu stellen (vgl. J. A. Murray, Canadian Consumer Expectational Data: An Evaluation, in: Journal of Marketing Research, 6 [1969], S. 54).

Diese Vorgehensweise erscheint aufgrund psychologischer Erkenntnisse nicht gerechtfertigt; es überrascht daher auch nicht, daß ein derartiger Index wesentlich weniger zur Erklärung und Prognose von Absatzschwankungen einzelner Konsumaggregate beitrug als ein Index, der analog zum SRC-Index of Consumer Sentiment aus verschiedenen Komponenten zusammengesetzt wurde (vgl. H. T. Shapiro und G. E. Angevine, Consumer Attitudes, Buying Intentions and Expectations: An Analysis of the Canadian Data, in: Canadian Journal of Economics, 2 (1969), S. 230.

61 Vgl. W. H. Strigel, Konjunkturindikatoren aus qualitativen Daten. Ifo-Studien, 18. Jg., 1972, H. 2, S. 201 f.

rison und Cohen (alle Universität Sussex, Großbritannien)[62]. Bei den von diesen Autoren durchgeführten Faktorenanalysen auf der Querschnittsebene (23 Testvariable mit jeweils 203 bzw. 183 Beobachtungen) kristallisierten sich zwei ökonomisch sinnvoll zu interpretierende Hauptkomponenten heraus: Die erste Hauptkomponente war positiv hochgeladen mit Variablen, die sich u. a. auf die allgemeine Wirtschaftslage sowie die berufliche Situation des Haushaltsvorstandes bezogen. Die Ladungskoeffizienten der ersten Hauptkomponente scheinen demnach zur Konstruktion eines allgemeinen Konsumklimaindex — etwa vergleichbar mit dem Index of Consumer Sentiment des Survey Research Centers (Katona) — gut geeignet zu sein.

Die zweite Hauptkomponente wies eine wesentlich andere Struktur auf. Auffallend war hier eine relativ hohe negative Ladung der Testvariablen, die *unmittelbar* mit dem Kauf dauerhafter Konsumgüter zusammenhängen dürften (Auswirkung von künftigen Preissteigerungen auf Kaufentscheidung, Beurteilung des gegenwärtigen Kaufzeitpunkts, pauschale Kaufabsichten für die nächsten 12 Monate u. a. m.). Es erscheint vertretbar, so wie es Pickering und die beiden Mitautoren vorgeschlagen haben, die inversen Koeffizienten der zweiten Hauptkomponente zur Konstruktion eines Index für die *Kaufbereitschaft* heranzuziehen.

Für die Konjunkturanalyse empfiehlt sich folgende Interpretation der beiden Indizes: Eine Veränderung im allgemeinen Konsumklimaindex ist als eine konjunkturelle Vorwarnung aufzufassen. Eine Verhaltensänderung, die zu konjunkturellen Absatzschwankungen von dauerhaften Konsumgütern führt, ist aber erst zu erwarten, wenn entsprechende Änderungen auch im Kaufbereitschaftsindex festzustellen sind.

Trotz der hier aufgezeigten Verbesserungsmöglichkeiten hat der Gallup-Konsumklima-Index bereits erheblich zur Verbesserung der Konsumprognose beigetragen. Besonders deutlich wird dies bei den sehr konjunkturempfindlichen PKW-Neuzulassungen. Dies sei anhand der folgenden Regressionsergebnisse und Graphiken demonstriert (Tabelle 12 und Abbildung 2).

Gleichung 1 lieferte ein sehr schlechtes Ergebnis: Wie schon in den anderen Ländern, ließen sich auch in Großbritannien die Schwankungen im PKW-Absatz nur unzureichend mit Veränderungen des verfügbaren Einkommens der privaten Haushalte erklären.

---

62 I. F. Pickering, I. A. Harrison, C. D. Cohen, Indentification and Measurement of Consumer Confidence in Short-Term Forecasting, University of Sussex, März 1972 (vgl. auch Anhang S. 242 f.).

Tabelle 12: **Britische Schätzfunktionen zur Prognose der Kfz-Neuzulassungen**
Untersuchungsperiode: 1961 bis 1970 (40 Quartale)

Nummer der Gleichung	Abhängige Variable	a_0	Y (t — 1)	AT (t — 1)	I (t — 1)	PT (t — 1)	HP (t — 1)	R^2	DW
1	C (t)	— 51,5	0,0538 (3,6)					0,247	0,68
1 A	C (t)	— 497,0	0,0967 (7,1)	1,95 (5,4)				0,576	1,24
2	C (t)	— 494,5	0,0966 (7,6)	1,93 (5,7)	36,30 (2,6)			0,637	1,01
3	C (t)	— 237,0	0,0734 (6,8)	1,32 (4,7)	32,99 (3,1)	— 1,91 (— 5,0)		0,787	1,55
4	C (t)	— 349,3	0,1052 (7,3)	1,04 (3,8)	30,47 (3,2)	— 1,54 (— 4,2)	— 1,96 (— 3,0)	0,828	1,75

Zeichenerklärung:

C (t) = PKW-Neuzulassungen im Quartal *t*.

Y (t — 1) = Reales verfügbares Einkommen der privaten Haushalte im Quartal *t* — 1 (in Mill. £ zu Preisen von 1963).

AT (t — 1) = Konsumklima-Index des Gallup Poll (errechnet aufgrund der 3 Monatsergebnisse im Quartal *t* — 1).

I (t — 1) = Dummy Variable (Einfluß von inflationären Erwartungen auf Kaufverhalten).

HP (t — 1) = Mindestanzahlung bei Ratenkäufen im Quartal *t* — 1 (in Prozent des Brutto-Kaufpreises).

a_0 = Konstantes Glied der Schätzfunktion.

R^2 = Korrelationskoeffizient im Quadrat.

DW = Durbin-Watson-Statistik.

( ) = *t*-Werte.

PT (t — 1) = Kaufsteuer im Quartal *t* — 1 (in Prozent des Umsatzes).

Quelle: G. Heald, British Experience of Consumer Anticipations Survey 1961 - 1971, vorgelegt als Manuskript anläßlich der Tagung „Conference on the Use of Survey Data in Forecasting“, 27. - 29. März 1972, Oxford, S. 23.

Abb. 2: **Tatsächliche und geschätzte Pkw-Neuzulassungen in Großbritannien**

Ergebnisse der Regressionsschätzungen (Regressionsgleichungen)

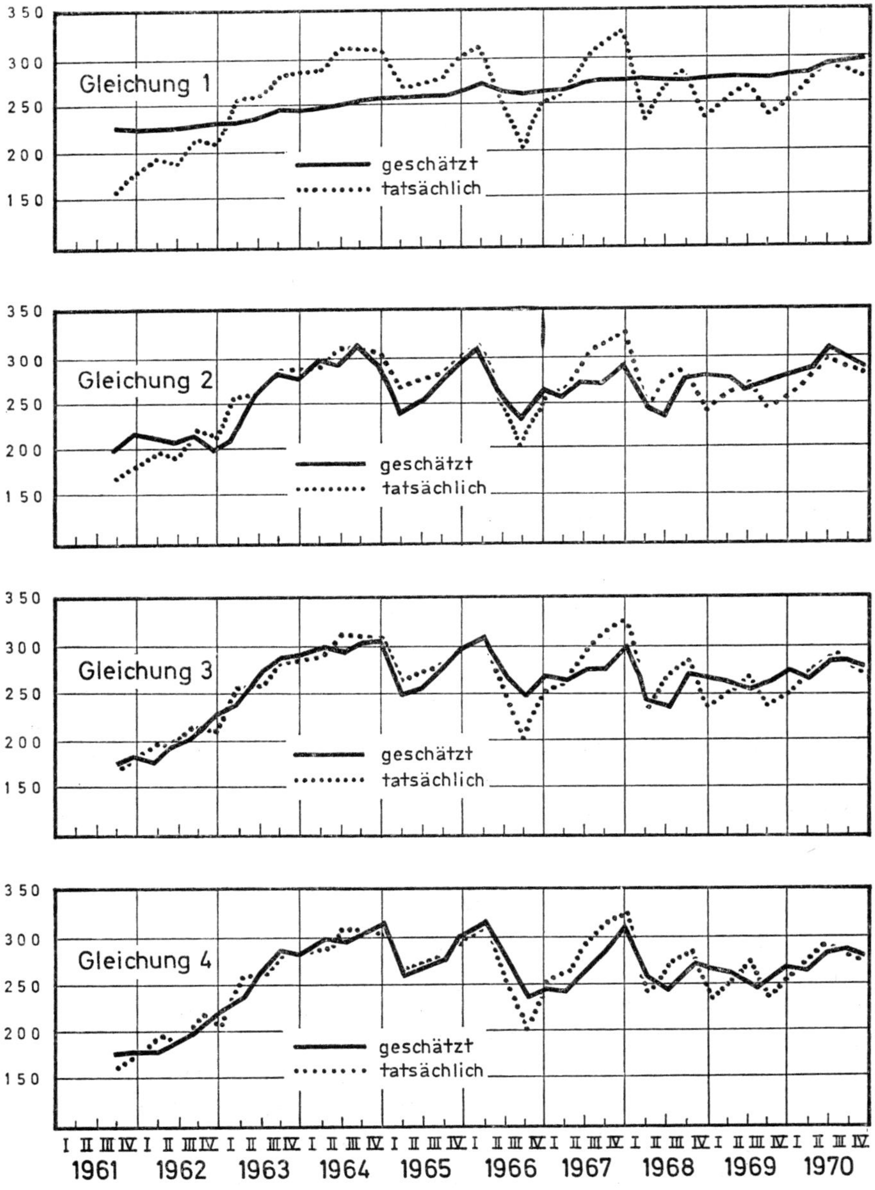

Eine deutliche Verbesserung brachte bereits die Berücksichtigung des Konsumentenklimas als zusätzliche Einflußgröße neben dem Einkommen (Gleichung 1 A).

Die mit Hilfe von Gleichung 1 A erzielten Schätzergebnisse waren allerdings immer noch nicht voll befriedigend. Ein Großteil der Diskrepanzen zwischen geschätzter und tatsächlicher Entwicklung dürfte auf den Einfluß von erwarteten Preissteigerungen auf das Kaufverhalten zurückzuführen sein. Besonders deutlich wurde dies im jeweils 1. Quartal der Jahre 1965 und 1968. In beiden Quartalen lag die regressionsanalytisch geschätzte Zahl von PKW-Neuzulassungen deutlich unter dem tatsächlichen Ergebnis. Diese Fehlschätzungen dürften sich damit erklären lassen, daß in diesen beiden Quartalen PKW-Anschaffungen in Erwartung finanzpolitischer Maßnahmen (Kaufsteuererhöhung) vorgezogen wurden. In den Konsumentenerhebungen äußerte sich dies darin, daß sich der Meldeanteil „Preise werden in den nächsten 6 Monaten steigen“ vom 3. Quartal 1964 (1967) zum 4. Quartal 1964 (1967) von 66 % (82 %) auf 78 % (94 %) erhöhte. Um diesen Einfluß zu berücksichtigen, wurde in Gleichung 2 eine Dummy Variable aufgenommen, die in den Quartalen, in denen die Zunahme des Meldeanteils „Preise werden steigen“ 12 und mehr Prozent-Punkte betrug, den Wert 1 und in dem jeweils darauffolgenden Vierteljahr den Wert $-1/2$ annahm. (Grund: Berücksichtigung der nachfolgenden Kaufzurückhaltung infolge der zeitlich vorgezogenen Käufe). In allen anderen Quartalen hatte die Dummy Variable den Wert 0.

Als weitere Verfeinerungen des Schätzverfahrens wurden noch die Kaufsteuer (in % des Umsatzes) und die untere Anzahlungsgrenze (in % des Kaufpreises) als Einflußgrößen in die Regressionsfunktionen aufgenommen (Gleichung 3 und 4). Die hierdurch erreichten sukzessiven Verbesserungen in der Schätzgenauigkeit lassen sich anhand von Abbildung 2 ablesen.

c) Frankreich

Das französische INSEE-Institut in Paris erfaßt seit 1959 regelmäßig (zweimal jährlich von 1959 bis 1964; dreimal jährlich seit 1965) rezeptiv-kritische und finale Konsumentenäußerungen. Wie bereits ausführlich beschrieben, sind bisher von INSEE vorwiegend Untersuchungen zur Aussagefähigkeit von Kaufplänen durchgeführt worden[63]. Im Zusammenhang damit wurden auch Schätzfunktionen entwickelt, die neben den Kaufabsichten einen Konsumklimaindex enthalten. In diesen

[63] Vgl. INSEE, Generaldirektion, Erhebung über das Verhalten und die Kaufabsichten der privaten Haushalte — Erste Zusammenfassung zehnjähriger Erfahrung, S. 10 ff.

Klimaindex gingen — wie erwähnt — verschiedene rezeptiv-kritische Testvariable ein, die mit Hilfe der Ladungskoeffizienten einer Längsschnitt-Faktorenanalyse zusammengewichtet worden sind. Obgleich sich dieser Klimaindex — zumindest in der Ex-post-Betrachtung — als recht brauchbar erwies, findet er sich in den laufenden Publikationen des INSEE nicht wieder. Es werden hier vielmehr isolierte Testreihen graphisch und tabellarisch vorgeführt (Einschätzung der augenblicklichen finanziellen Lage im Vorjahresvergleich, Beurteilung der gegenwärtigen finanziellen Lage, Erwartungen zur künftigen finanziellen Lage in den nächsten 12 Monaten, Einschätzung der Arbeitsmarktlage in den kommenden 6 Monaten, Beurteilung der Preisentwicklung in den vergangenen 6 Monaten). Eine besonders große Bedeutung scheint den Urteilen zur augenblicklichen finanziellen Lage — sowohl im Vorjahresvergleich als auch in der Form der folgenden Frage — beigemessen zu werden[64]:

„Wie ist die derzeitige finanzielle Lage Ihres Haushalts?"

— man greift etwas seine Rücklagen an

— man kommt gerade mit seinen finanziellen Mitteln aus

— man kann etwas sparen

— weiß nicht.

Für diese beiden Fragen werden die Ergebnisse getrennt nach den demographischen Gruppen: Landwirte, selbständige Kaufleute und Künstler, Arbeiter und Angestellte ausgewiesen. Diese Gruppierung dürfte aber zu grob sein, um aussagefähige Ergebnisse zu erzielen. Für konjunkturdiagnostische Zwecke recht geeignet erscheint die von INSEE praktizierte Kombination von den Ergebnissen der Frage nach der augenblicklichen und der künftigen finanziellen Lage: Es wird der Anteil der insgesamt Befragten, die angegeben hatten, zur Zeit etwas sparen zu können, zu dem Anteil der Befragten addiert, die nach ihrer Aussage zur Zeit gerade mit ihren finanziellen Mitteln auskommen, für die kommenden Monate aber eine Verbesserung ihrer finanziellen Lage erwarten. Man kann die so konstruierte Reihe als einen Indikator für die Kaufbereitschaft der überdurchschnittlich Kauffähigen interpretieren.

Auf die konjunkturelle Aussagefähigkeit der einzelnen Testvariablen soll nicht näher eingegangen werden, da die hier vorliegenden Erfahrungen nach dem Studium der INSEE-Publikationen und mündlichen Auskünften von M. P. L'Hardy (INSEE) weitgehend mit denen übereinstimmen, die weiter unten am deutschen Beispiel beschrieben werden.

---

64 Vgl. INSEE, Tendances de la conjoncture, Nr. 26 der „Informations INSEE Rapides", 14. März 1972.

d) Bundesrepublik Deutschland

In der BRD wurde bereits frühzeitig mit der Erfassung rezeptiv-kritischer Konsumentenäußerungen begonnen. Das DIVO-Institut in Frankfurt (vgl. S. 40) befragte ab November 1957 in ungefähr vierteljährlichen Abständen jeweils rund 1 850 zufällig ausgewählte Personen (nicht Haushalte). Das in diesem Zusammenhang interessierende Frageprogramm, das zusätzlich zu anderen Themen im Rahmen von Omnibusbefragungen eingeschaltet wurde, umfaßte allerdings nur drei Fragen[65].

— „Ist Ihre wirtschaftliche Lage gegenwärtig besser, schlechter oder ungefähr genau so wie im vorigen Jahr um diese Zeit?"

— „Und wie wird es in einem Jahr sein; glauben Sie, daß Ihre wirtschaftliche Lage dann besser, schlechter oder ungefähr genau so sein wird wie jetzt?"

— „Im großen und ganzen gesehen: Glauben Sie, daß sich unsere wirtschaftlichen Verhältnisse in den nächsten 5 Jahren verbessern, oder glauben Sie, daß sie sich verschlechtern werden?"

Als Antwortmöglichkeiten waren jeweils vorgesehen:

Besser (+), schlechter (—), ungefähr genau so (=), keine Angabe.

Wie sich noch zeigen wird, läßt sich bereits aus den Antworten auf diese drei Fragen ein recht brauchbarer Index für die „Kaufbereitschaft" konstruieren; allerdings dürften die drei Fragestellungen nicht ausreichen, um das „psychologische Feld" (Katona) präzise genug zu erfassen. Derselbe Einwand trifft auch für eine Konsumentenbefragung der Gesellschaft für Konsumforschung in Nürnberg zu, die fünf einschlägige Fragen umfaßte und in zweimonatlichem Turnus in den Jahren 1961 bis 1966 durchgeführt wurde (vgl. S. 40).

Von Mitte 1968 bis Ende 1971 ließ die Forschungsstelle für empirische Sozialökonomik e.V. (Prof. Schmölders) in Köln Konsumentenerhebungen mit einem wesentlich umfangreicheren Frageprogramm von verschiedenen Marktforschungsinstituten (DIVO-Institut, Marplan, Infratest) durchführen. Der Stichprobenumfang betrug jeweils rund 2 000 Haushalte. Finanziert wurde dieses Projekt von der VW-Stiftung. Bei der Analyse der Ergebnisse wirkt sich nachteilig aus, daß die insgesamt 8 Erhebungen der Forschungsstelle in unregelmäßigen Zeitabständen erfolgten. Ab April 1972 werden die Erhebungen im Rahmen der harmonisierten EG-Konjunkturumfragen bei den Verbrauchern durchgeführt (vgl. S. 40 ff.).

---

[65] H. R. Streck, L. Wirth, R. Voet, Konjunkturumfragen bei Konsumenten in der BRD, Internes Merkblatt des Ifo-Instituts, Nr. IX/2/67, März 1967, S. 4.

Abb. 3: **Deutsche Konsumenten immer noch sehr pessimistisch**

Ungewichtete Salden aus den Meldeanteilen über eine Verbesserung (+) bzw. Verschlechterung (−)

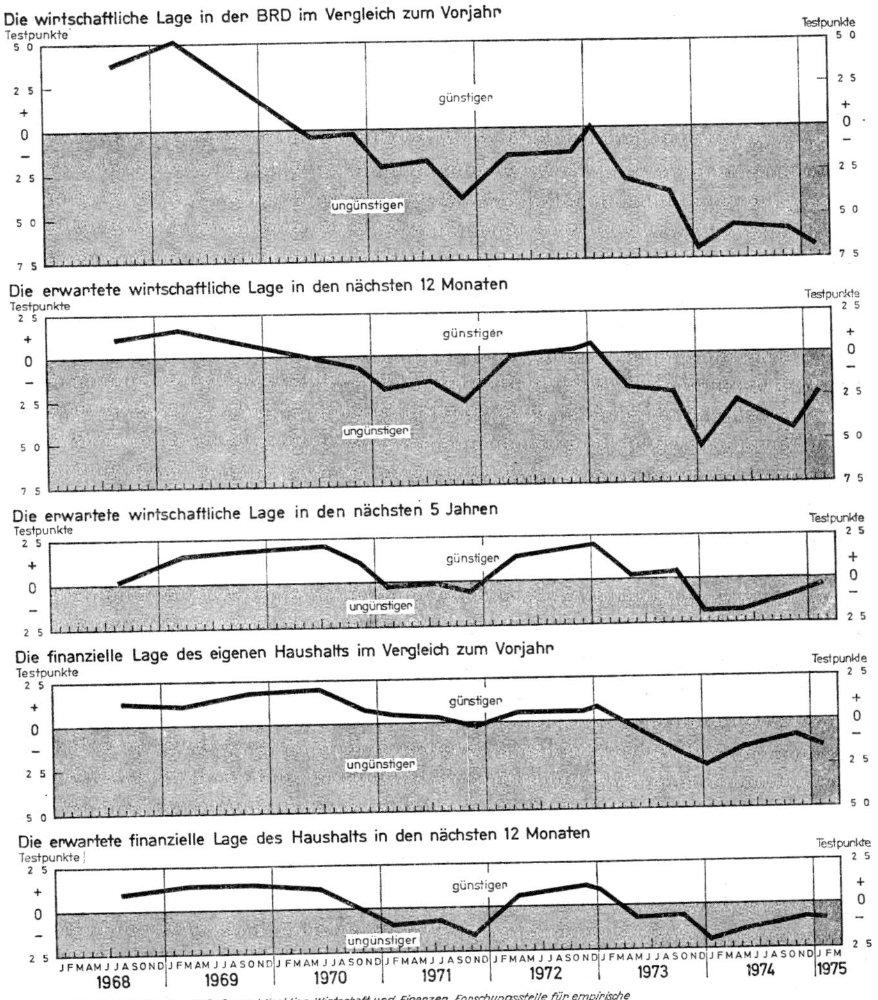

Quelle: Kommission der EWG, Generaldirektion Wirtschaft und Finanzen, Forschungsstelle für empirische Sozialökonomik (Prof. Schmölders), Gesellschaft für Konsumforschung (GFK).

89/74

IFO-INSTITUT für Wirtschaftsforschung München

α) Aussagewert ausgewählter Testfragen

Finanzielle Lage der Haushalte — Einschätzung gegenüber Vorjahr und Erwartung für die kommenden 12 Monate.

Die beiden Fragen lauten:

> „Was würden Sie sagen: Geht es Ihnen und Ihrer Familie heute finanziell besser oder schlechter als vor einem Jahr?“

und

> „Wie glauben Sie, wird es wohl in einem Jahr sein: Geht es Ihnen und und Ihrer Familie finanziell dann besser, schlechter oder genau so wie jetzt?“

Nach französischen und amerikanischen Erfahrungen sind die Antworten auf die Frage nach der eigenen finanziellen Lage — sowohl hinsichtlich der zurückliegenden als auch der erwarteten Entwicklung — ein brauchbarer Ersatz für eine direkte Auskunft über Änderungen des realen Einkommens, einem Begriff, der von vielen Verbrauchern nicht verstanden wird und daher in einer Haushaltsumfrage keinen Platz hat. Diese Erfahrungen scheinen sich auch am deutschen Beispiel zu bestätigen: Neben den beiden Fragen zur finanziellen Situation wurden in den 8 Erhebungen, die im Zeitraum August 1968 bis November 1971 durchgeführt wurden, auch entsprechende Fragen zur Einkommensentwicklung gestellt. Es zeigte sich dabei, daß die beiden Testreihen „Finanzielle Lage“ eine wesentlich größere Schwankungsintensität aufwiesen als die Einstellung zur Einkommensentwicklung. Während die letzteren Reihen ständig — wenn auch mit Phasen der Verlangsamung und Beschleunigung — nach oben gerichtet waren, ließen die Reihen „Finanzielle Lage“ deutlich konjunkturelle Wendepunkte erkennen (vgl. Abbildung 3).

Wie sich auch noch beim Vergleich anderer Ex-post-/Ex-ante-Reihen zeigen wird, scheinen die Erwartungen zur künftigen finanziellen Lage relativ eng mit den Urteilen zur augenblicklichen Situation (Vorjahresvergleich) korreliert zu sein. Ein deutlicher Lead der Erwartungsreihe gegenüber der Ex-post-Reihe ist nicht festzustellen. Einige Autoren zogen aus diesem Ergebnis den Schluß, derartige Verbrauchererwartungen wären unzuverlässig und kaum aussagefähig[66]. In derartigen Untersuchungen wird meines Erachtens ein falscher Maßstab für die Güte von Antizipationsvariablen angelegt. Auch bei den Ifo-Unternehmerbefragungen hat sich gezeigt, daß der Vorlauf der Reihe „Geschäftserwartungen für die nächsten 6 Monate“ vor der Reihe „Augenblickliche Geschäftslage“ nur in Ausnahmefällen tatsächlich 6 Monate lang war.

---

[66] Vgl. M. Schaffranek, Zur prognostischen Bedeutung von Erwartungen bei Konsumentenbefragungen, Mannheimer Diplomarbeit, 1966.

Trotzdem erwies sich der Mittelwert dieser beiden Testdaten, das sog. Geschäftsklima, als ein sehr guter konjunktureller Frühindikator; das Geschäftsklima ist viel aussagefähiger als wenn man seine beiden Komponenten isoliert betrachtet. Bei den angesprochenen Verbrauchertestfragen ist zugegebenerweise der Unterschied zwischen Ex-ante- und Ex-post-Fragen noch weniger deutlich ausgeprägt als bei den Ifo-Konjunkturtestfragen zur Geschäftslage. Dies dürfte wohl darauf zurückzuführen sein, daß sich die Verbraucher im allgemeinen bei ihren Ex-ante-Meldungen noch stärker an der augenblicklichen Situation orientieren, als dies bei den Unternehmen zu beobachten ist. Wie ein Vergleich der beiden Konsumententestreihen (finanzielle Lage ex post und ex ante) zeigt, ist jedoch durchaus ein Unterschied im Verlauf der beiden Kurven zu erkennen: In der Erwartungsreihe scheinen sich Einstellungsänderungen deutlicher abzuzeichnen als in der Ex-post-Reihe; hierdurch bedingt ist ein etwas unruhigerer Verlauf der Antizipationsreihe (Abbildung 3).

Einschätzung der allgemeinen Wirtschaftsentwicklung

Einstellungen gegenüber der eigenen finanziellen Situation liefern zwar wichtige Anhaltspunkte für das Kaufverhalten; sie sollten aber durch mehr generelle Urteile zur allgemeinen wirtschaftlichen Lage ergänzt werden. „Menschen sind Mitglieder von Gruppen; sie sind sich dessen bewußt, daß ihr Wohlergehen stärkstens von der Lage anderer Menschen abhängt, mit denen sie zu tun haben, aber auch von örtlichen und gesamtwirtschaftlichen Ereignissen und Tendenzen. Selbst dem, der nicht unmittelbar betroffen ist, bereiten ungünstige Nachrichten, die die Gesellschaft betreffen, Unbehagen und Besorgnis, während umgekehrt erfreuliche Neuigkeiten über entferntere soziale Gruppen durchaus Optimismus und Zuversicht hervorrufen[67]."

Aus diesen Überlegungen heraus wurden in Anlehnung an Katona folgende beide Testfragen aufgenommen:

> „Würden Sie sagen, daß die wirtschaftliche Lage im ganzen gesehen in der Bundesrepublik Deutschland heute besser, genau so oder schlechter ist als vor einem Jahr?"

und

> „Und wie wird es Ihrer Meinung nach in einem Jahr sein: Wird die wirtschaftliche Lage in der Bundesrepublik Deutschland besser, genau so oder schlechter sein als heute?"

---

67 Katona, Strümpel, Zahn, Zwei Wege zur Prosperität, Düsseldorf—Wien 1971, S. 98.

Wie Abbildung 3 zeigt, weisen diese beiden Reihen noch eine wesentlich stärkere Schwankungsintensität im Konjunkturverlauf auf als die Einschätzung der gegenwärtigen und der künftigen finanziellen Lage. Ähnlich wie bei diesen beiden Testreihen ist auch hier ein deutlicher Zusammenhang zwischen der Ex-post- und der Ex-ante-Reihe festzustellen. Die Haushalte scheinen sich also bei ihren wirtschaftlichen Erwartungen überwiegend an der gegenwärtigen Lageeinschätzung zu orientieren. Allerdings ist — wie ein Vergleich der beiden Kurven zeigt (Abbildung 3) — der Zusammenhang nicht so straff, daß es ratsam erscheint, eine der beiden Fragen zu streichen.

Wie bereits erwähnt wurde, erscheint es nicht vertretbar, die relativ stark im Konjunkturverlauf schwankenden Einschätzungen der allgemeinen Lage unmittelbar als ein Indiz für eine Verhaltensänderung der Konsumenten zu interpretieren. Es spricht einiges für die Vermutung, daß eine Verschlechterung der Einschätzung der allgemeinen Wirtschaftsentwicklung nur dann mit größerer Sicherheit auf eine spätere konjunkturelle Abschwächung des privaten Verbrauchs und hier insbesondere des Absatzes dauerhafter Konsumgüter schließen läßt, wenn dieser Pessimismus auch auf die Einschätzung der persönlichen finanziellen Lage durchschlägt.

Neben den beschriebenen beiden Fragen zur allgemeinen wirtschaftlichen Lage wurde noch — allerdings nicht im EG-Frageprogramm — folgende Langfristfrage gestellt:

„Im großen und ganzen gesehen: Glauben Sie, daß sich unsere wirtschaftlichen Verhältnisse in den nächsten 5 Jahren verbessern, oder glauben Sie, daß sie sich verschlechtern werden?"

Ein Vergleich der kurz- und langfristigen Wirtschaftserwartungen (12 Monate bzw. 5 Jahre) liefert eine interessante Erkenntnis: Die erwartete Veränderung der wirtschaftlichen Verhältnisse in den nächsten 12 Monaten dürfte weitgehend das Vertrauen der Verbraucher in die augenblickliche Wirtschaftspolitik widerspiegeln[68]. Die längerfristigen wirtschaftlichen Erwartungen haben dagegen einen engeren Bezug zur Einschätzung der eigenen künftigen fiinanziellen Situation der Verbraucher. Aus diesem Grund sind die längerfristigen Wirtschaftserwartungen von größerer Bedeutung für die Prognose des künftigen Kaufverhaltens als die allgemeineren Stimmungsäußerungen der Konsumenten. Während sich beispielsweise im ersten Halbjahr 1970 die 12-Monatserwartungen bereits deutlich verschlechterten, wiesen die Lang-

68 Ähnliche Erfahrungen wurden auch in den USA gesammelt. Vgl. Institute for Social Research, The Outlook for Consumer Demand, März 1973, S. 7 ff. Ann Arbor, Mich.

fristerwartungen noch einen leicht steigenden Trend auf. Erst zur Jahresmitte 1970, also gleichzeitig mit den Testreihen zur Einschätzung der persönlichen finanziellen Lage, wurde der Wendepunkt erreicht.

Aufgrund dieses Verhaltensmusters bietet sich folgende konjunkturelle Interpretation der in Abbildung 3 dargestellten Testreihen an: Eine Änderung im Verlauf der beiden Zeitreihen „Einschätzung der allgemeinen wirtschaftlichen Lage ex post und ex ante (Zeitraum jeweils 12 Monate)“ ist als ein Frühsignal für eine Abschwächung bzw. Verstärkung der Verbrauchsneigung aufzufassen. Eine *Verhaltensänderung* der Konsumenten ist aber erst dann zu erwarten, wenn auch die Langfristerwartungen zur allgemeinen wirtschaftlichen Situation und insbesondere die Urteile und Erwartungen zur persönlichen finanziellen Lage von dieser Bewegung erfaßt werden.

Einschätzung der vergangenen und der zukünftigen Preisentwicklung

Die beiden Fragen lauten:

> „Wie haben sich Ihrer Ansicht nach die Preise in den letzten 12 Monaten entwickelt? Sind sie gestiegen, unverändert geblieben oder gesunken?“

und

> „Wie werden sich Ihrer Meinung nach die Preise in den kommenden 12 Monaten entwickeln? Werden sie steigen, gleichbleiben oder sinken?“

Wie aus Abbildung 4 (erste 2 Kurven) hervorgeht, ist zwischen den Ex-ante- und Ex-post-Angaben zur Preisentwicklung kein deutliches Lead-Lag-Verhältnis zu erkennen. Es wäre jedoch falsch, hierin einen Beweis für die geringe Treffsicherheit und damit auch geringe Aussagefähigkeit der Verbrauchererwartungen zu sehen. Eine solche Interpretation der Testergebnisse würde den primären Zweck der Umfrage völlig ignorieren. Es kommt nicht so sehr darauf an, wie richtig oder falsch die Verbraucher gesamtwirtschaftliche Entwicklungen diagnostizieren und prognostizieren; entscheidend ist vielmehr: Gleichgültig wie „richtig“ oder „falsch“ die Antworten des Konsumenten zur Preisentwicklung sein mögen, sie dürften zusammen mit anderen Einstellungen einen entscheidenden Einfluß auf das Kauf- und Sparverhalten der Konsumenten ausüben.

Es überrascht, daß gerade in einer Phase starker Preisbeschleunigung (1971/72) der Anstieg der Preiserwartungen deutlich geringer ausfiel als derjenige bei der Ex-post-Reihe. Diese relativ optimistische Einschätzung der künftigen Preisentwicklung dürfte u. a. mit dafür verantwortlich gewesen sein, daß die Sparbereitschaft der deutschen Kon-

Abb. 4: **Urteile über Preisentwicklung und Kaufzeitpunkt**

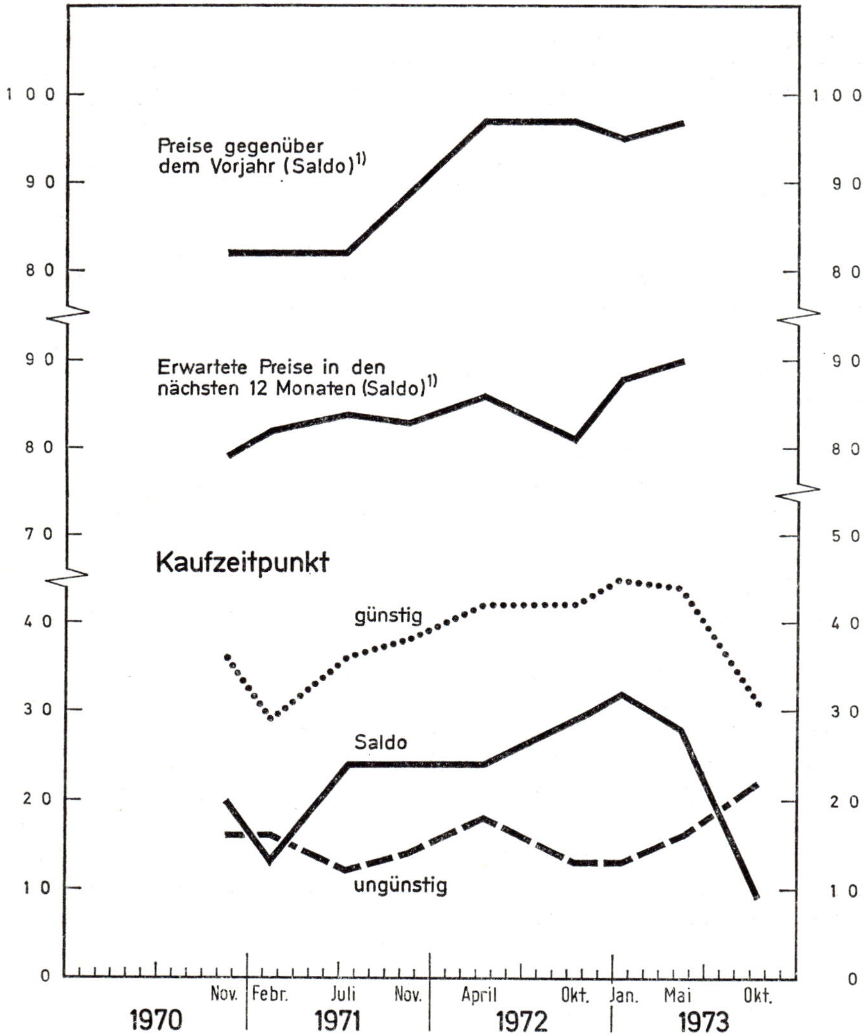

1) *Differenz der Meldeanteile „Preiserhöhungen" und „Preissenkungen". Da ab Oktober 1973 die Fragestellung geändert wurde, lassen sich die beiden oberen Zeitreihen nicht weiter fortsetzen. Die neue Fragestellung zielt mehr auf die Intensität der Preisbewegung ab.*

IFO-INSTITUT für Wirtschaftsforschung München 68/74

sumenten laut entsprechenden Antworten in den Verbraucherumfragen[69] und auch aufgrund der amtlichen Zahlen[70] bis zum 4. Quartal 1972 noch zugenommen hatte. Ende 1972 und Anfang 1973 zeichnete sich jedoch eine wachsende Inflationsmentalität der deutschen Verbraucher ab. Offensichtlich hatte es längere Zeit gedauert, bis das Bewußtsein stark steigender Preise zu einer Änderung des Kauf- und Sparverhaltens geführt hatte. Die einsetzende Flucht in die Sachwerte brachte im 1. Halbjahr 1973 einen spürbaren Rückgang der Sparquote mit sich[71].

Bereits in der Erhebung vom Mai 1973 zeigte sich jedoch ein größerer Teil der Befragten wegen der weiteren konjunkturellen Entwicklung und der Sicherheit der Arbeitsplätze besorgt. Diese Ergebnisse ließen trotz der nach wie vor hohen Preissteigerungen auf eine stärkere Betonung des Vorsichtsmotivs bei der Einkommensverwendung und damit auf eine wieder steigende Tendenz der Sparquote schließen[72]. Die Entwicklung der Spartätigkeit im 2. Halbjahr 1973 bestätigte diese Prognose. Die Umfrageergebnisse vom Oktober 1973 deuteten darauf hin, daß sich die steigende Tendenz der Sparquote im Laufe der nächsten Monate (Anfang 1974) weiter fortsetzen wird.

Eine für den Konjunkturanalytiker recht aufschlußreiche Beziehung besteht zwischen den Preiserwartungen der Konsumenten und ihrer Einschätzung der gegenwärtigen Kaufsituation. Die entsprechende Frage lautet:

> „Glauben Sie, daß es *jetzt* allgemein eine gute Zeit ist, größere Anschaffungen (wie z. B. Möbel, Waschmaschinen, Fernsehgeräte etc.) zu tätigen?"

---

69 Auf die Frage: „Glauben Sie, daß es in Anbetracht der allgemeinen Wirtschaftslage ratsam ist, zu sparen?" antworteten im April 1972 42 % der befragten deutschen Haushalte mit „Ja, auf alle Fälle", 25 % mit „Ja, vielleicht" und nur 16 % mit „Wahrscheinlich nicht" sowie 14 % mit „Nein, auf keinen Fall"; 3 % der Befragten äußerten sich nicht zu dieser Frage.

Vgl. G. Nerb, Konsumentenverhalten wird durchsichtiger — Erste Ergebnisse der neuen EWG-Befragung, in: Ifo-Schnelldienst Nr. 29 vom 19. 7. 1972, S. 14.

70 Sparen und Inflation — Wenig Hilfe von der Theorie, in: Wirtschaftswoche, Nr. 38, 26. Jg., 22. Sept. 1972, S. 32 und 34.

71 Im 1. Quartal 1973 betrug die Sparquote 12,5 % gegenüber 14,0 % im 1. Quartal 1972; auch im 2. Quartal 1973 lag die Sparquote mit 13,5 % deutlich unter dem entsprechenden Vorjahreswert (15,5 %). Quelle: Deutsche Bundesbank, Statistische Beihefte zu den Monatsberichten der DBB, Reihe 4, Saisonbereinigte Wirtschaftszahlen, November 1973, Nr. 11.

72 Vgl. G. Nerb, Vor allem untere und mittlere Einkommensgruppen fühlen sich von der Inflation betroffen, Ifo-Schnelldienst Nr. 36 vom 5. 9. 1973, S. 7 ff. und Reaktionen der Konsumenten auf inflationäre Preissteigerungen, Ifo-Schnelldienst Nr. 40 vom 3. 10. 1973, S. 7 f.

Antwortmöglichkeiten[73]:

— ja, der Augenblick ist günstig
— er ist weder günstig noch ungünstig
— nein, der Augenblick ist ungünstig
— weiß nicht.

Diese Frage bildet gleichsam einen Übergang von den mehr allgemeinen Urteils- und Erwartungsfragen zu konkreteren Kaufabsichten. Es sollen mit ihrer Hilfe vor allem Anhaltspunkte dafür gewonnen werden, ob Käufe vorgezogen oder aufgeschoben werden. Wie zu erwarten, besteht zwischen den Preisreihen und der Kaufzeitbeurteilung ein Zusammenhang, der allerdings nicht eindeutig ist. Bei einem Teil der Befragten führen hohe Preiserwartungen offensichtlich zu einem Vorziehen von Käufen, die eigentlich für später vorgesehen waren; einen anderen Teil der Befragten schreckt das bereits erreichte hohe Preisniveau vom Kauf ab, obgleich für die nächste Zeit noch stärkere Preissteigerungen erwartet werden. Die zuerst genannte Reaktion kommt recht gut in dem Verlauf der Meldeanteile „günstige Zeit zum Kaufen" zum Ausdruck, die letztere in der Reihe „ungünstige Zeit zum Kaufen". Der Testsaldo gibt annähernd den Nettoeffekt dieser beiden Reaktionen der Verbraucher wieder (vgl. Abbildung 4).

Die Kenntnis der Preiserwartungen alleine reicht also nicht aus, die Reaktionen der Verbraucher auf befürchtete Preissteigerungen zu erklären und vorauszusagen. Nach den bisherigen Erfahrungen läßt sich der Zusammenhang zwischen Konsumenteneinstellungen, Preiserwartungen und Kaufverhalten folgendermaßen umreißen: Eine zunehmend ungünstigere Beurteilung der eigenen finanziellen Situation und der längerfristigen allgemeinen Wirtschaftsentwicklung führt zu einer Zurückhaltung bei der Anschaffung langlebiger Konsumgüter, wie etwa PKW, Stereoanlagen und Fernsehgeräten und zu einem Anstieg der Sparquote. Es läßt sich beispielsweise anhand der Umfrageergebnisse deutlich nachweisen, daß die Haushalte relativ am meisten sparen, deren finanzielle Lage sich in der Vergangenheit gebessert hat, die aber kein Anhalten dieses Trends für die Zukunft erwarten. (Positive Einkommenserwartungen drängen dagegen das Bedürfnis nach Sicherheit und Vermögensbildung zugunsten des Konsumbedürfnisses zurück.)

Eine derartige konsumdämpfende Wirkung kann allerdings dadurch zum Teil kompensiert werden, daß die Verbraucher in Erwartung

[73] Ab April 1972 (Beginn der harmonisierten Befragungen der EG-Kommission) sind noch zwei weitere Antwortkategorien aufgenommen worden: „Ja, der Augenblick ist sehr günstig" und „Der Augenblick ist sehr ungünstig."

weiterer Preissteigerungen Käufe zeitlich vorziehen[74]. Dieser Trend zur vielzitierten Flucht in die Sachwerte war beispielsweise im 1. Halbjahr 1973 in den USA und in der BRD zu beobachten[75].

Der konsumtreibende Einfluß der Inflationserwartungen verliert allerdings erfahrungsgemäß dann an Bedeutung, wenn die erwartete Verschlechterung der Wirtschaftslage eine „Gefahrenschwelle" übersteigt und von den Verbrauchern als bedrohlich empfunden wird. Wann dieser Punkt erreicht ist, läßt sich nicht generell sagen. Diese Grenze ist von Land zu Land verschieden und verschiebt sich obendrein im Zeitablauf. Es empfiehlt sich deshalb, in möglichst kurzen Abständen die Einstellung der Verbraucher zur Einkommens- und Wirtschaftsentwicklung zu messen, um daraus Anhaltspunkte für das künftige Kauf- und Sparverhalten zu gewinnen. In der BRD schien beispielsweise der „kritische" Punkt bereits kurz vor Jahresmitte 1973 erreicht zu sein: Obwohl im Mai 1973 ein noch wesentlich größerer Teil der deutschen Haushalte als zu Jahresanfang (43 % der Befragten gegenüber 28 % zu Jahresanfang) „starke" Preissteigerungen in den kommenden 12 Monaten erwartete, beabsichtigen weniger Konsumenten als vor 4 Monaten, größere Anschaffungen zu tätigen.

In den USA war dagegen dieser Punkt bis zur Jahresmitte 1973 noch nicht erreicht: Trotz des starken Rückgangs des Konsumklimas im 1. Quartal 1973 — in dem 20jährigen Bestehen der amerikanischen Verbraucherumfragen wurde noch nie eine so starke Verschlechterung des Konsumklimas von einem Quartal zum anderen festgestellt — bezeichnete es weiterhin rd. die Hälfte der befragten amerikanischen Haushalte als sinnvoll, jetzt größere Anschaffungen zu tätigen, bevor die Preise noch weiter steigen. Wie jedoch die Konsumforscher vom Survey Research Center in Michigan richtig prognostizierten[76], prägte bereits Ende 1973 die konsumdämpfende Rezessionsangst das Konsumverhalten stärker als die konsumsteigernden Inflationserwartungen. Sie rechneten schon damals (März 1973) für 1974 in den USA mit einer spürbaren Verlangsamung der Konsumnachfrage und der Expansion von Konsumentenkrediten.

---

[74] D. Fricke, Das Sparverhalten der privaten Haushalte in der Bundesrepublik Deutschland, Duncker & Humblot, Berlin 1972, S. 93 f. — Ferner: H. E. Leland, Saving and Uncertainty: The Precautionary Demand for Saving, in: Quarterly Journal of Economics, Vol. 82 (1968), S. 465.

[75] Vgl. z. B. Forschungsstelle für empirische Sozialökonomik in der Zeitschrift „Absatzwirtschaft" vom Juli 1973, S. 19: „Es können kaum Zweifel bestehen, daß die „durables" vom Kühlschrank bis zum PKW von einkommensschwächeren Schichten (deren finanzielle Situation den Kauf z. B. einer Eigentumswohnung nicht erlaubt) jetzt auch unter dem Aspekt der Sachanlage erworben wurden."

[76] Vgl. The Outlook of Consumer Demand, herausgegeben vom Institute for Social Research, University of Michigan, Ann Arbor, USA, März 1973.

Es sei aber nochmals betont, daß das in den Ländern der Europäischen Gemeinschaft und der USA — noch — nicht ausgeprägt spekulative Konsumentenverhalten keinen gleichsam automatischen Stabilisator für den Geldwert ergibt. Das hier vorgeführte Verhaltensschema „ungünstigere Erwartungen zur finanziellen Situation und zur allgemeinen Wirtschaftslage führen zu einem Rückgang der Konsumneigung und einem Anstieg der Sparquote" funktioniert nur, wenn die Inflationsmentalität noch nicht in einem so fortgeschrittenen Stadium ist, daß die Haushalte — wie es in einigen südamerikanischen Staaten der Fall ist — jeden Sachwert einer Anlage in Geldwerten (der eigenen Währung) vorziehen.

β) Ergebnisse von Zeitreihenanalysen

Wie schon am Beispiel der USA und Großbritannien gezeigt wurde, soll auch für die BRD versucht werden, einen Global-Index aus den jeweiligen Ergebnissen einer Verbraucherumfrage zu konstruieren und diesen in Konsumfunktionen — sei es zur Vorausschätzung des gesamten privaten Verbrauchs oder einiger Komponenten davon, wie etwa PKW-Absatz, Gebrauchtgüterumsatz etc. — als Erklärungsgröße zu verwenden.

Aus den genannten Gründen standen für eine methodisch abgesicherte Zeitreihenanalyse nur die Werte von drei Testfragen zur Verfügung, die bereits seit 1957 erfaßt worden sind. Nach den bisherigen in- und ausländischen Erfahrungen mit Verbraucherumfragen scheinen diese drei Fragen (finanzielle Lage der Haushalte ex ante und ex post, längerfristige Erwartungen zur allgemeinen wirtschaftlichen Situation) recht brauchbare Indikatoren für die Kaufbereitschaft zu sein.

Gegen einen derartig konstruierten Konsumklimaindex läßt sich einwenden: Die drei Fragen reichen nicht aus, um auch nur annähernd das psychologische Feld abzustecken, das nach Katonas Forschungen für Verhaltensänderungen relevant ist. Ferner lassen sich Bedenken am Konstruktionsprinzip dieser beiden Indexvarianten anmelden. Im vorliegenden Fall wurden die drei Testsalden einfach aufaddiert; zusätzlich erfolgte eine Glättung der Klimareihe mit Hilfe eines gleitenden Dreier-Durchschnitts[77].

Aus diesen Gründen sind die mit Hilfe dieses relativ einfachen Konsumklimaindex erzielten Ergebnisse noch durchaus verbesserungsfähig.

Der prognostische Wert von Konsumklimaindizes läßt sich nicht allein daran beurteilen, ob er für spezielle Zeiträume einen statistisch signifikanten Erklärungsbeitrag lieferte. Durch eine entsprechende

---

[77] Vorschläge zu einer methodischen Verbesserung des Klimaindex finden sich im Anhang, S. 233 ff.

Wahl der Referenzperiode läßt sich ein solches Ergebnis meist erzielen. Entscheidend ist vielmehr, wie sich der Erklärungsbeitrag solcher Indizes verändert, wenn verschiedene Zeiträume zugrundegelegt werden. Aus konjunkturprognostischen Gründen wäre es natürlich besonders erfreulich, wenn die — statistisch signifikanten — Koeffizienten solcher Schätzfunktionen im Zeitablauf annähernd konstant wären. Wie die Praxis der empirischen Wirtschaftsforschung lehrt, ist dies leider selten der Fall. Dem Konjunkturprognostiker ist aber auch schon dann viel geholfen, wenn sich ein bestimmtes Verhaltensmuster der Koeffizienten im Zeitablauf erkennen läßt: Beispielsweise ein relativ geringer Einfluß des Konsumentenklimas zu Zeiten eines relativ stetigen Wirtschaftswachstums; ein besonders hoher Erklärungsbeitrag einer solchen Größe vor konjunkturellen Wendepunkten, in der Abschwungs- und der frühen Aufschwungsphase eines Konjunkturzyklus.

αα) Privater Verbrauch insgesamt

Wenn auch mittlerweile kaum noch Zweifel bestehen, daß der Absatz bestimmter langlebiger Konsumgüter weitgehend losgelöst ist von der Einkommensentwicklung, so herrscht doch noch die Ansicht vor, der private Verbrauch insgesamt ließe sich sehr zuverlässig mit Hilfe des verfügbaren Einkommens der privaten Haushalte prognostizieren. Um diese These zu überprüfen, wurden zunächst Konsumfunktionen berechnet, die lediglich das Einkommen als Erklärungsgröße aufwiesen; im Anschluß daran wurde untersucht, inwieweit die zusätzliche Berücksichtigung eines Indikators für die Kaufbereitschaft zu einer Verbesserung der Schätzfunktionen führt. Da es bisher eine offene Frage ist, inwieweit die Konsumenten einer Geldillusion unterliegen, wurden die Berechnungen sowohl mit Nominal- als auch mit Realgrößen durchgeführt.

Die wichtigsten Ergebnisse der in Tabelle 13 und 14 vorgeführten Regressionsuntersuchungen lassen sich folgendermaßen zusammenfassen:

— Wurde lediglich das verfügbare Einkommen als erklärende Größe herangezogen, so betrug der durchschnittliche Fehler bei der Schätzung des privaten Verbrauchs pro Quartal rd. 1,5 %; dies galt sowohl bei nominaler als auch bei realer Betrachtungsweise (vgl. Regressionsgleichungen 4 a und 4 b sowie 11 a und 11 b). Wurden dagegen Ansätze gewählt, in denen der Indikator für die Kaufbereitschaft berücksichtigt wurde, so verringerte sich der durchschnittliche Schätzfehler auf zum Teil weniger als 1 % (vgl. Regressionsgleichungen 2 und 3, Tabelle 13). Die hierdurch erzielte Verbesserung wird optisch anhand eines Vergleichs von Abbildung 5

Tabelle 13

Schätzfunktionen für die Entwicklung des privaten Verbrauchs insgesamt (Niveauschätzung)

a) zu jeweiligen Preisen; Untersuchungszeitraum 1. Vj. 1962 - 2. Vj. 1973
b) zu jeweiligen Preisen; Untersuchungszeitraum 1. Vj. 1966 - 2. Vj. 1973

(1a) $C_{1\,t} = 1{,}777 + 0{,}433\, C_{1\,t-1} + 0{,}505\, Y_{1\,t-2} + 0{,}023\, A_{t-3} + e$
(s: 0,81) (s: 0,15) (s: 0,13) (s: 0,006)
(t: 2,19) (t: 2,86) (t: 3,93) (t: 3,78)
$R^2 = 0{,}9983$ $DW = 2{,}40$
$SE = 0{,}83$

(1b) $C_{1\,t} = 0{,}783 + 0{,}419\, C_{1\,t-1} + 0{,}526\, Y_{1\,t-2} + 0{,}022\, A_{t-3} + e$
(s: 1,26) (s: 0,19) (s: 0,16) (s: 0,007)
(t: 0,63) (t: 2,22) (t: 3,26) (t: 2,98)
$R^2 = 0{,}9970$ $DW = 2{,}59$
$SE = 0{,}95$

(2) $C_{1\,t} = -\,1{,}26 + 1{,}06\, C_{1\,t-2} + 0{,}0321\, A_{t-2} + e$
(s: 0,502) (s: 0,007) (s: 0,005) $R^2 = 0{,}9986$ $DW = 1{,}06$
(t: 2,51) (t: 160) (t: 6,39) $SE = 0{,}74$

(3) $C_{1\,t} = -\,1{,}27 + 1{,}06\, C_{1\,t-2} + 0{,}0334\, A_{t-3} + e$
(s: 0,504) (s: 0,007) (s: 0,005) $R^2 = 0{,}9987$ $SE = 0{,}72$
(t: 2,51) (t: 161) (t: 6,76) $DW = 1{,}05$

(4a) $C_{1\,t} = 2{,}829 + 0{,}882\, Y_{1\,t-2} + e$ $R^2 = 0{,}9972$ $DW = 1{,}25$
(s: 0,65) (s: 0,007) $SE = 1{,}09$
(t: 4,35) (t: 121)

(4b) $C_{1\,t} = 1{,}164 + 0{,}897\, Y_{1\,t-2} + e$ $R^2 = 0{,}9949$ $DW = 1{,}38$
(s: 1,21) (s: 0,012) $SE = 1{,}24$
(t: 0,96) (t: 74)

(5a) $C_{1\,t} = -\,2{,}480 + 1{,}076\, C_{1\,t-2} + e$ $R^2 = 0{,}9971$ $DW = 0{,}61$
(s: 0,700) (s: 0,009) $SE = 1{,}10$
(t: 3,55) (t: 120)

(5b) $C_{1\,t} = -\,5{,}509 + 1{,}107\, C_{1\,t-2} + e$ $R^2 = 0{,}9956$ $DW = 0{,}72$
(s: 1,27) (s: 0,014) $SE = 1{,}14$
(t: 4,34) (t: 77)

(6a) $C_{1\,t} = -\,2{,}48 + 1{,}076\, C_{1\,t-2} + e$ $R^2 = 0{,}9971$ $DW = 0{,}61$
(s: 0,700) (s: 0,009) $SE = 1{,}10$
(t: 3,55) (t: 120)

(6b) $C_{1\,t} = -\,5{,}509 + 1{,}107\, C_{1\,t-2} + e$ $R^2 = 0{,}9956$ $DW = 0{,}72$
(s: 1,27) (s: 0,014) $SE = 1{,}14$
(t: 4,34) (t: 77)

(7a) $C_{1\,t} = -\,0{,}932 + 1{,}033\, C_{1\,t-1} + e$ $R^2 = 0{,}9975$ $DW = 2{,}68$
(s: 0,621) (s: 0,078) $SE = 1{,}08$
(t: 1,50) (t: 132)

(7b) $C_{1\,t} = -\,2{,}06 + 1{,}045\, C_{1\,t-1} + e$ $R^2 = 0{,}9951$ $DW = 2{,}85$
(s: 1,26) (s: 0,014) $SE = 1{,}21$
(t: 1,6) (t: 74)

Erläuterungen zu Tabelle 13:

Hierbei sind:

C_{1t} = privater Verbrauch zu jeweiligen Preisen im Quartal t (saisonbereinigte Quartalswerte der Deutschen Bundesbank; in Mrd. DM). Mittelwert im Untersuchungszeitraum:

a) 79,8 Mrd. DM
b) 89,7 Mrd. DM

Standardabweichung:

a) 20,3 Mrd. DM
b) 17,3 Mrd. DM

Y_{1t} = verfügbares nominales Einkommen aller privaten Haushalte in der BRD im Quartal t (saisonbereinigte Quartalswerte der Deutschen Bundesbank; in Mrd. DM).

Mittelwert im Untersuchungszeitraum:

a) 87,4 Mrd. DM
b) 98,7 Mrd. DM

Standardabweichung:

a) 23,0 Mrd. DM
b) 19,2 Mrd. DM

A = Index für die Kaufbereitschaft

(Konsumklima: Summe der Testsalden von folgenden 3 Fragen: „Wie hat sich die finanzielle Lage Ihres Haushaltes in den letzten 12 Monaten entwickelt?" — „Wie dürfte sich Ihrer Ansicht nach die finanzielle Lage Ihres Haushaltes in den kommenden 12 Monaten entwickeln?" — „Im großen und ganzen gesehen: Glauben Sie, daß sich unsere wirtschaftlichen Verhältnisse in den nächsten 5 Jahren verbessern, oder glauben Sie, daß sie sich verschlechtern werden?" Von den Saldensummen wurden gleitende 3er-Durchschnitte berechnet.)

Absoluter Mittelwert im Untersuchungszeitraum:

a) 20
b) 28

Standardabweichung:

a) 15
b) 16

R^2 = Korrelationskoeffizient im Quadrat

$D.W.$ = Durbin-Watson-Statistik

SE = Standardabweichung der Regressionsreste

e = Regressionsrest

s = Standardabweichung der Parameterschätzwerte

t = t-Wert laut Students'-Verteilung.

Tabelle 14

Schätzfunktionen für die Entwicklung des privaten Verbrauchs insgesamt (Niveauschätzung)

a) zu Preisen von 1962; Untersuchungszeitraum 1. Vj. 1962 - 2. Vj. 1973
b) zu Preisen von 1962; Untersuchungszeitraum 1. Vj. 1966 - 2. Vj. 1973

(8a)	$C_{2t} = 3{,}960$	$+ 0{,}526\, C_{2t-1}$	$+ 0{,}378\, Y_{2t-2}$	$+ 0{,}020\, A_{t-3}$	$+ e$	$R^2 = 0{,}9955$
	$(s: 1{,}12)$	$(s: 0{,}13)$	$(s: 0{,}11)$	$(s: 0{,}005)$		$DW = 2{,}33$
	$(t: 3{,}54)$	$(t: 3{,}90)$	$(t: 3{,}47)$	$(t: 3{,}83)$		$SE = 0{,}67$
(8b)	$C_{2t} = 5{,}271$	$+ 0{,}463\, C_{2t-1}$	$+ 0{,}419\, Y_{2t-2}$	$+ 0{,}023\, A_{t-3}$	$+ e$	$R^2 = 0{,}9909$
	$(s: 1{,}95)$	$(s: 0{,}18)$	$(s: 0{,}14)$	$(s: 0{,}007)$		$DW = 2{,}34$
	$(t: 2{,}70)$	$(t: 2{,}62)$	$(t: 2{,}98)$	$(t: 3{,}42)$		$SE = 0{,}76$
(9a)	$C_{2t} = 3{,}273$	$+ 0{,}588\, C_{2t-1}$	$+ 0{,}328\, Y_{2t-1}$	$+ 0{,}014\, A_{t-2}$	$+ e$	$R^2 = 0{,}9951$
	$(s: 1{,}22)$	$(s: 0{,}17)$	$(s: 0{,}13)$	$(s: 0{,}005)$		$DW = 2{,}87$
	$(t: 2{,}69)$	$(t: 3{,}51)$	$(t: 2{,}44)$	$(t: 2{,}73)$		$SE = 0{,}71$
(9b)	$C_{2t} = 4{,}708$	$+ 0{,}515\, C_{2t-1}$	$+ 0{,}375\, Y_{2t-1}$	$+ 0{,}016\, A_{t-2}$	$+ e$	$R^2 = 0{,}9898$
	$(s: 2{,}18)$	$(s: 0{,}28)$	$(s: 0{,}18)$	$(s: 0{,}006)$		$DW = 2{,}86$
	$(t: 2{,}16)$	$(t: 2{,}27)$	$(t: 2{,}08)$	$(t: 2{,}53)$		$SE = 0{,}81$
(10a)	$C_{2t} = 2{,}982$	$+ 0{,}645\, C_{2t-1}$	$+ 0{,}282\, Y_{2t-1}$	$+ 0{,}015\, A_{t-1}$	$+ e$	$R^2 = 0{,}9955$
	$(s: 1{,}15)$	$(s: 0{,}16)$	$(s: 0{,}13)$	$(s: 0{,}005)$		$DW = 2{,}85$
	$(t: 2{,}59)$	$(t: 3{,}95)$	$(t: 2{,}14)$	$(t: 3{,}03)$		$SE = 0{,}69$
(10b)	$C_{2t} = 3{,}895$	$+ 0{,}598\, C_{2t-1}$	$+ 0{,}312\, Y_{2t-1}$	$+ 0{,}016\, A_{t-1}$	$+ e$	$R^2 = 0{,}9899$
	$(s: 2{,}07)$	$(s: 0{,}22)$	$(s: 0{,}18)$	$(s: 0{,}006)$		$DW = 2{,}80$
	$(t: 1{,}88)$	$(t: 2{,}67)$	$(t: 1{,}75)$	$(t: 2{,}60)$		$SE = 0{,}81$
(11a)	$C_{2t} = 5{,}924$	$+ 0{,}823\, Y_{2t-2}$	$+ e$			$R^2 = 0{,}9903$
	$(s: 0{,}94)$	$(s: 0{,}013)$				$DW = 1{,}02$
	$(t: 6{,}34)$	$(t: 65{,}52)$				$SE = 1{,}00$
(11b)	$C_{2t} = 6{,}068$	$+ 0{,}821\, Y_{2t-2}$	$+ e$			$R^2 = 0{,}9793$
	$(s: 1{,}81)$	$(s: 0{,}023)$				$DW = 0{,}95$
	$(t: 3{,}35)$	$(t: 36{,}38)$				$SE = 1{,}16$

Hierbei sind:

C_{2t} = privater Verbrauch in Preisen von 1962 im Quartal t (saisonbereinigte Quartalswerte der Deutschen Bundesbank; in Mrd. DM).
Mittelwert im Untersuchungszeitraum: a) 66,7 Mrd. DM
b) 71,8 Mrd. DM
Standardabweichung: a) 10,0 Mrd. DM
b) 8,0 Mrd. DM

Y_{2t} = Verfügbares reales Einkommen (in Preisen von 1962) der privaten Haushalte in der BRD im Quartal t (saisonbereinigte Quartalswerte der Deutschen Bundesbank; in Mrd. DM).
Mittelwert im Untersuchungszeitraum: a) 73,9 Mrd. DM
b) 80,0 Mrd. DM
Standardabweichung: a) 12,1 Mrd. DM
b) 9,7 Mrd. DM.

Übrige Erklärungen siehe Tabelle 13.

und 6 mit Abbildung 7 deutlich. Da eine Fehlschätzung des privaten Verbrauchs um 1 % für die Prognose des gesamten Bruttosozialprodukts nahezu ebenso schwer wiegt wie ein 14 %iger Prognosefehler bei den Anlageinvestitionen der Industrie, ist eine derartige prognostische Verbesserung damit recht beachtlich.

— Im Vergleich zu den Gleichungen 2 und 3 weisen die übrigen getesteten Funktionen alle eine schlechtere Anpassung der geschätzten an die tatsächlichen Werte auf. Es ist allerdings zu berücksichtigen, daß in den Funktionstypen 2 und 3 eine positive Autokorrelation vorliegt; die Koeffizienten scheinen damit statistisch besser abgesichert zu sein (zu hoher t-Wert) als sie es tatsächlich sind[78]. Vom methodisch-statistischen Standpunkt ist daher den Gleichungen des Funktionstyps 1 bzw. 8 (Gleichungen 1 a, 1 b, 8 a und 8 b) der Vorzug zu geben. Es ließen sich hier nämlich alle Koeffizienten (bis auf das konstante Glied in Gleichung 1 b) statistisch absichern, und es lagen keine Anzeichen für eine Autokorrelation der Regressionsreste vor[79]. Der durchschnittliche Schätzfehler betrug allerdings 1 % bzw. lag noch geringfügig darüber. Für prognostische Zwecke erscheint es daher empfehlenswert, sowohl den Funktionstyp 1 als auch eine der in etwa ebenbürtigen Schätzfunktionen 2 und 3 heranzuziehen.

— Die Regressionsergebnisse der entsprechenden Gleichungen von Tabelle 13 und Tabelle 14 (1 a und 8 a, 1 b und 8 b, 4 a und 11 a, 4 b und 11 b) lassen keine großen Unterschiede erkennen. Die Übereinstimmung der geschätzten und der tatsächlichen Werte ist bei den Nominalgrößen (Tabelle 13) marginal besser als bei den Realgrößen (Tabelle 14). Wenn auch die Unterschiede zu geringfügig sind, um daraus weitreichende Schlußfolgerungen zu ziehen, so scheint doch im Konsumentenverhalten das Denken in Nominalgrößen vorzuherrschen.

— Die Regressionsergebnisse sprechen dafür, daß ein angenommener Lead des Konsumklimas von 3 Quartalen zu noch besseren Ergebnissen führt als ein solcher von 1 oder 2 Quartalen[80] (vgl. Gleichung 2 und 3, 8 a und 9 a sowie 10 a, 8 b und 9 b sowie 10 b). Beim verfügbaren Einkommen der privaten Haushalte scheint ein Lead von

---

78 Die Parameterschätzwerte sind aber auch dann erwartungstreu, wenn die Regressionsreste autokorreliert sind. Der Beweis hierfür findet sich z. B. bei J. Johnston, Econometric Methods, New York 1963, S. 6.

79 Dies ergibt sich aus den Durbin-Watson-Test-Tabellen, vgl. Carl F. Christ, Econometric Models and Methods, New York, S. 672.

80 Bei einem angenommenen Lead von 4 Quartalen verschlechtern sich die Schätzergebnisse beträchtlich; die entsprechenden Schätzfunktionen sind in dieser Arbeit nicht ausgewiesen.

Abb. 5: **Schätzfunktion für den privaten Verbrauch insgesamt (Niveauschätzung)**

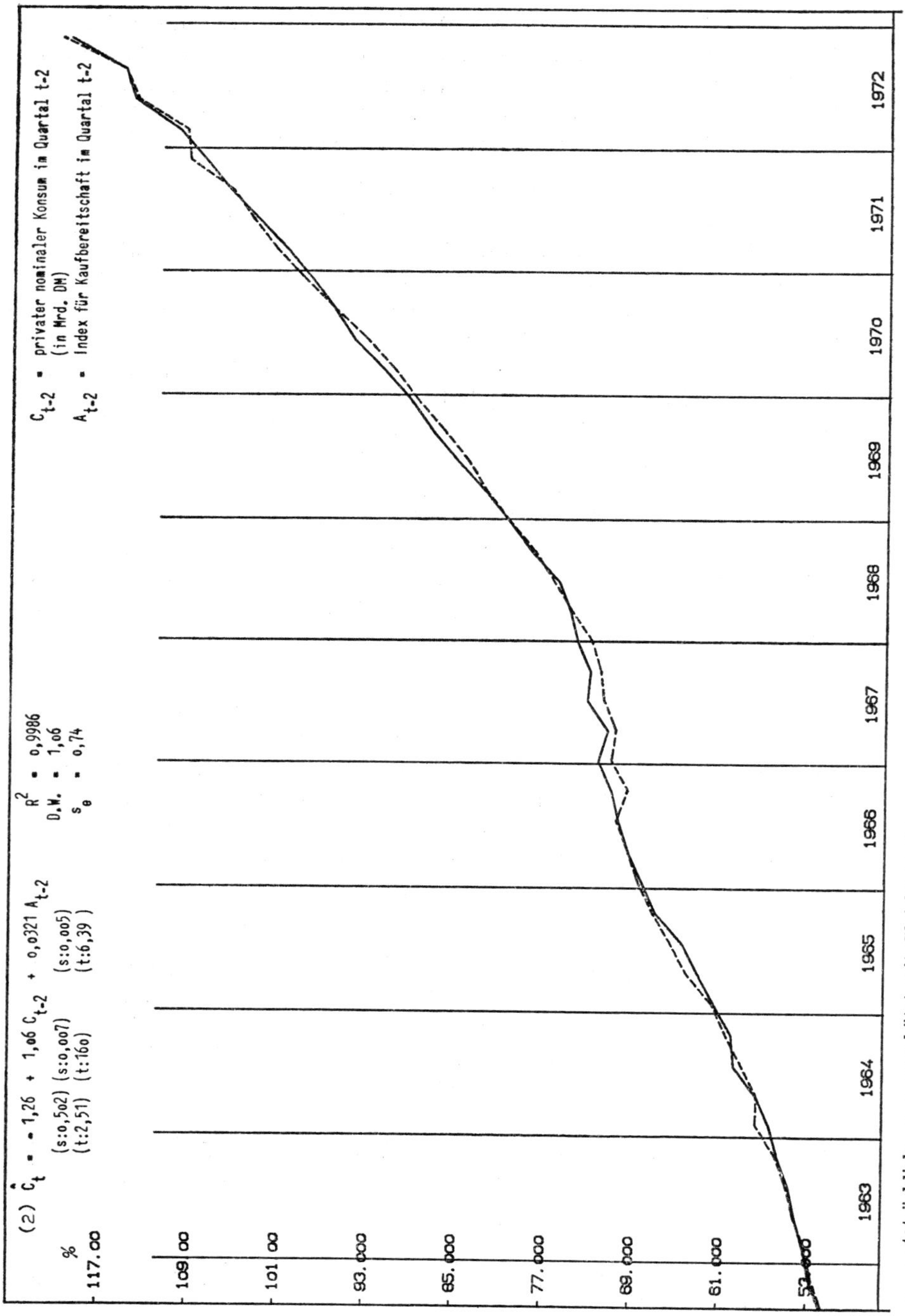

—— tatsächlich; ---- geschätzt mit Gleichung (2).

Abb. 6: **Schätzfunktion für den privaten Verbrauch insgesamt (Niveauschätzung)**

$$(3)\quad C_t = -1{,}27 + 1{,}06\, C_{t-2} + 0{,}0334\, A_{t-3}$$

(s:0,504) (s:0,007) (s:0,005)

(t:2,51) (t:161) (t:6,76)

$R^2 = 0{,}9987$

D.W. = 1,05

$s_e = 0{,}72$

Mittelwert von C_t = 78,8

C_t = privater nominaler Konsum im Quartal t (in Mrd. DM)

A_{t-3} = Index für Kaufbereitschaft im Quartal t-3

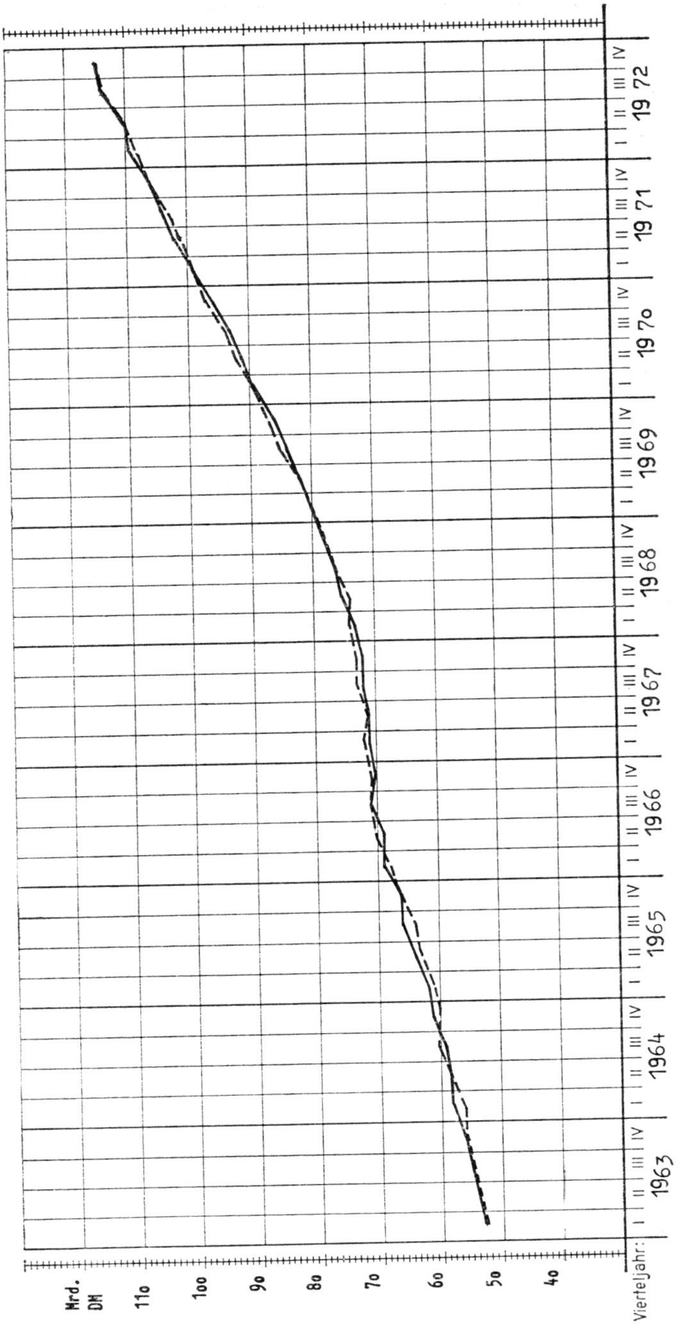

—— tatsächlich; ---- geschätzt mit Gleichung (3).

Abb. 7: **Schätzfunktion für den privaten Verbrauch insgesamt (Niveauschätzung)**

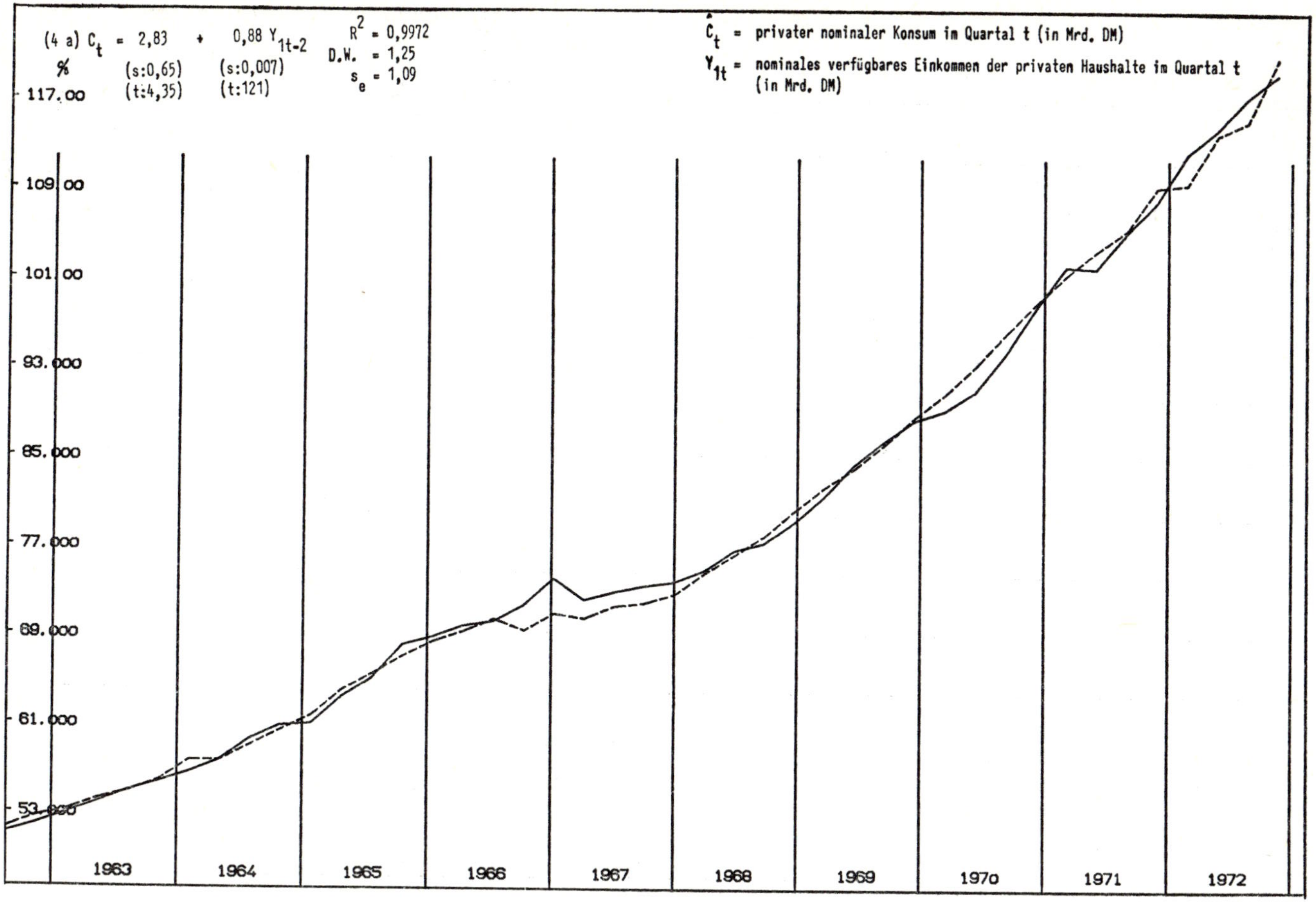

—— tatsächlich; - - - - geschätzt mit Gleichung (4 a).

2 Quartalen zutreffender zu sein als ein solcher von nur einem Quartal (vgl. Gleichung 8 a und 9 a sowie 8 b und 9 b).

— Für den Konjunkturforscher ist von entscheidender Bedeutung, daß ein einmal gefundener Zusammenhang zwischen der Zielgröße und den Einflußfaktoren im Zeitablauf entweder weitgehend stabil ist, oder daß seine Änderung zumindest einer gewissen Gesetzmäßigkeit unterliegt. Andernfalls ist die Schätzfunktion für prognostische Zwecke wenig geeignet. Einen ersten Anhaltspunkt für die Stabilität gibt ein Vergleich der für zwei verschiedene Zeiträume (1. Vj. 1962 bis 2. Vj. 1973 bzw. 1. Vj. 1966 - 2. Vj. 1973) ausgewiesenen Regressionsergebnisse. Die Koeffizienten des hier besonders interessierenden Funktionstyps 1 bzw. 8 erwiesen sich bis auf das konstante Glied als recht stabil. Einer besonders gründlichen Stabilitätsüberprüfung wurden die Koeffizienten der Gleichung 2 unterzogen, die sich als sehr brauchbar erwies, wenn auch eine Autokorrelation der Regressionsreste vorliegen dürfte. Der Test wurde so bewerkstelligt, daß der Untersuchungszeitraum sukzessive um ein Quartal verkürzt wurde. Die Ergebnisse sind in Tabelle 15 zusammengestellt.

An Tabelle 15 fällt auf, daß sich der Einfluß des Konsumklimas auf die Entwicklung des privaten Verbrauchs dann erhöhte, als der Untersuchungszeitraum zunehmend von der Rezession 1966/67 geprägt wurde. Dieses Ergebnis deckt sich mit den Beobachtungen von Katona: Je stärker der Konsument den Eindruck gewinnt, seine eigenen finanziellen Verhältnisse und die allgemeine wirtschaftliche Lage werde sich verschlechtern, um so mehr gewinnt bei der Verwendung des — zu diesem Zeitpunkt meist noch nicht geschmälerten — Einkommens das Vorsichtsmotiv an Bedeutung. Das habituelle Verhalten, d. h. in diesem Fall die weitgehende Orientierung des Verbrauchers am Konsum während der vorangegangenen Perioden schwächt sich unter dem Einfluß der intervenierenden Variablen — Änderung der wirtschaftlichen Einstellungen — ab. In Tabelle 15 ist dieser Effekt allerdings nur an der Entwicklung des Konsumklima-Koeffizienten (c) gut zu erkennen; die zu erwartende gegenläufige Entwicklung des Koeffizienten b (Einfluß des zurückliegenden Konsumniveaus auf den künftigen Konsum müßte kleiner werden) wird zum Teil durch die Entwicklung des wenig stabilen konstanten Gliedes verdeckt.

Als Fazit bleibt festzuhalten: Der Einfluß des Indikators für die Kaufbereitschaft (Konsumklima) auf den privaten Verbrauch ist zwar im Konjunkturverlauf nicht stabil; die Änderungen dieses Einflusses sind jedoch nicht zufällig, sondern unterliegen einer „konjunkturellen Gesetzmäßigkeit“ und können daher für die Konjunkturprognose nutzbar gemacht werden. Da jedoch eine a priori-Änderung eines Koeffizienten trotzdem bis zu einem gewissen Grad eine Ermessensfrage ist, wird vorgeschlagen, die Schätzfunktion in möglichst quartalsmäßigen Abständen neu zu berechnen. Wie nämlich aus Tabelle 15 hervorgeht, weisen die Änderungen der Koeffizienten von einem Quartal zum anderen nur sehr geringe Unterschiede auf. Es empfiehlt sich daher, jeweils nur den aktuellsten Koeffizientensatz zur Prognose heranzuziehen.

Abschließend sei noch kurz auf Regressionsuntersuchungen eingegangen, die nicht die Erklärung des *Niveaus*, sondern der *Wachstumsraten* (Veränderung gegenüber dem Vorjahresquartal in %) zum Ziel haben. Es wurde dabei von einer Funktion ausgegangen, die von Poser und Hecheltjen für den Zeitraum 1. Vj. 1962 bis 2. Vj. 1972 berechnet wurde[81]:

$$\Delta C_{1t} = \underset{(t:\,6{,}4)}{0{,}517\,\Delta Y_{1t-2}} + \underset{(t:\,4{,}5)}{0{,}046\,A_{t-3}} \qquad R^2 = 0{,}7995$$

Zeichenerklärung: Δ Veränderung gegenüber dem entsprechenden Vorjahresquartal

Die übrigen Erklärungen siehe Tabelle 13.

Dieses Ergebnis der Ex-post-Schätzung der vierteljährlichen Wachstumsraten des privaten Verbrauchs ist zweifelsohne sehr eindrucksvoll. Der Einfluß des Konsumklimas ließ sich statistisch noch besser absichern als bei der Niveauschätzung. Wie sich jedoch bei gleitenden Regressionen zeigte, die der Verfasser vornahm, erwies sich dieser Funktionstyp als wenig stabil im Zeitablauf (von einem Quartal zum anderen ergaben sich zum Teil beträchtliche Unterschiede); es konnten aus der Veränderung der Koeffizienten auch keine Gesetzmäßigkeiten herausgelesen werden. Aus diesem Grunde erscheinen derartige Wachstumsraten-Ansätze für prognostische Zwecke weniger geeignet.

ββ) Langlebige Konsumgüter

Wie im vorigen Abschnitt gezeigt wurde, kann ein Index für die Kaufbereitschaft, der aus den Verbraucherumfragen konstruiert wird, einen wesentlichen Beitrag zur Verbesserung der kurzfristigen Prognose des gesamten privaten Verbrauchs leisten. Einen noch wesentlich stärkeren Einfluß übt erwartungsgemäß die Kaufbereitschaft bei der Anschaffung langlebiger Konsumgüter aus. Eine Analyse von Konjunkturschwankungen in hochentwickelten Industrieländern zeigt deutlich, daß die „Investitionen" der privaten Haushalte zum Teil sogar

[81] G. Poser und P. Hecheltjen, The Use of Anticipatory Data in a Quarterly Econometric Model of the Federal Republic of Germany's Economy, vorgelegt als Tagungspapier auf der CIRET-Konferenz in London, September 1973, S. 2.

Tabelle 15

Privater Konsum

Ergebnisse der gleitenden Regressionsuntersuchungen
Regressionsansatz: $C_{1\,t} = a + b\,C_{1\,t-2} + c\,A_{t-2}$
(Gleichung 2; Zeichenerklärung siehe Tabelle 13)

Zeitraum	Koeffizienten *a* (*ta*)	*b* (*tb*)	*c* (*tc*)	$R^2 \cdot 100$	*DW*	*SE*
3/62 - 1/73	−1,27 (2,52)	+ 1,06 (160)	+0,0323 (6,40)	99,86	1,057	0,742
3/62 - 4/72	−1,11 (2,13)	+ 1,05 (152)	+0,0319 (6,36)	99,85	1,064	0,741
3/62 - 3/72	−1,07 (1,96)	+ 1,05 (143)	+0,0319 (6,28)	99,83	1,060	0,750
3/62 - 2/72	−1,11 (1,89)	+ 1,05 (131)	+0,0318 (6,12)	99,81	1,056	0,760
3/62 - 1/72	−1,25 (2,00)	+ 1,06 (122)	+0,0312 (5,89)	99,79	0,876	0,765
3/62 - 4/71	−0,719 (1,12)	+ 1,05 (116)	+0,0342 (6,57)	99,79	0,864	0,727
3/62 - 3/71	−0,624 (0,88)	+ 1,05 (103)	+0,0347 (6,33)	99,76	0,841	0,736
3/62 - 2/71	−0,150 (0,197)	+ 1,04 (93,6)	+0,0371 (6,62)	99,75	0,847	0,722
3/62 - 1/71	+0,679 (0,886)	+ 1,03 (90,5)	+0,0408 (7,64)	99,76	1,087	0,664
3/62 - 4/70	+1,29 (1,13)	+ 1,02 (91,1)	+0,0419 (8,74)	99,77	1,234	0,613
3/62 - 3/70	+1,53 (2,00)	+ 1,01 (88,8)	+0,0413 (8,41)	99,75	1,148	0,607
3/62 - 2/70	+1,41 (1,81)	+ 1,01 (86,6)	+0,0423 (8,30)	99,72	1,173	0,610
3/62 - 1/70	+1,28 (1,61)	+ 1,02 (84,4)	+0,0437 (8,16)	99,68	1,200	0,613
3/62 - 4/69	+1,20 (1,46)	+ 1,02 (80,9)	+0,0445 (7,76)	99,64	1,186	0,622
3/62 - 3/69	+0,898 (1,08)	+ 1,02 (79,8)	+0,0447 (7,93)	99,61	1,291	0,609
3/62 - 2/69	+0,464 (0,551)	+ 1,03 (79,4)	+0,0526 (8,29)	99,61	1,400	0,583
3/62 - 1/69	+0,199 (0,224)	+ 1,04 (73,4)	+0,0558 (7,62)	99,56	1,450	0,585
3/62 - 4/68	−0,158 (0,162)	+ 1,04 (65,7)	+0,0597 (6,98)	99,52	1,525	0,581
3/62 - 3/68	−0,741 (0,686)	+ 1,05 (58,6)	+0,0653 (6,76)	99,49	1,460	0,580
3/62 - 2/68	−0,409 (0,345)	+ 1,05 (52,4)	+0,0628 (6,05)	99,44	1,470	0,582
3/62 - 1/68	−0,364 (0,278)	+ 1,05 (46,9)	+0,0625 (5,62)	99,38	1,356	0,600

Tabelle 15 (Fortsetzung)

Zeitraum	Koeffizienten a (*ta*)	b (*tb*)	c (*tc*)	$R^2 \cdot 100$	*DW*	*SE*
3/62 - 4/67	−0,972 (0,730)	+ 1,06 (46,6)	+0,0646 (5,96)	99,40	1,514	0,581
3/62 - 3/67	−1,30 (0,940)	+ 1,06 (44,8)	+0,0653 (5,98)	99,38	1,563	0,583
3/62 - 2/67	−1,98 (1,490)	+ 1,08 (47,0)	+0,0654 (6,45)	99,44	1,718	0,540

noch stärker schwanken als die industriellen Investitionen. Mit wachsendem Massenwohlstand werden von diesen Konsum-Investitionen noch wesentlich stärkere Impulse auf die Gesamtwirtschaft ausgehen als dies bisher schon der Fall war. Je weniger nämlich der Konsument vom Zwang eingeengt wird, seine knappen Mittel zur bloßen Befriedigung der primären Bedürfnisse zu verwenden, um so stärker hängt die Wirtschaft von labileren Verbraucherwünschen ab. Gerade bei dauerhaften Konsumgütern besteht ja meist die Möglichkeit, den Kauf vorzuverlegen oder zurückzustellen. Eine große Anschaffung wird in der Regel erst getätigt, wenn der Verbraucher *glaubt*, es sich leisten zu können; hierbei spielt nicht nur die Kauffähigkeit, sprich Einkommen, sondern auch die psychologische Komponente, wie sie durch den Kaufbereitschaftsindex gemessen werden soll, eine erhebliche Rolle.

Bei der Überprüfung des Erklärungs- und Prognosegehalts der Verbraucherumfragen wurde ähnlich vorgegangen wie im vorigen Abschnitt. Das Schwergewicht lag darauf, das *Niveau* des Gebrauchsgüterumsatzes des Einzelhandels und der PKW-Neuzulassungen vorauszuschätzen; anschließend wurde auch der Wert dieser Umfragen für die Prognose von Wachstumsraten dieser Nachfragekomponenten untersucht.

Zunächst zur Niveauschätzung des Einzelhandelsumsatzes an dauerhaften Gebrauchsgütern (vgl. Tabelle 16). Die Untersuchungen mußten sich leider auf den Zeitraum 1. Vj. 1962 bis einschließlich 4. Vj. 1969 beschränken, da wegen der Umstellung der amtlichen Statistik auf EDV eine Reihe von monatlichen Einzelhandelsumsätzen, die zur Bildung des Aggregats „Gebrauchsgüter" notwendig gewesen wären, in der Folgezeit nicht mehr ausgewiesen wurden. Unter der Vielzahl von getesteten Regressionsansätzen erwiesen sich die Funktionen (12) und (13) als überdurchschnittlich gut. In beiden Gleichungen ist der Erklärungswert des Index für die Kaufbereitschaft statistisch hoch abgesichert.

Tabelle 16

Schätzfunktionen für den Absatz von langlebigen Konsumgütern insgesamt (Niveauschätzung)

Untersuchungszeitraum: 1. Vj. 1962 - 4. Vj. 1969

(12)	$DG_t = -13{,}2 + 0{,}413\,DG_{t-1} + 1{,}32\,Y_{2\,t-2} + 0{,}161\,A_{t-3} + e$	$R^2 = 0{,}9688$
	(s: 6,35) (s: 0,163) (s: 0,346) (s: 0,0328)	DW = 2,19
	(t: 2,06) (t: 2,54) (t: 3,81) (t: 4,92)	*SE* = 2,96
(13)	$DG_t = -18{,}0 + 2{,}14\,Y_{2\,t-2} + 0{,}157\,A_{t-2} + e$	$R^2 = 0{,}9511$
	(s: 7,09) (s: 0,106) (s: 0,0346)	*DW* = 1,19
	(t: 2,54) (t: 20,2) (t: 4,55)	*SE* = 3,70

weitere Ansätze:

(14)	$DG_t = 26{,}6 + 1{,}33\,Y_{1\,t-2} + e$	$R^2 = 0{,}8898$
	(s: 6,55) (s: 0,0882)	*DW* = 0,56
	(t: 4,06) (t: 15,0)	*SE* = 5,46
(15)	$DG_t = 33{,}1 + 1{,}25\,Y_{1\,t-2} + 0{,}174\,A_{t-2} + e$	$R^2 = 0{,}9361$
	(s: 5,29) (s: 0,0714) (s: 0,0393)	*DW* = 0,84
	(t: 6,26) (t: 17,5) (t: 4,42)	*SE* = 4,24
(16)	$DG_t = -27{,}5 + 2{,}28\,Y_{2\,t-2} + e$	$R^2 = 91{,}37$
	(s: 8,84) (s: 0,133)	*DW* = 0,74
	(t: 3,11) (t: 17,2)	*SE* = 4,83
(17)	$DG_t = -8{,}14 + 1{,}10\,DG_{t-2} + e$	$R^2 = 0{,}8744$
	(s: 9,52) (s: 0,0789)	*DW* = 0,75
	(t: 0,86) (t: 14,0)	*SE* = 5,83
(18)	$DG_t = 0{,}886 + 1{,}03\,DG_{t-2} + 0{,}228\,A_{t-3} + e$	$R^2 = 0{,}9388$
	(s: 7,08) (s: 0,0582) (s: 0,0406)	*DW* = 1,32
	(t: 0,13) (t: 17,8) (t: 5,6)	*SE* = 4,06

Hierbei sind:

DG_t = Index des Einzelhandelsumsatzes an dauerhaften Konsumgütern; Gewichtung: Fahrzeuge (38), Elektroartikel (12), Rundfunk-, Fernseh- und Phonogeräte (18), Möbel (32). Quartalswerte; 1962 = 100; der Mittelwert dieser Größe lag im Untersuchungszeitraum bei 124; die Standardabweichung betrug 16,4.

Y_1 = Verfügbares nominales Einkommen aller privaten Haushalte in der BRD (saisonbereinigte Quartalswerte der Deutschen Bundesbank; in Mrd. DM); der Mittelwert dieser Größe lag im Untersuchungszeitraum bei 73,0; die Standardabweichung betrug 11,4.

Y_2 = Verfügbares reales Einkommen aller privaten Haushalte in der BRD (Y_2 dividiert durch den saisonbereinigten Preisindex für die Lebenshaltung aller privaten Haushalte in der BRD); der Mittelwert dieser Größe lag im Untersuchungszeitraum bei 66,4; die Standardabweichung betrug 6,8.

A = Index für die Kaufbereitschaft (Konsumklima); da diese Größe auch negative Werte im Untersuchungszeitraum annahm, sei hier nicht das arithmetische Mittel, sondern der absolute Mittelwert angegeben: 13; die Standardabweichung betrug ± 12.

R^2 = Korrelationskoeffizient im Quadrat.

DW = Durbin-Watson-Statistik.

SE = Standardabweichung.

e = Regressionsrest.

(s) = Standardabweichung der Parameterschätzwerte.

(t) = t-Wert der Student's Verteilung.

Die Korrelationskoeffizienten sind mit rd. 97 % bzw. 95 % erfreulich hoch; der störende Einfluß der Autokorrelation scheint nur gering zu sein. Wie aus Abbildung 8 hervorgeht, ist die Übereinstimmung zwischen den tatsächlichen und den mit Hilfe von Ansatz (12) geschätzten Werten sehr zufriedenstellend. Es ist hierbei noch zu berücksichtigen, daß der Absatz langlebiger Konsumgüter im Konjunkturverlauf großen Schwankungen unterliegt und daher auch mit Ansätzen, die nur verzögerte Werte der Zielgröße oder des verfügbaren Einkommens enthalten, kaum erklärt werden kann. Um dies auch graphisch zu belegen, sind in Abbildung 8 zusätzlich auch die Schätzergebnisse eingezeichnet worden, die sich ergeben, wenn nur das nominale verfügbare Einkommen der privaten Haushalte als Erklärungsgröße herangezogen wird.

Zum Funktionstyp (12) ist noch anzumerken, daß die Kurve der theoretischen Werte glatter verläuft als die tatsächliche Kurve (vgl. Abbildung 8). Dies ist aber als ein Vorteil zu werten, da es dem Konjunkturforscher vor allem auf den konjunkturellen Trend ankommt. Die einzige größere Abweichung zwischen Schätzung und Realität liegt Ende 1967/Anfang 1968 vor. Die vorübergehende Verlangsamung der Nachfrage im 1. Quartal 1968 wurde in der Schätzreihe erst im 2. Quartal 1968 angezeigt. Offensichtlich betrug hier der Vorlauf des Konsumklimas nicht 3, sondern nur 2 Quartale und der des realen verfügbaren Einkommens nur 1 Vierteljahr statt 2 Quartale.

Die erhebliche Verbesserung von Konsumprognosen durch die Berücksichtigung eines Index für die Kaufbereitschaft wird besonders deutlich, wenn man jeweils die Ansatzpaare (14) und (15), (16) und (13) sowie (17) und (18) betrachtet. Durch die Aufnahme des „Konsumklimas" als zusätzliche Erklärungsgröße nahm der Korrelationskoeffizient jeweils deutlich zu.

Um die Stabilität der Schätzfunktion zu testen, die sich im Untersuchungszeitraum als besonders leistungsfähig erwiesen hat, wurde Gleichung (12) einer gleitenden Regression unterzogen. Wie aus Tabelle 17 hervorgeht, weist insbesondere das konstante Glied zum Teil recht erhebliche Veränderungen auf. Dies war zu erwarten, da sich der Koeffizient a nicht in dem Maße statistisch absichern ließ wie die übrigen Koeffizienten (insbesondere c und d). Regressionen, die ohne das konstante Glied berechnet wurden, lieferten keine sehr befriedigende Anpassung der theoretischen Werte der Zielgröße an die tatsächlichen — dies wohl deshalb, weil in diesem Fall unterstellt wird, die Regressionskurve gehe durch den Nullpunkt. Wie jedoch aus den jeweils angegebenen Werten für das Bestimmtheitsmaß hervorgeht, war in allen Zeitperioden eine gute Erklärung der Ex-post-Entwicklung möglich. Wenn also auch das tatsächliche Kaufverhalten der Konsu-

Abb. 8: **Schätzfunktion für Absatz langlebiger Konsumgüter (Niveauschätzung)**

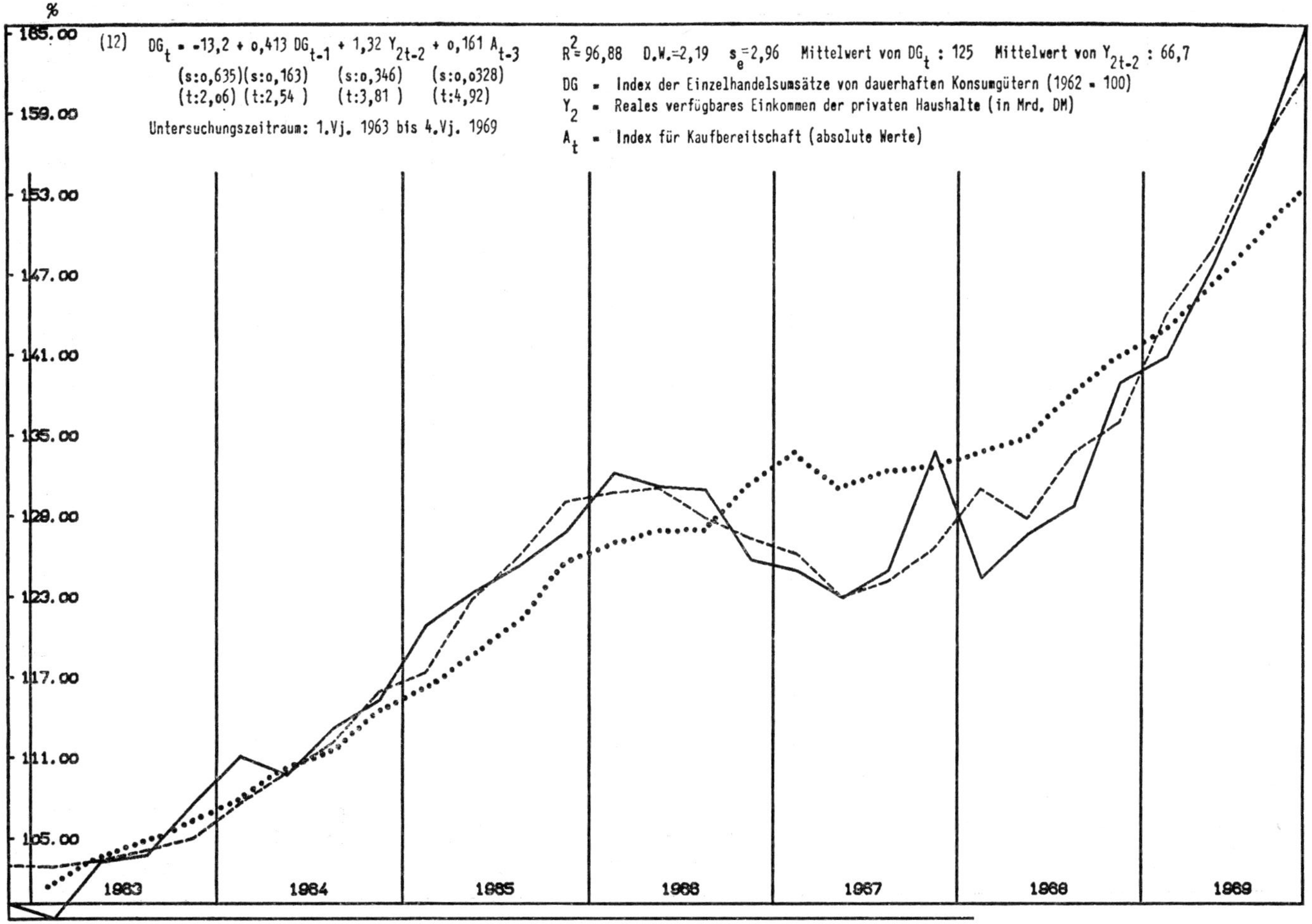

—— tatsächlich; - - - - geschätzt mit Gleichung (12); . . . . geschätzt mit Gleichung 16, d. h. nur reales Einkommen als Erklärungsgröße.

Abb. 9: **Schätzfunktion für Absatz langlebiger Konsumgüter (Niveauschätzung)**

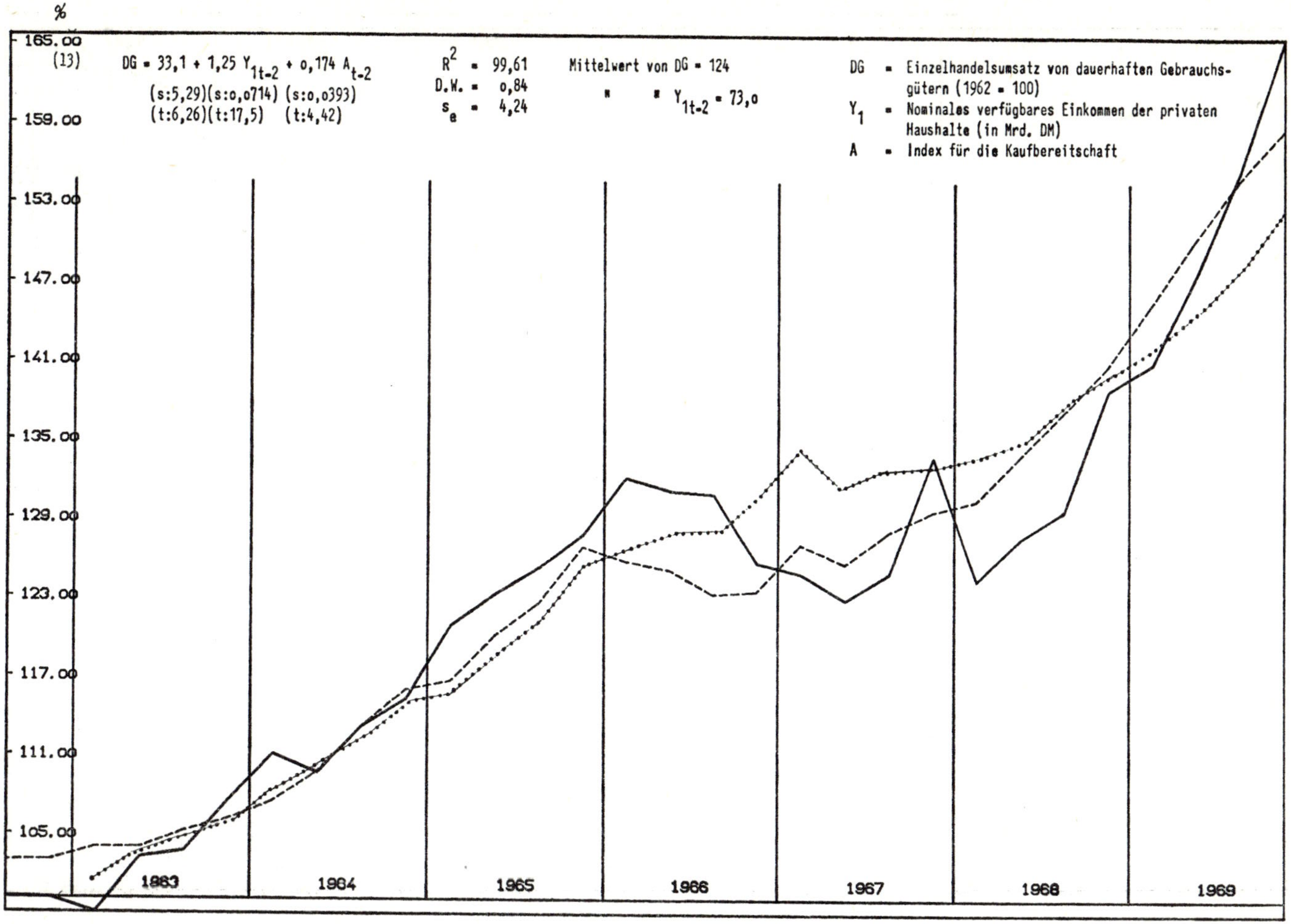

—— tatsächlich; - - - - geschätzt mit Gleichung (15); . . . . geschätzt mit Gleichung (14) d. h. nur nominales Einkommen als Erklärungsgröße.

menten durch diesen Funktionstyp nicht in ganz optimaler Weise wiedergegeben wird — zum Teil wohl infolge einer Interkorrelation zwischen den Variablen DG_{t-1} und Y_{2t-2} — erscheint doch die Schlußfolgerung gerechtfertigt, daß sich mit dem jeweils aktuellsten Koeffizientensatz recht treffsichere Kurzfristprognosen (2 bis 3 Quartale im voraus) erstellen lassen.

γγ) PKW-Neuzulassungen

Zum Teil noch bessere Schätzergebnisse als bei Gebrauchsgütern insgesamt wurden bei der besonders konjunkturempfindlichen Reihe „PKW-Neuzulassungen" erzielt (vgl. Tabelle 18). Unter den vielen ge-

Tabelle 17

Langlebige Konsumgüter

Ergebnisse der gleitenden Regressionsuntersuchungen
Regressionsansatz: $DG_t = a + b\,DG_{t-1} + c\,Y_{2,\,t-2} + d\,A_{t-3} + e$
(Gleichung 12; Zeichenerklärung Tabelle 16)

Zeitraum	Koeffizienten a (ta)	b (tb)	c (tc)	d (td)	$R^2 \cdot 100$	DW	SE
4/62 - 4/69	−13,81 (2,12)	+0,40 (2,41)	+1,35 (3,83)	+0,16 (4,89)	96,82	2,21	2,84
4/62 - 3/69	−11,99 (1,87)	+0,34 (2,02)	+1,44 (4,13)	+0,15 (4,40)	96,16	2,22	2,75
4/62 - 2/69	−11,13 (1,62)	+0,33 (1,97)	+1,43 (4,02)	+0,14 (3,73)	95,18	2,22	2,79
4/62 - 1/69	−10,73 (1,40)	+0,33) (1,93))	+1,42 (3,83)	+0,14 (3,15)	94,23	2,20	2,85
4/62 - 4/68	−12,85 (1,54)	+0,34 (1,93)	+1,45 (3,83)	+0,15 (3,12)	93,60	2,13	2,87
4/62 - 3/68	− 8,90 (0,97)	+0,39 (2,14))	+1,28 (3,14)	+0,13 (2,59)	93,13	2,10	2,86
4/62 - 2/68	−14,63 (1,44)	+0,30 (1,53)	+1,55 (3,40)	+0,16 (2,89)	93,36	2,04	2,81
4/62 - 1/68	−17,68 (1,54)	+0,23 (1,03)	+1,72 (3,16)	+0,16 (2,90)	93,28	1,87	2,85
4/62 - 4/67	−16,08 (1,64)	+0,44 (2,15)	+1,31 (2,71)	+0,14 (2,79)	95,36	1,27	2,41
4/62 - 3/67	− 7,91 (0,98)	+0,60 (3,58)	+0,89 (2,22)	+0,13 (3,42)	97,02	1,62	1,88
4/62 - 2/67	− 5,72 (0,66)	+0,66 (3,57)	+0,75 (1,72)	+0,13 (3,43)	97,06	1,69	1,90
4/62 - 1/67	− 5,72 (0,64)	+0,66 (3,43)	+0,75 (1,65)	+0,13 (3,04)	97,01	1,69	1,95
4/62 - 4/66	− 8,15 (0,63)	+0,60 (2,12)	+0,89 (1,28)	+0,13 (2,30)	96,93	1,61	2,01

testeten Ansätzen kristallisierte sich vor allem Gleichung (19) als überdurchschnittlich gut heraus. In dieser Funktion ist neben den verzögerten Werten der Zielgröße (PKW_{t-1}) und des realen verfügbaren Einkommens der privaten Haushalte (Y_{2t-2}) der Konsumklimaindex — mit einem Lead von 3 Quartalen — eine statistisch hoch abgesicherte Einflußgröße. Die insgesamt sehr gute Anpassung der geschätzten Entwicklung an die tatsächliche geht aus Abbildung 10 hervor. Weitere brauchbare Schätzfunktionen sind die Gleichungen (20), (22), (24) und (26). Wie wichtig die Berücksichtigung der Kaufbereitschaft für die kurzfristige Schätzung der PKW-Nachfrage ist, wird besonders deutlich beim Vergleich der Gleichungspaare (21) und (22), (23) und (24) sowie (25) und (26). Um die durch die Aufnahme des Konsumklimaindex erreichte Verbesserung auch graphisch zu demonstrieren, sind in Abbildung 12 zusätzlich noch die Schätzergebnisse eingetragen, die sich ergeben, wenn nur das reale verfügbare Einkommen der privaten Haushalte als Erklärungsgröße herangezogen wird. (Zur Illustration der mit Hilfe einiger anderer brauchbarer Schätzfunktionen [Gleichungen 21, 23, 25, 27] erzielten Ergebnisse, sind die Abbildungen 11 - 14 beigefügt.) Auch hier wurden gleitende Regressionen vorgenommen, um die Stabilität der gefundenen Schätzfunktionen zu testen. Es sollen hier nur die Ergebnisse für *die* Gleichung vorgeführt werden, die sich vom methodisch-statistischen Standpunkt aus gesehen als besonders geeignet erwies (Funktion 20). Die gleitende Regression erfolgte wiederum in der Art, daß jeweils der letzte Wert des Stützbereiches abgeschnitten wurde; die Ergebnisse dieser Untersuchung sind in Tabelle 19 zusammengestellt. Als wichtigste Schlußfolgerungen sind zu nennen: Je stärker der Untersuchungszeitraum von der Rezession 1967 geprägt wird, um so stärker nimmt der Einfluß der Variable Konsumentenstimmung zu Lasten der restlichen 2 Einflußgrößen zu. Im Zeitraum 4. Quartal 1962 - 4. Quartal 1967 beträgt der Koeffizient d beispielsweise 0,45 gegenüber nur 0,29 im Zeitraum 4. Quartal 1962 - 1. Quartal 1973. Diese konjunkturelle „Gesetzmäßigkeit“ erleichtert es dem Prognostiker die „richtige“ Wahl des Koeffizientensatzes zu treffen. Um aber sicher zu gehen, daß sich zwischenzeitlich nichts Grundlegendes an der in der Vergangenheit festgestellten Beziehung zwischen den Einflußgrößen und der Zielvariable geändert hat, empfiehlt es sich, die Schätzfunktion jeweils wieder neu zu berechnen, sobald zusätzliche Werte der Regressoren vorliegen.

Tabelle 18

Schätzfunktionen für die Pkw-Neuzulassungen (Niveauschätzung)
Untersuchungszeitraum: 1. Vj. 1962 - 1. Vj. 1973

(19) $PKW_t = -7{,}39 + 0{,}395\,PKW_{t-1} + 1{,}220\,Y_{2\,t-2} + 0{,}300\,A_{t-3} + e$
(s: 5,39) (s: 0,104) (s: 0,223) (s: 9,049)
(t: 1,37) (t: 3,80) (t: 5,48) (t: 6,10)
$R^2 = 0{,}9751$ $DW = 2{,}30$
$SE = 4{,}87$

weitere Ansätze:

(20) $PKW_t = 10{,}9 + 0{,}929\,PKW_{t-1} + 0{,}165\,A_{t-2} + e$ $R^2 = 0{,}9626$
(s: 4,82) (s: 0,0362) (s: 0,0438) $DW = 2{,}59$
(t: 2,25) (t: 25,7) (t: 3,77) $SE = 5{,}91$

(21) $PKW_t = 30{,}2 + 1{,}24\,Y_{1\,t-2} + e$ $R^2 = 0{,}8375$
(s: 7,5) (s: 0,0853) $DW = 0{,}327$
(t: 4,03) (t: 14,5) $SE = 12{,}2$

(22) $PKW_t = 40{,}5 + 1{,}10\,Y_{1\,t-2} + 1{,}10\,A_{t-2} + e$ $R^2 = 0{,}9338$
(s: 5,03) (s: 0,0582) (s: 0,0533) $DW = 0{,}70$
(t: 8,05) (t: 18,9) (t: 7,63) $SE = 7{,}86$

(23) $PKW_t = -33{,}7 + 2{,}32\,Y_{2\,t-2} + e$ $R^2 = 0{,}8593$
(s: 10,9) (s: 0,147) $DW = 0{,}40$
(t: 3,1) (t: 15,8) $SE = 11{,}3$

(24) $PKW_t = -16{,}2 + 2{,}06\,Y_{2\,t-2} + 0{,}376\,A_{t-2} + e$ $R^2 = 0{,}9402$
(s: 7,54) (s: 0,103) (s: 0,0511) $DW = 0{,}78$
(t: 2,15) (t: 20,0) (t: 7,35) $SE = 7{,}47$

(25) $PKW_t = 5{,}33 + 0{,}99\,PKW_{t-2} + e$ $R^2 = 0{,}9062$
(s: 6,71) (s: 0,0497) $DW = 0{,}84$
(t: 0,795) (t: 19,9) $SE = 9{,}24$

(26) $PKW_t = 19{,}6 + 0{,}874\,PKW_{t-2} + 0{,}278\,A_{t-3} + e$ $R^2 = 0{,}9421$
(s: 6,07) (s: 0,0458) (s: 0,0543) $DW = 1{,}15$
(t: 3,23) (t: 19,1) (t: 5,12) $SE = 7{,}32$

Hierbei sind:

PKW = Neuzulassungen von Personenkraftwagen; saisonbereinigte Quartalswerte; 1962 = 100; der Mittelwert dieser Größe lag im Untersuchungszeitraum bei 137; die mittlere quadratische Abweichung betrug ± 30.

Die übrigen verwendeten Zeichen sind in Tab. 16 erklärt; wegen des unterschiedlichen Untersuchungszeitraums seien hier nur die Mittelwerte der Einflußfaktoren und ihre Standardabweichung angegeben.

Y_1: Mittelwert: 85,2 (Mrd. DM) Standardabweichung: ± 22,0 (Mrd. DM)
Y_2: Mittelwert: 72,9 (Mrd. DM) Standardabweichung: ± 11,9 (Mrd. DM)
A: absolutes Mittel: 18 Standardabweichung: 17

Abb. 10: **Schätzfunktion für den Pkw-Absatz (Niveauschätzung)**

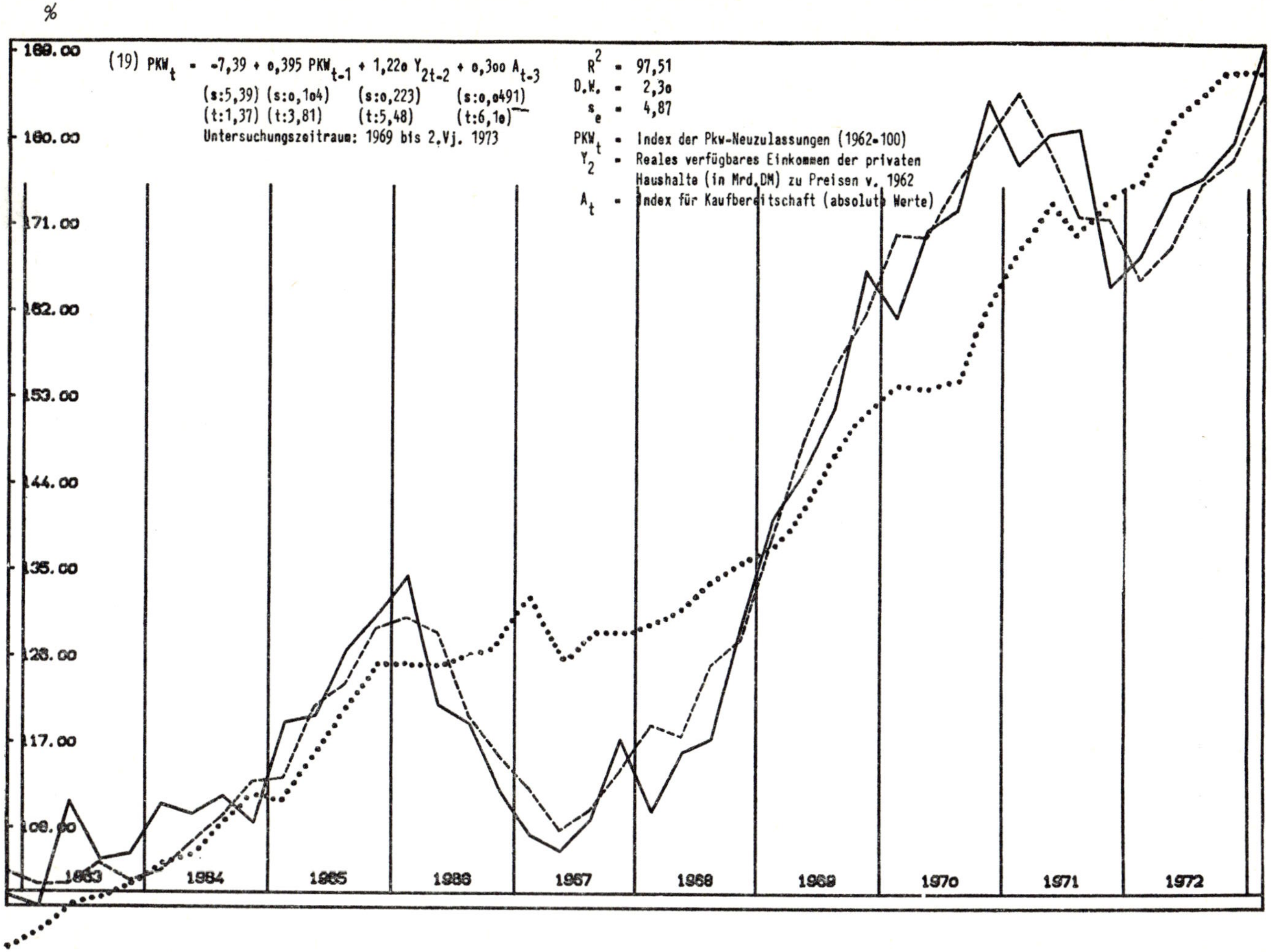

—— tatsächlich; - - - - geschätzt mit Gleichung (19); . . . . geschätzt mit Gleichung (23).

Abb. 11: **Schätzfunktion für den Pkw-Absatz (Niveauschätzung)**

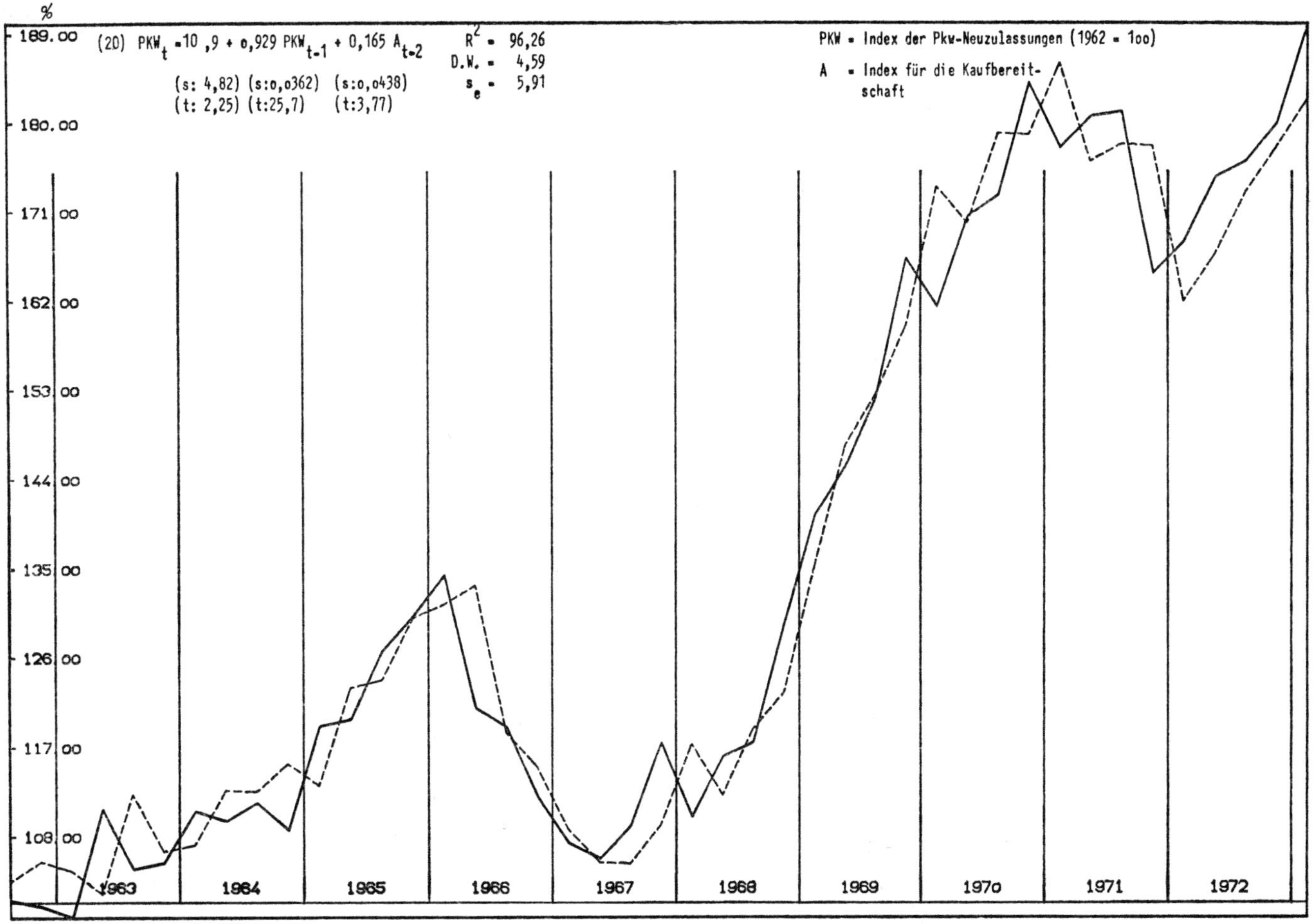

—— tatsächlich; ---- geschätzt mit Gleichung (20).

Abb. 12: **Schätzfunktion für den Pkw-Absatz (Niveauschätzung)**

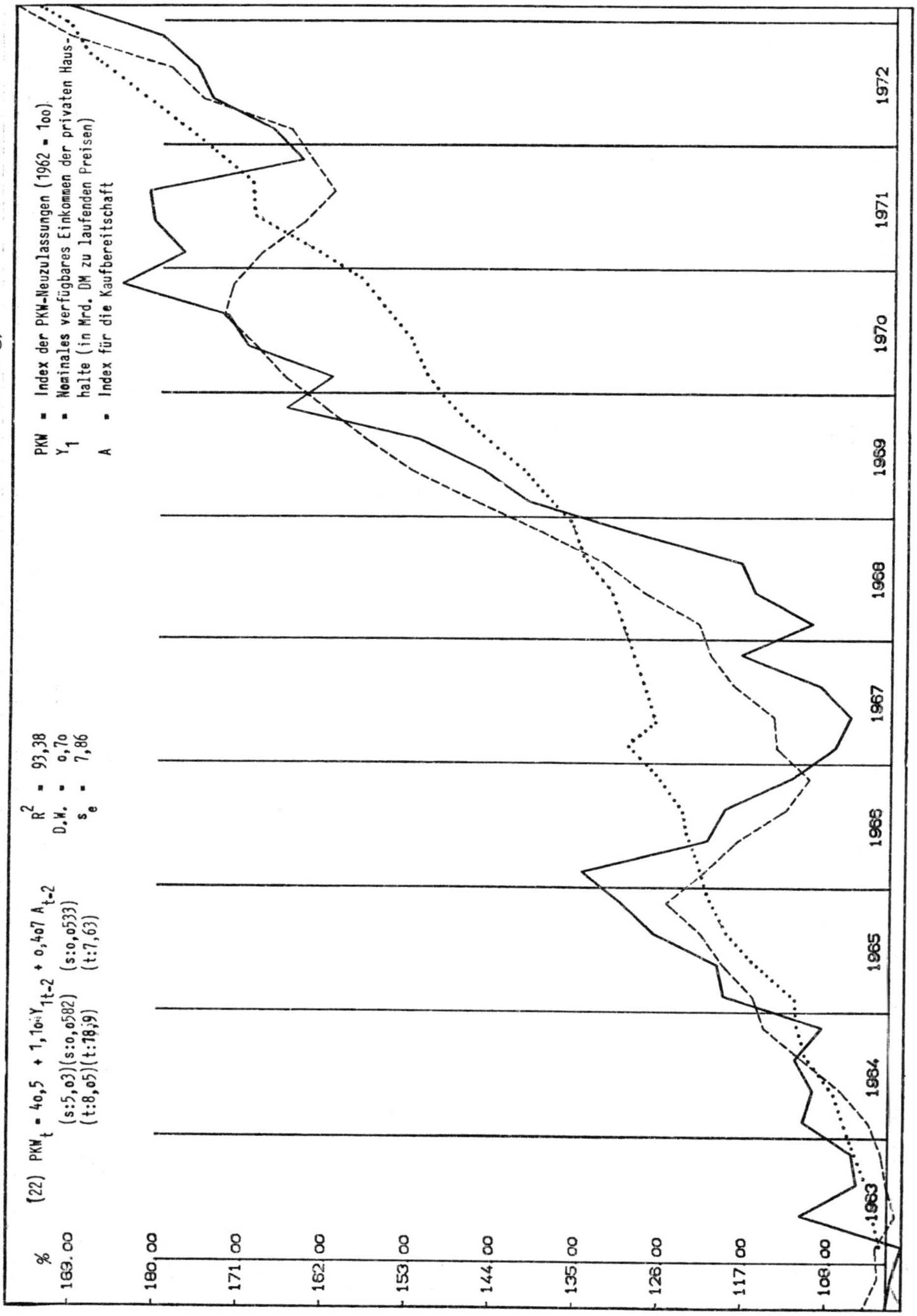

——— tatsächlich; - - - - geschätzt mit Gleichung (24).

Abb. 13: **Schätzfunktion für den Pkw-Absatz (Niveauschätzung)**

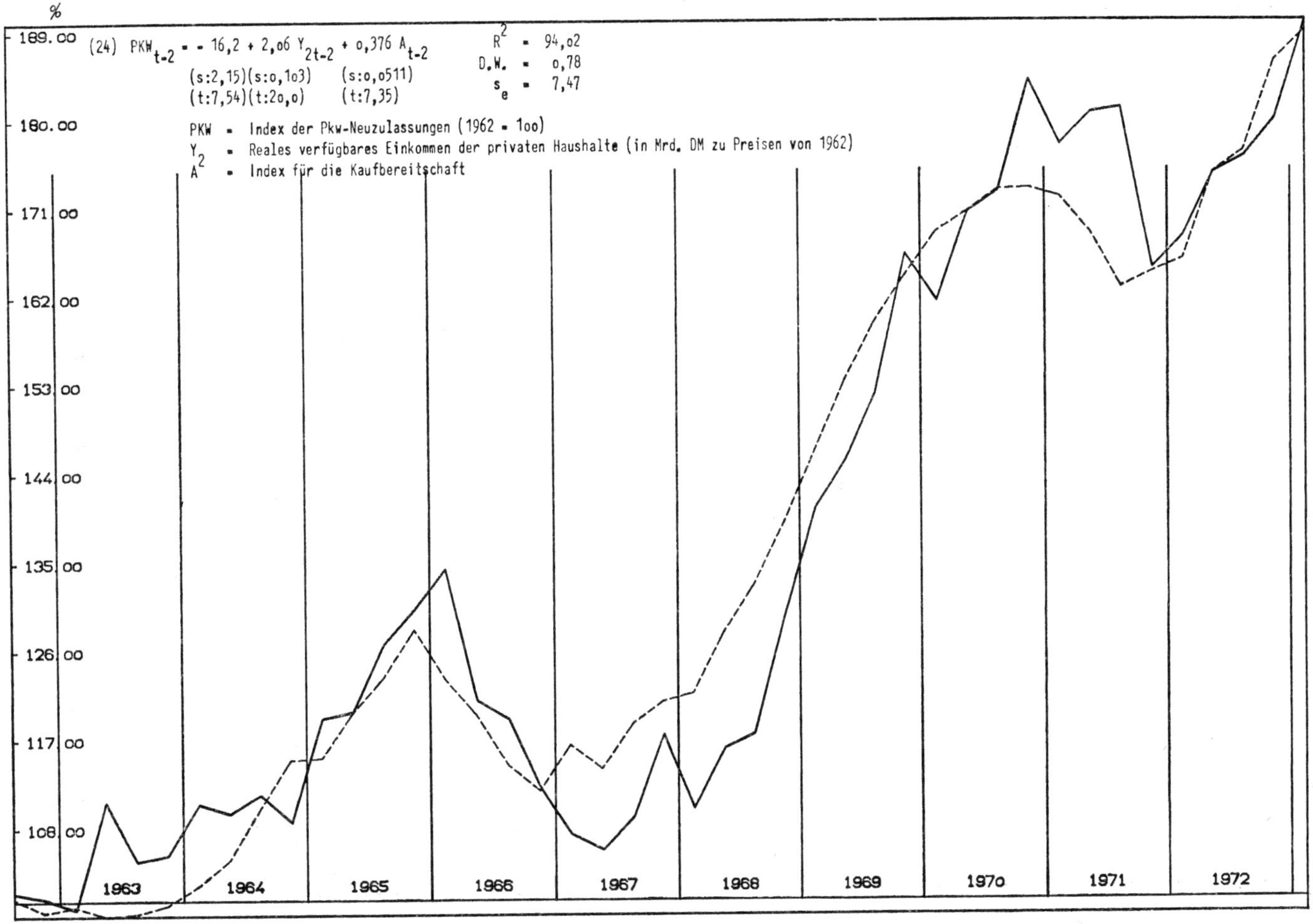

—— tatsächlich; ---- geschätzt mit Gleichung (26).

Abb. 14: **Schätzfunktion für den Pkw-Absatz (Niveauschätzung)**

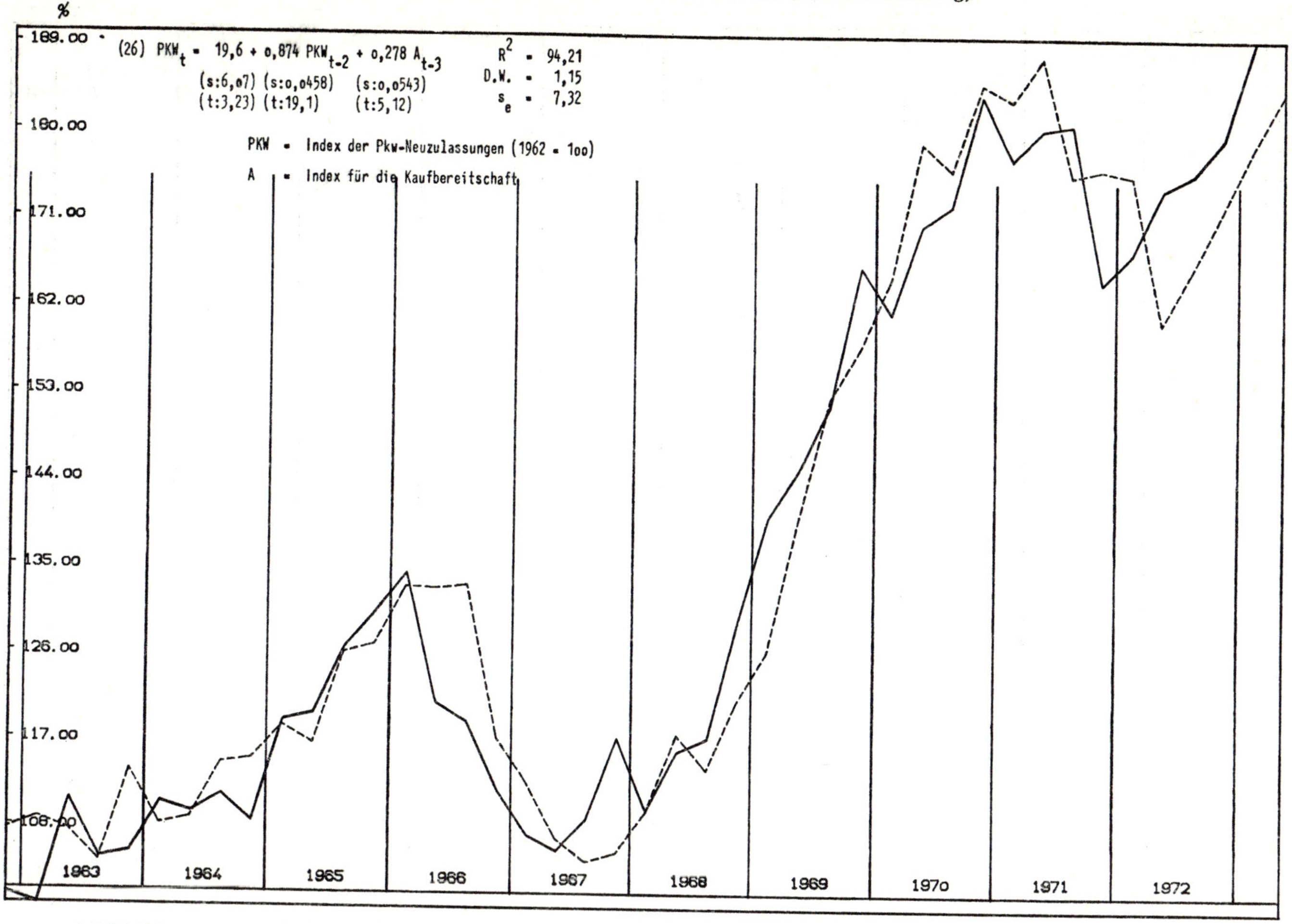

——— tatsächlich; - - - - gesschätzt mit Gleichung (22); . . . . geschätzt mit Gleichung (21) d. h. nur verfügbares Einkommen als Erklärungsgröße

Tabelle 19

PKW-Neuzulassungen

Ergebnisse der gleitenden Regressionsuntersuchungen
Regressionsansatz: $PKW_t = a + b\,PKW_{t-1} + c\,Y_{2,t-2} + d\,A_{t-3} + e$
(Gleichung 19; Zeichenerklärung Tabelle 18)

Zeitraum	Koeffizienten a (ta)	b (tb)	c (tc)	d (td)	$R^2 \cdot 100$	DW	SE
4/62 - 1/73	− 7,12 (1,34)	+0,41 (4,05)	+1,19 (5,45)	+0,29 (6,09)	97,58	2,27	4,61
4/62 - 4/72	− 5,51 (1,01)	+0,42 (4,14)	+1,15 (5,23)	+0,29 (6,06)	97,46	2,35	4,59
4/62 - 3/72	− 4,47 (0,77)	+0,42 (4,11)	+1,13 (5,05)	+0,29 (6,03)	97,32	2,37	4,63
4/62 - 2/72	− 3,90 (0,63)	+0,42 (4,06)	+1,13 (4,92)	+0,30 (5,94)	97,17	2,34	4,68
4/62 - 1/72	+ 0,28 (0,04)	+0,43 (4,22)	+1,05 (4,64)	+0,31 (6,31)	97,23	2,53	4,55
4/62 - 4/71	+ 3,40 (0,49)	+0,43 (4,27)	+1,00 (4,38)	+0,32 (6,47)	97,21	2,51	4,52
4/62 - 3/71	+ 1,15 (0,16)	+0,47 (4,30)	+0,97 (4,15)	+0,30 (5,28)	97,16	2,35	4,52
4/62 - 2/71	+ 9,46 (1,33)	+0,29 (2,56)	+1,16 (5,31)	+0,40 (6,57)	97,54	2,41	4,04
4/62 - 1/71	+15,47 (2,09)	+0,23 (2,05)	+1,17 (5,65)	+0,43 (7,18)	97,52	2,30	3,84
4/62 - 4/70	+13,86 (1,73)	+0,26 (2,08)	+1,15 (5,33)	+0,42 (6,58)	97,19	2,27	3,88
4/62 - 3/70	+16,11 (2,02)	+0,23 (1,91)	+1,15 (5,48)	+0,42 (6,68)	96,72	2,29	3,79
4/62 - 2/70	+16,27 (1,95)	+0,23 (1,79)	+1,16 (5,33)	+0,42 (6,56)	96,00	2,27	3,86
4/62 - 1/70	+17,86 (2,09)	+0,22 (1,66)	+1,16 (5,32)	+0,41 (6,43)	95,02	2,17	3,86
4/62 - 4/69	+14,08 (1,53)	+0,28 (1,95)	+1,11 (5,01)	+0,41 (6,30)	94,04	2,13	3,84
4/62 - 3/69	+18,88 (2,01)	+0,25 (1,78)	+1,09 (5,06)	+0,39 (6,16)	92,06	2,08	3,71
4/62 - 2/69	+17,39 (1,73)	+0,25 (1,77)	+1,11 (4,97)	+0,40 (5,90)	89,35	2,10	3,76
4/62 - 1/69	+15,30 (1,38)	+0,25 (1,77)	+1,13 (4,89)	+0,41 (5,67)	86,03	2,08	3,81
4/62 - 4/68	+17,68 (1,50)	+0,26 (1,80)	+1,08 (4,28)	+0,39 (4,90)	81,34	2,14	3,86
4/62 - 3/68	+19,24 (1,65)	+0,29 (1,86)	+1,00 (3,50)	+0,37 (4,21)	79,81	2,07	3,91
4/62 - 2/68	+14,90 (1,21)	+0,21 (1,27)	+1,23 (3,87)	+0,43 (4,57)	81,70	1,99	3,78

Tabelle 19 (Fortsetzung)

Zeitraum	a (*ta*)	b (*tb*)	c (*tc*)	d (*td*)	$R^2 \cdot 100$	*DW*	*SE*
	Koeffizienten						
4/62 - 1/68	+14,03 (1,10)	+0,17 (0,96)	+1,30 (3,55)	+0,44 (4,37)	81,81	1,86	3,85
4/62 - 4/67	+ 9,85 (0,82)	+0,15 (0,90)	1,41 (4,07)	+0,45 (4,75)	84,97	1,81	3,58
4/62 - 3/67	+11,11 (0,90)	+0,20 (1,08)	+1,31 (3,41)	+0,43 (4,44)	85,31	1,90	3,61

Im nachhinein gesehen erwiesen sich die Mitte 1973 mit Hilfe von Schätzfunktion 20 errechneten Prognosewerte für das 2. Halfjahr 1973 und das 1. Quartal 1974 als sehr zuverlässig. Für das 3. Quartal 1973 wurde damals ein Rückgang der PKW-Neuzulassungen um 10 % (tatsächlich 11 %), für das 4. Quartal 1973 ein Minus von 17 % (tatsächlich — 22 %) und für das 1. Quartal 1974 ein Minus von 26 % (tatsächlich — 33 %) geschätzt. Daß die tatsächlichen Rückgänge der PKW-Neuzulassungen noch stärker ausfielen als zunächst prognostiziert wurde, dürfte vor allem an der Energiekrise gelegen haben, die zum Zeitpunkt der Prognoseabgabe noch nicht abzusehen war. Zieht man eine aktualisierte Form der Gleichung (19) für die Prognose der Absatzentwicklung im laufenden Jahr heran, ergibt sich für das 2. Quartal 1974 ein Rückgang der PKW-Neuzulassungen um knapp 19 % gegenüber dem entsprechenden Vorjahresquartal; im 3. Quartal 1974 beläuft sich nach dieser Schätzung die Minusrate immerhin noch auf 14 %[82].

δδ) Schätzung von Wachstumsraten

Zusätzlich zu den Niveauschätzungen wurde versucht, quartalsmäßige Wachstumsraten (Veränderung gegenüber dem Wert des entsprechenden Vorjahresquartals) zu schätzen. Wie beim privaten Verbrauch insgesamt konnten auch hier zum Teil sehr befriedigende Regressionsergebnisse erzielt werden. Als Beleg dafür sind in Tabelle 20 fünf Regressionsfunktionen zusammengestellt. Wie aus Tabelle 20 und den Abbildungen 15 - 18 hervorgeht, war im Untersuchungszeitraum 1962 bis 1969 eine recht gute Übereinstimmung zwischen den tatsächlichen und den geschätzten Quartalswachstumsraten festzustellen. Das Konsumklima erwies sich in allen Funktionstypen (27 - 31) als die dominierende Einflußgröße (sehr hohe *t*-Werte); das verfügbare Einkommen — gleichgültig ob real oder nominal — sowie die verzögerten Werte

[82] Vgl. G. Nerb, Konsumenten befürchten zunehmende Arbeitslosigkeit, Wirtschaftskonjunktur, Monatsberichte des Ifo-Instituts, Heft 4, 1974, S. 30 f.

der Zielgröße vermochten dagegen kaum einen signifikanten Erklärungsbeitrag zu leisten. Bei einer Verlängerung des Untersuchungszeitraums um rd. 3 Jahre ergaben sich allerdings zum Teil recht beträchtliche Änderungen der Regressionskoeffizienten. Es ist daher zu erwarten, daß sich die Schätzfunktion im Zeitablauf als wenig stabil erweisen würde. Aus diesem Grund erscheinen derartige Schätzfunktionen für Konjunkturprognosen nicht sehr geeignet.

Tabelle 20

Schätzfunktionen für den Absatz langlebiger Konsumgüter und die Pkw-Neuzulassungen (Wachstumsratenschätzung)

Untersuchungszeitraum: 1. Vj. 1962 - 4. Vj. 1969 bzw. 1. Vj. 1962 - 2. Vj. 1973

Untersuchungszeitraum 1. Vj. 1962 - 4. Vj. 1969

(27)	$DG_t = 7{,}02 + 0{,}195\,Y_{2\,t-2} + 0{,}293\,A_{t-3}$			$R^2 = 0{,}8620$
	(*s:* 1,65)	(*s:* 2,91)	(*s:* 0,0422)	$DW = 1{,}86$
	(*t:* 4,25)	(*t:* 0,67)	(*t:* 6,96)	$SE = 2{,}66$
(28)	$DG_t = 7{,}24 + 0{,}102\,Y_{1\,t-2} + 0{,}304\,A_{t-3}$			$R^2 = 0{,}8606$
	(*s:* 2,87)	(*s:* 0,223)	(*s:* 0,0357)	$DW = 1{,}91$
	(*t:* 3,87)	(*t:* 0,457)	(*t:* 8,52)	$SE = 2{,}68$
(29)	$PKW_t = 18{,}2 - 1{,}13\,Y_{1\,t-2} + 0{,}704\,A_{t-2}$			$R^2 = 0{,}8808$
	(*s:* 3,24)	(*s:* 0,385)	(*s:* 0,062)	$DW = 1{,}94$
	(*t:* 5,62)	(*t:* 2,92)	(*t:* 11,4)	$SE = 4{,}63$
(30)	$PKW_t = 7{,}37 + 0{,}0883\,PKW_{t-2} + 0{,}512\,A_{t-2}$			$R^2 = 0{,}8751$
	(*s:* 1,12)	(*s:* 0,109)	(*s:* 0,0530)	$DW = 1{,}62$
	(t: 6,57)	(t: 0,810)	(*t:* 9,30)	$SE = 4{,}74$
(31)	$PKW_t = 7{,}77 + 0{,}202\,Y_{2\,t-2} + 0{,}538\,A_{t-2}$			$R^2 = 0{,}8716$
	(*s:* 2,45)	(*s:* 0,4420)	(*s:* 0,0582)	$DW = 1{,}61$
	(*t:* 3,18)	(*t:* 0,0457)	(*t:* 9,24)	$SE = 4{,}81$

Untersuchungszeitraum 1. Vj. 1962 - 2. Vj. 1973

(29a)	$PKW_t = 9{,}77 - 0{,}577\,Y_{1\,t-2} + 0{,}362\,A_{t-2}$			$R^2 = 0{,}5152$
	(*s:* 1,36)	(*s:* 0,136)	(*s:* 0,0619)	$DW = 0{,}79$
	(*t:* 2,58)	(*t:* 1,22)	(*t:* 4,89)	$SE = 8{,}22$
(30a)	$PKW_t = 3{,}51 + 0{,}166\,PKW_{t-2} + 0{,}303\,A_{t-2}$			$R^2 = 0{,}6053$
	(*s:* 3,81)	(*s:* 0,412)	(*s:* 0,0595)	$DW = 0{,}91$
	(*t:* 2,56)	(*t:* 1,40)	(*t:* 6,07)	$SE = 7{,}42$
(31a)	$PKW_t = -\,0{,}219 + 0{,}890\,Y_{2\,t-2} + 0{,}306\,A_{t-2}$			$R^2 = 0{,}6241$
	(*s:* 2,71)	(*s:* 0,483)	(*s:* 0,0523)	$DW = 0{,}86$
	(*t:* 0,08)	(*t:* 1,83)	(*t:* 5,85)	$SE = 7{,}24$

Zeichenerklärung vgl. Tab. 16 und Tab. 18.

Es handelt sich bei DG_t, PKW_t, Y_1 und Y_2 um quartalsmäßige Wachstumsraten (in %); lediglich beim Konsumklima *A* wurden ebenso wie in den Gleichungen (1) - (27) Niveauwerte herangezogen.

Abb. 15: **Schätzfunktion für den Absatz langlebiger Konsumgüter (Wachstumsraten)**

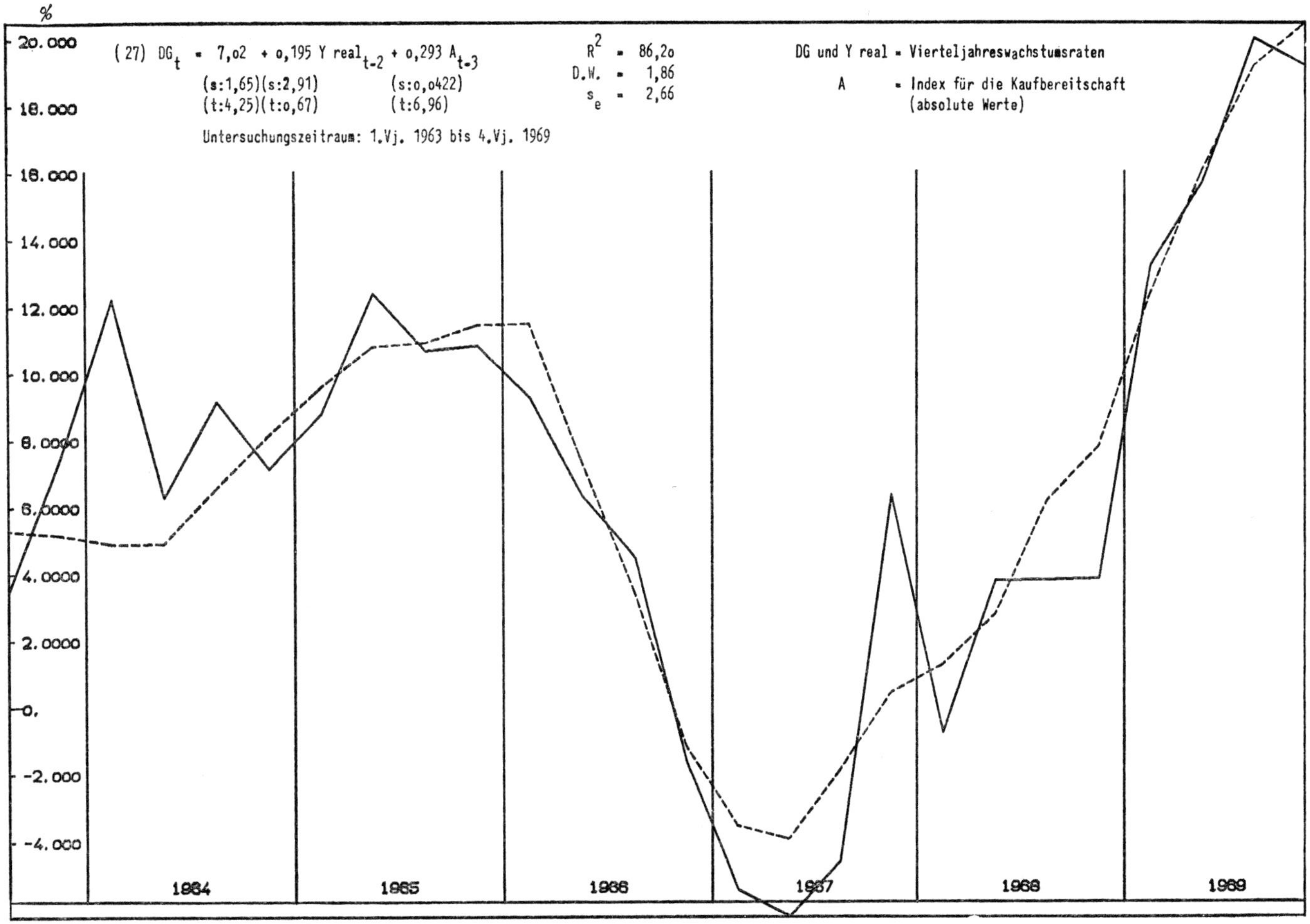

—— tatsächlich; - - - - geschätzt mit Gleichung (27).

Abb. 16: **Schätzfunktion für den Absatz langlebiger Konsumgüter (Wachstumsraten)**

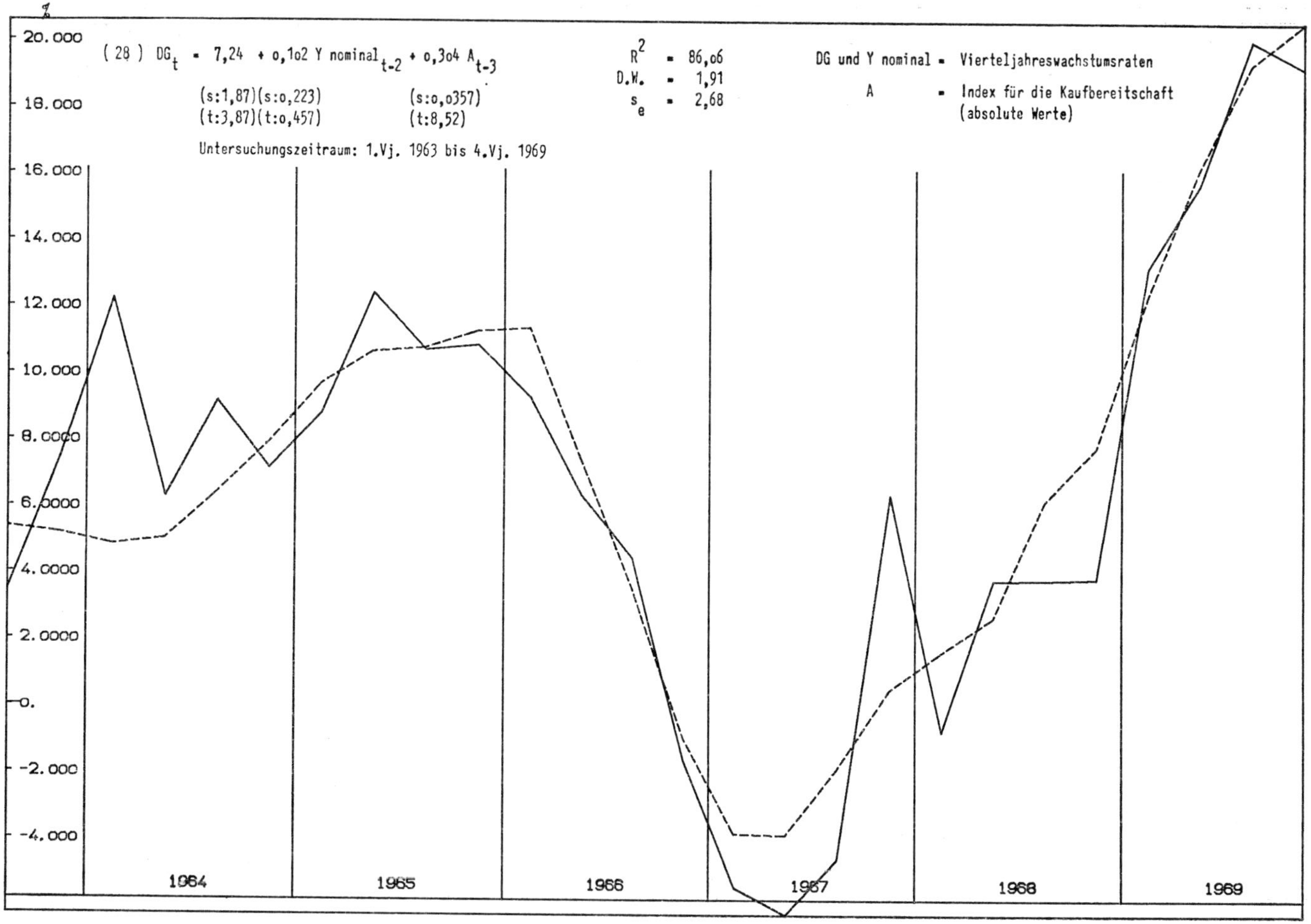

—— tatsächlich; ---- geschätzt mit Gleichung (28).

Abb. 17: **Schätzfunktion für den Pkw-Absatz (Wachstumsraten)**

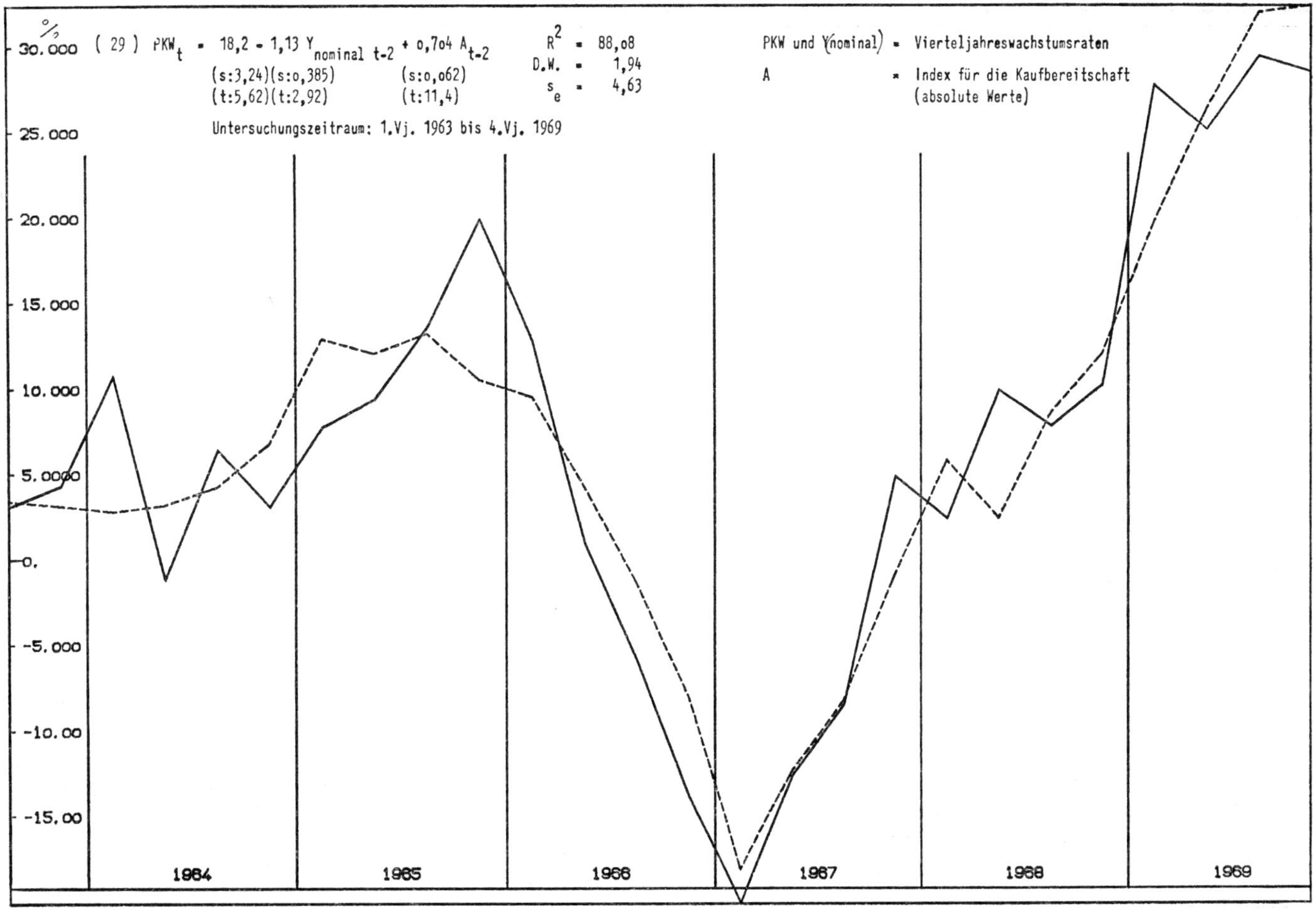

—— tatsächlich; ---- geschätzt mit Gleichung (29).

Abb. 18: **Schätzfunktion für den Pkw-Absatz (Wachstumsraten)**

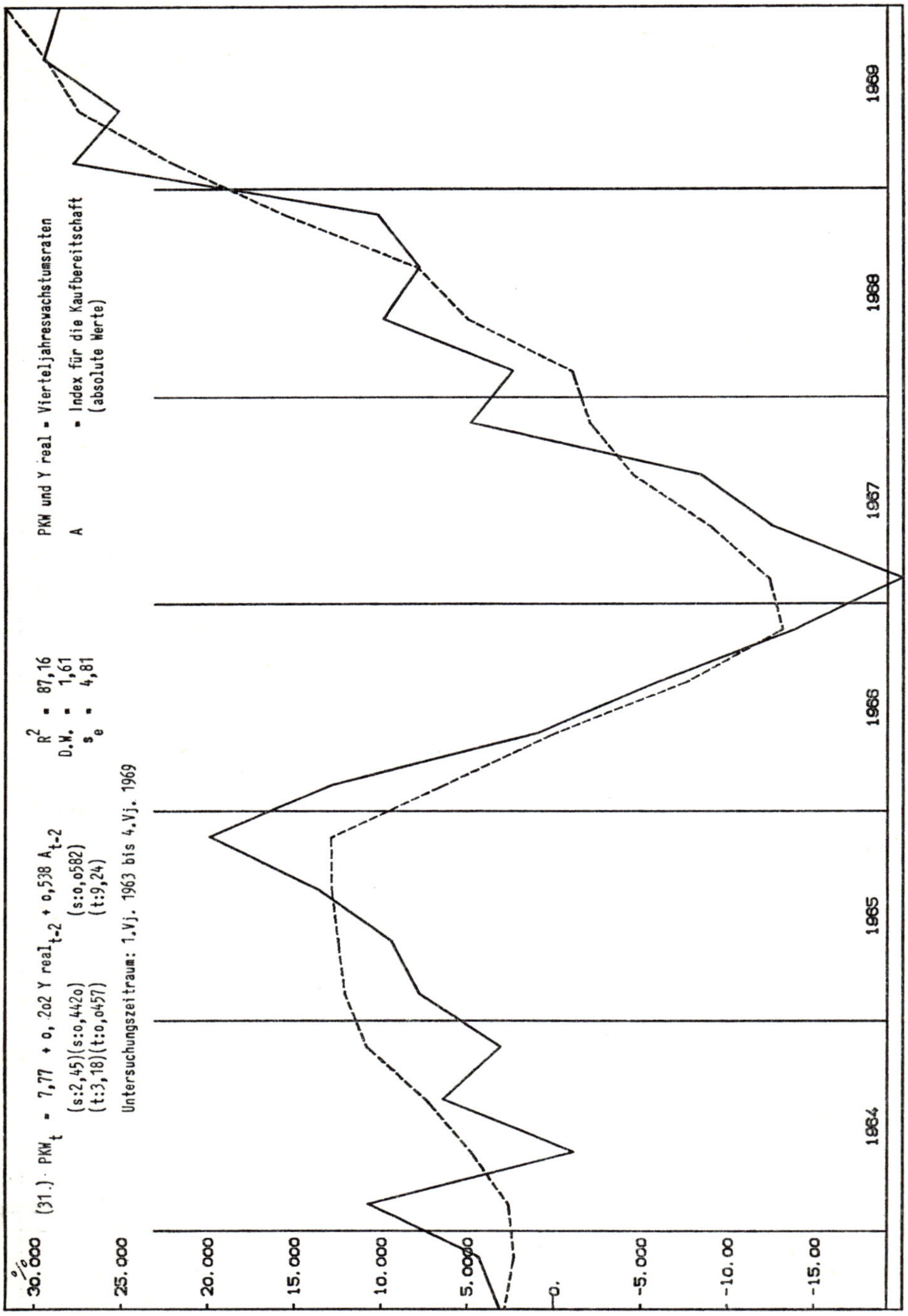

—— tatsächlich; ---- geschätzt mit Gleichung (31).

Abb. 19: **Schätzfunktion für den Pkw-Absatz (Wachstumsraten)**

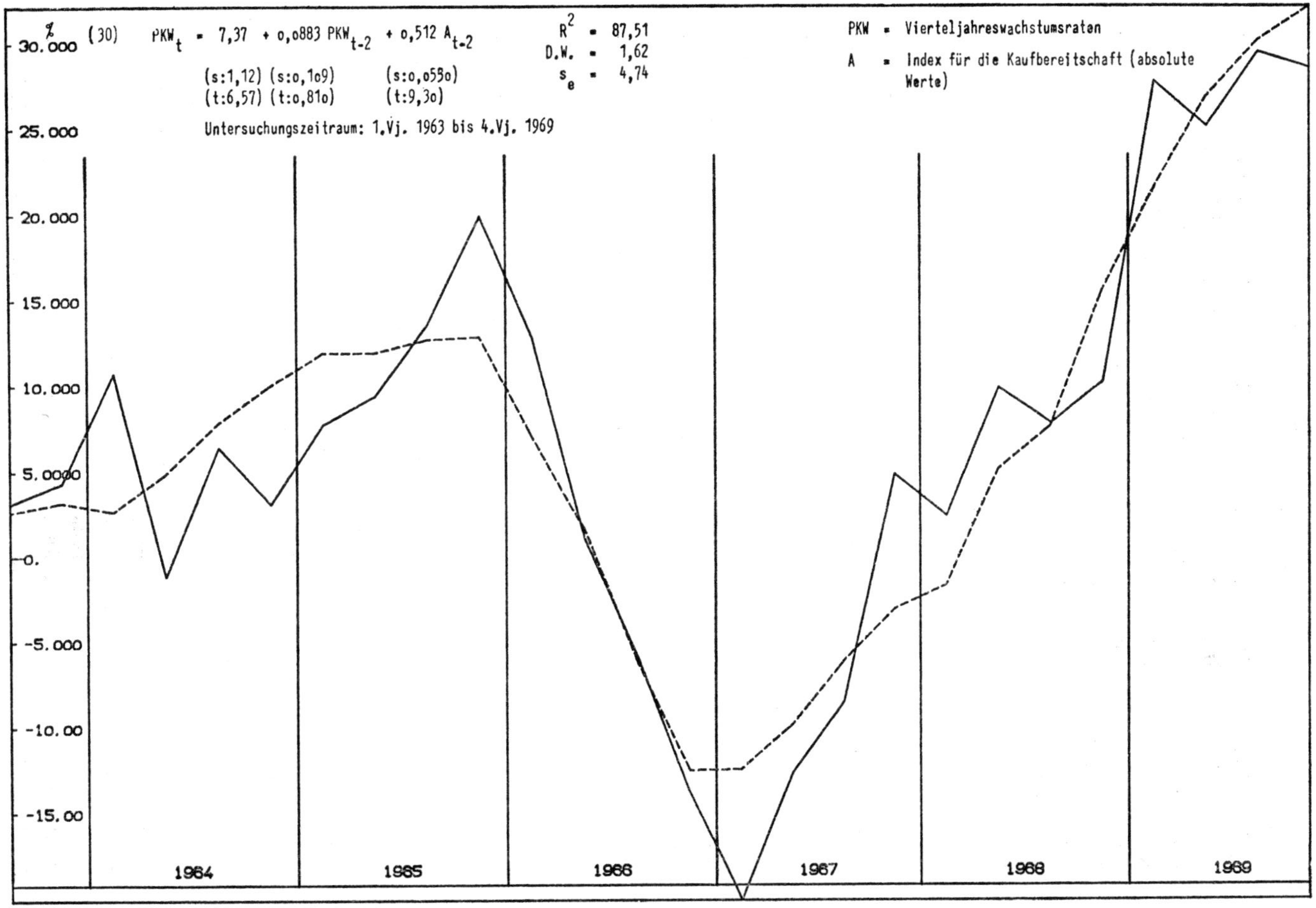

—— tatsächlich; ---- geschätzt mit Gleichung (30).

e) *Europäische Gemeinschaft*

Am Beispiel der BRD wurde bereits auf den unterschiedlichen konjunkturellen Informationsgehalt einzelner ausgewählter Testreihen hingewiesen. Da diese Ergebnisse nach den bisherigen Erfahrungen auch für die übrigen untersuchten Länder Gültigkeit zu haben scheinen, soll dieser Punkt hier nicht weiter vertieft werden. Bevor einige Globalindizes vorgeführt werden, die auf rezeptiv-kritischen Verbraucheräußerungen basieren, wird zunächst auf einige sozio-demographische Unterschiede bei der Beantwortung der Einstellungsfragen eingegangen.

α) Rezeptiv-kritische Konsumentenäußerungen von sozio-demographischen Subgruppen

Eine gesonderte Auswertung der Befragungsergebnisse nach sozio-demographischen Untergruppen erscheint vom konjunkturellen Standpunkt aus betrachtet besonders reizvoll, da zu vermuten ist, daß beispielsweise die Bezieher hoher Einkommen in der Regel besser und früher über die wirtschaftliche Entwicklung informiert sind als sozial schwächere Schichten. Aus diesem Grunde wäre zu erwarten, daß die Testreihen der ersteren Gruppe gegenüber denen der letzteren einen zeitlichen Vorsprung aufweisen. Darüber hinaus sind — unabhängig von möglichen Lead-/Lag-Beziehungen — auch die Niveauunterschiede zwischen den Antworten der verschiedenen Gruppen für wirtschafts- und gesellschaftspolitische Maßnahmen von Bedeutung. Eine fundierte Untersuchung dieses Themenkreises wird zur Zeit noch dadurch behindert, daß die Testreihen relativ kurz sind. Trotzdem lassen sich bereits heute erste Schlußfolgerungen ziehen. Zur Illustration der folgenden Ausführungen wurde Schaubild 20 angefertigt. Die entsprechenden Zahlenwerte sind in Tabelle 21 zusammengestellt. (Weitere Schaubilder mit schichtenspezifischen Umfrageergebnissen finden sich im Anhang S. 253 ff.) Es handelt sich bei den ausgewiesenen Testwerten um gewichtete Salden. Beispielsweise wurde der Meldeanteil „wesentlich verbessert“ mit + 2, „etwas verbessert“ mit + 1, „etwas verschlechtert“ mit — 1 und „wesentlich verschlechtert“ mit — 2 gewichtet. Den Meldeanteilen „weiß nicht“ und „in etwa gleichgeblieben“ wurde jeweils das Gewicht 0 zugeordnet. Während die schichtenspezifische Aufgliederung der Umfrageergebnisse bei den meisten Merkmalen keine Schwierigkeiten bereitete, tauchte beim „Einkommen“ das Problem auf, daß in den einzelnen Ländern verschieden viele Einkommensklassen vorlagen. Um zu einheitlichen Ergebnissen zu kommen, wurde so vorgegangen, daß die Haushalte gemäß ihrer Stellung in der Einkommenspyramide klassifiziert wurden. Es wurden also nicht die in der jeweiligen Landeswährung erfaßten Einkommen auf eine einheitliche

Abb. 20: **Sozio-demographische Differenzierung von Ergebnissen der EG-Konsumentenbefragungen**

Frage Nr. 8: Wie dürfte sich Ihrer Ansicht nach die finanzielle Lage Ihres Haushalts in den kommenden 12 Monaten entwickeln?

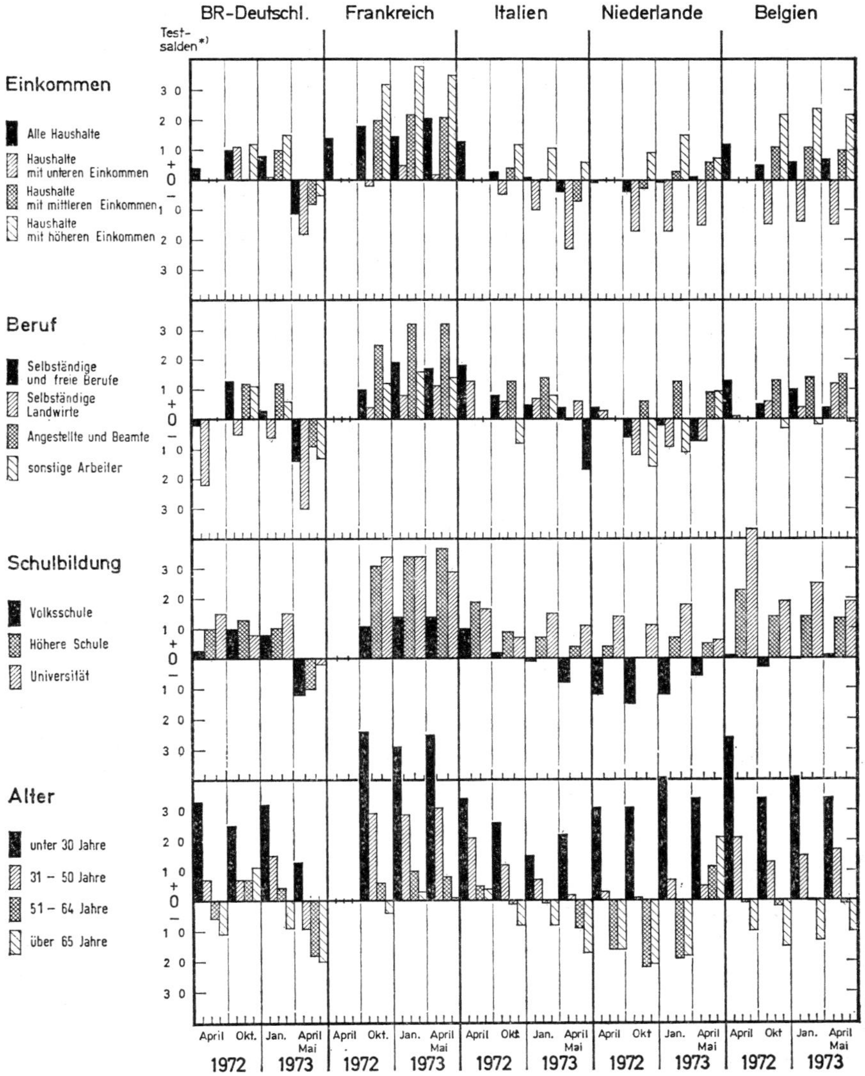

*) Differenz der gewichteten Meldeanteile "verbessern" (+) und "verschlechtern" (-)

Quelle: Kommission der Europäischen Gemeinschaften, Generaldirektion Wirtschaft und Finanzen.

IFO-INSTITUT für Wirtschaftsforschung München

Maßgröße umgerechnet; derartige Vergleichszahlen sind aus verschiedenen Gründen wenig geeignet, das Verbraucherverhalten in den einzelnen Ländern zu erklären. Vielmehr wurden in jedem Land nach folgendem Verfahren drei Gruppen von Haushalten gebildet: Haushalte, deren Einkommen im unteren Viertel (A), in der Mitte (B) (d. h. 2. und 3. Viertel) und im oberen Viertel der Einkommenspyramide (C) angesiedelt sind. Dieses Vorgehen erscheint sinnvoll, da die Ergebnisse verschiedener empirischer Untersuchungen dafür sprechen, daß das Konsum- und Sparverhalten nicht so sehr von der absoluten Höhe des individuellen Haushaltseinkommens als vielmehr vom „relativen Einkommen", d. h. der Stellung des individuellen Einkommens innerhalb der Einkommenspyramide abhängt. Dies dürfte damit zusammenhängen, daß sich der Durchschnittskonsument in seinem Verhalten an den jeweiligen Gruppennormen orientiert.

Die Einteilung in die einzelnen Schichten war dadurch erschwert, daß in jedem Land verschieden viele Einkommensklassen erfaßt wurden. In Tabelle 22 sind die einzelnen Einkommensklassen und deren prozentuale Besetzung wiedergegeben. Die Prozentzahlen beziehen sich nur auf Haushalte, die Angaben zu ihrer Einkommenssituation gemacht haben; in der BRD liegt der Anteil der Antwortverweigerer mit rd. 15 % wesentlich höher als in Frankreich, Italien, Belgien und den Niederlanden (jeweils weniger als 5 %). Die Besetzungsquoten der Einkommensschichten (vgl. Tabelle 22) stammen vom Januar 1973. Im Zeitraum April 1972 bis Mai 1973 ergaben sich nur geringfügige Verschiebungen. Bei der Zusammengewichtung der Einkommensklassen wurden diese berücksichtigt. Es sei noch angemerkt, daß die Aufteilung der Haushalte in die 3 Einkommensschichten A, B und C infolge der unterschiedlichen Klasseneinteilung in den einzelnen Ländern nur mit einigen Ungenauigkeiten möglich war. Für den hier verfolgten Zweck fällt dies aber nicht sehr ins Gewicht.

Einkommen

Die Urteile und Erwartungen der „Oberschicht" (Haushalte, die im oberen Viertel der Einkommenspyramide angesiedelt sind und — zum Großteil identisch mit dieser Schicht — solche, deren Haushaltsvorstand eine höhere Ausbildung genossen hat) weisen im Konjunkturverlauf eine größere Schwankungsintensität auf als die Gesamtheit (vgl. Abbildung 20). Außerdem scheinen sich vor allem in den Urteilen und Erwartungen dieser Befragten zur finanziellen Lage konjunkturelle Wendepunkte früher abzuzeichnen als in den entsprechenden Meßergebnissen für die übrigen Einkommensschichten. Dieses Ergebnis hängt vermutlich damit zusammen, daß mit zunehmendem Bildungs-

Tabelle 21: **Soziodemographische Aufgliederung der EG-Konjunkturumfragen bei den Konsumenten**

Wie wird sich Ihrer Ansicht nach die finanzielle Lage Ihres Haushalts in den kommenden 12 Monaten entwickeln?

Gewichtete Testsalden

	Alle Haushalte	Einkommen			Beruf						Schulbildung			Alter			
		Untere A	Mittlere B	Höhere C	Selbständ. und freie Berufe	Selbständ. Landwirte	Angest. und Beamte	Facharbeiter	Sonstige Arbeiter	Rentner u. Pensionäre	Volksschule	Höhere Schule	Hochschule Universität	bis 30 Jahre	31 - 50 Jahre	51 - 64 Jahre	65 u. mehr Jahre
BR-Deutschland																	
April 1972 ...	4	—	—	—	– 2	– 22	—	8	—	—	3	10	15	33	7	– 6	– 11
Oktober 1972 ...	10	11	9	12	13	– 5	12	12	11	—	10	13	8	25	7	7	11
Januar 1973 ...	8	1	10	15	3	– 6	12	9	6	—	8	10	15	32	15	4	– 9
Mai 1973 ...	– 11	– 18	– 8	– 5	– 14	– 30	– 9	– 11	– 13	—	– 12	– 10	– 2	13	– 9	– 18	– 20
Frankreich																	
Juni 1972 ...	14	—	—	—	—	—	—	—	—	—	—	—	—	—	—	—	—
Oktober 1972 ...	18	– 2	20	32	10	4	25	26	12	—	11	31	34	56	29	6	– 4
Januar 1973 ...	21	4	22	38	19	8	29	30	16	7	14	34	34	51	29	10	3
Mai 1973 ...	21	2	21	35	17	8	29	30	14	13	14	37	29	55	31	8	1
Italien																	
April 1972 ...	13	—	—	—	18	13	—	17	—	4	10	19	16	34	21	5	4
Oktober 1972 ...	3	– 5	4	12	8	6	13	6	– 8	—	2	9	7	26	12	– 1	– 8
Januar 1973 ...	1	– 10	0	11	5	7	14	0	8	—	– 1	7	15	15	7	– 1	– 8
Mai 1973 ...	– 4	– 23	– 7	6	4	0	6	– 4	– 17	—	– 8	4	11	22	2	– 9	– 17
Niederlande																	
April 1972 ...	– 1	—	—	—	4	3	—	3	—	– 18	– 12	4	14	31	3	– 16	– 16
Oktober 1972 ...	– 4	– 17	– 3	9	– 6	– 12	6	– 11	– 16	—	– 15	0	11	31	1	– 22	– 21
Januar 1973 ...	– 1	– 17	3	15	– 2	– 9	13	– 3	– 11	—	– 12	7	18	41	7	– 19	– 18
Mai 1973 ...	1	– 15	6	7	– 7	– 7	9	– 1	9	—	– 6	5	6	34	5	– 11	– 21
Belgien																	
April 1972 ...	12	—	—	—	13	1	—	25	—	– 4	1	23	43	54	21	– 1	– 10
Oktober 1972 ...	5	– 15	11	22	5	6	13	5	– 3	—	– 3	14	19	34	13	– 2	– 15
Januar 1973 ...	6	– 14	11	24	10	4	14	5	– 2	—	0	14	25	41	15	0	– 13
Mai 1973 ...	7	– 15	10	22	4	12	15	6	– 1	—	1	13	19	34	17	– 1	– 10

Tabelle 22

Einkommensschichten

Bundesrepublik Deutschland

monatliches Nettoeinkommen (in DM)	%	
unter 600	6,5	A
600 - 800	8,6	A
800 - 1 000	11,5	A
1 000 - 1 250	14,4	B
1 250 - 1 500	16,5	B
1 500 - 1 750	13,3	B
1 750 - 2 000	10,2	C
2 000 - 2 500	9,9	C
2 500 und mehr	9,1	C

Frankreich

jährliches Nettoeinkommen (in 1 000 ffrs.)	%	
unter 10	19,5	A
10 - 15	16,0	B
15 - 30	40,0	B
30 - 50	18,0	C
mehr als 50	6,5	C

Italien

jährliches Nettoeinkommen (in 1 000 L)	%	
unter 600	14,5	A
600 - 1 000	15,1	A
1 000 - 2 000	39,1	B
2 000 - 3 500	22,8	C
mehr als 3 500	8,5	C

Belgien

monatliches Nettoeinkommen (in 1 000 bfr.)	%	
unter 12	27,0	A
12 - 18	29,0	B
18 - 25	23,5	B
25 - 35	14,0	C
35 - 50	4,5	C
über 50	2,0	C

Niederlande

jährliches Nettoeinkommen (in 1 000 G.)	%	
unter 8	9,0	A
8 - 11	18,0	A
11 - 15	25,0	B
15 - 20	22,0	B
20 - 25	12,0	C
25 - 35	8,0	C
mehr als 35	6,0	C

stand und — damit meist verbunden — bessere Einkommenssituation das Interesse an wirtschaftlichen Zusammenhängen häufig größer ist als bei sozial schwächeren Schichten.

Beruf

Eine detaillierte Untergliederung nach diesem Kriterium ist kaum möglich, da nur die recht pauschalen Berufskategorien „Selbständige (ohne Landwirte) und freie Berufe“, „selbständige Landwirte“, „Angestellte und Beamte“, „Facharbeiter“ sowie „sonstige Arbeiter“ in dem EG-Tabellenschema vorgesehen sind. Es zeigt sich, wie bei der Untergliederung nach dem Einkommen, daß die Urteile und Erwartungen von Personen, die eher in die Kategorie „obere soziale Schicht“ einzustufen sind, meist eine stärkere Schwankungsintensität im Konjunkturverlauf aufweisen als der Rest der Befragten. Auffallend sind ferner die nahezu durchgehend pessimistischen Urteile und Erwartungen der selbständigen Landwirte in der BRD; in den übrigen Ländern ist dies allerdings nicht so deutlich festzustellen.

Alter

Wie sich schon am amerikanischen Beispiel zeigte, beurteilen die jüngeren Leute (Altersgruppen: unter 29 Jahre, 30 - 34 Jahre) die eigene finanzielle und die allgemeine wirtschaftliche Lage deutlich günstiger — sowohl ex ante als auch ex post — als die Personen der restlichen Altersgruppen (45 - 59 Jahre; 60 - 64 Jahre; 65 und mehr Jahre). Lediglich bei der Einschätzung der vergangenen und künftigen Preisentwicklung sind keine signifikanten Unterschiede zu erkennen.

Für den Konjunkturanalytiker ist das zum Teil recht unterschiedliche Meldeverhalten in den einzelnen Altersklassen insoweit von keiner größeren Bedeutung, als diese Niveauunterschiede *durchgehend* bestehen; es sind also keine Lead-Eigenschaften einzelner Gruppen festzustellen.

Schulbildung

Die Urteile und Erwartungen wurden mit zunehmendem Bildungsstand der Befragten (Volksschule ohne Lehre, Volksschule mit Lehre, Mittlere Reife, Abitur, Universität) tendenziell günstiger. Darüber hinaus sind aber auch — anders als bei der Untergliederung nach Altersklassen — im Zeitverlauf deutliche gruppenspezifische Unterschiede bei einigen Fragen festzustellen. Die Antworten der Befragten mit höherer Schulbildung (Abitur und Hochschule) zur eigenen finanziellen und zur allgemeinen wirtschaftlichen Entwicklung während der nächsten 12 Monate wiesen gegenüber den entsprechenden Meßwerten für die anderen Bildungsgruppen meist einen Vorlauf auf. Bei der Beurteilung der *augenblicklichen* finanziellen Lage des Haushalts und der allgemeinen wirtschaftlichen Situation im Vergleich zum Vorjahr waren dagegen keine Leads erkennbar. Es hat also den Anschein, als hätten die angesprochenen Erwartungen der Akademiker einen autonomeren Charakter als dies bei den anderen Bildungsgruppen der Fall ist. Bei den letzteren scheinen die Erwartungen mehr eine Projektion zurückliegender Erfahrungen in die Zukunft zu sein. Eine Untergliederung der Preiserwartungen erbrachte dagegen — sowohl was das Niveau als auch das zeitliche Verhalten anbelangt — auch hier keine signifikanten Unterschiede.

Geschlecht

Männliche und weibliche Befragte unterscheiden sich bei der Beantwortung rezeptiv-kritischer Fragen vor allem dadurch, daß die Frauen tendenziell etwas ungünstigere Urteile und Erwartungen äußern als die Männer; außerdem fällt auf, daß die Antwortkategorie „gleich" bzw. „unverändert" bei Frauen stärker besetzt ist als bei den Männern. In Tabelle 21 und in Abbildung 20 wurden aus Platzgründen die Umfrageergebnisse nicht getrennt nach dem Geschlecht ausgewiesen.

Ortsgröße

Die Auswertung der Antworten nach der Gemeindegrößenklasse

bis unter 5 000 Einwohner
5 000 bis unter 10 000 Einwohner
10 000 bis unter 20 000 Einwohner
20 000 bis unter 50 000 Einwohner
50 000 bis unter 100 000 Einwohner
100 000 und mehr Einwohner

erbrachte keine signifikanten Unterschiede.

β) Globalindizes aus Verbraucherumfragen

Bei jeder Verbraucherumfrage fällt eine Vielzahl von Informationen an, die auch nach der Bildung von Testsalden noch zu unübersichtlich ist, um daraus bereits konjunkturelle Schlußfolgerungen ziehen zu können. Insbesondere für publizistische Zwecke kommt es darauf an, die vielen Einzelinformationen zu einprägsamen Globalgrößen zu verdichten.

Auch aufgrund theoretischer Überlegungen erscheint eine Kombination von verschiedenen Meßwerten notwendig. Die Feldtheorie[83], die

[83] Vgl. z. B. George Katona, Das Verhalten der Verbraucher und Unternehmer. Über die Beziehungen zwischen Nationalökonomie, Psychologie und Sozialpsychologie, hrsg. von Erik Boettcher, Tübingen 1960 (Original 1951), S. 43 ff.

den psychologisch-theoretischen Hintergrund derartiger Umfragen bildet, geht bekanntlich davon aus, daß das menschliche Verhalten von einer komplexen Vielfalt subjektiver und objektiver Einflußgrößen bestimmt wird. Katona, der wohl als erster das Gedankengut der Feldtheorie auf die ökonomische Verhaltensforschung übertragen hat, warnt deshalb mit Recht davor, einzelne Meßreihen isoliert zu interpretieren. Es sei vielmehr notwendig, die in den einzelnen Meßwerten verstreuten Informationen gleichsam wie Mosaiksteine zusammenzusetzen, um eine Vorstellung von dem psychologischen Feld zu gewinnen.

Aus diesen praktischen wie theoretischen Gründen sind verschiedene Versuche angestellt worden, einzelne Meßwerte miteinander zu kombinieren. Ein Beispiel hierfür aus dem Bereich der Unternehmerumfragen ist etwa das Ifo-Geschäftsklima, das als geometrisches Mittel aus den Testsalden zur Beurteilung der augenblicklichen und der künftigen Geschäftslage gerechnet wird. Ein weiteres Beispiel ist der mittlerweile von verschiedenen anderen Stellen weitgehend übernommene „Index of Consumer Sentiment“ des Survey Research Center der Universität Michigan (Katona).

Gegen so konstruierte Global-Indizes lassen sich allerdings verschiedene Einwände vorbringen:

Zunächst ist es fraglich, ob die Zahl der erfaßten Variablen ausreicht, um damit zumindest einen wesentlichen Teil des psychologischen Feldes (beispielsweise die Investitions- oder die Kaufbereitschaft) abzustecken. Zum anderen dürfte durch das relativ einfache Zusammengewichten (Addition oder geometrisches Mittel) die mögliche Interkorrelation der Informationen, ihr eventuell unterschiedlicher Einfluß auf eine Umstrukturierung des Feldes und damit indirekt auf das Verhalten nicht ausreichend berücksichtigt werden. Es wurden in dieser Arbeit am Beispiel der englischen Erhebungen Wege aufgezeigt, wie sich möglicherweise die Konstruktion von Globalindizes verbessern läßt[84].

Derartige methodische Verfeinerungen konnten allerdings bei den hier vorgeführten Indizes für die EG-Länder noch nicht berücksichtigt werden. Es ging hier hauptsächlich nur darum, den unterschiedlichen Informationsgehalt von 2 Typen von Globalindizes aufzuzeigen (vgl. Abbildung 21).

Der erste, mit „Index für die Kaufbereitschaft“ überschriebene Indikator wird als arithmetisches Mittel der gewichteten Testsalden von drei Fragen konstruiert:

---

84 Siehe S. 76 ff.

Abb. 21: **Indikatoren aus Verbraucherumfragen**

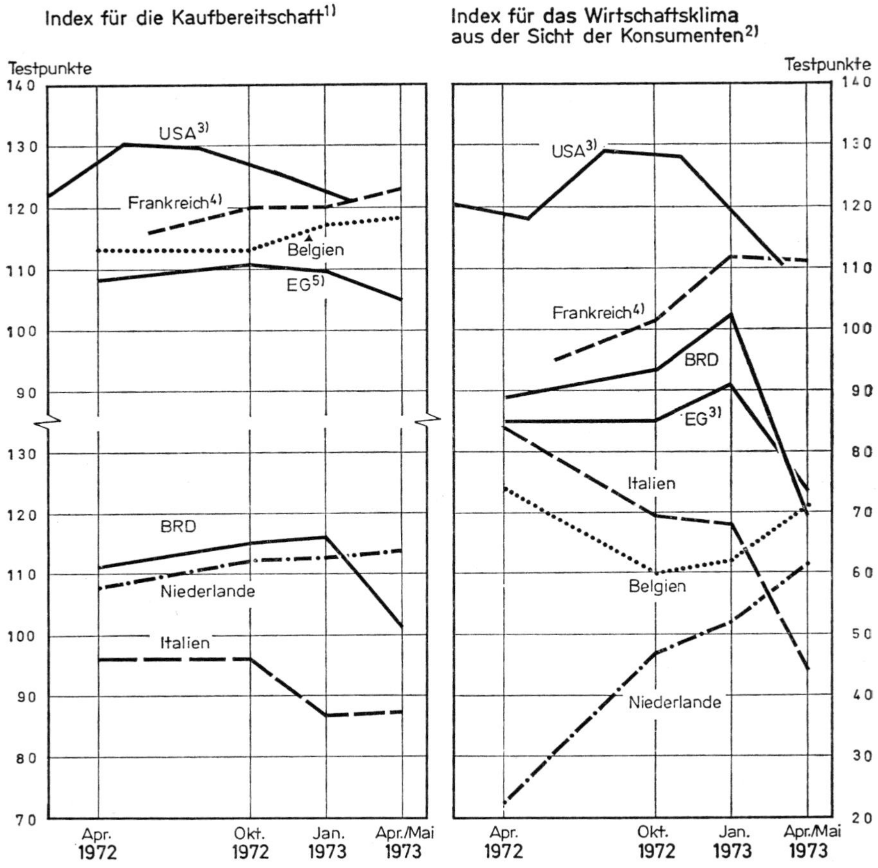

[1] *Arithmetisches Mittel aus 3 Testfragen: Finanzielle Lage der Haushalte im Vergleich zum Vorjahr; erwartete Entwicklung der finanziellen Verhältnisse in den kommenden 12 Monaten; Beurteilung des Kaufzeitpunktes.*

[2] *Arithmetisches Mittel aus 2 Testfragen: Wirtschaftliche Lage im Vergleich zum Vorjahr und erwartete Veränderung der wirtschaftlichen Verhältnisse in den kommenden 12 Monaten.*

[3] *Abweichende Erhebungstermine: Februar 1972, Mai 1972, August/September 1972, November/Dezember 1972, Februar/März 1973.*

[4] *Abweichender Erhebungstermin: Juni 1972 statt April 1972.*

[5] *Es wurden nur die Ergebnisse für die BRD, Frankreich, Italien, Niederlande und Belgien gemäß der Zahl der privaten Haushalte zusammengewichtet.*

Quelle: EG-Kommission, Generaldirektion Wirtschaft und Finanzen und Survey Research Center der University of Michigan (Prof. Katona), USA.

IFO-INSTITUT für Wirtschaftsforschung München *284/73*

— Wie hat sich die finanzielle Situation Ihres Haushalts in den letzten 12 Monaten entwickelt?

— Wie dürfte sich Ihrer Ansicht nach die finanzielle Lage Ihres Haushalts in den nächsten 12 Monaten entwickeln?

— Glauben Sie, daß es *zur Zeit* ratsam ist, größere Anschaffungen (Möbel, Waschmaschinen, Fernsehgeräte etc.) zu tätigen? Oder sollte man solche Käufe zunächst lieber aufschieben?

Der zweite Indikator, das „Wirtschaftsklima aus der Sicht der Konsumenten", wird als arithmetisches Mittel der gewichteten Testsalden von folgenden zwei Fragen gebildet:

— Wie hat sich Ihrer Meinung nach die allgemeine wirtschaftliche Lage in Ihrem Land seit einem Jahr entwickelt?

— Wie dürfte sich Ihrer Ansicht nach die allgemeine wirtschaftliche Lage in den kommenden 12 Monaten entwickeln?

Es ist hier nicht der Platz, um im Detail auf Unterschiede zwischen diesen beiden Indikatorentypen einzugehen. Es sollen daher nur einige Punkte hervorgehoben werden:

Die Verschlechterung des Wirtschaftsklimas im 1. Quartal 1973 in den USA war wesentlich stärker ausgeprägt als der Rückgang im Index für die Kaufbereitschaft; dasselbe, wenn auch nicht so deutlich, war in der BRD zu beobachten. Das Wirtschaftsklima allein überzeichnet deshalb in diesen beiden Ländern die erwartete Abschwächung der Konsumnachfrage. In Italien hat der Index für die Kaufbereitschaft im Mai 1973 sogar leicht zugenommen, während sich das Wirtschaftsklima nach Ansicht der Verbraucher weiter deutlich verschlechtert hat. In den Niederlanden nahm im 1. Quartal 1973 die Kaufbereitschaft weniger stark zu als das Wirtschaftsklima, das bis dahin wegen der wirtschaftspolitischen Schwierigkeiten in diesem Land sehr ungünstig eingeschätzt wurde. In Frankreich hat schließlich der Index für die Kaufbereitschaft weiter zugenommen, während der Klimaindex auf dem relativ hohen Januar-Niveau verharrte.

Aus dieser kurzen Beschreibung der Abbildung 21 geht hervor, daß die Urteile und Erwartungen zur allgemeinen wirtschaftlichen Lage weitgehend das Vertrauen der Verbraucher in die augenblickliche Wirtschaftspolitik widerspiegeln. Die jeweils im Vordergrund stehenden Probleme, wie z. B. damals in allen untersuchten Ländern die Inflation, prägen demnach weitgehend das Wirtschaftsklima. Wie aber der unterschiedliche Verlauf der beiden Indikatortypen gezeigt hat, ist die Entwicklung der Kaufbereitschaft zum Teil losgelöst von der des allgemeinen Wirtschaftsklimas. Es spricht also einiges für die be-

[85] Vgl. S. 91.

reits an anderer Stelle[85] geäußerte Vermutung, daß eine Verschlechterung der Urteile und Erwartungen zur allgemeinen wirtschaftlichen Situation nur dann mit großer Sicherheit auf eine spätere konjunkturelle Abschwächung des privaten Verbrauchs (und hier insbesondere des Absatzes dauerhafter Konsumgüter) sowie auf eine Zunahme der Sparbereitschaft schließen läßt, wenn dieser Pessimismus auch auf die Einschätzung der persönlichen finanziellen Lage und des Kaufzeitpunktes durchschlägt. Wegen der größeren Verhaltensrelevanz dieser Fragen ist daher dem Index für die Kaufbereitschaft eine größere Bedeutung bei Absatzprognosen beizumessen als dem allgemeinen Wirtschaftsklima. — Was den internationalen Vergleich der beiden Indizes anbelangt (vgl. Abbildung 21) ist noch anzumerken, daß die Niveauunterschiede zum Teil auf unterschiedliche Meldegepflogenheiten zurückzuführen sein dürften. So scheinen beispielsweise die Amerikaner im allgemeinen weit optimistischer im Hinblick auf die Entwicklung der allgemeinen wirtschaftlichen und der eigenen finanziellen Verhältnisse zu sein als die Europäer. Aus diesem Grunde dürfte es sinnvoll sein, die Testreihen für Zwecke des internationalen Vergleichs zu standardisieren. Ähnliche Probleme, wenn auch nicht so ausgeprägt, treten übrigens auch bei Unternehmerbefragungen auf[86].

γ) Schlußfolgerungen für die harmonisierten Verbraucherumfragen der Kommission der Europäischen Gemeinschaften

— Das *Schwergewicht* des Frageprogramms und der analytischen Arbeiten sollte auf den *rezeptiv-kritischen* Konsumentenäußerungen (Einstellungen) liegen.

Vor allem geht es darum, die Interdependenzen der verschiedenen Einstellungen sowie die unterschiedliche Relevanz der einzelnen Testvariablen für das Kaufverhalten zu untersuchen. Als ein erfolgversprechender Weg hierfür hat sich vor allem in Großbritannien und Frankreich die Faktorenanalyse erwiesen. Die hierbei ermittelten Ladungskoeffizienten der einzelnen interpretierbaren Hauptkomponenten konnten mit Erfolg als Gewichte zur Konstruktion eines mehr allgemeinen „Wirtschaftsklima-Index" und eines für das Kaufverhalten relevanteren „Kaufbereitschafts-Index" herangezogen werden.

Während der Experimentierphase der Verbraucherbefragungen kann die Faktorenanalyse allerdings nur auf der Querschnittsebene angewendet werden, da die Zeitreihen noch zu kurz sind.

---

86 Vgl. J. M. Courtois, G. Goldrian, S. Richter, Indikatoren aus Konjunkturumfragen in den Europäischen Gemeinschaften. CIRET-Studien Nr. 17, München 1972.

— Trotz der nicht besonders ermutigenden Prognoseresultate, die bisher mit *Kaufabsichten* erzielt wurden, sollte dieser Variablentyp während der Experimentierphase einer intensiven Untersuchung unterzogen werden. Die Forschung sollte sich insbesondere darauf konzentrieren, folgende Hypothesen, die aufgrund der Analyse amerikanischer, französischer, britischer und deutscher Erfahrungen aufgestellt wurden, zu verifizieren bzw. falsifizieren:

  — Eine Aufteilung der Kaufabsichten danach, ob sie von Haushalten stammen, die zur Zeit der Planabgabe über „Konsumentenvertrauen“[87] verfügen, gibt wichtige konjunkturelle Hinweise. Insbesondere dürfte sich der Realisierungsgrad dieser beiden Gruppen von Kaufabsichten unterscheiden.

  — Eine faktoranalytische Berücksichtigung der Kaufabsichten in Konsumklimaindizes erhöht deutlich den Prognosewert solcher Indikatoren.

Es bleibt abzuwarten, ob sich die oben genannten Hypothesen in den Ländern der Gemeinschaft als zutreffend erweisen, und ob die Einbeziehung der Kaufabsichten den prognostischen Wert der angesprochenen Globalindizes verbessert.

— Nur wenn die Kaufabsichten einen wesentlichen Beitrag zur besseren Prognose der Absatzschwankungen dauerhafter Konsumgüter liefern, sollten sie im weiteren Frageprogramm enthalten sein. Eine nur marginale Verbesserung der Prognose würde den erheblichen Aufwand, den Kaufabsichtsfragen verursachen, nicht rechtfertigen[88].

---

[87] Es bieten sich verschiedene Möglichkeiten an, „Konsumentenvertrauen“ zu definieren.

In Anlehnung an das von Sindlinger in den USA (vgl. S. 34 ff.) angewandte Verfahren, könnte man so vorgehen, daß nur solche Haushalte Konsumentenvertrauen aufweisen sollen, die bei der Beantwortung einer Reihe von Einstellungsfragen eine positive oder zumindest neutrale Stellung bezogen haben. (Als Fragen kämen insbesondere in Betracht: Allgemeine Wirtschaftslage ex post und ex ante, eigene finanzielle Lage ex post und ex ante, Zeit zum Kaufen, Arbeitslosigkeit in den nächsten 12 Monaten.) Eine einzige „negative“ Antwort auf eine der Stimmungsfragen würde bereits zur Eingruppierung in die Klasse „ohne Konsumentenvertrauen“ führen. Eine etwas differenziertere Einteilung in derartige Kategorien könnte auf die Art erfolgen, daß jede Antwortkategorie der als relevant angesehenen Stimmungsfragen mit Punkten bewertet wird, beispielsweise sehr gut (5), gut (4), befriedigend (3), schlecht (2), sehr schlecht (1), weiß nicht (3).

Alle Haushalte mit einer Gesamtpunktzahl von 20 und mehr kommen in die Kategorie „mit Konsumentenvertrauen“, solche mit weniger als 20 Punkten in die Kategorie „ohne Konsumentenvertrauen“. Eine derartige Klasseneinteilung könnte selbstverständlich noch weiter verfeinert werden, etwa ≥ 25 „mit Konsumentenvertrauen“: $\geq 20 < 25$ „schwaches Konsumentenvertrauen“, < 20 „kein Konsumentenvertrauen“. Wie tief eine solche Klasseneinteilung getrieben werden sollte, läßt sich nur empirisch klären.

In diesem Fall wäre es wesentlich sinnvoller, die Erfassung der Kaufpläne fallen zu lassen, den *Stichprobenumfang auf rund 2 000 Haushalte zu reduzieren* und die Befragungen in zweimonatigem Abstand durchzuführen. Das Programm der rezeptiv-kritischen Fragen könnte dann noch um Themen wie „Zufriedenheit mit der Art und Weise, wie die Zukunftsvorsorge geregelt ist, Zufriedenheit mit den Wohnverhältnissen, dem Beruf, der Umwelt u. a.m." ergänzt werden[89]. Auch wenn sich nur *eine* Absichtsvariante, beispielsweise die Kaufabsicht für einen PKW, für die Konjunkturanalyse als sehr nützlich erweisen sollte, erscheint es nicht gerechtfertigt, aus diesem Grunde an dem alten Stichprobenumfang und dem Befragungsrhythmus festzuhalten. Als *Kompromiß* würde sich hier anbieten, nur einmal im Jahr — vorzugsweise vor Beginn der „Autosaison", also in der Januarerhebung — in einer 5 000 Haushalte umfassenden Stichprobe die Kaufabsichten zu erfassen. Im weiteren Verlauf des Jahres könnten in zweimonatigem Abstand 5 Befragungen mit rezeptiv-kritischem Frageprogramm erfolgen. Bei dieser Vorgehensweise würde auch die Notwendigkeit entfallen, die PKW-Kaufabsichten von Saisoneinflüssen zu bereinigen.

— Ein großer Nachteil ist darin zu sehen, daß die Ergebnisse von *Verbraucherbefragungen* bisher *zu isoliert behandelt* wurden und bei weitem nicht in dem Ausmaß Eingang in die allgemeine Konjunkturanalyse fanden wie etwa die Unternehmerbefragungen. Es sollte daher versucht werden, die Konsumentenergebnisse zusammen mit den Unternehmermeldungen aus der Konsumgüterindustrie und dem Konsumgüterhandel sowie den entsprechenden Reihen der amtlichen Statistik in ein Konjunkturindikatorensystem einzubringen. Parallel dazu erscheint es zweckmäßig, die Ergebnisse von Konsumenten- und Unternehmerbefragungen in ökonometrische Antizipationsmodelle einzubeziehen.

---

[88] Stichprobenumfang muß wesentlich größer sein, Interviewdauer nahezu verdoppelt, Kaufabsichten weisen im Gegensatz zu Einstellungsfragen Saisonbewegungen auf und müssen daher saisonbereinigt werden: Auswertung viel komplizierter als bei Einstellungen. Vgl. z. B. E. S. Maynes, An Appraisal of Consumer Anticipations Approaches to Forecasting, in: Proceedings of the Dec. 1967 Meetings of the American Statistical Association, S. 116 ff.

[89] Vgl. S. 204 ff.

III. Konjunkturbefragungen bei den Unternehmern

In dem Bemühen, die Konjunkturdiagnose und -prognose auf eine breitere und zugleich aktuellere Datenbasis zu stellen, hat das Ifo-Institut bereits 1950 damit begonnen, die Unternehmen der Industrie, des Groß- und Einzelhandels sowie des Bauhauptgewerbes monatlich zu befragen (Ifo-Konjunkturtest); seit 1956 wird darüber hinaus auch noch der Ifo-Investitionstest (in der Industrie bis 1973 dreimal, ab 1974 zweimal jährlich, im Groß- und Einzelhandel sowie im Bauhauptgewerbe einmal jährlich) durchgeführt.

Im Investitionstest (kurz IT) ist das Befragungsprogramm auf ein Unternehmen als Ganzes, im Konjunkturtest (kurz KT) dagegen auf verschiedene, von den Unternehmen hergestellte bzw. gehandelte Produkte abgestellt. Die Zahl der monatlichen Produktmeldungen beläuft sich im KT auf rd. 27 000, die der mitarbeitenden Unternehmen auf rd. 12 000. Am Investitionstest haben sich in den letzten Jahren fast 5 000 Unternehmen aus der Industrie und dem Bergbau, etwa 900 Bauunternehmen, rd. 3 000 Handelsfirmen und über 1 400 Unternehmen der öffentlichen Energie- und Wasserversorgung beteiligt.

Die Auswahl der Firmen erfolgt sowohl im KT als auch im IT in Zusammenarbeit mit den zuständigen Fachverbänden. Es gilt der Grundsatz, daß der Repräsentationsgrad (gemessen an der Produktion der gesamten Industrie und des Bauhauptgewerbes bzw. dem Umsatz des gesamten Groß- und Einzelhandels) um so größer sein soll, je oligopolistischer ein Markt strukturiert ist. Da die Umfragen nicht als Zufallsstichproben aufgebaut sind, kann der durch die Auswahl bedingte Fehler — anders als etwa bei den beschriebenen EG-Verbraucherumfragen — nicht wahrscheinlichkeitstheoretisch berechnet werden. Wichtige Anhaltspunkte dafür, ob die Testergebnisse für die jeweilige Grundgesamtheit repräsentativ sind, gibt der nachträgliche Vergleich der Umfrageergebnisse mit den Werten der amtlichen Statistik. Soweit derartige Vergleiche möglich sind, werden sie im Ifo-Institut regelmäßig durchgeführt.

Die Unternehmerbefragungen des Ifo-Instituts sind in mehr oder weniger abgewandelter Form von zahlreichen Ländern übernommen worden[1].

[1] Vgl. Konjunktur-, Investitions- und Verbrauchertests, Eine synoptische Tabelle, herausgegeben vom CIRET-Informations- und Dokumentations-Zentrum in München, November 1971.

In zweijährigem Turnus finden CIRET-Konferenzen statt, auf denen über neue Forschungsergebnisse auf dem Gebiet der Unternehmer- und neuerdings auch der Verbraucherbefragungen berichtet wird. Auf die Technik der KT- und IT-Befragungen (Gewichtung, Konjunkturspiegel etc.) soll hier nicht näher eingegangen werden, da hierüber mehrere Veröffentlichungen existieren[2].

1. Frageprogramm im Ifo-KT und -IT

Der entscheidende Vorstoß dieser beiden Unternehmerbefragungen in konjunkturdiagnostisches und -prognostisches Neuland liegt in der Erfassung von Plänen und Erwartungen (finalen Unternehmeräußerungen) sowie Urteilen und Einstellung (rezeptiv-kritischen Unternehmeräußerungen). Darüber hinaus werden im Konjunkturtest auch noch Fragen nach der Veränderung des Auftragseingangs, der Preise, der Produktion und des Umsatzes gegenüber dem Vormonat gestellt; in vierteljährlichen Abständen wird darüber hinaus auch noch u. a. der Grad der Kapazitätsauslastung in der Industrie, die Reichweite der Auftragsbestände (gemessen in Produktionsmonaten) erfragt. Diese Reihen, die zum Teil auch von der amtlichen Statistik quantitativ erfaßt werden, wurden deshalb in das Frageprogramm aufgenommen, um zu einem frühen Zeitpunkt ein möglichst abgerundetes Bild von der jeweiligen wirtschaftlichen Situation zu haben. Hierin liegt ein wesentlicher Vorteil gegenüber der amtlichen Statistik, die ihre Werte meist nicht gleichzeitig zu einem aktuellen Zeitpunkt veröffentlichen kann. Die einzelnen amtlichen Reihen müssen erst nach und nach wie Mosaiksteine zu einem Ganzen zusammengefügt werden. Im Investitionstest wird die zentrale Frage nach der voraussichtlichen Investitionsentwicklung im kommenden bzw. im noch laufenden Jahr ergänzt durch Fragen nach der Zielsetzung der Investitionen und den Gründen für eine Investitionskürzung bzw. -erhöhung.

In der vorliegenden Arbeit erfolgt eine Beschränkung auf die — nach den bisherigen Erfahrungen — wichtigsten finalen und rezeptiv-kritischen Unternehmeräußerungen.

Finale Äußerungen:

— Investitionspläne der Industrie (IT)

— Produktionspläne für die nächsten 3 Monate in der Industrie (KT)

---

[2] Vgl. insbesondere W. Marquardt und W. Strigel, Der Konjunkturtest. — Eine neue Methode der Wirtschaftsbeobachtung, Schriftenreihe des Ifo-Instituts für Wirtschaftsforschung, Nr. 38, Berlin—München 1959 sowie W. Strigel, Konjunkturindikatoren aus qualitativen Daten, Ifo-Studien, Nr. 18, Jg. 1972, H. 2 und die dort angegebenen Literatur-Hinweise.

— Preiserwartungen für die nächsten 3 Monate in der Industrie und im Handel (KT)[3]
— Erwartete Veränderung in der Beschäftigtenzahl während der nächsten 3 Monate (KT)[3].

Die Beschäftigtenerwartungen werden ausführlicher als die übrigen finalen Unternehmeräußerungen behandelt. Dies erschien angebracht, da dieser Themenkreis bisher noch nicht so intensiv untersucht worden ist wie die anderen finalen Konjunkturtestreihen.

Rezeptiv-kritische Äußerungen:

— Geschäftsklima in Industrie, Einzel- und Großhandel (KT)
— Beurteilung des Auftragsbestandes in der Industrie (KT)
— Beurteilung des Lagerbestandes in Industrie, Einzel- und Großhandel (KT).

2. Erfahrungen mit finalen Unternehmeräußerungen

a) Investitionspläne von Industrieunternehmen

Investitionsentscheidungen werden in der Literatur überwiegend der Kategorie des rationalen Verhaltens zugeordnet[4]. Ein Indiz für die Richtigkeit dieser Ansicht ist das Ergebnis einer Umfrage, die 1965 vom Ifo-Institut für Wirtschaftsforschung in Zusammenarbeit mit INSEAD (Institut Européen d'Administration des Affaires) und dem RKW (Rationalisierungs-Kuratorium der Deutschen Wirtschaft) unter dem Arbeitstitel „Wie plant die Industrie" durchgeführt wurde[5]. Es ergab sich dabei u. a., daß 84 % aller befragten Industrieunternehmen Investitionspläne mit einem Zeithorizont von 12 Monaten aufstellen. Erwartungsgemäß stieg der Anteil der „Planer" mit zunehmender Betriebsgröße. Die Unternehmen mit mehr als 1 000 Beschäftigten verfügten nahezu vollzählig über Investitionspläne für das nächste Jahr. Da es sich bei Investitionsentscheidungen demnach überwiegend um ein rationales Verhalten handeln dürfte, ist finalen Unternehmeräußerungen bei der Prognose der Investitionsaufwendungen der Vor-

[3] Da es sich bei preis- und personalpolitischen Maßnahmen weitgehend um Aktionsparameter des jeweiligen Unternehmens handelt, wäre es sinnvoller, von Plänen anstelle von Erwartungen, wie im Konjunkturtest üblich, zu sprechen.

[4] Vgl. z. B. George Katona, Psychological Analysis of Business Decisions and Expectations, in: Am. Ec. Rev. 36 (1946), S. 57.

[5] Die Ergebnisse dieser Erhebung wurden abgedruckt im Ifo-Schnelldienst, 18. Jg. (1965), Nr. 37, S. 4 ff.; ferner R. Bemerl, F. O. Bonhoeffer und W. Strigel, Wie plant die Industrie?, Wirtschaftskonjunktur, 18. Jg. (1966), H. 1, S. 27 ff.

zug vor rezeptiv-kritischen Meldungen zu geben. Wie bereits bei der Überprüfung der Kaufabsichten betont wurde, ist allerdings auch den Investitionsplänen nur eine bedingte Wahrscheinlichkeit beizumessen.

Wie sich noch zeigen wird, sind es insbesondere Änderungen in der Einschätzung der augenblicklichen und der künftigen Geschäftslage, die zu Revisionen der ursprünglichen Pläne führen. Da es sich bei derartigen Plankorrekturen meist um Massenphänomene handelt, können sie in ihrer Summe zu einer merklichen Erhöhung bzw. Verringerung des ursprünglich geschätzten gesamten Investitionsvolumens führen. Nach den bisherigen Erfahrungen nehmen im Durchschnitt gut 20 % der befragten Industrieunternehmen zwischen der Haupterhebung im Frühjahr (März) und der Nacherhebung im Juli eine größere Planrevision vor. Der Anteil der Planänderungen ist noch wesentlich höher als dieser Durchschnittswert, wenn in diesen 4-Monatszeitraum (März/Juli) ein konjunktureller Wendepunkt fällt. Wie wenig zuverlässig es wäre, sich bei der Investitionsprognose ausschließlich auf die im Frühjahr geäußerten Pläne zu verlassen, zeigt die folgende Tabelle:

Tabelle 23

Zur Treffsicherheit von Investitionsplänen in der Industrie

Ex-ante- und Ex-post-Tendenzen der Langfrist-Planer[a]

Vorausgesagt \ Eingetroffen	mehr (+)	etwa gleichviel (=)	weniger (−)	Σ
mehr (+)	594 (24)	69 (3)	72 (3)	735 (30)
etwa gleichviel (=)	397 (16)	166 (7)	254 (10)	817 (33)
weniger (−)	171 (7)	130 (5)	621 (25)	922 (37)
Σ	1 162 (47)	365 (15)	947 (38)	2 474 (100)

[a]) Dargestellt sind die absoluten und die relativen (prozentualen) Häufigkeiten (Zahlen in Klammern) der korrespondierenden Ex-ante- und Ex-post-Angaben derjenigen Unternehmungen, deren Investitionspläne einen Zeitraum von höchstens einem Jahr umfassen. Die untersuchten 2 474 Ex-ante/Ex-post-Angaben stammen aus den jeweils im März und April durchgeführten Haupterhebungen der Jahre 1956 bis 1965; sie beziehen sich ausschließlich auf Unternehmungen der Investitions- und Verbrauchsgüterindustrie.

Quelle: E. O. Bonhoeffer und W. H. Strigel, Investitionsplanung und Güte der Investitionsvoraussagen in der westdeutschen Industrie, erschienen als CIRET-Studie (Nr. 9), München, 1967, S. 22.

Die Übereinstimmung zwischen den Ex-ante- und den Ex-post-Ergebnissen auf der Mikroebene ist ziemlich enttäuschend. Nur bei 56 % der Firmen (Summe der Prozentanteile in der von links oben nach rechts unten verlaufenden Hauptdiagonale stimmten die Ex-ante-/Ex-post-Meldungen überein. Auffallend ist insbesondere der hohe Anteil der Planrevisionen bei den Firmen, die ursprünglich ein gegenüber dem Vorjahr unverändertes Investitionsbudget angaben. Auch die Treffsicherheit der auf einer metrischen Skala gemessenen Investitionspläne (prozentuale Veränderung gegenüber dem Vorjahr) brachte keine spürbare Verbesserung (vgl. Tabelle 24): Bei rd. 40 % der Firmen ergab sich eine „Fehlermarge" von mehr als 35 % gegenüber den ursprünglichen Planangaben.

Man könnte einwenden, daß dieses auf der Mikroebene erzielte relativ enttäuschende Ergebnis noch nichts über den Prognosewert der Investitionspläne auf der Makroebene aussagt. Wie sich jedoch zeigen läßt (vgl. S. 224 ff.), ist eine mangelnde Treffsicherheit von finalen Äußerungen auf der Mikroebene nur dann für eine Prognose auf der Makroebene nicht von gravierender Bedeutung, wenn die individuellen Planabweichungen als Zufallsschwankungen anzusehen sind. Nach den bisherigen Erfahrungen trifft diese Annahme allerdings bei Investitionsplänen nicht zu, da je nach konjunktureller Situation die Planrevisionen in eine Richtung (nach oben bzw. nach unten) deutlich überwiegen. Aufgrund dieser Überlegungen bieten sich vor allem zwei Möglichkeiten an, den prognostischen Wert der Investitionspläne zu erhöhen:

— in möglichst kurzen Abständen (etwa monatlich) die Investitionsabsichten zu erfassen

— die Investitionspläne mit Hilfe von rezeptiv-kritischen Unternehmeräußerungen fortzuschreiben (d. h. „theoretische" Planrevisionen vorzunehmen).

Der ersten Möglichkeit sind aus praktischen Überlegungen relativ enge Grenzen gesetzt: Die Unternehmen wären nämlich überfordert, wenn sie etwa monatlich danach gefragt würden, ob sie ihre Investitionspläne geändert haben und wenn ja, in welcher Richtung und in welchem Ausmaß. Außerdem würde eine monatliche Investitionsbefragung neben dem KT mit erheblichen zusätzlichen finanziellen Aufwendungen verbunden sein.

Die zweite Möglichkeit ist bis jetzt noch nicht voll ausgeschöpft worden. Eine neuere Untersuchung deutet allerdings darauf hin, daß dieses Vorgehen recht erfolgversprechend ist[6]. Es gelang nämlich, die

[6] Vgl. J. D. Lindlbauer und J. Puhani, Fortschreibung unternehmerischer Investitionspläne mit Hilfe von Konjunkturtestergebnissen, CIRET-Studien Nr. 18, München1972.

Tabelle 24: **Zur Treffsicherheit von Investitionsplänen in der Industrie**
Verteilung der Ex-ante-/Ex-post-Abweichungen bei Kurzfrist- und bei Langfrist-Planern[a])

Bereich von d_j	Differenzen (d_j) zwischen vorausgesagten und tatsächlichen Investitions-Wachstumsraten					
	bei den Kurzfrist-Planern			bei den Langfrist-Planern		
	Zahl der Fälle	Prozent aller Fälle je Bereich	Prozent aller Fälle kumuliert	Zahl der Fälle	Prozent aller Fälle je Bereich	Prozent aller Fälle kumuliert
0 bis einschl. 5	41	9	9	89	11	11
über 5 bis einschl. 10	47	10	19	101	12	23
über 10 bis einschl. 20	76	17	36	158	19	42
über 20 bis einschl. 35	83	18	54	155	18	60
über 35 bis einschl. 50	58	13	67	112	13	73
über 50 bis einschl. 100	92	20	87	121	15	88
über 100	62	13	100	102	12	100
Insgesamt	459	100	—	838	100	—

a) Kurzfrist-Planer: Unternehmungen mit Investitionsplänen bis zu einem Jahr; Langfrist-Planer: Unternehmungen mit Investitionsplänen, die über ein Jahr hinausreichen.

Quelle: E. O. Bonhoeffer und W. H. Strigel, Investitionsplanung und Güte der Investitionsvoraussagen in der westdeutschen Industrie, erschienen als CIRET-Studie (Nr. 9), München, 1967.

Revisionen der jeweils im November des Vorjahres abgegebenen Investitionspläne während des 12monatigen Prognosezeitraums überraschend exakt mit Hilfe von Konjunkturtestvariablen zu schätzen. In der Verarbeitenden Industrie insgesamt und in der Investitionsgüterindustrie konnten aufgrund der November-IT-Planangaben und der Auftragsbestandsbeurteilung in den Monaten zwischen November und März (des darauffolgenden Jahres) bis zu 97 % der Streuung der März-Planangaben erklärt werden. In der Verbrauchsgüterindustrie lag das Bestimmtheitsmaß bei 92 % (hier wurde anstelle der Auftragsbestandsbeurteilung das Geschäftsklima verwendet). Die im Rahmen der Nacherhebung (August) erfragten Investitionspläne — deren Planungshorizont nur noch vier Monate beträgt — ließen sich weniger genau mit Hilfe der KT-Daten schätzen: Der Korrelationskoeffizient betrug aber immer noch 93 % in der Industrie insgesamt, 94 % in der Investitionsgüterindustrie und 85 % in der Verbrauchsgüterindustrie. Die Verschlechterung der Schätzergebnisse überrascht nicht; mit abnehmendem Zeithorizont wird die Planung unweigerlich inflexibler und die Konjunkturabhängigkeit damit geringer.

Es erhebt sich — ähnlich wie bei der Untersuchung der Kaufabsichten der privaten Haushalte — die Frage, ob es überhaupt notwendig ist, neben der Erfassung rezeptiv-kritischer Äußerungen (KT) noch eine gesonderte Erhebung finaler Meldungen (IT) vorzunehmen. Anders als bei den Konsumentenbefragungen ist hier diese Frage eindeutig zu bejahen. Folgende Argumente sprechen dafür:

— Investitionspläne für das nächste Jahr werden regelmäßig — d. h. unabhängig von der jeweiligen konjunkturellen Situation — vom weitaus überwiegenden Teil der Unternehmen aufgestellt. Der Kreis der „planenden Firmen“ kann damit als repräsentativ für die Gesamtheit der Industrieunternehmen angesehen werden.

— Wenn auch die *Planrevisionen* relativ eng mit den Änderungen ausgewählter rezeptiv-kritischer KT-Reihen (Auftragsbestandsbeurteilung, Geschäftsklima) korreliert sind, so gilt dieser Zusammenhang nicht für das *Niveau* der Investitionspläne. Das wird besonders deutlich in den Jahren ab 1966, in denen die Nacherhebung und die erste Vorerhebung zeitlich zusammenfallen (August)[7]. Der Niveauunterschied läßt sich somit nicht allein aus der konjunkturellen Entwicklung erklären. Aufgrund dieser Überlegungen bietet sich folgende Kombination von finalen und rezeptiv-kritischen Äußerungen an: Jeweils im August bzw. November werden mit Hilfe finaler Befragungen die „Sprünge“ der Investitionen vom alten zum

---

7 Vgl. J. D. Lindbauer und J. Puhani, Fortschreibung unternehmerischer Investitionspläne ..., S. VI.

neuen Jahr geschätzt. Ausgehend von diesen ersten quantitativen Vorstellungen des Investitionsvolumens im nächsten Jahr werden Korrekturen aufgrund der Änderungen ausgewählter KT-Reihen (rezeptiv-kritische Unternehmeräußerungen) vorgenommen. An sich müßte damit eine einzige Investitionserhebung pro Jahr ausreichen. Da jedoch mit dem Investitionstest nicht nur das Ziel verfolgt wird, die Investitionen im nächsten Jahr vorauszuschätzen, sondern gleichzeitig auch die Ex-post-Entwicklung der industriellen Investitionen zu erfassen, erscheint es angebracht, im Frühjahr (März) eine zweite Befragung einzuschalten. Hierbei kann einmal das endgültige Investitionsvolumen im abgelaufenen Jahr erfaßt werden; gleichzeitig bietet sich die Möglichkeit, den einmal festgestellten Zusammenhang zwischen Investitions-Planrevisionen und ausgewählten KT-Reihen auf seine Stabilität hin zu untersuchen und eventuell zu modifizieren.

b) Produktionspläne von Industrieunternehmen

Seit Anfang 1962 wird im Konjunkturtest für die Industrie monatlich folgende Frage gestellt:

„Unsere Produktionstätigkeit* bezüglich *XY* wird voraussichtlich im Laufe der nächsten 3 Monate in konjunktureller Hinsicht — also unter Ausschaltung rein saisonaler Schwankungen — steigen / etwa gleichbleiben / abnehmen."

* Veränderungen, die lediglich auf übliche Betriebsferien bzw. Urlaube und regelmäßig wiederkehrende Reparaturen sowie eine unterschiedliche Monatslänge zurückgehen, sind nicht zu berücksichtigen.

Umfangreiche Regressionsuntersuchungen ließen keinen Vorlauf der quantifizierten KT-Reihe gegenüber der glatten Komponente des amtlichen Produktionsindex erkennen. Es ergab sich vielmehr ein weitgehender Gleichlauf[8]. Anscheinend orientierten sich die Unternehmer bei der Abgabe der Produktionspläne überwiegend an der Produktionsentwicklung im Berichtsmonat. Es bleibt also lediglich ein informatorischer Lead von gut einem Monat: Die amtliche Produktionsstatistik liegt nämlich meist erst 2 Wochen nach Abschluß des Konjunkturtests vor; außerdem vergehen dann meist noch 3 Wochen, bis der Wert der glatten Komponente des amtlichen Produktionsindex für den Berichtsmonat ermittelt ist (zu diesem Zweck muß erst eine Bereinigung vom arbeitstäglichen und saisonalen Einfluß vorgenommen werden; ferner ist eine Glättung dieser bereinigten Reihe erforderlich).

---

[8] Vgl. J. D. Lindlbauer, Schätzung des Produktionsindex mit Hilfe von Ex-post- und Ex-ante-Daten des Konjunkturtests, CIRET-Studien Nr. 11, München 1969.

Dieser informatorische Lead kann aber nicht darüber hinwegtäuschen, daß der prognostische Wert der Produktionspläne insgesamt gering anzusetzen ist. Die Firmen scheinen sich bei ihren kurzfristigen Produktionsentscheidungen weitgehend habituell zu verhalten. Es erfolgt also keine „echte“ Entscheidung; es dürfte sich vielmehr bei der kurzfristigen Produktionssteuerung weitgehend um routinemäßige Entscheidungen handeln, die bei einer bestimmten Datenkonstellation jeweils annähernd gleich ausfallen. Ein Indiz dafür, daß bei einem großen Teil der Firmen keine bindenden oder zumindest konkreten Vorstellungen über die Produktionsentwicklung in den nächsten 3 Monaten vorliegen, ist auch in dem — im Vergleich zu den Ex-post-Antworten — wesentlich höheren Anteil der Gleich-Meldungen bei den Ex-ante-Angaben zum Produktionsverlauf zu sehen. Aus diesem Grunde überrascht es nicht, daß die Produktionserwartungen nur einen geringen prognostischen Wert besitzen. Es dürfte sinnvoller sein, rezeptiv-kritische Unternehmeräußerungen — wie insbesondere die Beurteilung des Auftragsbestands, des Fertigwarenlagers und des Geschäftsklimas — heranzuziehen und daraus Schlußfolgerungen für die künftige Produktionsentwicklung zu ziehen.

c) *Preiserwartungen der Unternehmer in Industrie und Handel*

Während die Unternehmer in ihren Produktionsentscheidungen eine relativ große Flexibilität zeigen und häufig nicht in der Lage sind, die Produktionsentwicklung in den nächsten 3 Monaten treffsicher zu prognostizieren, ist in der Preispolitik eine andere Verhaltensweise festzustellen. Da jede Preisänderung in der Regel mit Auswirkungen auf die Nachfrage- und die Konkurrenzsituation verbunden ist und damit den „Lebensnerv“ des Unternehmens berührt, dürfte dem Einsatz dieses absatzpolitischen Instruments ein echter Entscheidungsprozeß vorausgehen. Hierauf deutet eine Untersuchung aus dem Jahre 1961 hin, in der u. a. nachgewiesen wurde, daß Nachfrageüberraschungen eher eine Produktionsplan- als eine Preisplanrevision hervorrufen[9]. „Eine Preiserhöhung wird zweckmäßigerweise nur durchgeführt, wenn sie den Kunden gegenüber einleuchtend begründet werden kann, wie dies nur bei Kostenerhöhungen möglich ist. Außerdem ist nur in diesem Fall die Gewähr dafür gegeben, daß auch die Konkurrenten ihre Preise erhöhen, während sie dies ohne Zwang von der Kostenseite nicht ohne weiteres tun würden. Umgekehrt aber würden die Konkurrenten bei Preissenkungen mitziehen, weshalb dann der Absatz je Betrieb nicht ausgeweitet werden kann. Diese Ergebnisse deuten

[9] O. Hatzold und H. Helmschrott, Analyse Unternehmerischer Verhaltensweisen (Untersuchungen anhand von Konjunkturtestdaten), Schriftenreihe des Ifo-Instituts für Wirtschaftsforschung, Nr. 44, Berlin 1961, S. 74 ff.

auf das Bestehen einer geknickten Nachfragekurve (kinky demand curve), insbesondere im Maschinenbau, hin[10]."

Da es sich demnach bei der Neufestsetzung von Verkaufspreisen weitgehend um rationales Verhalten (in dem weiter oben definierten Sinn) handelt, dürften finale Äußerungen der Unternehmer zu diesem Themenkreis treffsicherer sein als etwa die kurzfristigen Produktionspläne. Diese Vermutungen werden durch empirische Untersuchungen bestätigt.

Für den industriellen Bereich wurde in einer weiter zurückliegenden CIRET-Studie der Prognosewert von kurzfristigen Preiserwartungen ausführlich nachgewiesen[11]. Zum damaligen Zeitpunkt wurde noch getrennt nach Preiserwartungen im nächsten Monat und in den nächsten 6 Monaten gefragt. Es zeigte sich insbesondere, daß die 1-Monats-Preiserwartungen die tatsächliche Preisentwicklung im nächsten Monat gut antizipierten. Aber auch die längerfristigeren Preiserwartungen waren in bezug auf die Treffsicherheit noch durchaus zufriedenstellend. Um den prognostischen Gehalt der Preiserwartungen zu demonstrieren, wurden Korrelationsanalysen vorgenommen, denen folgende beide Annahmen zugrunde lagen:

α) Die Preiserwartungen stellen lediglich eine Projektion der augenblicklichen Entwicklung in die Zukunft dar. Zu diesem Zweck wurden die Preiserwartungen mit den Werten des amtlichen Preisindex im Berichtsmonat korreliert.

β) Die Preiserwartungen bringen eine echte prognostische Information. Zu diesem Zweck wurden die Antizipationen mit dem Wert des amtlichen Preisindex im Folgemonat bzw. im Durchschnitt der folgenden 6 Monate korreliert.

Ein Vergleich der Testergebnisse ließ es gerechtfertigt erscheinen, die Hypothese α) zu verwerfen. Den Preiserwartungen ist damit ein echter prognostischer Wert zuzusprechen.

Zu demselben Ergebnis kam auch eine neuere Untersuchung, die für die beiden Handelsbereiche (Groß- und Einzelhandel) durchgeführt wurde[12]. Es wurden dort die Preispläne mit einem Erwartungs-

---

[10] O. Hatzold und H. Helmschrott, Analyse unternehmerischer Verhaltensweisen ..., S. 9.

[11] S. Rödig, Zur Erfassung der tatsächlichen und der künftigen Preisentwicklung im Konjunkturtest, CIRET-Studien Nr. 2, München 1964.
Vgl. auch A. Knöbl, Price Expectations and Actual Price Behavior, Veröffentlichung des International Monetary Fund, DM/73/54, Washington 1973.

[12] G. Nerb, Zur Aussagefähigkeit der Konjunkturtest-Reihen im Handel, Internes Merkblatt des Ifo-Instituts, IX/1/71, München 1971, S. 19 ff.

horizont von 3 Monaten einer Treffsicherheitsanalyse unterzogen. Da a priori nicht bekannt ist, ob die Unternehmer tatsächlich die Erwartungen für die nächsten 3 Monate melden, oder ob der Erwartungszeitraum nur einen oder zwei Monate beträgt, wurden verschiedene Prüfverfahren angewendet: Im Einzelhandel wurde dem KT-Erwartungssaldo die tatsächliche Preisveränderung laut Statistik im Durchschnitt der nächsten drei Monate gegenübergestellt. Die beispielsweise im Januar abgegebene Preiserwartung wurde also mit der durchschnittlichen Preisveränderung in den Monaten Februar, März und April verglichen.

Berechnung der durchschnittlichen Veränderungsrate laut Statistik (Beispiel)

$$\frac{\dfrac{(\text{Preisindex Februar} + \text{Preisindex März} + \text{Preisindex April})}{(3)} - \text{Preisindex Januar}}{\text{Preisindex Januar}}$$

Im Großhandel wurde versuchsweise anders vorgegangen: Die Preiserwartungen wurden alternativ korreliert mit den um einen Monat, zwei und drei Monate verzögerten Preisveränderungsraten laut amtlicher Statistik. Wie sich zeigte (vgl. Tabelle 25) ist in beiden Handelsbereichen der Zusammenhang zwischen Verkaufspreiserwartungen und tatsächlicher Preisveränderung derart eng, daß eine Quantifizierung der Tendenzmeldungen vertretbar erscheint; zumindest ist jedoch anhand der Testreihen die Richtung und das Tempo der voraussichtlichen Entwicklung gut abzulesen. Ebenso wie die Konjunkturtest-Ex-post-Preismeldungen weisen auch die Preiserwartungen einen wesentlich ruhigeren Verlauf auf als die monatlichen Veränderungsraten des Preisindex der amtlichen Statistik. Die Firmen scheinen also auch in ihren Preiserwartungen einen Großteil der saisonal bedingten bzw. durch Sonderaktionen verursachten Preisschwankungen auszuklammern. Bedingt durch die größere Saisonabhängigkeit des Einzelhandels sind die Diskrepanzen zwischen prognostizierten und tatsächlichen Preisveränderungen im Einzelhandel ausgeprägter als im Großhandel.

Nach den regressionsanalytischen Ergebnissen sowie den graphischen Vergleichen ist die Übereinstimmung zwischen den Erwartungen und den Ex-post-Werten der prozentualen Veränderung der Großhandelspreise bei Zugrundelegen eines Prognosezeitraum von einem Monat am besten. Bei einem Prognosezeitraum von 2 bzw. 3 Monaten nimmt der Unschärfebereich (mittlere quadratische Abweichung der Regressionsreste) geringfügig zu; wie jedoch ein Vergleich der Abbildung 22 zeigt, ist die Verschlechterung der Prognosen bei einer Erweiterung des Prognosezeitraumes nur geringfügig.

Tabelle 25: **Erwartete und tatsächliche Veränderung der Verkaufspreise in den nächsten 3 Monaten**

Bereich	Beobachtungszeitraum	Regressionskoeffizienten $Y = a_0 + a_1 X + a_2 X_2 + a_3 X^3 + e$				Fehlermarge		Ergebnisse der Einfachregression: Korrelationskoeffizient	Varianz
		a_0	a_1	a_2	a_3	se^2	se	R	se^2
Einzelhandel insgesamt	1963 - 1969 (84 Monate)	– 0,07431	+ 0,02479	– 0,00016	—	0,14	± 0,4	0,88	0,15
Großhandel insgesamt	1963 - 1969 (84 Monate)								
	Prognosezeitraum 1 Monat	– 0,15666	+ 0,00524	+ 0,00048	—	0,40	± 0,64	0,83	0,41
	Prognosezeitraum 2 Monate	– 0,27505	+ 0,00450	+ 0,00173	– 0,00003	0,40	± 0,64	0,85	0,41
	Prognosezeitraum 3 Monate	– 0,21176	+ 0,00385	– 0,00002	—	0,41	± 0,64	0,80	0,42

Erläuterungen: Einzelhandel: Y = durchschnittliche prozentuale Preiserhöhung in den Monaten $t + 1$, $t + 2$ und $t + 3$, die auf den Berichtsmonat t folgen

Großhandel: Y = prozentuale Preiserhöhung im Monat $t + 1$ bzw. $t + 2$ bzw. $t + 3$ gegenüber dem Berichtsmonat t

X = Testsaldo aus den Firmenmeldungen über eine erwartete Erhöhung und Senkung der Verkaufspreise in den nächsten 3 Monaten

e = Regressionsrest

se^2 = Varianz der Regressionsreste; erwartungstreu (Sum of Squares ./. degrees of freedom)

se = Standardabweichung

R = Bravais-Pearsonscher Korrelationskoeffizient

Abb. 22: **Treffsicherheit von Preiserwartungen für die nächsten 3 Monate**

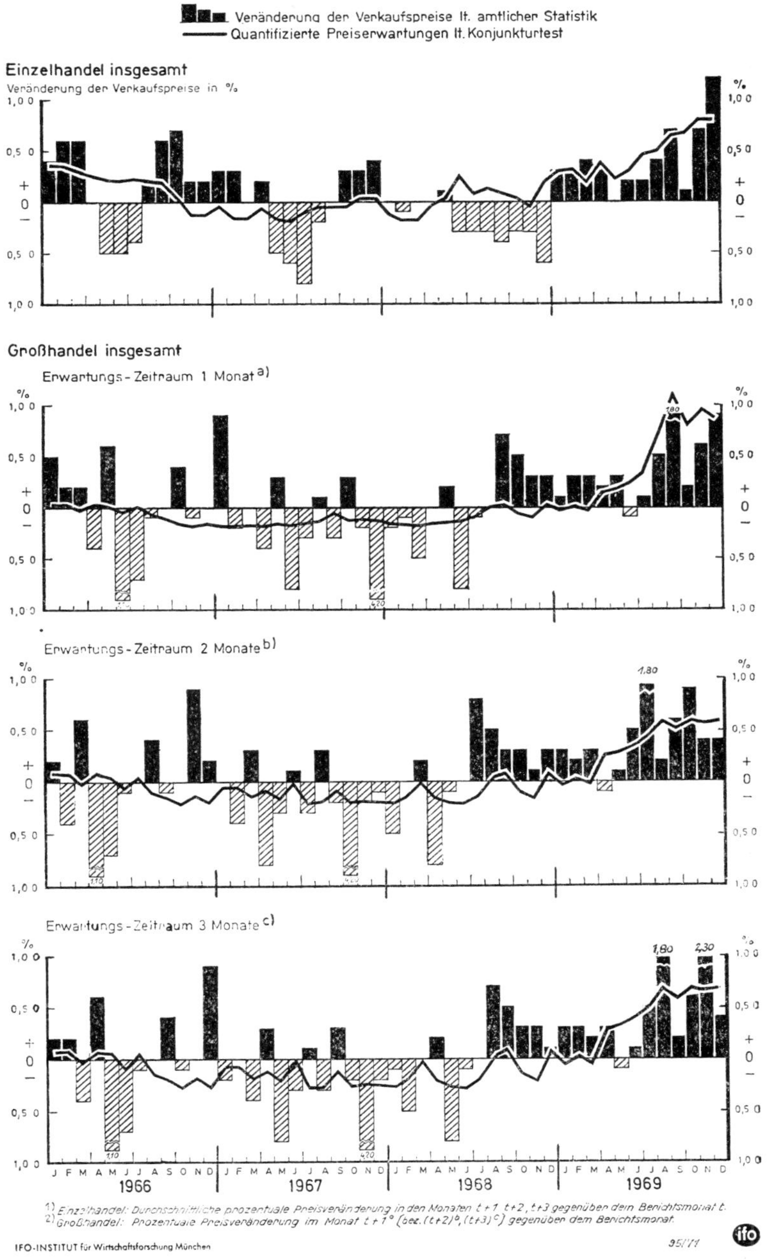

d) Beschäftigtenerwartungen der Industrieunternehmen

Seit 1963 wird regelmäßig — in den Jahren 1963 bis 1970 jeweils Ende Mai und Ende Oktober, seit 1971 jeweils Ende Januar, Ende Mai und Ende September — den am Konjunkturtest Industrie mitarbeitenden Unternehmen folgende Frage gestellt:

Beschäftigte:

Die Zahl der mit der Herstellung von XY beschäftigten Arbeitnehmer wird im Laufe der nächsten 3 - 4 Monate in konjunktureller Hinsicht — also unter Ausschaltung rein saisonaler Schwankungen —

zunehmen ☐
etwa gleichbleiben ☐
abnehmen ☐

Eine finale Frage zum Thema Personalplanung erscheint a priori sinnvoll, da bei einer Mehrzahl der Unternehmen ein „echter“ Entscheidungsprozeß stattfinden dürfte, bevor eine Änderung des Belegschaftsstandes eingeleitet wird. Die weiter unten dargestellten Ergebnisse bestätigen diese Vermutung[13].

Die Ergebnisse der Befragung werden getrennt nach Fachzweigen ausgewiesen. Die Testreihen haben mittlerweile eine Länge erreicht, die es vertretbar erscheinen läßt, die konjunkturprognostische Bedeutung dieser Variablen zu untersuchen. Da die Repräsentation im Grundstoff- und Produktionsgüterbereich in den Jahren 1963 bis 1970 noch zu gering war, beschränke ich mich in der vorliegenden Studie auf die Verarbeitende Industrie insgesamt sowie die beiden Hauptgruppen Investitionsgüter- und Verbrauchsgüterindustrie.

Die oben zitierte Fragestellung läßt keinen eindeutigen Schluß zu, welche Werte der amtlichen Statistik den Konjunkturtest-Ergebnissen gegenübergestellt werden sollen. Vergleichsschwierigkeiten resultieren insbesondere daraus, daß a priori nicht bekannt ist, wieviele Monate der Zeitraum für die Personalplanung bei den einzelnen Unternehmen umfaßt und inwieweit sich die Unternehmer daran halten, in ihren Planangaben rein saisonale Schwankungen in der Zahl der Beschäftigten auszuschalten. Zur Überprüfung des Aussagewertes der unternehmerischen Ex-ante-Meldungen wurden deshalb verschiedene Zeitreihenvergleiche zwischen Konjunkturtest-Ergebnissen und Ex-post-Daten der numerischen Statistik vorgenommen.

---

[13] Vgl. hierzu auch: G. Nerb, W. Gerstenberger, S. Schittenhelm, Unternehmerische Urteile und Antizipation über den Bedarf an Arbeitskräften, Gutachten erstellt im Auftrag der Bundesanstalt für Arbeit, München 1969.

Vergleich A:

Testsaldo[14] im Vergleich zur Vier-Monats-Veränderungsrate der Beschäftigtenzahl

Der Saldo[14] aus den beispielsweise Ende Mai geäußerten positiven und negativen Erwartungen wird mit der prozentualen Veränderung der Beschäftigtenzahl im September gegenüber Mai korreliert.

Diesem Vorgehen liegt folgende Hypothese über die unternehmerischen Meldegepflogenheiten zugrunde:

Die Unternehmer vergleichen die voraussichtliche Zahl ihrer Beschäftigten am Ende des viermonatigen Prognosezeitraums mit dem augenblicklichen Belegschaftsstand; eine Saisonbereinigung der Planangaben erfolgt nicht.

Vergleich B:

Testsaldo im Vergleich zur Drei-Monats-Veränderungsrate der Beschäftigtenzahl

Der Saldo der z. B. jeweils Ende Mai geäußerten positiven und negativen Erwartungen wird mit der Veränderungsrate der Beschäftigten im Zeitraum Ende Mai / Ende August verglichen.

Diesem Vergleich liegen dieselben Hypothesen über die unternehmerischen Meldegepflogenheiten zugrunde wie im Vergleich A — mit der Ausnahme, daß der Planungszeitraum 3 und nicht 4 Monate umfaßt.

Vergleich C:

Testsaldo und prozentuale Veränderung der Beschäftigtenzahl in den nächsten 4 Monaten

Es handelt sich hierbei um eine Variation des Vergleichs A. Im Unterschied zu A wird folgende statistische Vergleichsgröße herangezogen:

Prozentuale Veränderung der Beschäftigtenzahl im Durchschnitt der nächsten 4 Monate gegenüber dem Beschäftigtenstand im Berichtsmonat. Es wird also unterstellt, daß sich die Unternehmer bei ihren Ex-ante-Angaben weniger an der voraussichtlichen Zahl der Beschäftigten *am Ende* des Planungszeitraums als an der Belegschaftsentwicklung *im Durchschnitt* der nächsten 4 Monate orientieren.

Vergleich D:

Testsaldo und Zwölf-Monats-Veränderungsrate (zeitpunktbezogen)

Die z. B. Ende Mai 1968 geäußerten Erwartungen werden mit der Veränderungsrate der Beschäftigten im Zeitraum Juni/September 1968 gegenüber Juni/September 1967 verglichen. Es wird hierbei unterstellt, daß der Planungszeitraum 4 Monate umfaßt.

---

14 Unter einem Testsaldo wird die Differenz zwischen den prozentualen Anteilen der Firmenmeldungen über eine voraussichtliche Zunahme und Abnahme der Beschäftigtenzahl verstanden.

Begründung für diesen Vergleich:

Die Unternehmer werden ausdrücklich gebeten (vgl. Fragestellung im Konjunkturtest), in ihren Planangaben rein saisonale Schwankungen in der Beschäftigtenzahl auszuschalten. Es ist wohl anzunehmen, daß die Unternehmer vielfach überfordert sind, wenn von ihnen verlangt wird, die saisonale und die konjunkturelle Komponente voneinander zu trennen. Anstelle komplizierter Saisonbereinigungsverfahren wird in der Unternehmenspraxis meist ein Vorjahresvergleich verwendet, um Saisoneinflüsse auszuschalten. In unserem Fall würde dies bedeuten, daß die Unternehmer den voraussichtlichen Stand der Belegschaft am Ende des viermonatigen Planungszeitraums dem entsprechenden Vorjahresstand gegenüberstellen und und aufgrund dieses Vergleichs ihre Ex-ante-Meldung abgeben.

Vergleich E:

Testsaldo und Vorjahresveränderungsrate (zeitraumbezogen)

Wie im Vergleich D wird unterstellt, daß die Bezugsbasis für die unternehmerischen Beschäftigtenerwartungen ein vergleichbarer *Vorjahreswert* ist. Im Unterschied zu D wird aber nicht die Beschäftigtenzahl am Ende, sondern im Durchschnitt der Planperiode mit dem entsprechenden Vorjahreswert verglichen. Bei Annahme eines 4monatigen Planungszeitraums wird beispielsweise der Testsaldo vom Mai folgender Veränderungsrate gegenübergestellt:

Beschäftigte im Durchschnitt der Monate Juni bis einschließlich September des Jahres t gegenüber Beschäftigten im Durchschnitt der Monate Juni bis einschließlich September des Jahres $t - 1$.

Ergebnisse der Regressionsuntersuchungen

Wie ein Blick auf Tabelle 26 zeigt, wurden für sämtliche Vergleichstypen Korrelationskoeffizienten von mindestens 90 % erzielt. Der Korrelationskoeffizient allein ist allerdings kein ausreichendes Kriterium für die Güte einer Regressionsschätzung. Es kommt zusätzlich darauf an, wie stark die errechneten Werte der Zielgröße von den tatsächlichen abweichen. Ein Maß hierfür ist die mittlere quadratische Abweichung der Regressionsreste (s_e). Noch wichtiger als die absoluten Werte von s_e sind häufig die Quotienten $s_e/\bar{Y}$. Dieses Verhältnis gibt den durchschnittlichen Prognosefehler in Prozent der Zielgröße an. Da in sämtlichen Regressionsgleichungen dieser Studie die Zielgröße jeweils ein Prozentsatz ist, sind die Quotienten $s_e/\bar{Y}$ Prozente von Prozenten. Dieser Sachverhalt soll an einem Beispiel verdeutlicht werden:

Die durchschnittliche Veränderung der Beschäftigtenzahl ($\bar{Y}$) betrage im Untersuchungszeitraum 5 Prozent. Die mittlere quadratische Abweichung der Regressionsreste (s_e), d. h. der durchschnittliche Prognosefehler, sei ± 1 Prozent. Setzt man diesen absoluten Prognosefehler in Beziehung zu $\bar{Y}$, so ergibt sich für das Fehlermaß $s_e/\bar{Y}$ der Wert 20

Tabelle 26: **Quantifizierung von Beschäftigtenerwartungen in der Industrie**
Ergebnisse der Regressionsuntersuchungen[a)]

Bereich	Untersuchungsvariante	Regressionskoeffizienten[b)]				Korrelations-Koeffizient	Mittlere quadratische Abweichung der Regressionsreste	$s_{e/\bar{y}}$
		a_0	a_1	a_2	a_3	R	s_e	
Verarbeitende Industrie insgesamt	A	– 0,566444	(– 0,022217)	+ 0,003754	+ 0,000276	0,982	0,40	– 1,32
	B	– 0,592453	(– 0,014280)	+ 0,002617	+ 0,000198	0,974	0,36	– 0,85
	C	– 0,503211	(– 0,005848)	+ 0,002028	+ 0,000147	0,976	0,27	– 0,77
	D	– 1,645800	+ 0,336830	+ 0,000111	– 0,000208	0,970	1,00	– 1,80
	E	– 1,878130	+ 0,406001	– 0,001671	– 0,000400	0,954	1,23	– 1,80
Investitionsgüter-Industrie	A	– 0,287552	(– 0,032772)	+ 0,002059	+ 0,000193	0,983	0,39	+ 4,76
	B	– 0,276023	(– 0,015856)	+ 0,001294	+ 0,000127	0,990	0,21	– 8,24
	C	– 0,308468	(– 0,009981)	+ 0,001116	+ 0,000099	0,988	0,18	– 2,59
	D	– 2,043970	+ 0,307607	+ 0,001640	– 0,000140	0,976	0,98	– 9,11
	E	– 2,280950	+ 0,368749	+ 0,000733	– 0,000271	0,952	1,34	– 4,87
Verbrauchsgüter-Industrie	A	– 0,603934	(+ 0,000310)	+ 0,006926	+ 0,000504	0,962	0,49	– 1,11
	B	– 0,668110	(+ 0,015614)	+ 0,004636	+ 0,000313	0,974	0,29	– 0,53
	C	– 0,551818	(+ 0,020018)	+ 0,003368	+ 0,000228	0,961	0,29	– 0,63
	D	– 1,010300	+ 0,431645	– 0,004807	– 0,000629	0,980	0,75	– 0,74
	E	– 1,236670	+ 0,529009	– 0,008934	– 0,001100	0,951	1,16	– 1,00

a) Regressionsansatz: $Y = a_0 + a_1 X + a_2 X^2 + a_3 X^3 + e$ $\quad X$ = Ex-ante-Testsaldo
Y = Veränderung der Beschäftigtenzahl in % $\quad e$ = Regressionsrest
Untersuchungszeitraum 1963 - 1969. $\quad a_0, a_1, a_2, a_3$ = Regressionskoeffizienten

b) Mit Ausnahme der eingeklammerten Werte sind sämtliche Regressionskoeffizienten statistisch signifikant, d. h. die Nullhypothese: „Der wahre Parameter ist gleich 0" konnte mit einer Irrtumswahrscheinlichkeit von höchstens 5 % verworfen werden.

Quelle: Eigene Berechnungen im Rahmen einer Studie für die Bundesanstalt für Arbeit (Unternehmerische Urteile und Antizipationen über den Bedarf an Arbeitskräften) München, 1969, S. 21.

Prozent. — Diese methodische Erläuterung erschien notwendig, um die in Tabelle 26 ausgewiesenen Werte $s_e/\bar{Y}$ richtig zu würdigen.

Legt man die beschriebenen drei Beurteilungskriterien (R^2, s_e und $s_e/\bar{Y}$) zugrunde, so ist die Übereinstimmung zwischen den unternehmerischen Antizipationen und den Ex-post-Werten beim Vergleichstyp C am besten[15]. Der größte Teil der Unternehmer dürfte demnach bei den Ex-ante-Meldungen die *durchschnittliche* Entwicklung der Beschäftigtenzahl während der nächsten vier Monate im Auge haben und als Bezugsbasis für die Ex-ante-Meldung den gegenwärtigen Stand der Belegschaft wählen. In den Vergleichen A und B ergab sich ebenfalls eine gute Übereinstimmung zwischen Ex-post- und Ex-ante-Werten. Wie zu erwarten, war der Unschärfebereich (mittlere quadratische Abweichung der Regressionsreste) in allen Industriebereichen bei einem Prognosezeitraum von vier Monaten etwas größer als bei einer Planungsperiode von drei Monaten.

Die in den Vergleichen D und E zugrundeliegenden Hypothesen dürften nach den Regressionsergebnissen nur für einen kleinen Teil der Unternehmen — und zwar vorwiegend in der Verbrauchsgüterindustrie — zutreffen.

Für ein abschließendes Urteil darüber, welche Schätzfunktion für eine Prognose der Zahl der Arbeitskräfte am besten geeignet ist, genügt es nicht, lediglich die Kriterien R^2, s_e und $s_e/\bar{Y}$ heranzuziehen. Es ist denkbar, daß trotz eines sehr guten Regressionsergebnisses die Wendepunkte der prognostizierten und der tatsächlichen Entwicklung der Zielgröße nicht übereinstimmen. Das frühzeitige Erkennen von Wendepunkten ist aber gerade das Hauptziel von Konjunkturprognosen. Aus diesem Grunde ist es notwendig, zusätzlich zu der regressionsanalytischen Überprüfung der Ergebnisse, die Reihen der Ex-post- und der Ex-ante-Werte graphisch gegenüberzustellen.

Graphischer Vergleich von Veränderungen in der Zahl der Beschäftigten — ex post und ex ante —

Wie interne Untersuchungen ergaben, unterscheiden sich die Kurvenverläufe der Ex-ante- und der Ex-post-Werte in den Vergleichstypen A, B und C nur geringfügig voneinander. Ich beschränke mich deshalb darauf, lediglich die Ergebnisse der Untersuchungsvariante C graphisch darzustellen. In Abbildung 23 sind die Reihen der — noch nicht

[15] Diese Aussage gilt uneingeschränkt für die Verarbeitende Industrie insgesamt und für die Investitionsgüterindustrie. In der Verbrauchsgüterindustrie sind die beim Vergleich B (Drei-Monats-Planungszeitraum) erzielten Regressionsergebnisse noch etwas besser als beim Vergleich C.

Abb. 23: **Beschäftigten-Erwartungen**

Vergleich von Ex-ante-Salden laut Konjunkturtest mit Veränderungsraten der Beschäftigtenzahl im Durchschnitt der nächsten 4 Monate laut amtlicher Statistik[1])

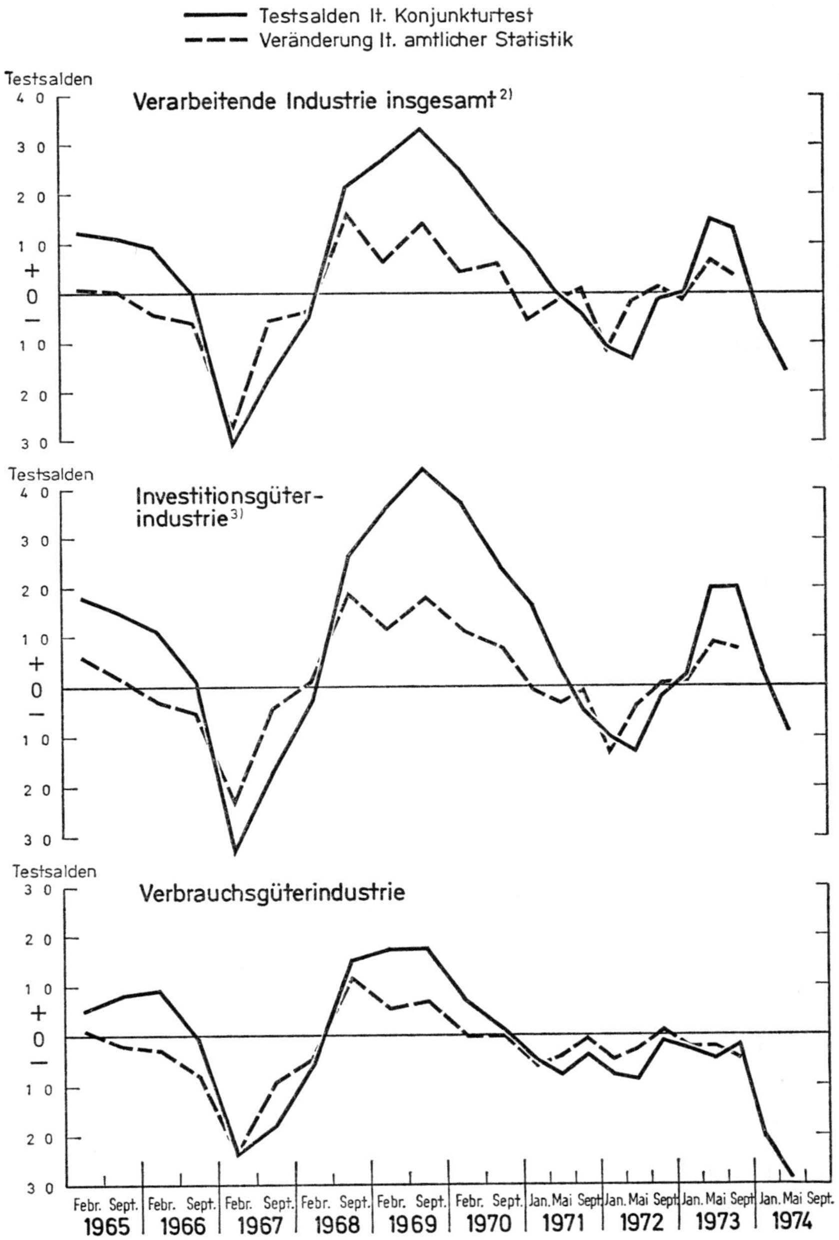

1) *Der Testsaldo vom Monat t (z. B. Mai) wird dem Monat t + 4 (z. B. September) zugeordnet.*
2) *Ohne eisenschaffende Industrie, Gießereien, NE-Metalle, Chemie, Mineralöl, Luftfahrzeugbau sowie Nahrungs- und Genußmittel.*
3) *Ohne Luftfahrzeugbau.*
Quelle: Statistisches Bundesamt und Ifo-Konjunkturtest.

IFO-INSTITUT für Wirtschaftsforschung München 64/74

quantifizierten — Konjunkturtestsalden und der vergleichbaren Veränderungsraten in der Zahl der Beschäftigten gegenübergestellt. Es zeigt sich, daß die Ex-post- und die Ex-ante-Kurven im Hinblick auf die Wendepunkte sehr gut übereinstimmen. Dies gilt sowohl für die Verarbeitende Industrie insgesamt als auch für die beiden Hauptgruppen Investitions- und Verbrauchsgüterindustrie. Auch die Phasen der Beschleunigung und Abschwächung in der Zahl der Beschäftigten werden in den aggregierten Erwartungen der Unternehmer fast immer richtig vorweggenommen. Die Übereinstimmung der Kurven wäre voraussichtlich noch besser, wenn sich die Ex-post-Veränderungsraten nicht auf Ursprungswerte, sondern auf saisonbereinigte Zahlen der Beschäftigten beziehen würden (leider liegen bisher noch keine saisonbereinigten Monatswerte der Zahl der Arbeitskräfte vor). Hierauf deutet der im Vergleich zu den statistischen Reihen wesentlich ruhigere Verlauf der Saldenreihen des Konjunkturtests hin. Die Unternehmer scheinen somit in ihren Erwartungen — gemäß der Fragestellung — rein saisonale Veränderungen in der Zahl der Beschäftigten weitgehend auszuklammern. Nach welchen Grundsätzen sie bei der Saisonbereinigung vorgehen, entzieht sich allerdings meiner Kenntnis. Die Hypothese, daß sich die Unternehmer an einem Vorjahresvergleich orientieren, läßt sich nach den weiter oben beschriebenen Regressionsergebnissen nicht aufrecht erhalten; auch ein intern vorgenommener graphischer Vergleich zwischen Konjunkturtestsalden und Ex-post-Veränderungen in der Zahl der Beschäftigten spricht gegen die in den Untersuchungsvarianten D und E postulierten unternehmerischen Meldegepflogenheiten.

Beschäftigtenerwartungen und Arbeitsmarktlage

Nach dem Wortlaut der Fragestellung sollen die Unternehmer nicht ihren Bedarf an Arbeitskräften, sondern die voraussichtliche Veränderung ihrer Belegschaft melden. Es ist jedoch anzunehmen, daß die Unternehmer in ihren Angaben die voraussichtliche Angebotssituation auf dem Arbeitsmarkt nur wenig berücksichtigen. Diese Annahme dürfte schon deshalb zutreffen, weil die künftige Entwicklung auf dem Arbeitsmarkt für den einzelnen Unternehmer kaum voraussehbar ist. Die Ex-ante-Angaben der Unternehmer können deshalb als einzelwirtschaftliche Nachfragemeldungen angesehen werden. Für diese Interpretation der Ex-ante-Meldungen spricht auch die Tatsache, daß in Zeiten angespannter Arbeitsmarktlage (z. B. in den Jahren 1965 und 1969) die Reihe der Testsalden systematisch über der Reihe der Ex-post-Veränderungsraten liegt. In den Zeiten, in denen der Nachfrage nach Arbeitskräften ein ausreichendes Angebot gegenübersteht (z. B. 1967 und 1968) stimmen die Kurven der Ex-ante-Salden und der Ex-post-Veränderungsraten weitgehend überein (vgl. Abbildung 23, S. 161). Die Fläche zwischen den beiden Kurven kann somit als ein Indikator für die Stärke der Spannungen auf dem Arbeitsmarkt angesehen werden. Dies gilt allerdings nur für eine retrospektive Betrachtung, weil die Zahlen der amtlichen Statistik zu spät vorliegen.

Aus diesen Überlegungen heraus erschien es zweckmäßig, die Prognose der Veränderung in der Zahl der Industriebeschäftigten nicht ausschließlich aufgrund der einschlägigen Unternehmererwartungen vorzunehmen, sondern zusätzlich eine Korrekturgröße für die Angebotsseite des Arbeitsmarktes heranzuziehen. Hierfür schienen aufgrund einer eingehenden Untersuchung die Meldeanteile zur Konjunkturtest-Frage:

„Wird Ihre Produktionstätigkeit zur Zeit durch Arbeitskräftemangel behindert?"

recht gut geeignet. Es ließ sich nämlich zeigen, daß diese Testreihe ein guter Indikator für die Anspannung am Arbeitsmarkt ist[16].

Von verschiedenen Regressionsansätzen, die getestet wurden, erwies sich die folgende Variante aufgrund statistisch-methodischer Gesichtspunkte (Signifikanz der Regressionsparameter, Korrelations- und Autokorrelationsmaße) sowie theoretischer Überlegungen (Interpretierbarkeit der Parameterschätzwerte) als überlegen:

$$Y_{(t+4)/t} = a_0 + a_1 X_t + a_2 X_t^3 + a_3 Z_t + a_4 Z_t^2 + e$$

Hierbei sind:

a_0, a_1, a_2, a_3, a_4	=	Parameterschätzwerte
$Y_{(t+4)/t}$	=	Veränderung der Beschäftigtenzahl im Durchschnitt der 4 auf t folgenden Monate
X	=	Saldo der unternehmerischen Beschäftigtenerwartungen
Z	=	Anteil der Firmenmeldungen über eine Behinderung der Produktionstätigkeit durch Arbeitskräftemangel
e	=	Regressionsreste.

Erläuterungen zu dem Regressionsansatz: Die Wertepaare „erwartete Änderung der Beschäftigtenzahl (nach Konjunkturtest)" und „tatsächliche Veränderungsrate (lt. amtlicher Statistik)" deuten auf nichtlineare Zusammenhänge der Ex-ante- und Ex-post-Werte hin. Nach den Streudiagrammen zu schließen, dürften die Beziehungen zwischen antizipierten und tatsächlichen Werten einem Funktionstyp höheren Grades entsprechen. Als Erklärung hierfür bietet sich an: Der Konjunkturtest ist bei kleinen quantitativen Veränderungen ein sehr

[16] G. Nerb u. a., Unternehmerische Urteile ..., S. 37 ff.

empfindliches Konjunkturbarometer. Selbst geringe Änderungen ökonomischer Variablen zeichnen sich in den Konjunkturtest-Ergebnissen deutlich ab. Je größer jedoch die quantitativen Veränderungen werden, um so geringer fällt die relative Zunahme der entsprechenden Meldeanteile aus. Es wurde deshalb als Regressionsansatz ein Funktionstyp dritten Grades gewählt.

Abgesehen von der Korrekturgröße Z unterscheidet sich diese Schätzfunktion von dem auf S. 159 vorgeführten Regressionsansatz noch dadurch, daß auf die zweite Potenz des Erwartungs-Testsaldos (X^2) als Regressor verzichtet wurde. Durch das Quadrieren wird nämlich der Wert dieser Einflußgröße immer positiv, gleichgültig ob eine Zunahme oder eine Abnahme der Beschäftigtenzahl erwartet wird. Wohl aus diesem Grunde änderten sich hier bei gleitenden Regressionen die Vorzeichen der Parameterschätzwerte wesentlich häufiger als bei dem verbesserten Ansatz. Der Verzicht auf das quadratische Glied (X^2) brachte außerdem den Vorteil mit sich, daß ein Freiheitsgrad weniger verlorenging.

Um diesen neuen Regressionsansatz zu testen, wurden umfangreiche Berechnungen vorgenommen. Die Untersuchung konzentrierte sich insbesondere auf zwei Punkte:

α) Ist die Schätzfunktion

$$Y = a_0 + a_1X + a_2X^3 + a_3Z + a_4Z^2 + e \tag{1}$$

(Erläuterungen siehe Seite 163)

auch dann angebracht, wenn der Saldo der Beschäftigtenerwartungen (X) negativ ist? Oder sollte man in solchen Fällen den Ansatz

$$Y = a_0 + a_1X + a_2X^3 \tag{2}$$

verwenden, also auf die Korrekturgröße für die Angebotsseite des Arbeitsmarktes (Z) explizit verzichten? Wenn nämlich mit einem Rückgang der Beschäftigtenzahl gerechnet wird, entfällt die Notwendigkeit einer derartigen Korrekturgröße. A priori wäre zu erwarten, daß sich dies gemäß der Schätzfunktion (1) von selbst ergibt, indem der Regressor Z (Meldeanteil über eine Behinderung der Produktionstätigkeit durch Arbeitskräftemangel) den Wert Null — oder zumindest einen Wert nahe Null — annimmt. Wie jedoch die Erfahrungen gelehrt haben, ist dies erst dann der Fall, wenn die konjunkturelle Entwicklung bereits stark rezessive Züge zeigt. Im September 1966 betrug beispielsweise der Meldeanteil „Behinderung der Produktionstätigkeit durch Arbeitskräftemangel" noch 10 %. Erst im Mai 1967 ging er auf 1 % zurück. Es ist daher zu vermuten, daß in Zeiten einer nicht oder nur wenig angespannten Arbeitsmarktlage die tatsächliche Beschäftigtenentwicklung aufgrund des negativen Gewichts der Korrekturgröße Z unterschätzt wird.

Zu diesem Zweck wurde mittels einer gleitenden Regression für verschiedene Zeiträume alternativ mit beiden Ansatztypen — (1) und (2) — gearbeitet. Während in die erste Version (1) ständig die tatsächlichen Werte der Korrekturgröße eingingen, wurde in der zweiten Variante Z immer dann gleich Null gesetzt, wenn $X \leq 0$, d. h. wenn per Saldo eine gleichbleibende oder rückläufige Zahl der Industriebeschäftigten erwartet wurde. Diese Version ist in den Tabellen 27 und 28 mit Z^* gekennzeichnet.

Bevor die dort zusammengestellten Ergebnisse interpretiert werden, sei noch kurz auf das hier verwendete Verfahren der gleitenden Regression eingegangen: Die Regressionsanalysen basierten zunächst auf 20, dann auf 19, 18 ... bis schließlich auf 12 Beobachtungen. Es wurde also sukzessiv jeweils die letzte Beobachtung weggelassen, bis schließlich nur noch 12 Wertetriples (Y, X, Z) übrigblieben. Eine weitere Fortsetzung der gleitenden Regression (11, 10 ... Beobachtungen) erschien nicht vertretbar, da sonst die Voraussetzungen für eine statistische Sicherung der Ergebnisse nicht mehr erfüllt sind.

Es zeigte sich (vgl. Tabelle 27 und 28), daß die bisherige Regressionsfunktion (1), also ständige Berücksichtigung der Testvariable Z, der neu getesteten Variante Z^* (2) (Z wurde gleich Null gesetzt, wenn der Saldo der Beschäftigtenerwartungen nicht positiv war) überlegen ist. Als Erklärung bietet sich an: In einer konjunkturellen Umbruchphase auf dem Arbeitsmarkt, d. h. bei einem Umschlagen der Beschäftigtenerwartungen von Plus in Minus, scheinen die partiellen Engpässe auf dem Arbeitsmarkt immer noch so groß zu sein, daß die Entwicklung der Beschäftigtenzahl von der Angebotsseite her negativ beeinflußt wird. Erst wenn Z annähernd gleich Null ist, dürfte allein die Nachfragekomponente für die Veränderung der Beschäftigtenzahl ausschlaggebend sein.

β) Sind die Regressionskoeffizienten im Zeitablauf annähernd konstant? Eine solche Stabilität ist von entscheidender Bedeutung für die Güte des Prognosansatzes. Zur Untersuchung dieser Frage lassen sich die Ergebnisse der weiter oben bechriebenen gleitenden Regression heranziehen. Aus Tabelle 27 geht hervor, daß die Koeffizienten der Schätzfunktion vom Typ

$$Y = a_0 + a_1X + a_2X^3 + a_3Z + a_4Z^2$$

im Zeitablauf nur geringe Schwankungen aufweisen. Allerdings sind die Beziehungen nicht so stabil, daß man vermuten dürfte, die Ex-ante-Prognosen seien so zuverlässig wie die Ex-post-Schätzungen. So wünschenswert auch stabile Koeffizienten sind, so sei doch darauf hingewiesen, daß in der vorliegenden kurzfristigen Prognosefunktion die Stabilitätsanforderungen nicht von so gravierender Bedeutung sind wie bei den notwendigerweise sehr komplexen Strukturmodellen. Bei relativ kleinen und damit „handlichen" Kurzfrist-Modellen genügt es, wenn die jeweils geschätzten Relationen für kurze Zeitabstände (etwa ½ Jahr) annähernd stabil sind, da das Gleichungssystem alle 4 Monate ohne großen Arbeits- und Rechenaufwand neu durchgerechnet werden kann.

Inwieweit die Quantifizierung der Beschäftigtenerwartungen getrennt nach Erhebungsmonaten (Januar, Mai und September) zu noch besseren Prognoseergebnissen führt, läßt sich im Augenblick noch nicht abschließend beurteilen, da die Zeitreihen noch sehr kurz sind.

Zeichenerklärung zu den Tabellen 27 und 28:

$Y_{(t+4)/t}$	=	Prozentuale Veränderung der Beschäftigtenzahl im Durchschnitt der 4 Prognosemonate (Variante C), die auf den Berichtsmonat t folgen
X_t	=	Testsaldo (Differenz der positiven und negativen Meldeanteile) der Beschäftigtenerwartungen im Berichtsmonat t
Z_t	=	Meldeanteil der Firmen, die eine Produktionsbehinderung durch Arbeitskräftemangel im Berichtsmonat t angaben
$\hat{a}_0, \hat{a}_1, \hat{a}_2, \hat{a}_3, \hat{a}_4$	=	Parameterschätzwerte (Regressionskoeffizienten)
e	=	Regressionsreste
R^2	=	Bestimmtheitsmaß
DW	=	Durbin-Watson-Statistik (Meßgröße für Autokorrelation)
F	=	F-Wert (Prüfgröße für Signifikanz des Korrelationskoeffizienten)
s_e^2	=	Varianz der Regressionsreste
Z_t^*	=	wie Z_t mit dem Unterschied, daß Z_t^* automatisch Null gesetzt wird, wenn $X \leq 0$.

Tabelle 27: **Quantifizierung von Beschäftigtenerwartungen**
(Ergebnisse der gleitenden Regression)

Regressionsansatz: $Y_{(t+4)/t} = a_0 + a_1 X_t + a_2 X_t^3 + a_3 Z_t + a_4 Z_t^2 + e_t$

Erhebungsmonat der ersten und letzten unternehmerischen Planangabe	Anzahl der Beobachtungswerte	Parameterschätzwerte					100 R^2	DW	F	$\hat{s}_e^2$
		$\hat{a}_0$	$\hat{a}_1$	$\hat{a}_2$	$\hat{a}_3$	$\hat{a}_4$				
a) Industrie insgesamt [1])										
Mai 1963 – Jan. 1972	20	0,571	0,0616**	–0,000001030	–0,0494*	0,000446	84,51**	3,129	20,45	0,166
		(0,314)	(0,0103)	(0,000000554)	(0,0238)	(0,000347)				
Mai 1963 – Sept. 1971	19	0,449	0,0632**	–0,000000893	–0,0444*	0,000387	86,02**	3,027	21,54	0,160
		(0,324)	(0,0102)	(0,000000556)	(0,0237)	(0,000344)				
Mai 1963 – Mai 1971	18	0,516	0,0605**	–0,000001060	–0,0442*	0,000372	86,41**	2,847	20,66	0,156
		(0,325)	(0,0103)	(0,000000567)	(0,0234)	(0,000340)				
Mai 1963 – Jan. 1971	17	0,494	0,0639**	–0,000000856	–0,0506*	0,000484	88,61**	3,350	23,34	0,142
		(0,310)	(0,0101)	(0,000000555)	(0,0227)	(0,000332)				
Mai 1963 – Sept. 1970	16	0,498	0,0658**	–0,000000748	–0,0558*	0,000573	89,24**	3,372	22,80	0,146
		(0,315)	(0,0105)	(0,000000579)	(0,0240)	(0,000355)				
Mai 1963 – Mai 1970	15	0,459	0,0640**	–0,000000825	–0,0493*	0,000477	89,66**	3,187	21,67	0,152
		(0,325)	(0,0109)	(0,000000600)	(0,0259)	(0,000383)				
Mai 1963 – Okt. 1969	14	0,499	0,0646**	–0,000000781	–0,0568*	0,000592	90,60**	3,242	21,68	0,149
		(0,324)	(0,0108)	(0,000000595)	(0,0266)	(0,000393)				
Mai 1963 – Mai 1969	13	0,544	0,0680**	–0,000000651	–0,0638*	0,000711	91,43**	3,449	21,33	0,149
		(0,328)	(0,0114)	(0,000000610)	(0,0275)	(0,000412)				
Mai 1963 – Okt. 1968	12	0,531	0,0664**	–0,000000710	–0,0620*	0,000686	89,52**	3,280	14,95	0,170
		(0,358)	(0,0152)	(0,000000729)	(0,0310)	(0,000461)				
b) Investitionsgüterindustrie [2])										
Mai 1963 – Jan. 1972	20	0,449	0,0578**	–0,000000399	–0,0445*	0,000411	89,26**	2,812	31,16	0,131
		(0,243)	(0,0074)	(0,000000367)	(0,0169)	(0,000232)				
Mai 1963 – Sept. 1971	19	0,418	0,0580**	–0,000000377	–0,0431*	0,000394	89,15**	2,412	28,77	0,140
		(0,274)	(0,0077)	(0,000000387)	(0,0181)	(0,000246)				
Mai 1963 – Mai 1971	18	0,629*	0,0555**	–0,000000582	–0,0494**	0,000457*	92,28**	2,451	38,87	0,094
		(0,237)	(0,0064)	(0,000000325)	(0,0150)	(0,000203)				
Mai 1963 – Jan. 1971	17	0,606*	0,0578**	–0,000000473	–0,0535**	0,000518*	93,77**	2,668	45,15	0,082
		(0,221)	(0,0061)	(0,000000310)	(0,0142)	(0,000193)				
Mai 1963 – Sept. 1970	16	0,605*	0,0577**	–0,000000481	–0,0528**	0,000509*	93,66**	2,641	40,64	0,089
		(0,231)	(0,0064)	(0,000000327)	(0,0154)	(0,000210)				
Mai 1963 – Mai 1970	15	0,586*	0,0570**	–0,000000501	–0,0501**	0,000478*	94,00**	2,649	39,16	0,092
		(0,236)	(0,0066)	(0,000000334)	(0,0160)	(0,000217)				
Mai 1963 – Okt. 1969	14	0,592*	0,0570**	–0,000000502	–0,0509*	0,000486	94,02**	2,463	35,35	0,100
		(0,247)	(0,0069)	(0,000000348)	(0,0168)	(0,000228)				
Mai 1963 – Mai 1969	13	0,644*	0,0596**	–0,000000420	–0,0592**	0,000620*	94,86**	2,738	36,88	0,092
		(0,240)	(0,0068)	(0,000000339)	(0,0172)	(0,000240)				
Mai 1963 – Okt. 1968	12	0,666*	0,0621**	–0,000000338	–0,0627*	0,000670*	93,77**	2,769	26,34	0,102
		(0,256)	(0,0090)	(0,000000396)	(0,0196)	(0,000273)				
c) Verbrauchsgüterindustrie										
Mai 1963 – Jan. 1972	20	0,628*	0,0707**	–0,000002290	–0,0480*	0,000478	87,54**	2,033	26,34	0,085
		(0,259)	(0,0106)	(0,000001130)	(0,0174)	(0,000236)				
Mai 1963 – Sept. 1971	19	0,587*	0,0724**	–0,000002050	–0,0472*	0,000474	88,32**	2,039	26,46	0,085
		(0,263)	(0,0108)	(0,000001160)	(0,0174)	(0,000237)				
Mai 1963 – Mai 1971	18	0,584*	0,0743**	–0,000001850	–0,0486*	0,000498	88,63**	1,898	25,33	0,089
		(0,269)	(0,0114)	(0,000001230)	(0,0179)	(0,000245)				
Mai 1963 – Jan. 1971	17	0,548*	0,0782**	–0,000001300	–0,0522**	0,000568*	92,07**	2,227	34,83	0,066
		(0,232)	(0,0100)	(0,000001080)	(0,0155)	(0,000213)				
Mai 1963 – Sept. 1970	16	0,506*	0,0815**	–0,000000871	–0,0532**	0,000593*	93,00**	2,315	36,55	0,064
		(0,230)	(0,0101)	(0,000001120)	(0,0152)	(0,000210)				
Mai 1963 – Mai 1970	15	0,529*	0,0863**	–0,000000393	–0,0591**	0,000682*	93,71**	2,379	37,25	0,062
		(0,229)	(0,0109)	(0,000001190)	(0,0160)	(0,000223)				
Mai 1963 – Okt. 1969	14	0,517*	0,0903**	–0,000000151	–0,0655**	0,000796*	95,45**	2,918	47,15	0,050
		(0,205)	(0,0100)	(0,000001100)	(0,0147)	(0,000208)				
Mai 1963 – Mai 1969	13	0,534*	0,0910**	–0,000000228	–0,0681**	0,000830*	95,74**	3,021	44,95	0,052
		(0,210)	(0,0102)	(0,000001130)	(0,0154)	(0,000217)				
Mai 1963 – Okt. 1968	12	0,536*	0,0914**	–0,000000254	–0,0681**	0,000829*	95,25**	2,925	35,06	0,059
		(0,225)	(0,0118)	(0,000001240)	(0,0164)	(0,000232)				

* Bei einer Irrtumswahrscheinlichkeit von 0,05 gesicherte Parameter

** Bei einer Irrtumswahrscheinlichkeit von 0,01 gesicherte Parameter

Die Klammern enthalten den Standardfehler der Parameterschätzwerte

[1]) Ohne Eisenschaffende Industrie, Gießereien, NE-Metalle, Chemie, Mineralöl, Luftfahrzeugbau sowie Nahrungs- und Genußmittel

[2]) Ohne Luftfahrzeugbau

Tabelle 28: **Quantifizierung von Beschäftigtenerwartungen**
(Ergebnisse der gleitenden Regression)

Regressionsansatz $Y_{(t+4)/t} = a_0 + a_1 X_t + a_2 X_t^3 + a_3 Z_t^* + a_4 Z_t^{*2} + e_t$

Erhebungsmonat der ersten und letzten unternehmerischen Planangabe	Anzahl der Beobachtungswerte	Parameterschätzwerte					100 R²	DW	F	$\hat{s}_e^2$
		$\hat{a}_0$	$\hat{a}_1$	$\hat{a}_2$	$\hat{a}_3$	$\hat{a}_4$				
		a) Industrie insgesamt ¹)								
Mai 1963 – Jan. 1972	20	0,0564 (0,188)	0,0583** (0,0122)	–0,000001020 (0,000000625)	–0,0242 (0,0232)	0,000174 (0,000388)	80,89**	2,734	15,87	0,204
Mai 1963 – Sept. 1971	19	–0,0242 (0,189)	0,0616** (0,0120)	–0,000000830 (0,000000614)	–0,0228 (0,0223)	0,000157 (0,000373)	83,50**	2,649	17,71	0,189
Mai 1963 – Mai 1971	18	0,0540 (0,199)	0,0593** (0,0120)	–0,000000992 (0,000000625)	–0,0249 (0,0222)	0,000181 (0,000370)	83,86**	2,661	16,88	0,186
Mai 1963 – Jan. 1971	17	–0,0153 (0,226)	0,0593** (0,0123)	–0,000000909 (0,000000648)	–0,0215 (0,0232)	0,000142 (0,000382)	84,45**	2,644	16,30	0,193
Mai 1963 – Sept. 1970	16	0,0297 (0,275)	0,0598** (0,0129)	–0,000000945 (0,000000683)	–0,0241 (0,0254)	0,000172 (0,000408)	84,59**	2,669	15,10	0,209
Mai 1963 – Mai 1970	15	0,0057 (0,277)	0,0565** (0,0134)	–0,000001030 (0,000000694)	–0,0140 (0,0278)	0,000015 (0,000444)	85,60**	2,516	14,86	0,211
Mai 1963 – Okt. 1969	14	0,0179 (0,286)	0,0574** (0,0139)	–0,000001010 (0,000000714)	–0,0202 (0,0300)	0,000116 (0,000481)	85,86**	2,547	13,66	0,224
Mai 1963 – Mai 1969	13	0,0337 (0,299)	0,0603** (0,0153)	–0,000000932 (0,000000757)	–0,0256 (0,0327)	0,000212 (0,000529)	86,09**	2,552	12,38	0,242
Mai 1963 – Okt. 1968	12	0,0125 (0,319)	0,0548* (0,0204)	–0,000001100 (0,000000888)	–0,0198 (0,0368)	0,000124 (0,000593)	83,38**	2,374	8,78	0,269
		b) Investitionsgüterindustrie ²)								
Mai 1963 – Jan. 1972	20	0,183 (0,181)	0,0591** (0,00802)	–0,000000435 (0,000000383)	–0,0331* (0,0146)	0,000285 (0,000214)	88,42**	2,281	28,63	0,141
Mai 1963 – Sept. 1971	19	0,145 (0,201)	0,0595** (0,00827)	–0,000000394 (0,000000402)	–0,0314 (0,0154)	0,000264 (0,000224)	88,43**	1,770	26,76	0,149
Mai 1963 – Mai 1971	18	0,421* (0,169)	0,0582** (0,00615)	–0,000000670* (0,000000308)	–0,0444** (0,0120)	0,000416* (0,000172)	93,26**	2,546	44,95	0,082
Mai 1963 – Jan. 1971	17	0,520* (0,207)	0,0584** (0,00622)	–0,000000753* (0,000000327)	–0,0493** (0,0134)	0,000470* (0,000185)	93,60**	2,712	43,89	0,084
Mai 1963 – Sept. 1970	16	0,520* (0,216)	0,0582** (0,00658)	–0,000000757* (0,000000342)	–0,0487** (0,0146)	0,000461* (0,000202)	93,49**	2,678	39,48	0,091
Mai 1963 – Mai 1970	15	0,505* (0,220)	0,0576** (0,00673)	–0,000000764 (0,000000348)	–0,0462* (0,0151)	0,000433 (0,000208)	93,86**	2,697	38,20	0,094
Mai 1963 – Okt. 1969	14	0,509* (0,230)	0,0575** (0,00703)	–0,000000768 (0,000000364)	–0,0468* (0,0159)	0,000438 (0,000218)	93,85**	2,530	34,36	0,103
Mai 1963 – Mai 1969	13	0,546* (0,225)	0,0601** (0,00709)	–0,000000727 (0,000000353)	–0,0541* (0,0164)	0,000561* (0,000232)	94,61**	2,801	35,13	0,096
Mai 1963 – Okt. 1968	12	0,560* (0,240)	0,0624** (0,00935)	–0,000000669 (0,000000398)	–0,0570* (0,0186)	0,000602* (0,000264)	93,42**	2,818	24,88	0,107
		c) Verbrauchsgüterindustrie								
Mai 1963 – Jan. 1972	20	–0,214 (0,167)	0,0423* (0,0186)	–0,000003040 (0,000001670)	0,0163 (0,0229)	–0,000292 (0,000357)	78,27**	1,621	13,51	0,148
Mai 1963 – Sept. 1971	19	–0,244 (0,170)	0,0453* (0,0189)	–0,000002700 (0,000001710)	0,0139 (0,0230)	–0,000281 (0,000358)	79,62**	1,626	13,67	0,149
Mai 1963 – Mai 1971	18	–0,259 (0,181)	0,0463* (0,0197)	–0,000002570 (0,000001800)	0,0140 (0,0237)	–0,000281 (0,000370)	79,91**	1,526	12,77	0,159
Mai 1963 – Jan. 1971	17	–0,368 (0,181)	0,0453* (0,0185)	–0,000002250 (0,000001700)	0,0202 (0,0225)	–0,000354 (0,000349)	83,27**	1,654	14,94	0,139
Mai 1963 – Sept. 1970	16	–0,424* (0,192)	0,0482* (0,0189)	–0,000001820 (0,000001770)	0,0211 (0,0227)	–0,000360 (0,000352)	84,44**	1,668	14,93	0,141
Mai 1963 – Mai 1970	15	–0,442 (0,223)	0,0484* (0,0198)	–0,000001740 (0,000001900)	0,0219 (0,0241)	–0,000369 (0,000371)	84,33**	1,664	13,46	0,155
Mai 1963 – Okt. 1969	14	–0,437 (0,235)	0,0511 (0,0238)	–0,000001540 (0,000002180)	0,0179 (0,0307)	–0,000304 (0,000479)	84,32**	1,632	12,10	0,171
Mai 1963 – Mai 1969	13	–0,450 (0,250)	0,0483 (0,0263)	–0,000001720 (0,000002350)	0,0229 (0,0353)	–0,000379 (0,000548)	84,43**	1,625	10,85	0,189
Mai 1963 – Okt. 1968	12	–0,450 (0,267)	0,0484 (0,0288)	–0,000001720 (0,000002560)	0,0230 (0,0380)	–0,000379 (0,000592)	82,61**	1,606	8,31	0,216

* Bei einer Irrtumswahrscheinlichkeit von 0,05 gesicherte Parameter
** Bei einer Irrtumswahrscheinlichkeit von 0,01 gesicherte Parameter
Die Klammern enthalten den Standardfehler der Parameterschätzwerte

¹) Ohne Eisenschaffende Industrie, Gießereien, NE-Metalle, Chemie, Mineralöl, Luftfahrzeugbau sowie Nahrungs- und Genußmittel

²) Ohne Luftfahrzeugbau

3. Erfahrungen mit rezeptiv-kritischen Unternehmeräußerungen

Die Erfassung von rezeptiv-kritischen Unternehmeräußerungen stellt nach Jöhr einen gangbaren Weg dar, die Erkenntnisse der psychologischen Konjunkturtheorie in der empirischen Wirtschaftsforschung anzuwenden[17]. Das Kernstück der psychologischen Konjunkturtheorie, um die sich neben Jöhr bereits in den 20er Jahren Pigou verdient gemacht hat, läßt sich folgendermaßen umreißen: Anders als in den Modellvorstellungen der klassischen und neoklassischen Nationalökonomie müssen die Wirtschaftssubjekte, insbesondere die Unternehmer, ihre Entscheidungen häufig unter Unsicherheit treffen. Daraus resultiert, „... daß das entscheidende Subjekt in dieser Situation von Stimmungen und Fingerzeigen abhängig wird, was eine ausgesprochene Beeinflußbarkeit durch Äußerungen und Handlungen Dritter erzeugt“[18]. „Die Ungewißheit macht ... den Unternehmer auch empfänglich für eine Ansteckung durch andere Unternehmer, wobei diese derselben Branche oder anderen Branchen angehören können. Diese Infektion kann sich vollziehen durch eine bewußte Übernahme von Motiven anderer, wobei das Bestreben, anderen zuvorzukommen, eine besondere Rolle spielen kann. Die Ansteckung kann sich aber auch unterhalb der Bewußtseinsschwelle vollziehen durch Erweckung von Vorstellungen, durch Übertragung von Gefühlen und Stimmungen und schließlich dank den allen Menschen eigenen Nachahmungstrieb. Angesichts der Empfänglichkeit des Menschen für derartige Ansteckungseffekte können sich bestimmte Verhaltensweisen in epidemischer Weise ausbreiten. Weil solche Vorgänge durch infinitesimale Anstöße ausgelöst werden können, kann man sie als sozial-psychologische Kernprozesse kennzeichnen[19].“

So einleuchtend auch diese theoretischen Erkenntnisse erscheinen mögen, so ist ein Manko der psychologischen Konjunkturtheorie doch darin zu sehen, „... daß sie sich nicht mit dem eigentlichen Ablauf der sozialpsychologischen Infektion befaßt, sich vielmehr mit der Feststellung begnügt, daß von einem bestimmten Subjekt eine Ansteckungswirkung ausgehen kann, und daß sich diese auf nicht im voraus festgelegten Wegen auf eine immer größere Zahl von Subjekten erstrecken kann“[20].

Der Beitrag des Ifo-Konjunkturtests zur psychologischen Konjunkturtheorie besteht vor allem darin, diesen Diffusionsprozeß mit Hilfe der

---

17 Vgl. W. A. Jöhr, Zur Rolle des psychologischen Faktors in der Konjunkturtheorie, in: Ifo-Studien, 18. Jg., 1972, Heft 2, S. 167 ff.

18 Ebenda, S. 176.

19 Ebenda, S. 159.

20 Ebenda, S. 176.

qualitativen Indikatoren, die auf rezeptiv-kritischen Unternehmeräußerungen beruhen, sichtbar zu machen. Als besonders wertvoll erwiesen sich in diesem Zusammenhang insbesondere die Urteile der Unternehmer über ihr Fertigwarenlager, ihre Auftragsbestände sowie ihre augenblickliche und künftige Geschäftslage. Es soll im folgenden auf diese qualitativen Indikatoren näher eingegangen werden.

a) Unternehmerische Beurteilung der Fertigwarenbestände

Die Veränderung der Fertigwarenbestände ist zweifelsohne von großer konjunktureller Bedeutung, da sich hier aufkommende und abklingende Spannungen zwischen Angebot und Nachfrage relativ rasch zeigen. Bisher gibt es in der BRD keine quartalsmäßige oder gar monatliche Lagerstatistik; daran wird sich auch in absehbarer Zeit nichts ändern. Das Ifo-Institut hat im Jahre 1968 im Auftrag des Bundesministers für Wirtschaft eine Befragung bei den Industrie- und Handelsfirmen durchgeführt und dabei festgestellt, daß nur 20 % der befragten Industrieunternehmen, 19 % der Großhandelsfirmen und 17 % der Einzelhandelsfirmen überhaupt in der Lage wären, vierteljährlich preisbereinigte Angaben über ihre Lagerbestände zu machen. Aber auch wenn es durch Verbesserung des betrieblichen Rechnungswesens möglich wäre, die Bestandsveränderungen quartalsmäßig zu erfassen, wüßte der Konjunkturforscher immer noch nicht, ob sie geplant oder ungeplant sind. Dieses Argument gilt besonders für die hier interessierenden Fertigwarenlagerbestände. Anders als die Rohstoff- und Halbwarenlager unterliegen sie nämlich nur zu einem geringen Teil der aktiven Lagerpolitik des Unternehmers. Sie werden weitgehend durch außerbetriebliche Faktoren bestimmt, auf die der Unternehmer keinen Einfluß nehmen kann. In der Terminologie von Oskar Anderson jr. gehört der Lagerbestand an Fertigwaren zu den sogenannten Mischvariablen, d. h. Größen, die zum Teil den Instrumentalvariablen (d. h. unternehmereigene Variable), zum Teil aber den Erwartungsvariablen (d. h. unternehmerfremde Variable) zuzurechnen sind[21].

Um Anhaltspunkte über das Vorhandensein ungewollter Fertigwarenbestände zu gewinnen, empfiehlt es sich, die entsprechenden Urteile der Unternehmer hierüber zu erkunden. Wenn ein ungewollter Lagerabbau (z. B. aufgrund einer nicht vorherzusehenden Nachfragesteigerung) eingetreten ist, wird der Unternehmer seine Fertigwarenlager als zu klein betrachten und sie aufzustocken wünschen. Mit aufkommenden Absatzstockungen wird er dagegen sein Fertigwarenlager

---

[21] O. Anderson jun., Ein Grundkonzept zur Konjunkturtestauswertung, in: IFO-Studien, 18. Jg., 1972, Heft 2, S. 216.

zunehmend als zu groß ansehen. Je nach dem wirtschaftlichen Klima kann ein und derselbe Lagerbestand als zu hoch oder zu niedrig betrachtet werden. Die Urteile der Unternehmer darüber, ob sie ihre Fertigwarenlagerbestände als „ausreichend bzw. saisonüblich", „zu groß" oder „zu klein" ansehen, sind damit nicht nur ein mehr oder weniger guter Ersatz für die noch fehlenden quantitativen Lagerstatistiken, sondern haben gegenüber diesen den Vorzug, bereits in einem entscheidungsrelevanten Zusammenhang mit Größen wie etwa Bestelltätigkeit oder Produktion zu stehen und geben damit bereits frühe Hinweise auf die voraussichtlichen Reaktionen der Unternehmer mit ihren Instrumentalvariablen. So zeigt es sich beispielsweise bei empirischen Untersuchungen, daß der Handel erst dann seine Bestellungen bei der Industrie merklich erhöhte, nachdem sich beim Lagerurteil eine deutliche Besserung gezeigt hatte[22]. Ein Beispiel dafür, daß die Lagerbestandsbeurteilung durchaus losgelöst sein kann vom Umsatzverlauf, ist die konjunkturelle Entwicklung im Verbrauchsgüterbereich während der Jahre 1969 und 1970 (vgl. Abbildung 24).

In dieser Periode kam es zu einem sehr kräftigen Anstieg der Einzelhandelsumsätze. Gleichzeitig stiegen auch die Großhandelsumsätze stark an. In den Lagerurteilen des Handels spiegelt sich währenddessen aber keine Knappheit; es gingen vielmehr kontraktive Einflüsse auf die Industrie aus, die bereits im Jahre 1969, besonders aber in den ersten drei Quartalen 1970, zu einem konjunkturellen Rückgang der Produktion von Verbrauchsgütern führten. Der Handel hat sich also anscheinend trotz des guten Absatzverlaufs nicht dazu entschließen können, größere Aufträge an die Industrie zu geben, sei es, daß die Nachfragebelebung nur als vorübergehend angesehen wurde, sei es, daß die damals besonders ausgeprägte modische Unsicherheit ihn zu dieser Zurückhaltung in seiner Bestelltätigkeit veranlaßt hat.

b) Unternehmerische Urteile über den Auftragsbestand

Der — konjunkturell gesehen — zum Teil recht unterschiedliche Informationsgehalt von quantitativen und qualitativen Angaben läßt sich recht gut am *Auftragsbestand* und seiner Beurteilung durch die Industriefirmen zeigen: Das Ifo-Institut erfaßt viermal im Jahr in Form einer Sonderfrage die Reichweite der Auftragsbestände, gemessen in Produktionsmonaten. Darüber hinaus werden die Unternehmer im Konjunkturtest monatlich gefragt, wie sie ihre Auftragsbestände beurteilen — verhältnismäßig groß (z. B. verlängerte Lieferzeiten), ausreichend bzw. saisonüblich, zu kein. Es besteht zwar ein grundsätzlicher

---

[22] J. D. Lindlbauer, G. Nerb, Ch. Roberts, Ein Indikatorensystem für die BRD, CIRET-Studien Nr. 20, München 1973.

Zusammenhang zwischen den Veränderungen der Auftragsbestände — gemessen in Produktionsmonaten — und ihrer Beurteilung, doch ergibt sich insbesondere vor den oberen konjunkturellen Wendepunkten eine deutliche Diskrepanz: Während die absolute Höhe der Auftragsbestände noch zunimmt, bricht die Urteilsreihe in der Regel bereits um (vgl. Abbildung 25). Diese Diskrepanz zwischen objektiver Reihe und Urteilsfrage dürfte insbesondere darauf zurückzuführen sein, daß die Unternehmer in ihren Urteilen sowohl Informationen über die künftige Auftragsentwicklung — wie etwa Auftragsverhandlungen, Messen etc. — als auch den erwarteten Kapazitätseffekt von eventuell bereits eingeleiteten Investitionsvorhaben berücksichtigen. Die Reihe Auftragsbestandsbeurteilung hat deshalb vor dem oberen Wendepunkt einen deutlichen Vorlauf und eignet sich somit sehr gut als konjunktureller Frühindikator.

c) Unternehmerische Urteile zur augenblicklichen und zur künftigen Geschäftslage (Geschäftsklima)

Ähnlich wie bei der Auftragsbestandsbeurteilung beruht auch bei dem sogenannten Geschäftsklima der konjunkturelle Vorlauf darauf, daß der Prozeß der Meinungsbildung in der Regel vor der Umsetzung in äußerlich erkennbare Aktivitäten wie Bestellungen, Produktion und Umsätzen liegt. Das Geschäftsklima entsteht durch die Zusammenfassung der Testreihen „Beurteilung der gegenwärtigen Geschäftslage" (gut, befriedigend bzw. saisonüblich, schlecht) sowie „voraussichtliche Geschäftslage in den nächsten sechs Monaten in konjunktureller Hinsicht" (eher günstiger, etwa gleichbleibend, ungünstiger). Die Geschäftslage ist zweifellos ein sehr schillernder Begriff. Wie Interviews im Zusammenhang mit dem Konjunkturtest ergeben haben, basiert der Unternehmer in der Regel sein Urteil über die Geschäftslage nicht nur auf einer einzigen Größe — wie etwa auf der Nachfrage- oder Gewinnentwicklung oder auf der Beschäftigungslage —, seine Antwort ist vielmehr ein Gesamturteil, das aus einer Fülle von Einzelinformationen entsteht, denen von Firma zu Firma und im Zeitablauf unterschiedliches Gewicht beigemessen wird. An und für sich wäre wohl aus Gründen der Vergleichbarkeit eine einheitliche und gleichbleibende Gewichtung vorzuziehen; aber gerade aus konjunkturanalytischen Überlegungen heraus erscheint es wünschenswert, wenn das Urteil des Unternehmers durch die Größen am stärksten beeinflußt wird, die gerade im Vordergrund seiner Überlegungen stehen und damit zweifellos auch seine Dispositionen beeinflussen. Die im Konjunkturverlauf unterschiedliche Gewichtung der einzelnen Einflußfaktoren verleiht diesem Indikator gegenüber den üblichen Diffusionsindizes eine größere Reagibilität, weil bei letzteren den einzelnen Komponenten im Zeit-

Abb. 25: **Zur Auftragslage in der Industrie**

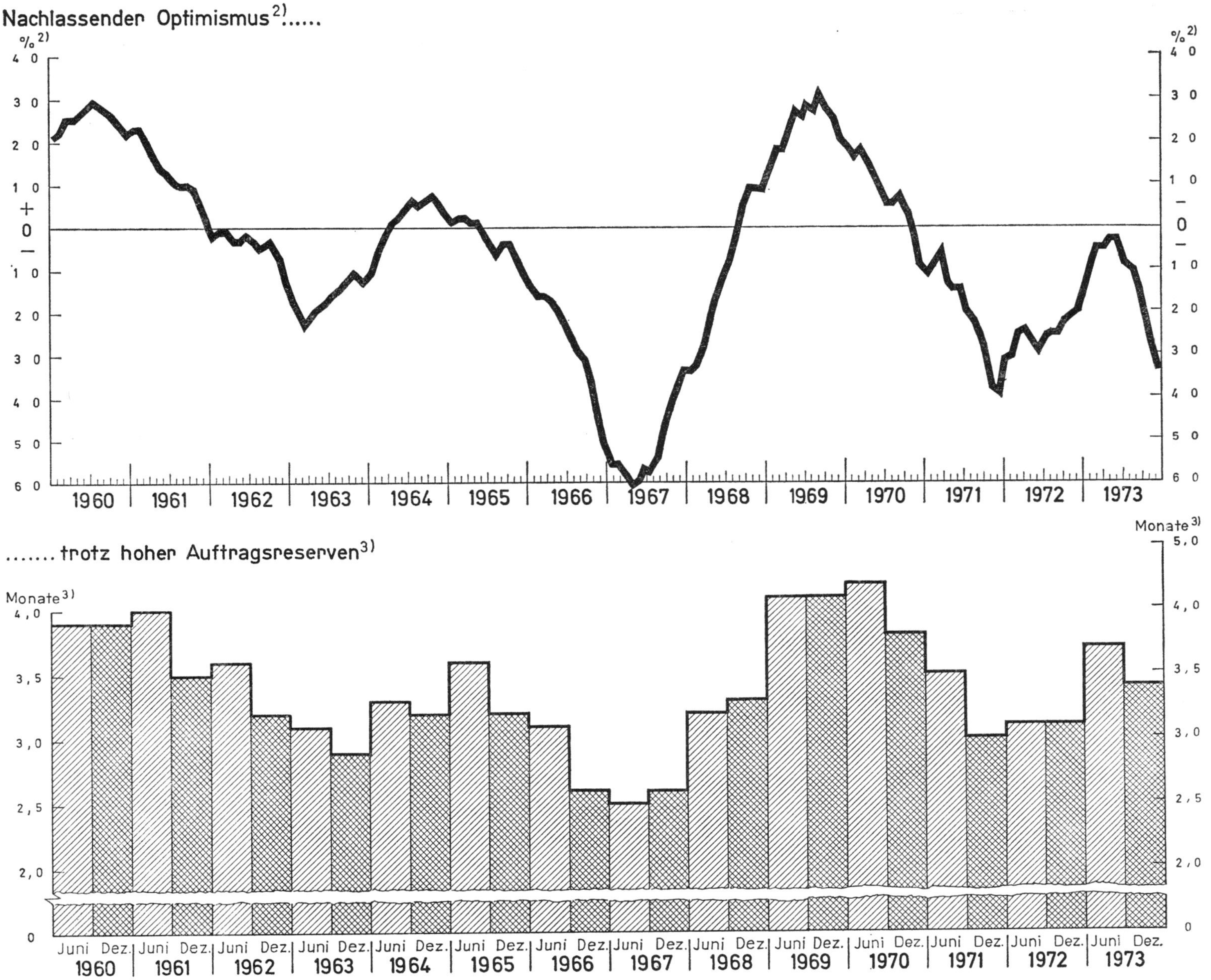

1) Verarbeitende Industrie, ohne Eisenschaffende Industrie, Gießereien, NE-Metalle, Chemie, Mineralöl, Schiffbau sowie Nahrungs- und Genußmittel.
2) Prozent-Salden aus den Unternehmerurteilen über verhältnismäßig große bzw. zu kleine Auftragsbestände.
3) Durch Auftragsbestände gesicherte Produktionsdauer.
Quelle: Ifo-Konjunkturtest.

Abb. 24: **Indikatoren zur Konsumkonjunktur**
(Verbrauchsgüter)

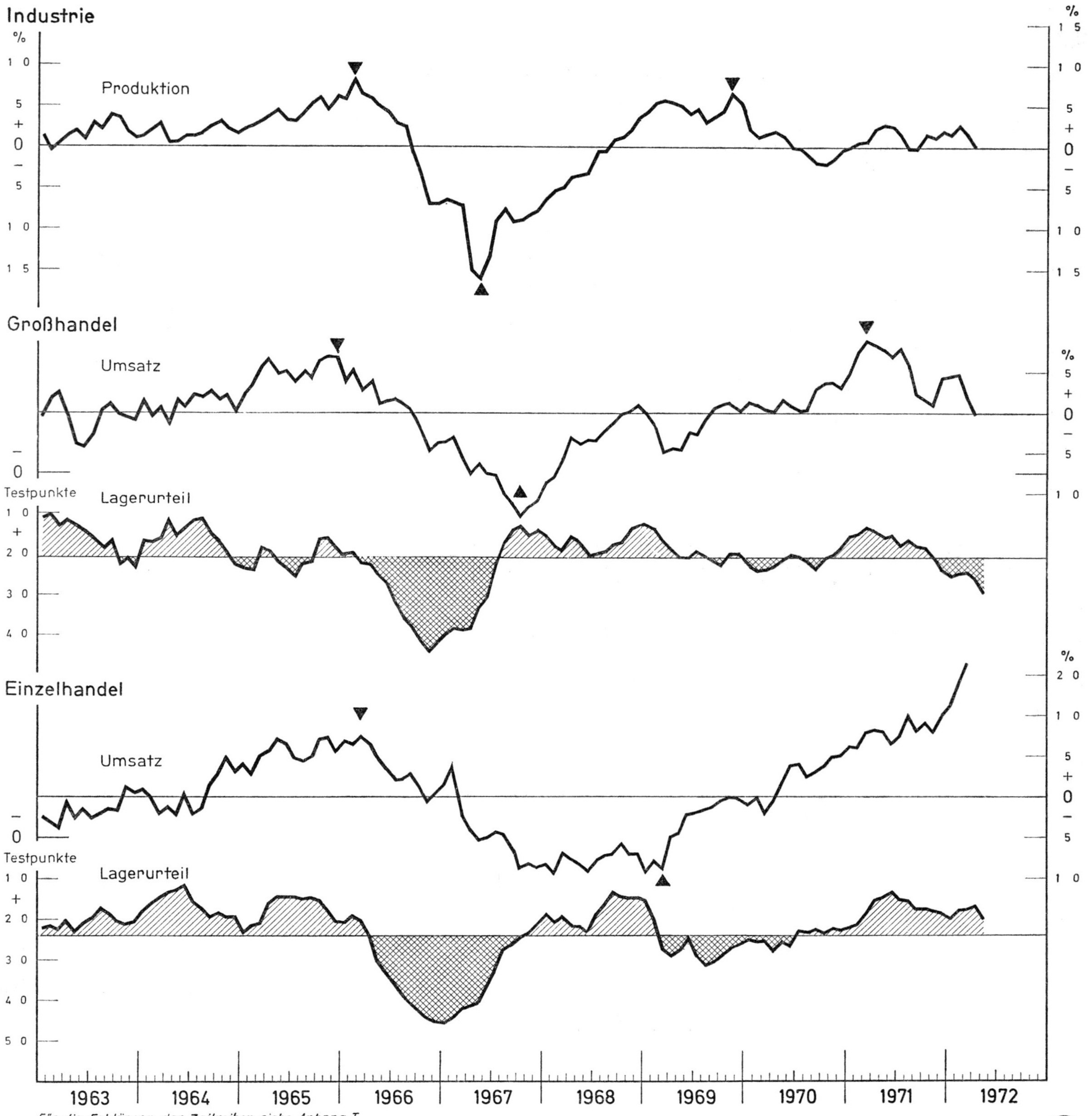

Für die Erklärung der Zeitreihen siehe Anhang I

IFO-INSTITUT für Wirtschaftsforschung München 12/72

ablauf stets das gleiche Gewicht beigemessen wird, obwohl sich deren indikatorische Bedeutung ändern kann (vgl. z. B. den Konjunkturindikator des Sachverständigenrates)[23].

Abschließend sei noch kurz auf die Konstruktion des Geschäftsklimas eingegangen. Dieser Indikator wird als geometrisches Mittel zwischen den Testsalden — d. h. der Differenz der „gut"- und „schlecht"-Meldungen — der Fragen „derzeitige Geschäftslage" und „erwartete Geschäftslage in den nächsten sechs Monaten" gebildet. Um imaginäre Werte zu vermeiden, wird zu den beiden Testsalden jeweils 200 addiert. Die Berechnungsformel für das Geschäftsklima lautet damit:

$$Kl = \sqrt{(GL + 200) \cdot (GE + 200)};$$ GL und GE als Salden aus den positiven und negativen Meldungsanteilen.

Das geometrische Mittel wurde dem arithmetischen insbesondere nur deshalb vorgezogen, da hierdurch ein glatterer Verlauf des Indikators erzielt wurde. Wie im Anhang ausführlich dargestellt[24], ist allerdings das hier angewendete Konstruktionsprinzip nicht ganz unproblematisch. Die Addition von 200 zu den Testsalden läuft darauf hinaus, daß die „gut"-Meldeanteile jeweils mit 2, die „gleich"- bzw. „befriedigend"-Meldungen mit 1 und die „schlecht"-Meldeanteile mit 0 gewichtet werden, und daß zu dieser Summe noch jeweils 100 addiert wird. Dieses Vorgehen bewirkt somit ein stärkeres Durchschlagen der positiven Meldungen auf den Indikator. Dieses Konstruktionsprinzip erscheint dann theoretisch begründbar, wenn es sich nachweisen ließe, daß der Schwellenwert, der überschritten werden muß, bevor eine Veränderung „bemerkt" und angegeben wird, im positiven Bereich größer wäre als im negativen. Es gibt zwar Anhaltspunkte für die Richtigkeit dieser Hypothese; ein generell gesichertes Urteil hierüber ist allerdings nicht möglich. Zusätzlich zu diesem beschriebenen Effekt (Betonung der positiven Meldekomponente) bewirkt die Addition einer Konstanten zu den Testsalden eine Glättung des Indikators. Dieser glättende Einfluß wird durch die Methode des geometrischen Mittels noch verstärkt.

Ein methodisch fundiertes abschließendes Urteil über die Zweckmäßigkeit des beim „Geschäftsklima" angewandten Konstruktionsprinzips läßt sich ebensowenig wie bei dem des Konsumklimas abgeben. Dies ist vor allem deshalb nicht möglich, da es bis heute noch keine gesicherte Theorie über den Einfluß von Einstellungen (rezeptivkritischen Äußerungen) auf das Verhalten gibt. Ähnlich wie bei dem erörterten Konsumklima empfiehlt es sich deshalb, auch beim Geschäfts-

---

[23] Vgl. W. H. Strigel, Konjunkturindikatoren aus qualitativen Daten, in: Ifo-Studien, 18. Jg., 1972, Heft 2, S. 201 ff.

[24] Vgl. Anhang, S. 229 ff.

klima pragmatisch vorzugehen. Es soll deshalb untersucht werden, in wieweit die folgenden zwei Bedingungen erfüllt sind, die für den prognostischen Wert eines Einstellungs-Indikators von entscheidender Bedeutung sind:

— die Einstellungen haben einen meßbaren Vorlauf vor dem Verhalten;

— dieser Vorlauf weist im Zeitablauf keine zu großen Unterschiede auf.

Die bisherigen Erfahrungen mit dem Geschäftsklima deuten darauf hin, daß diese beiden Bedingungen grundsätzlich erfüllt sind. Ein Vergleich der Konjunkturtestreihen mit der tatsächlichen konjunkturellen Entwicklung (gemessen anhand der prozentualen Entwicklung der Produktion vom Trend) im Zeitraum 1963 bis 1972 brachte u. a. folgendes Ergebnis:

Tabelle 29

Vorlauf des Geschäftsklimas an 4 Wendepunkten

Wendepunkt / Bereich	Investitionsgüterindustrien	Konsumgüterindustrien
	Vorlauf in Monaten	
I Oberer Wendepunkt 1964 - 66 ...	10	10
II Oberer Wendepunkt 1969 - 70 ...	8	9
III Unterer Wendepunkt 1966 - 67 ..	4	5
IV Unterer Wendepunkt 1972	4	3

Quelle: Lindlbauer, Nerb, Roberts, Ein Konjunktur-Indikatorensystem für die BRD, CIRET-Studie Nr. 20, München 1973, S. 52.

Die Untersuchungsergebnisse deuten auf einen unterschiedlichen Vorlauf des Geschäftsklimas an oberen und unteren Wendepunkten hin. Während sich der konjunkturelle Höhepunkt bereits rund 10 Monate vorher in dem Ifo-Indikator ankündigt, beträgt der Lead am unteren Wendepunkt nur knapp die Hälfte.

„Die in der Regel längere Vorlaufzeit an den oberen Wendepunkten gegenüber dem relativ kurzen Vorlauf an konjunkturellen Tiefpunkten dürfte in erster Linie aus der unterschiedlichen Bedeutung der Nachfrageentwicklung für die Produktionstätigkeit zu erklären sein: Im Aufschwung sammeln sich in der Industrie Auftragsbestände an, deren

Reichweite — gemessen in Produktionsmonaten — immer länger wird. Selbst nach Beginn einer Nachfrageabschwächung kann aus diesen Auftragsbeständen für einige Monate noch ein weiterer konjunktureller Anstieg der Produktion gespeist werden. Am Ende einer Abschwungsphase dagegen sind die Auftragsbestände und die Fertigwarenlager relativ niedrig, die ungenutzten Produktionskapazitäten dagegen groß, so daß bei einer Belebung der Nachfrage — auch aus Gründen der Stückkostenminimierung — die Produktionstätigkeit unmittelbar darauf verstärkt wird und die Auftragsbestände nur zögernd zunehmen. Je höher also die Auftragsbestände (in Monatsproduktionen) während einer Aufschwungsphase geworden sind, desto länger wird vermutlich der Vorlauf der Leading-Indikatoren am oberen Wendepunkt sein[25]."

Abgesehen von dieser Asymmetrie scheinen die Leads des Geschäftsklimas jedoch einigermaßen stabil zu sein. Jedoch sollte die statistische Beweiskraft der in Tabelle 29 vorgeführten Ergebnisse nicht überbewertet werden. Mit zunehmender Zahl von Wendepunkten und eventuell auch bei einer stärkeren Detaillierung derartiger Analysen nach Branchen werden sich diese Feststellungen statistisch besser absichern lassen.

---

25 Vgl. W. H. Strigel, Konjunkturindikatoren ..., S. 197.

IV. Umfrageergebnisse als Instrumente für die Konjunkturanalyse und -prognose

Obwohl die Erkenntnis wächst, daß Urteile und Erwartungen der Wirtschaftssubjekte von großer Bedeutung für den Konjunkturprozeß sind, mangelt es noch daran, sie in die Praxis der Konjunkturforschung umzusetzen. Vor einigen Jahren ließ sich diese Diskrepanz noch damit erklären, daß derartige Zeitreihen nicht lang genug wären, um den konjunkturellen Einfluß dieser Größen genau untersuchen und die Erkenntnisse dann für die Konjunkturanalyse und -prognose nutzen zu können. Mittlerweile zieht dieses Argument aber vielfach nicht mehr: Was etwa die Ergebnisse der Verbraucherumfragen des amerikanischen Survey Research Centers, aber auch zum großen Teil die Konjunkturtest-Ergebnisse in den Ländern der Europäischen Gemeinschaft anbelangt, besteht zwischen der Fülle der vorliegenden Daten und ihrer Auswertung ein Mißverhältnis. Es sollte daher nach Wegen gesucht werden, die aus der Isolation der reinen Umfrageforschung herausführen und mehr die Verwendung dieser Daten für die gesamtwirtschaftliche Konjunkturanalyse und -prognose zum Ziel haben. Nach Ansicht des Verfassers kommen hierfür insbesondere der Einbau von Umfrageergebnissen in Konjunkturindikatorensysteme und in Antizipationsmodelle in Frage.

1. Konjunkturindikatoren

Ursprünglich basierten Konjunkturprognosen hauptsächlich deshalb auf einigen wenigen Indikatoren, da ein umfassendes Netzwerk statistischer Daten fehlte. Der Glaube, mit Hilfe einiger weniger Zeitreihen den gesamten Konjunkturablauf in den Griff zu bekommen, wurde jedoch durch das Scheitern des Harvard-Barometers zu Beginn der Weltwirtschaftskrise schwer erschüttert[1]. Das insgesamt aus zwölf Indikatorenreihen gebildete Barometer fand einen ruhmlosen Abgang, nachdem es noch im November 1929 keinen konjunkturellen Wendepunkt angekündigt hatte. Analysiert man die Gründe für das Versagen dieses Prognose-Instruments, so stößt man vor allem auf das unter dem Begriff „Measurement without Theory“ bekannt gewordene

---

[1] Vgl. Günter Schmölders, Konjunkturen und Krisen, Hamburg 1955, S. 27 f.

Problem[2]: Ein theoretisch nicht fundierter Zusammenhang zwischen einigen Reihen, der einmal während eines bestimmten Referenzzeitraumes festgestellt wurde, wird mechanisch in die Zukunft fortgeschrieben. Da der Zusammenhang nicht kausal zu erklären ist, überrascht es nicht, daß er sich im Zeitablauf spürbar ändert.

Aus diesen Überlegungen heraus hat in den USA das National Bureau of Economic Research den Indikatoransatz auf eine viel breitere Basis gestellt. Außerdem müssen die Indikatoren u. a. folgende Eigenschaften aufweisen:

— Der von ihnen beschriebene Prozeß muß sich auch in der Theorie mit dem Ursprung oder dem Ablauf von Konjunkturzyklen in Verbindung bringen lassen.

— Die Reihen müssen eine solide statistische Basis im Hinblick auf Erhebungsform, Repräsentation usw. haben und dürfen nur geringen nachträglichen Korrekturen unterliegen.

— Notwendig ist natürlich, daß die Reihen in der Vergangenheit die Konjunkturbewegungen korrekt widergespiegelt haben.

— Die Indikatoren können der Konjunktur voraneilen (Lead), synchron dazu verlaufen (coincident) oder nachhinken (Lag); der jeweilige Zeitabstand von der Konjunkturentwicklung sollte jedoch weitgehend stabil bleiben.

— Um die Konjunkturtendenz richtig erkennen zu können, müssen die Indikatoren einen möglichst glatten, d. h. wenig von Irregularitäten gestörten Verlauf aufweisen.

— Die Information ist dann für aktuelle Diagnosen brauchbar, wenn sie frühzeitig zur Verfügung steht; es bedarf also auch einer raschen Aufbereitung und Veröffentlichung der Ergebnisse.

Auf Grund dieser Kriterien wählte das NBER 88 Zeitreihen mit Indikatorcharakter aus und unterteilte sie in Leading-, Coincident- und Lagging-Indikatoren. Unter den Leading-Indikatoren erscheinen beispielsweise die Lagerinvestitionen, unter den Coincident-Indikatoren die Produktion und unter den Lagging-Indikatoren die Investitionsausgaben[3]. So anerkennenswert auch die Forschungstätigkeit des NBER auf dem Gebiet der Konjunkturindikatoren ist, so muß doch festgestellt werden, daß die Stabilität der Lead-/Lag-Struktur der ausge-

2 Siehe beispielsweise T. C. Koopmans, „Measurement without Theory“, in: Readings in Business Cycles, Homewood 1965.

3 Vgl. G. H. Moore und J. Shiskin, Indicators of Business Expansions and Contractions. Occasional Paper 103, New York, NBER, 1967.

wählten Indikatoren im Zeitablauf häufig zu wünschen übrig läßt[4]. Außerdem ist es schwierig, aus den über 80 — zum Teil gegenläufigen — Konjunkturindikatoren ein einheitliches Urteil über den augenblicklichen Standort des Konjunkturprozesses und seiner weiteren Entwicklung abzuleiten.

Dieser zuletzt genannte Grund bewog einige Konjunkturforscher, verschiedene Indikatorenreihen, die nach strengen Kriterien ausgewählt worden sind, zu einem Globalindex zu komprimieren. Es ist also hier nicht der Mangel, sondern eher die Datenfülle dafür verantwortlich, daß man sich auf einige wenige Indikatoren oder sogar nur einen einzigen Index beschränkt. Ein Beispiel hierfür ist der „Gesamtindikator zur Konjunkturdiagnose", der vom Sachverständigenrat entwickelt worden ist. Nach eigenen Angaben hat der Sachverständigenrat damit einen Versuch unternommen, „einen Konjunkturindikator zu finden, der Einzelinformationen zu einem objektiven, aussagefähigen Gesamtbild der konjunkturellen Entwicklung verdichtet"[5].

Auf das Konstruktionsprinzip dieses Globalindex wird in der Fußnote näher eingegangen[6]. Einige kritische Anmerkungen zu diesem Global-

---

[4] Vgl. H. W. Schiefer, Konjunktur und Konjunkturindikatoren. Ein kritischer Beitrag zu dem Konzept der Konjunkturindikatoren des NBER, Münchener Dissertation, 1969.

[5] K. H. Ketterer, Die Beschreibung des Konjunkturverlaufs mit Hilfe von Indikatorensystemen — Der Versuch des Sachverständigenrates. Manuskript zu einem Vortrag anläßlich des Symposions „Konsum und Qualität des Lebens" in Mainz am 20. und 21. Oktober 1972, S. 1.

[6] Der Index des Sachverständigenrates basiert bisher auf folgenden 12 Reihen: Auftragseingang aus dem Inland bei den Verbrauchsgüterindustrien und bei den Investitionsgüterindustrien; — Auftragseingang beim Maschinenbau; — Beurteilung der Fertigwarenlager in der verarbeitenden Industrie und in den Investitionsgüterindustrien (Quelle: Ifo-Konjunkturtest); — Lohnsumme je geleisteter Arbeitsstunde in der Industrie; — Nettoproduktion in der verarbeitenden Industrie und in den Investitionsgüterindustrien; — Geldvolumen (Bargeldumlauf ohne Kassenbestände der Kreditinstitute und Sichteinlagen inländischer Nichtbanken); — kurzfristige Kredite der Kreditinstitute an inländische Unternehmen und Privatpersonen; — Zahl der Arbeitslosen und schließlich — Tariflohn- und Gehaltsniveau je Stunde in der Gesamtwirtschaft.

Der Gesamtindikator des Sachverständigenrates arbeitet nach einem modifizierten Diffusionsprinzip. Für die Einzelreihen werden Normwerte sowie obere und untere Toleranzgrenzen festgesetzt, die sich mit Ausnahme von zwei Reihen auf Veränderungsraten im Vorjahresvergleich beziehen (s. Tabelle „Zusammensetzung des vierstufigen Gesamtindikators" im Anhang).

Jeder Einzelreihe wird in jedem Monat entweder die Zahl 1, 2, 3 oder 4 zugeordnet nach folgendem Prinzip:

4, wenn der Wert der betreffenden Reihe die obere Toleranzgrenze erreicht oder überschritten hat;

3, wenn der Wert der betreffenden Reihe zwischen Normwert und oberer Toleranzgrenze liegt;

2, wenn der Wert der betreffenden Reihe zwischen Normwert und unterer Toleranzgrenze liegt;

index: In ihn gehen sowohl reale Komponenten (etwa Zahl der Arbeitslosen, industrielle Nettoproduktion) als auch nominale Komponenten (etwa Geldvolumen, Lohnsumme je geleistete Arbeitsstunde) ein. Bei gleichzeitiger Verletzung zweier oder mehrerer wirtschaftspolitischer Ziele (z. B. Preisstabilität und Vollbeschäftigung) kann daher ein solcher Globalindikator versagen. Bei einer Stagflation rangieren die Mengenkomponenten am unteren Ende der Gefährdungsskala, die Preiskomponenten dagegen am oberen Ende; die konträren Einflüsse auf den Gesamtindikator können dazu führen, daß sich dieser in der Gleichgewichtszone bewegt. Der Sachverständigenrat hat als Ausweg aus diesem Dilemma einen separaten Mengen- und Preisindikator entwickelt. Aber auch nach dieser Verfeinerung erschweren die Globalindizes nach Ansicht maßgebender Vertreter wirtschaftspolitischer Instanzen[7] die Konjunkturpolitik mehr als sie ihr nützen. Durch die vereinfachende Zusammenfassung der wirtschaftlichen Informationen können falsche Hinweise auf das Timing wirtschaftspolitischer Maßnahmen gegeben werden; vor allem aber läßt sich an derartigen Globalindizes nicht ablesen, welche konkreten Aktionen angebracht sind, um einen besseren Kompromiß zwischen den einzelnen wirtschaftspolitischen Zielen zu finden.

Für den Konjunkturforscher erscheint es daher unumgänglich, sich intensiver mit den einzelnen Reihen zu beschäftigen. Um die Fülle der Informationen übersichtlicher zu gestalten, bieten sich verschiedene Gliederungsgesichtspunkte an.

1, wenn der Wert der betreffenden Reihe die untere Toleranzgrenze erreicht oder unterschritten hat.

Aus den den Einzelreihen zugeordneten Zahlen wird das arithmetische Mittel berechnet, das den Wert des Gesamtindikators für den betreffenden Monat darstellt. Die quantitativen Informationen der Einzelreihen werden also auf vier Qualitäten reduziert.

Als Normwert wurde für die meisten Reihen das arithmetische Mittel der Veränderungsraten im Vorjahresvergleich angesetzt, d. h. derjenige Wert, den die Reihe auf die Dauer und im Durchschnitt erreicht hat.

Mit diesen „Normwerten" sind jedoch keinerlei Sollvorstellungen verbunden; sie dienen lediglich konjunkturanalytischen Zwecken. A-priori-Überlegungen sprachen dafür, daß der Gesamtindikator um so sensitiver auf konjunkturelle Bewegungen reagiert, je enger die Toleranzgrenzen der Einzelreihen gewählt werden. Dies wurde dann auch durch die Berechnungen bestätigt (vgl. K. H. Ketterer, S. 2 f.).

7 Eine derartige Kritik an dem Konjunkturindikator des Sachverständigenrats wurde auf dem erwähnten Mainzer Symposion „Konsum und Qualität des Lebens" am 20. und 21. 10. 1972 u. a. von dem Vertreter der Deutschen Bundesbank und der Kommission der Europäischen Gemeinschaften geäußert.

Gliederungsgesichtspunkte für ein Konjunkturindikatorensystem auf der Basis von Unternehmer- und Verbraucherbefragungen

Es kommen hauptsächlich zwei Ordnungsstrukturen in Frage:

— nachfrageorientiertes Indikatorensystem
— zielorientiertes Indikatorensystem.

Im ersten Fall werden Indikatoren für verschiedene Produktions- und Distributionsstufen sowie die Endnachfrage zusammengestellt, um beobachten zu können, wie sich die konjunkturellen Störungen in den einzelnen Stufen fortpflanzen — ob sie sich beispielsweise kumulativ verstärken, oder ob es zu Kompensationseffekten kommt. Im Konsumbereich wäre beispielsweise a priori zu erwarten, daß ein konjunktureller Impuls zunächst vom Endverbraucher ausgeht, dann auf den Einzelhandel übergreift und schließlich den Großhandel und die Industrie erfaßt. Diese erwartete Reihenfolge läßt sich empirisch am unteren konjunkturellen Wendepunkt 1967 im Gebrauchsgüterbereich beobachten (vgl. Abbildung 26): Früher als alle anderen untersuchten Reihen der amtlichen Statistik und des Konjunkturtests zeigte das Konsumentenklima den unteren Wendepunkt 1967 an. Anschließend besserte sich das Lagerurteil im Einzelhandel, dann folgte ein Umbruch im Auftragseingang der Industrie; etwa zu derselben Zeit zeigten sich auch im Geschäftsklima und in der Beurteilung der Fertigwarenlager in der Industrie, etwas später in der Beurteilung der Auftragsbestände und danach bei der Kapazitätsauslastung Auftriebsimpulse.

An allen konjunkturellen Wendepunkten ist diese Impulskette allerdings nicht so deutlich zu erkennen. Dies dürfte vor allem daran liegen, daß sich beispielsweise die Konsumgüterindustrie mit Hilfe ihrer Marktforschung darum bemüht, die Bestelltätigkeit des Handels und die Endnachfrage vorauszuschätzen.

Die Investitionsgüterindustrie wiederum versucht, sich Anhaltspunkte über die voraussichtliche Auftragsvergabe der Konsumindustrie zu verschaffen. Derartige Antizipationen auf den verschiedenen Wirtschaftsstufen können sich gegenseitig beeinflussen und zu kumulativen Prozessen führen. Schon aus diesem Grunde ist es notwendig, konjunkturelle Informationen aus den verschiedenen vor- und nachgelagerten Stufen regelmäßig zu erfassen und zu analysieren.

Die aus einem solchen System zu gewinnenden Erkenntnisse über den konjunkturellen Diffusionsprozeß sind nicht nur für den Konjunkturprognostiker und -analytiker von großer Bedeutung. Auch der einzelbetrieblichen Marktforschung könnte damit wertvolles Material geliefert werden, das dazu beitragen dürfte, Fehldispositionen in der

Abb. 26: **Indikatoren zur Konsumkonjunktur**

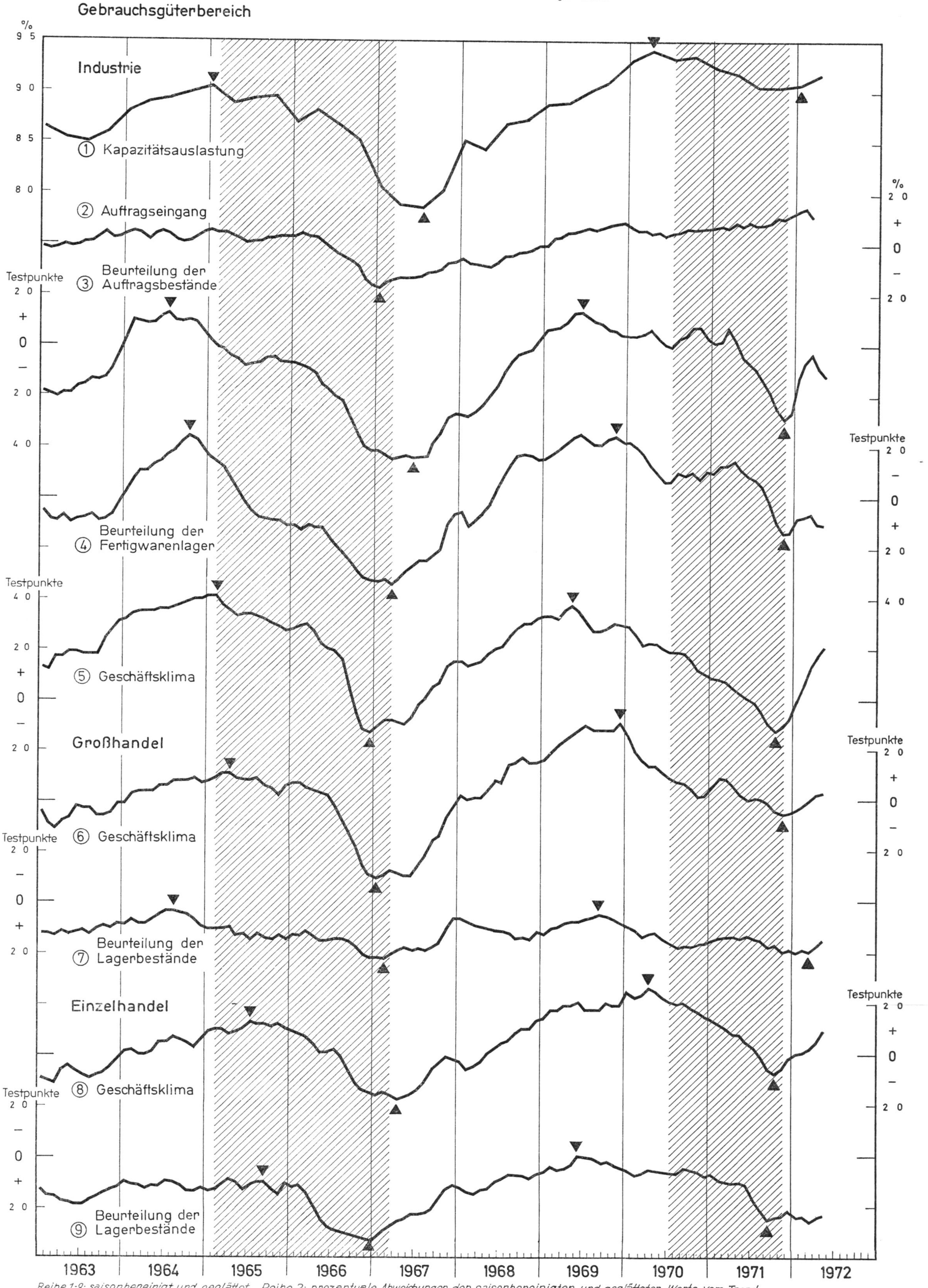

Reihe 1-9: saisonbereinigt und geglättet. Reihe 2: prozentuale Abweichungen der saisonbereinigten und geglätteten Werte vom Trend.
Quelle: Statistisches Bundesamt, Ifo-Konjunkturtest.

IFO-INSTITUT für Wirtschaftsforschung München

168/71

Investition und der Lagerhaltung zu verringern. Wenn hierdurch ein Beitrag zur Verstetigung des Wirtschaftsablaufs geliefert werden kann, so wäre damit auch die Arbeit des Konjunkturprognostikers erleichtert.

Das zweite Gliederungsprinzip stellt nicht so sehr auf die Konjunkturprognose als auf die wirtschaftspolitische Verwertbarkeit dieser Informationen ab. Das Indikatorensystem soll hierbei in erster Linie Anhaltspunkte über die mögliche Gefährdung der wirtschaftspolitischen Ziele Vollbeschäftigung, angemessenes Wachstum, Preisstabilität und außenwirtschaftliches Gleichgewicht geben. Es ist anspruchsvoller als das zuerst genannte Gliederungsschema. Wie sich zeigen läßt, ist es jedoch mit diesem vereinbar.

Ein solches Indikatorensystem dürfte einen wesentlichen Beitrag zu einer wirkungsvolleren Konjunkturpolitik liefern. Um einem möglichen Mißverständnis vorzubeugen, sei jedoch an dieser Stelle bereits ausdrücklich darauf hingewiesen, daß hier nicht eine Ablösung der bisherigen diskretionären Wirtschaftspolitik durch eine Regelbindung angestrebt wird. Es ist also nicht daran gedacht, aus den einzelnen Zielsystemen Richtlinien für den Einsatz und die Dosierung bestimmter wirtschaftspolitischer Instrumente abzuleiten. Die Entscheidung darüber, welche konjunkturellen Maßnahmen in einer konkreten Situation angebracht sind, wäre damit den Politikern nicht abgenommen. Dies kann letztlich auch gar nicht beabsichtigt sein, da die Entscheidung über die jeweilige Prioritätsskala eine der ureigensten politischen Aufgaben ist. Das zielorientierte Indikatorensystem dürfte aber wesentlich bessere und vor allem rechtzeitigere Entscheidungsgrundlagen für wirtschaftspolitische Maßnahmen bieten als sie heute vorhanden sind.

Man könnte einwenden, ähnlich gute Entscheidungsgrundlagen ließen sich auch aus dem eingangs umrissenen primär nachfrageorientierten Indikatorensystem ableiten. Die Preis- und Arbeitsmarktentwicklung dürfte schließlich eng mit der gesamtwirtschaftlichen Nachfrage zusammenhängen; eine explizite Erfassung der Exportnachfrage sei nicht erforderlich, da sie in den Konjunkturtestmeldungen der Firmen bereits implizit berücksichtigt ist.

Das vorgeschlagene zielorientierte Gliederungsschema (Preise, Arbeitsmarkt, Außenhandel, Wachstum und Auslastung des Produktionsapparates) trägt aber m. E. folgenden Tatsachen besser Rechnung:

— Die Preisentwicklung verselbständigt sich zunehmend und kann nicht mehr allein mit Angebots- bzw. Nachfragelücken erklärt werden.

— Die Unternehmen richten sich bei ihrer Beschäftigtenplanung nicht ausschließlich an der kurzfristig erwarteten Auftragssituation aus (z. B. Horten von Arbeitskräften bei einem als vorübergehend angesehenen Auftragsrückgang).

— Die internationale Wirtschaftsverflechtung nimmt ständig zu. Damit dürfte die Import- und Exportentwicklung auch für die Konjunkturanalyse und -pronose eine noch größere Bedeutung erhalten, als sie sie heute schon besitzt.

Aus diesen Gründen scheinen die separaten *Teil*indikatorensysteme besser geeignet als ein *Gesamt*indikatorenansatz. Jedes dieser vier Untersysteme könnte bis auf die Branchen- bzw. Endverbrauchernachfrage disaggregiert sein und wäre als Frühwarnsystem für die Gefährdung des betreffenden wirtschaftspolitischen Zieles auszubauen.

— Im Preissektor wären neben den verschiedenen statistischen Preisindizes vor allem die Preiserwartungen der Konjunkturtestfirmen (aggregiert nach Branchenzugehörigkeit der Firmen und Verwendungszweck der Produkte) heranzuziehen.

— Im Arbeitsmarktsystem müßten neben den amtlichen Reihen (Beschäftigte, Arbeitslose, offene Stellen) insbesondere die Beschäftigtenerwartungen, die sich als recht zuverlässig erwiesen haben[8], sowie die Konjunkturtestreihe „Behinderung der Produktionstätigkeit durch Arbeitskräftemangel“ aufgenommen werden.

— Im Zielsystem „Außenwirtschaftliches Gleichgewicht“ kommen als Indikatoren aus dem Bereich des Konjunkturtests insbesondere in Frage:

- monatliche Exporterwartungen der Industriefirmen
- gesonderte Auswertung der Meldungen von besonders exportabhängigen Firmen und nicht zuletzt
- Heranziehung der europäischen und außereuropäischen Konjunkturtestergebnisse.

Gerade die zuletzt genannte Informationsquelle (insbesondere der EG-Konjunkturtest) wird zur Zeit noch viel zu wenig ausgeschöpft. Welche großen Möglichkeiten dieses Instrument der europäischen Konjunkturforschung bei der Analyse und Prognose eröffnen kann, läßt eine neuere CIRET-Studie ahnen[9].

[8] Vgl. S. 156 ff.

[9] J. M. Courtois, G. Goldrian, S. Richter, Indikatoren aus Konjunkturumfragen in der Europäischen Gemeinschaft, CIRET-Studien Nr. 17, München 1972.

— Das Zielsystem „Angemessenes Wachstum“ müßte vor allem auf die Auslastung und das Wachstum des Produktionspotentials abstellen. Als Indikatoren für die Angebotskomponente seien genannt: Grad der Kapazitätsauslastung (KT), Produktionsentwicklung ex post und ex ante (KT), amtliche Produktionsindizes, Kapazitätsänderung ex post und ex ante (IT), Behinderung der Produktionstätigkeit durch zu geringe technische Kapazität (KT). Was die Nachfragekomponenten anbelangt, kann zum Teil bereits auf die in Angriff genommenen Vorarbeiten zurückgegriffen werden[10].

2. Antizipationsmodelle

a) Ökonometrisches Modell versus Indikatorenansatz

Mit den Konjunkturindikatorensystemen konkurrieren ökonometrische Modelle. Wie neuere Untersuchungen gezeigt haben[11], ist es den Ökonometrikern bis jetzt nicht gelungen, eine prognostische Sicherheit zu erzielen, die es rechtfertigen würde, nur den ökonometrischen Modellansatz zu verfolgen. Es hat sogar eher den Anschein, daß der überwiegende Teil der bisherigen ökonometrischen Modelle den analytischen Verfahren (hierzu gehört auch das Indikatorensystem) bei der kurzfristigen Wahrscheinlichkeitsprognose (also nicht alternativen Projektionen) unterlegen ist[12].

Im folgenden soll zunächst auf die Gründe des vielfachen Versagens von ökonometrischen Modellen eingegangen werden; im Anschluß daran werden Möglichkeiten aufgezeigt, wie der Modellansatz durch die Einbeziehung von rezeptiv-kritischen und finalen Äußerungen der Unternehmer und der Konsumenten verbessert werden kann. Auch nach einer derartigen Verbesserung erscheint es aber sinnvoll, beide Verfahren zur Konjunkturanalyse und -prognose — die analytische Methode mittels eines Indikatorensystems und das Modell — parallel zu verfolgen. Einmal dürfte sich hieraus die Möglichkeit einer gewissen Kontrolle ergeben, zum anderen sei darauf hingewiesen, daß mit

---

[10] Vgl. W. Gerstenberger, J. D. Lindlbauer, G. Nerb, W. H. Strigel, Abschwung und Rezession im Spiegel quantitativer und qualitativer Statistik, CIRET-Studien Nr. 15, München 1972 sowie J. D. Lindlbauer, G. Nerb, Ch. Roberts, Ein Indikatorensystem für die BRD, CIRET-Studien Nr. 20, München 1973.

[11] Vgl. M. K. Evans, Y. Haitovsky und G. J. Treyz, „Analysis of the forecasting Properties of U.S. Econometric Model.“ Manuskript, vorgelegt auf der „Conference on Research in Income and Wealth“, Cambridge, Massachusetts, 14. u. 15. November 1970.

[12] Vgl. I. Friend und W. Thomas, The Predictive Performance of Anticipatory Data in Alternative Econometric Models. Tagungspapier auf der 10. CIRET-Konferenz in Brüssel, September 1971.

Hilfe der hier aufgezeigten Antizipationsmodelle nur die Hauptkomponenten der volkswirtschaftlichen Gesamtrechnung vorausgeschätzt werden können. Auf einer mehr disaggregierten Ebene dürften auch diese verbesserten Modelle überfordert sein. Hier erscheint das vorgeschlagene Indikatorensystem allein ausreichend.

b) Bisherige Erfahrungen mit ökonometrischen Konjunkturmodellen

Die hochgespannten Erwartungen, die man in ökonometrische Strukturmodelle setzte, haben sich bis heute weder im In- noch im Ausland erfüllt. Dies sei am US-amerikanischen Beispiel gezeigt. Die USA wurden deshalb gewählt, da angenommen werden darf, daß die USA auf dem Gebiet des ökonometrischen Modellbaus einen Vorsprung gegenüber den europäischen Ländern haben. Evans, Haitovsky und Treyz kommen bei einer ausführlichen Analyse der Prognoseergebnisse, die mit Hilfe des Brookings-, des Wharton-School- und des Department of Commerce-Modells erstellt wurden, zu dem nicht gerade schmeichelhaften Ergebnis: "While econometricians may forecast very well, econometric models have had a most unimpressive record[13]." Nur durch sogenanntes „fine tuning"[14], d. h. durch mehr oder weniger willkürliche Veränderung der Niveaukonstanten und der Werte der exogenen Einflußgrößen, waren die veröffentlichten Prognosen einigermaßen treffsicher. Vorausschätzungen, die ohne solche Eingriffe rein mechanisch mit Hilfe der einmal erstellten Modelle gewonnen wurden, wiesen eine für wirtschaftspolitische Zwecke viel zu hohe Fehlermarge auf. Wie ist das Versagen der in jahrelanger mühsamer Arbeit erstellten Modelle zu erklären? Amerikanische Forscher[15] kommen zu dem Schluß, daß die Modellbauer zu sehr darauf geachtet hatten, die Struktur der Wirtschaft möglichst exakt zu erfassen und dabei die primäre Zielsetzung, nämlich Prognosen zu erstellen, aus dem Auge verloren. Zum Teil wurden in diese Modelle exogene Größen aufgenommen, die sich kaum leichter prognostizieren lassen als die Zielgrößen. Die schwerwiegenden Mängel im Datenmaterial führen deshalb trotz komplizierter und methodisch abgesicherter ökonometrischer Verfahren häufig nur zu einer Pseudoverbesserung der Prognoseergebnisse. Damit soll die Existenzberechtigung solcher groß angelegten Struktur-Modelle nicht abgesprochen werden; sie können gute Dienste zur nachträglichen

---

[13] M. Evans, Y. Haitovsky und G. J. Treyz, S. 158.

[14] Ebd., S. 160, "From the previous results it should be obvious that econometric models cannot generate good forecasts if they are used only in a mechanical fashion. The art of forecasting still requires that a great deal of fine tuning be used with any econometric model presently in existence."

[15] Vgl. Rey C. Fair, A Short-Run Forecasting Model of the United States Economy, Lexington 1971 sowie I. Friend und W. Thomas, S. 2 ff.

Erklärung konjunktureller Entwicklungen leisten. Auch für längerfristige Alternativ-Projektionen mit bewußt unterschiedlich angenommenen Werten der exogenen Größen sind sie möglicherweise gut geeignet. Für kurzfristige Wahrscheinlichkeitsprognosen sind sie allerdings bis heute nur sehr bedingt zu gebrauchen. Aufgrund dieser Erkenntnis sind insbesondere in den USA Bemühungen im Gange, neben diesen Struktur-Modellen relativ einfache *Prognose*-Modelle zu bauen, bei denen die Vorausschätzung der exogenen Größen ganz entfällt oder zumindest keine großen Schwierigkeiten aufweist. Als Beispiele seien die Modelle von Fair oder Friend genannt, in denen als exogene Größen insbesondere Investitionsabsichten, Unternehmerurteile, Konsumentenstimmungen und Kaufabsichten gewählt wurden. Diese empirisch erhobenen Urteils- und Erwartungsdaten haben den großen Vorteil, daß sie gegenüber der Zielgröße einen Lead von einem oder mehreren Quartalen aufweisen; sie brauchen deshalb für die kurzfristige Prognose der Zielgröße nicht vorausgeschätzt zu werden. L. R. Klein, einer der bekanntesten amerikanischen Ökonometriker, wendet gegen derartige relativ einfache ökonometrische Prognosemodelle ein, sie seien nicht geeignet, Steueränderungen, monetäre Maßnahmen und andere „environmental changes" zu erfassen[16]. Dieser Einwand wäre zweifelsohne berechtigt, wenn mit Hilfe solcher Modelle Alternativ-Projektionen erstellt werden sollten; er ist aber m. E. nicht berechtigt, wenn es sich primär um eine kurzfristige Wahrscheinlichkeits-Prognose handelt. In den Erwartungen und Urteilen schlagen sich nach den bisherigen Erfahrungen derartige wirtschaftspolitische Maßnahmen deutlich nieder. Steuererhöhungen, außenwirtschaftliche Maßnahmen etc. treffen ja erfahrungsgemäß die Wirtschaftssubjekte nicht aus heiterem Himmel; es vergeht meist eine längere Zeit der parlamentarischen und außerparlamentarischen Diskussion. Gegenüber einer expliziten Erfassung derartiger wirtschaftspolitischer Maßnahmen dürfte sogar ein Vorteil bestehen. Es läßt sich anhand zahlreicher Beispiele zeigen, daß objektiv gesehen gleiche wirtschaftspolitische Maßnahmen unterschiedliche Reaktionen bei den Wirtschaftssubjekten auslösen können. Aus diesem Grunde erscheint es vorteilhaft, sich unmittelbar an die Entscheidungsträger der privaten Wirtschaft zu wenden und aufgrund ihrer Lageeinschätzungen, Zukunftserwartungen und Planungen ihre voraussichtlichen Reaktionen abzuschätzen. Eine derartige Kombination quantitativer und qualitativer Daten in relativ einfachen ökonometrischen *Prognose*-Modellen erscheint recht vielversprechend. Dies sei anhand des Antizipationsmodells von R. C. Fair demonstriert.

---

16 Vgl. L. R. Klein, An Essay on the Theory of Economic Prediction, Helsinki, The Academic Book Store, 1968, S. 99.

c) Das kurzfristige Prognosemodell von Fair

Nach eigenen Angaben von Fair liegt sein Modell — was die Methodik anbelangt — zwischen den nicht formalisierten Verfahren, die häufig in der Wirtschaftspraxis angewendet werden und den großangelegten ökonometrischen Strukturmodellen, wie etwa dem Wharton-School-Modell.

Warton-School-Modell	*Fair-Modell*
47 Verhaltensgleichungen	14 Verhaltensgleichungen
29 Identitäten	6 Identitäten

Abgesehen von der Größe unterscheidet sich das Fair-Modell von den großen ökonometrischen Strukturmodellen (z. B. Wharton-School-Modell, Brookings-Modell, Department of Commerce-Modell) vor allem in zwei Punkten:

— Fair berücksichtigt in wesentlich stärkerem Maße Erwartungen und Urteile (Investitionspläne, Kaufabsichten, Konsumentenstimmungen). Eine der vielen Varianten des Wharton-School-Modells enthält zwar auch Erwartungs- und Urteilsdaten. Sie sind hier aber mehr oder weniger auf das Strukturmodell aufgepfropft und können nicht als integrierter Teil des Modells aufgefaßt werden.

— Das Fair-Modell kommt mit wesentlich weniger exogenen Größen aus als die großen ökonometrischen Modelle. Die aus der Schätzung der exogenen Werte resultierenden Fehler sind somit geringer.

Die wichtigsten exogenen Größen sind im Fair-Modell:

sämtliche staatlichen Ausgaben

Exporte

landwirtschaftliche Bauinvestitionen

Investitionspläne der Industrie (Survey of current business; OBE-SEC-Survey)

Konsumentenstimmung (Index of Consumer Sentiment des Survey Research Center in Michigan, Prof. Katona).

— Es wurden im Fair-Modell bei den einzelnen Gleichungen autoregressive Transformationen vorgenommen (Iterationstechnik von Cochrane-Orcutt). Beim Wharton-School-Modell sowie den anderen erwähnten US-amerikanischen Strukturmodellen ist dies nicht der Fall; nicht zuletzt hieraus dürfte die Unstabilität der Niveaukonstanten dieser Modelle herrühren.

Das Fair-Modell besteht aus 3 eigenständigen Sektoren. Zwischen diesen Sektoren erfolgt keine Rückkopplung.

Sektor 1: Nominales Bruttosozialprodukt

Sektor 2: Arbeitsmarkt

Sektor 3: Preise.

Als Schätzverfahren wird die zweistufige Regressionsschätzung verwendet. Es werden also zunächst die einzelnen Gleichungen für die Referenzperiode isoliert geschätzt (z. B. Konsumgleichungen, Investitionsgleichungen etc.). Die hierbei gewonnenen Ergebnisse gehen als Daten in die zweite Stufe der Regressionsschätzung ein; hierdurch kommt eine simultane Schätzung des Gleichungssystems zustande. Das Modell hat keine *Einkommensseite*. Das Bruttosozialprodukt wird in den Konsumfunktionen als Einkommensvariable anstelle des verfügbaren privaten Einkommens verwendet.

Fair unterstellt, daß die Wirtschaftssubjekte der *Geldillusion* unterliegen. Er geht also davon aus, daß die Leute planen, einen bestimmten Geldbetrag auszugeben und dafür — je nach den Preisen — eine bestimmte Gütermenge erhalten. Würden sie nicht der Geldillusion unterliegen, wäre die Gütermenge die unabhängige und der aufzuwendende Geldbetrag die abhängige Variable. Fair rechtfertigt diese Annahme mit empirischen Untersuchungen, die zumindest auf kurze Sicht eine Geldillusion realistisch erscheinen lassen. In seinen Nachfragegleichungen sind daher nur nominale Größen enthalten.

In hochaggregierten Modellen wie etwa dem Fair-Modell, ist es meist nicht möglich, komplizierte Relationen zwischen den Variablen zu messen, die aufgrund verschiedener Theorien angebracht erscheinen. Der eventuell auf der Mikroebene vorhandene Zusammenhang kann durch die Aggregation stark verdeckt werden. Aus diesem Grunde lassen sich meist auch keine komplizierten Lead-/Lag-Strukturen auf der Makroebene erkennen. Fair geht deshalb von relativ einfachen Funktionstypen und Lead-/Lag-Beziehungen aus.

Der Referenzzeitraum umfaßte bei den meisten Variablen das 1. Quartal 1956 bis einschließlich 4. Quartal 1969. Elf Quartale wurden allerdings wegen größerer Streiks und damit bedingter irregulärer Einflüsse nicht in die Untersuchung einbezogen.

Im folgenden sei nur auf den ersten Sektor (nominales Bruttosozialprodukt) eingegangen. Er bildet das Kernstück des Gesamtmodells; allein in ihm werden Antizipationen und Urteile der Wirtschaftssubjekte berücksichtigt. Zur Erklärung und Prognose der gesamtwirtschaftlichen Nachfrage werden sieben Verhaltensgleichungen und eine Identitätsgleichung herangezogen.

Tabelle 30: Nominales Bruttosozialprodukt („The Money GNP Sector" des Fair-Modells)

	SE	R^2	$\hat{r}$	Zahl der Beobachtungen
$CD_t = -25{,}43 + 0{,}103\,\widehat{GNP}_t + 0{,}110\,MOOD_{t-1} + 0{,}092\,MOOD_{t-2}$ (4,22) (39,78) (1,88) (1,54)	1,125	0,554	0,648	50
$CN_t = 0{,}081\,\widehat{GNP}_t + 0{,}646\,CN_{t-1} + 0{,}147\,MOOD_{t-2}$ (5,40) (9,30) (4,67)	1,383	0,550	0,381	36
$CS_t = 0{,}022\,\widehat{GNP}_t + 0{,}945\,CS_{t-1} - 0{,}023\,MOOD_{t-2}$ (4,15) (47,77) (7,37)	0,431	0,891	0,077	50
$IP_t = -8{,}50 + 0{,}063\,\widehat{GNP}_t + 0{,}687\,PE\,2_t$ (4,86) (8,87) (8,34)	1,011	0,633	0,689	50
$IH_t = -3{,}53 + 0{,}016\,\widehat{GNP}_t + 0{,}0242\,HSQ_t + 0{,}0230\,HSQ_{t-1} + 0{,}0074\,HSQ_{t-2}$ (2,31) (13,12) (5,37) (4,45) (1,66)	0,582	0,792	0,449	36
$V_t - V_{t-1} = -114{,}76 + 0{,}728\,(CD_{t-1} + CN_{t-1}) - 0{,}357\,V_{t-1}$ (4,09) (4,27) (3,94) $+ 0{,}095\,(CD_{t-1} + CN_{t-1} - \widehat{CD}_t - \widehat{CN}_t)$ (0,42)	2,540	0,589	0,791	50
$IMP_t = 0{,}78\,\widehat{GNP}_t$ (8,70)	0,637	0,437	1,0	45
Identitätsgleichung $GNP_t = CD_t + CN_t + CS_t + IP_t + IH_t + V_t - V_{t-1} - M_t + EX_t + G_t$				

Quelle: Rey C. Fair, A Short-Run Forecasting Modell, S. 137 f.

Das Dach über dem *BSP* bedeutet, daß diese Größe simultan geschätzt wird.

Hierbei sind:

Endogene Variable:

GNP = Brutto-Sozialprodukt (nominal)

CD = private Ausgaben für dauerhafte Konsumgüter (Gebrauchsgüter)

CN = private Ausgaben für kurzlebige Konsumgüter (Verbrauchsgüter)

CS = private Ausgaben für Dienstleistungen

IP = private gewerbliche Bau- und Ausrüstungsinvestitionen

IH = private Wohnbauinvestitionen (ohne landwirtschaftliche Gebäude)

$V_t - V_{t-1}$ = Änderung der gesamtwirtschaftlichen Lagerbestände

JMP = Güter- und Dienstleistungsimporte.

Exogene Variable:

G = Staatliche Konsum- und Investitionsaufwendungen plus Aufwendungen für landwirtschaftlich genutzte Gebäude

FX = Güter- und Dienstleistungsexporte

MOOD = Konsumentenstimmungsindex (Survey Research Center der Michigan University; Prof. Katona)

PE_1 = für 1 Quartal im voraus geplante private gewerbliche Bau- und Ausrüstungsinvestitionen (*OBE-SEC*-Daten; Survey of Current Business)

PE_2 = für 2 Quartale im voraus geplante private gewerbliche Bau- und Ausrüstungsinvestitionen (*OBE-SEC*-Daten; Survey of Current Business)

HSQ = neue Wohnbau-Vorhaben (ohne landwirtschaftlich genutzte Gebäude); quartalsmäßig in 1 000 Hauseinheiten

SE = Standardabweichung der Regressionsreste

R^2 = Korrelationskoeffizient im Quadrat

$\hat{r}$ = Korrelationskoeffizient der Regressionsreste (Maß für die Autokorrelation).

Verhaltensgleichungen

3 Konsumfunktionen

— dauerhafte Konsumgüter (ohne privates Wohnungseigentum) (CD)

— kurzlebige Konsumgüter (Verbrauchsgüter) (CN)

— Dienstleistungen (CS)

3 Investitionsfunktionen

— gewerbliche Bau- und Ausrüstungsinvestitionen (JP)

— Wohnbauinvestitionen (ohne landwirtschaftliche Gebäude) (JH^+)

— Lagerinvestitionen (Lagerbestandsänderungen) ($V_t - V_{t-1}$)

1 Importfunktion (JMP)

Identitätsgleichung

$$GNP_t = CD_t + CN_t + CS_t + JP_t + JH_t + V_t - V_{t-1} - JMP + EX_t + G_t$$

Die Staatsausgaben (G), die Exporte (EX) und die landwirtschaftlichen Gebäudeinvestitionen ($JH - JH^+$) werden als exogen behandelt; das nominale Brutto-Sozialprodukt (GNP) ist definitionsgemäß gleich der Summe dieser 3 exogenen der 7 endogenen Ausgabekomponenten.

d) Erläuterungen zu den 7 Verhaltensgleichungen des nominalen BSP-Sektors

Konsumnachfrage

Fair geht von der mittlerweile kaum noch bestrittenen Hypothese aus, daß die Konsumnachfrage nicht nur von der Kauffähigkeit, sondern auch von der Kaufbereitschaft der Haushalte abhängt. Als Indikator für die Kauffähigkeit käme insbesondere das verfügbare Einkommen der privaten Haushalte in Frage. Da das Fairsche Modell jedoch über keine Einkommensseite verfügt, wählt Fair stellvertretend für das verfügbare Einkommen das nominale Bruttosozialprodukt. Was einen Indikator für die Kaufbereitschaft anbelangt, stehen insbesondere der „Index of Consumer Sentiment“ (Survey Research Center in Michigan; Prof. Katona) und der PKW-Kaufplan-Index des amerikanischen Census-Bureaus zur Auswahl. Der Katona-Index setzt sich aus Konsumentenurteilen und -erwartungen zusammen; der Census-Bureau-Index basiert dagegen auf subjektiven Kaufwahrscheinlichkeiten. Wie eine Vielzahl von Regressionen zeigte, ist der Katona-Index dem Census-Bureau-Index als Erklärungsvariable für das Kaufverhalten überlegen oder doch zumindest gleichwertig. Aus diesem Grunde wurde der Census-Bureau-Index nicht in die endgültige Fassung des Modells aufgenommen. Zusätzlich zu den Indikatoren für die Kaufbereitschaft und

-fähigkeit testete Fair als weitere Erklärungsvariable zurückliegende Werte der Zielvariablen. Hiermit soll dem vielfach habituellen Verhalten der Konsumenten, d. h. Gewöhnung an einen einmal erreichten Lebensstandard, Rechnung getragen werden. Im folgenden sei kurz auf die Schätzfunktionen der drei Konsumnachfragekomponenten eingegangen:

Dauerhafte Konsumgüter

Die endgültige Fassung dieser Gleichung enthält das laufende Bruttosozialprodukt sowie den SRC-Konsumentenstimmungsindex (einmal mit einem Lag von einem Quartal, das andere Mal mit einem Lag von zwei Quartalen) als Erklärungsgrößen. Eine zusätzliche Berücksichtigung zurückliegender Werte der Zielvariable „Ausgaben für dauerhafte Konsumgüter" erwies sich nicht als empfehlenswert; der Erklärungsbeitrag war statistisch nicht signifikant. Dieses Ergebnis scheint Katonas Hypothese zu untermauern, daß bei der Anschaffung langlebiger Konsumgüter ein weitgehend rationales Verhalten vorliegt, beim Kauf kurzlebiger Konsumgüter dagegen ein weitgehend habituelles Verhalten.

Es sei noch kurz auf die statistische Signifikanz der Konsumentenstimmungs-Variablen eingegangen: Die t-Werte von $MOOD_{t-1}$ und $MOOD_{t-2}$ deuten auf keine statistische Signifikanz hin. Dies dürfte aber an der Kollinearität dieser beiden Variablentypen liegen. Setzte man nämlich $MOOD_{t-1}$ und $MOOD_{t-2}$ separat in die Gleichung ein, ergaben sich statistisch hochsignifikante Koeffizienten. Fair zog dennoch die gleichzeitige Berücksichtigung beider Variablentypen vor, da der Korrelationskoeffizient (auch nach Berücksichtigung des Verlustes eines weiteren Freiheitsgrades) deutlich höher war als bei dem isolierten Vorgehen.

Kritisch bleibt jedoch zu bemerken, daß trotz der autoregressiven Transformation anscheinend noch eine beträchtliche Autokorrelation vorliegt ($\hat{r}$ = 0,648) und der Korrelationskoeffizient (R^2 = 0,554) nicht besonders hoch ist.

Bemerkenswert ist noch, daß das Brutto-Sozialprodukt, das ja eigentlich nur als Ersatzgröße für das schwer zu prognostizierende verfügbare Einkommen der privaten Haushalte herangezogen wurde, in der Referenzperiode einen höheren Erklärungswert hatte als die Einkommensvariable. Fair führt dies darauf zurück, daß die Einkommenskomponente „entnommene Gewinne" nur in einem relativ losen Zusammenhang mit dem Konsumverhalten der Unternehmerhaushalte bei der Anschaffung dauerhafter Konsumgüter steht. Dieselbe Höhe des entnommenen Gewinns wird in einer für die Unternehmer konjunkturell günstigen Zeit (nicht entnommene Gewinne nehmen kräftig zu; höhere Selbstfinanzierungsquote) zu mehr Anschaffungen dauerhafter Konsumgüter durch Unternehmerhaushalte führen (Kreditfinanzierung) als in konjunkturell schwachen Zeiten. Diese größere Kaufbereitschaft sollte eigentlich von dem Konsumentenstimmungsindex eingefangen werden. Da jedoch die Unternehmerhaushalte wegen ihrer relativ geringen Zahl in der Konsumentenstichprobe nur schwach vertreten sind, dürften ihre Urteile und Erwartungen den Gesamtindex nur geringfügig beeinflussen. Das Bruttosozialprodukt dient gleichsam als zusätzlicher Konsumentenstimmungsindikator für die Unternehmerhaushalte. Es sei jedoch betont, daß es sich hierbei nur um eine erste Hypothese handelt. Man müßte für konjunkturell unterschiedliche Zeiträume die zwei Regressionsansätze (einmal mit dem Bruttosozialprodukt, das andere Mal das verfügbare Einkommen der privaten Haushalte als zusätzliche Erklärungsgröße) durchrechnen.

Kurzlebige Konsumgüter (Verbrauchsgüter)

Anders als bei der Nachfragefunktion für dauerhafte Konsumgüter erwies sich hier die um ein Quartal verzögerte Verbrauchsausgabenreihe als eine wichtige Erklärungsgröße neben dem BSP der laufenden Periode und dem Konsumentenstimmungsindex (mit einem Lag von 2 Quartalen). Das mehr habituelle Verhalten beim Kauf kurzlebiger Konsumgüter kommt u. a. darin zum Ausdruck, daß der Erklärungsbeitrag des Konsumentenstimmungsindex hier zwar statistisch signifikant, aber niedriger ist als bei den Anschaffungen von Gebrauchsgütern. In dieselbe Richtung deutet auch die höhere Abhängigkeit der Verbrauchsausgaben vom privat verfügbaren Einkommen der privaten Haushalte als vom BSP. Aus dem bereits genannten Grund (Fehlen einer Einkommensseite) wurde jedoch das nominale Bruttosozialprodukt als Erklärungsgröße herangezogen.

Dienstleistungen

Die Ausgaben für Dienstleistungen lassen sich — zumindest in den USA — wesentlich leichter prognostizieren als die für die anderen Konsumkomponenten. Wie die Gleichung zeigt, kommt der weitaus größte Erklärungswert den Ausgaben der Vorperiode zu. Einkommensänderungen scheinen nur einen geringen Einfluß auf diese Ausgabenkategorie zu haben. Etwas überraschend ist der zwar schwache, aber statistisch gesicherte Einfluß der Konsumentenstimmung: Er ist nämlich negativ, d. h. eine Klimaverbesserung führt ceteris paribus zu geringeren Ausgaben für Dienstleistungen. Fair führt dieses Ergebnis darauf zurück, daß zwischen den drei untersuchten Komponenten in gewissem Umfang ein Substitutionsverhältnis besteht. Mit wachsender Zuversicht der Konsumenten nehmen insbesondere die Ausgaben für Gebrauchsgüter, aber auch für Verbrauchsgüter zu; an Dienstleistungen wird dagegen etwas eingespart. Umgekehrt im Falle einer Klimaverschlechterung: Die Käufe langlebiger Konsumgüter werden von einem großen Teil der Haushalte zeitlich hinausgeschoben, auch bei der Anschaffung von Verbrauchsgütern wird zurückhaltender disponiert; als eine Art Kompensation wird mehr für Dienstleistungen, etwa für Unterhaltung, ausgegeben.

Die gefundene Gleichung scheint sehr gut spezifiziert zu sein; alle Koeffizienten sind hochsignifikant; das Bestimmtheitsmaß (R^2) beträgt 89,1 %, die mittlere quadratische Abweichung der Regressionsreste ist gering, und die Autokorrelation konnte durch das Cochrane-Orcutt-Iterationsverfahren fast ganz ausgeschaltet werden ($\hat{r}$ — 0,077).

Private Investitionen

Die Schätzverfahren für die drei Komponenten der privaten Investitionen (gewerbliche Bau- und Ausrüstungsinvestitionen, Wohnbauinvestitionen, Lagerveränderungen) unterscheiden sich recht beträchtlich voneinander.

Gewerbliche Bau- und Ausrüstungsinvestitionen

Während in der Bundesrepublik Deutschland zweimal jährlich (bis 1972 dreimal jährlich) ein Investitionstest durchgeführt wird, erfolgt in den USA zu Beginn jedes Quartals (Januar/Februar, April/Mai, Juli/August, Oktober/November) eine Investitionsplan-Erhebung (OBE-SEC-Survey). Die Ergebnisse liegen jeweils im März, Juni, September und Dezember vor. Die im März veröffentlichten Daten umfassen die Investitionspläne für das 1., 2., 3. und 4. Quartal; die Junidaten enthalten die Investitionspläne für das 2., 3. und 4. Quartal, die Septemberdaten die Pläne für das 3. und 4. Quartal sowie das 1. Quartal des neuen Jahres. Die im Dezember veröffentlichten Pläne beziehen sich auf das 4. Quartal des ablaufenden Jahres und die ersten beiden Quartale des neuen Jahres. Da Drei-Quartalspläne erst regelmäßig seit 1969 erfaßt werden, beschränkte sich Fair auf die drei- und sechsmonatigen Pläne. Wie zu erwarten, war die Treffsicherheit der 3-Monats-Pläne deutlich größer als die der 6-Monats-Pläne. Wegen des relativ späten Veröffentlichungstermins (jeweils im letzten Monat des Planungs-Quartals) beträgt der Prognosehorizont der 3-Monats-Pläne nur ein oder zwei Wochen. Fair berücksichtigte deshalb in seinem Modell nur 2-Quartals-Pläne, die immerhin einen Prognosezeitraum von gut drei Monaten abdecken.

Der Investitionsfunktion lag folgende Überlegung zugrunde: Die Investitionspläne werden realisiert, wenn die Unternehmer „keine Überraschungen erleben". Vereinfachend wird angenommen, dies sei dann der Fall, wenn das für die Periode t erwartete Bruttosozialprodukt sich später als richtig geschätzt herausstellen sollte.

Anhand einer Gleichung läßt sich dies verdeutlichen:

$$JP_t = a_0 + a_1 (BSP_t - BSP_t^e) + a_2 PE\,2_t \tag{I}$$

In Worten: Die Investition im Quartal t (JP_t) ist eine Funktion der zwei Quartale im voraus abgegebenen Investitionspläne der Firmen für das Quartal t ($PE2_t$) sowie der Differenz zwischen dem tatsächlichen und dem erwarteten Bruttosozialprodukt des Quartals t. Es ist anzunehmen, daß der Koeffizient a_1 größer als 1 ist, d. h. ein größeres Bruttosozialprodukt als erwartet führt zu einer Investitionsplanrevision nach oben. Das erwartete Bruttosozialprodukt ist aber nicht bekannt. Als eine grobe Annäherung unterstellt Fair, diese Investitionspläne seien eine Funktion des erwarteten Bruttosozialprodukts. Es soll also gelten:

$$PE\,2_t = b_0 + b_1 BSP_t^e \tag{II}$$

Löst man Gleichung (II) nach BSP_t^e auf und setzt diesen Wert in Gleichung (I) ein, erhält man:

$$JP_t = a_0 + \frac{a_1 b_0}{b_1} + a_1 BSP_t + a_2 PE\,2_t - \frac{a_1}{b_1} PE\,2_t \tag{III}$$

In Worten: Die Investitionen im Quartal t sind unter diesen Annahmen einmal abhängig von den Investitionsplänen für dieses Quartal sowie — als Korrekturgröße — vom Bruttosozialprodukt des Quartals t.

Wie die endgültige Funktion zeigt, konnten mit einem derartigen Ansatz immerhin rd. 63 % der Investitionsänderungen erklärt werden.

Abschließend sei noch auf Fairs Versuch hingewiesen, den Einfluß geldpolitischer Maßnahmen auf die Realisierung von Investitionsplänen zu untersuchen. Getestet wurden verschiedene kurzfristige Zinssätze sowie andere Maßgrößen für die Kreditmarktsituation; in allen Fällen konnte jedoch kein signifikanter Einfluß dieser Größen auf die Beziehung zwischen geplanten und tatsächlichen Investitionen festgestellt werden.

Wohnbauinvestitionen

Wie bereits erwähnt, baut diese Investitionsfunktion auf der Zahl der neuen Bauvorhaben auf. Fair geht davon aus, daß die durchschnittliche Bauzeit 7 - 9 Monate beträgt. In der Wohnbaugleichung werden deshalb als erklärende Variable sowohl die Zahl der im Quartal t als auch im Quartal t—1 und im Quartal t—2 begonnenen Bauvorhaben herangezogen. Da die Wohnbauinvestitionen in Dollar gemessen werden sollen, müssen die neu begonnenen Bauvorhaben mit Durchschnittspreisen gewichtet werden. Fair nimmt die Umwandlung von Stückzahlen in monetäre Größen derart vor, daß er das nominale Bruttosozialprodukt als zusätzliche Erklärungsgröße in den Regressionsansatz einbezieht. Dieses Vorgehen scheint m. E. recht rudimentär; die Schätzergebnisse sind jedoch erstaunlich gut. Immerhin konnten in der Referenzperiode rund 79 % der Schwankungen der Wohnbauinvestitionen erklärt werden.

Lagerinvestitionen

Die Lagerinvestitionen (Änderung der Lagerbestände an Roh-, Hilfs- und Betriebsstoffen, Halb- und Fertigwaren) sind eine der konjunkturanfälligsten Komponenten. Aufkommende und abklingende Spannungen zwischen Angebot und Nachfrage schlagen sich hier meist rasch und deutlich nieder. Trotz ihrer großen Bedeutung für den Konjunkturverlauf ist das bisher vorliegende statistische Material über Lagerbestandsänderungen äußerst unzureichend. Daran dürfte sich wohl auch in absehbarer Zeit weder in den USA noch in der BRD oder anderswo etwas Wesentliches ändern[17]. Wenn es schon um die Erfassung der Ex-post-Entwicklung der Lagerbestände recht schlecht bestellt ist, kann man sich vorstellen, auf welch unsicherem Fundament die Prognosen der Lagerveränderung stehen. Fair bezeichnet deshalb seine Lagerinvestitionsfunktion auch nur als einen ersten Versuch. Bevor er zu dem im Modell letztlich verwendeten Funktionstyp kam, hat er 4 verschiedene Ansätze getestet. Allen 4 Ansätzen lag die Vorstellung zugrunde, die Lagerveränderung ließe sich durch folgenden Anpassungsprozeß erklären:

$$V_t - V_{t-1} = q(V_t^+ - V_{t-1});\ 0 \leqslant q \leqslant 1$$
$$V_t^+ = a_0 + a_1 U_t^e$$

In Worten: Die tatsächliche Lagerveränderung ($V_t - V_{t-1}$) ist abhängig von der Differenz zwischen dem gewünschten Lagerbestand (V_t^+) am Ende und dem effektiven Bestand (V_{t-1}) zu Beginn der Planperiode. Der gewünschte Lagerbestand (V_t^+) soll wiederum von der erwarteten Höhe der gesamten Umsätze (U_t^e) in der Planperiode ab-

[17] Das Ifo-Institut hat im Jahre 1968 im Auftrag des damaligen Bundesministers für Wirtschaft eine Befragung bei den Industrie- und Handelsfirmen durchgeführt und dabei festgestellt, daß nur 20 % der befragten Industrieunternehmen, 19 % der Großhandels- und 17 % der Einzelhandelsfirmen überhaupt in der Lage wären, vierteljährlich preisbereinigte Angaben über die Lagerbestände zu machen.

hängen. Der Koeffizient q gibt den Grad der Anpassung des tatsächlichen an den gewünschten Lagerbestand an.

Im *ersten* Ansatz wurde versucht, den Lageranpassungsprozeß zu disaggregieren (verarbeitende Industrie, Einzelhandel, Großhandel, Baugewerbe und andere Sektoren; für jeden Sektor getrennt nach Beständen an Roh-, Hilfs- und Betriebsstoffen, Halbfabrikaten und Fertigwaren). Dieser Versuch scheiterte vor allem daran, daß nicht genügend statistische Daten über die quartalsmäßigen Umsätze der einzelnen Sektoren sowie über deren Lagerbestände während der Referenzperiode vorlagen.

Die weiteren 3 Ansätze beschränkten sich daher auf das Gesamtaggregat „Lagerinvestitionen“.

Im *zweiten* Versuch wurde unterstellt, die *erwarteten* gesamtwirtschaftlichen Umsätze seien gleich dem Umsatz der Vorperiode plus einem konstanten Betrag.

$$U_t^e = U_{t-1} + \bar{U}$$

Es wird also die vereinfachende Annahme gemacht, die Wirtschaftssubjekte würden im Durchschnitt eine absolut gleich hohe Veränderung ihrer Umsätze pro Quartal erwarten. Als Maßgröße für die gesamtwirtschaftlichen Umsätze (U_t) wurden verschiedene Aggregate der volkswirtschaftlichen Gesamtrechnung getestet: Das gesamte Bruttosozialprodukt abzüglich der Lagerinvestitionen, der gesamte private Verbrauch zuzüglich der privaten Bau- und Ausrüstungsinvestitionen und der staatlichen Verteidigungsaufwendungen und schließlich nur die Konsumausgaben für Konsumgüter (ohne Dienstleistungen). Die letzte Komponente (private Ge- und Verbrauchsgüterausgaben) erwies sich in den Regressionsuntersuchungen als die geeignetste.

Im *dritten* Ansatz wurde die 2. Variante dahingehend abgewandelt, daß ein etwas komplizierterer Lageranpassungsprozeß unterstellt wurde. Es wurde angenommen, die Lagerbestandsänderung würde sich wegen Anpassungskosten etc. über mehrere Perioden hinziehen. Mit Hilfe des Modells soll ermittelt werden, welcher Anteil der geplanten Lageränderung auf das kommende Quartal entfällt. Es zeigte sich jedoch, daß die mit Hilfe dieses Ansatzes erzielten Ergebnisse deutlich schlechter waren als die der zweiten Variante (einfacher Anpassungsprozeß).

Der *vierte* Ansatz ist insofern von besonderem Interesse, als hier verschiedene Erwartungs- und Urteilsvariablen herangezogen wurden. Ähnlich wie im Ifo-Konjunkturtest werden auch in den USA die Industriefirmen — allerdings nur jeweils im Februar, Mai, August und November — gebeten, ihre Lagerbestände zu beurteilen (zu klein, ausreichend, zu groß). Darüber hinaus geben die US-Firmen in denselben Monaten Schätzungen über die Höhe ihrer gesamten Lagerbestände (Rohstoffe, Halbprodukte und Fertigwaren; gemessen in $) für das laufende und das kommende Quartal ab. In den Regressionsuntersuchungen erwiesen sich jedoch weder die Lagererwartungen noch die Lagerurteile als statistisch signifikante Erklärungsgrößen für die gesamtwirtschaftlichen Lagerbewegungen. Wie Fair selbst betont, sollte aus diesen Ergebnissen aber nicht voreilig der Schluß gezogen werden, die einschlägigen Umfrageergebnisse seien ohne Wert für eine quantitative Vorausschätzung der Lagerinvestitionen. Die Testdaten stammen nämlich nur aus der verarbeitenden Industrie; es überrascht daher nicht allzusehr, daß diese Daten nicht repräsentativ sind für die gesamtwirtschaftliche Lagerveränderung. Darüber hinaus darf man auch nicht übersehen, wie problematisch die Ex-post-Reihe der Lagerinvestitionen ist, anhand derer man die Güte der Vorausschätzungen mißt.

Zusätzlich zu den beschriebenen Varianten testete Fair noch industrielle Investitionspläne (Bau- und Ausrüstungsinvestitionen) auf ihren Erklärungswert bei der Lagerveränderung. Dahinter steckte die Überlegung, die Bau- und Ausrüstungsinvestitionen würden wegen ihrer meist langen Herstellzeit in beträchtlichem Umfang Lagerbestände binden. Die zusätzliche Berücksichtigung von Investitionsplänen im „besten" Funktionstyp (Konsumgüterausgaben als Maßgröße für die gesamtwirtschaftlichen Umsätze) brachte jedoch nur eine marginale Verbesserung. Da zudem der Einfluß der Investitionspläne auf die Lagerbestandsveränderung im Zeitablauf stark schwankte, wurden die Plandaten im endgültigen Ansatz nicht berücksichtigt.

Die schließlich gewählte Lager-Investitionsfunktion (2. Ansatz mit Konsumgüterausgaben) erklärte rund 59 % der Lagerveränderungen während der Referenzperiode.

Importe

Der Importfunktion maß Fair wegen des niedrigen amerikanischen Importanteils nur geringe Aufmerksamkeit bei. Es wurde eine direkte Abhängigkeit der Importe vom Bruttosozialprodukt unterstellt. Nach der im Modell verwendeten Gleichung betrug der US-Importanteil 7,8 % des amerikanischen Bruttosozialprodukts. Wie zu erwarten, ist diese Schätzfunktion stark autokorreliert; der durchschnittliche Schätzfehler hielt sich jedoch sowohl während der Referenz- als auch während der Prognoseperiode in noch vertretbaren Grenzen.

e) Würdigung des Fairschen Modells und Verbesserungsvorschläge

Das Hauptanliegen von Fair war es, ein kurzfristiges „handliches" Prognosemodell zu erstellen, das

— ohne großen Aufwand zu aktualisieren ist

— sich weitgehend auf Erwartungen und Pläne der Unternehmer und Verbraucher stützt und

— außer den Antizipationsgrößen nur noch wenige weitere exogene Größen enthält, die zudem leicht zu prognostizieren sind.

Die ersten beiden Unterziele können weitgehend als erfüllt angesehen werden, wenn auch eine Reihe weiterer Antizipationsvariable auf ihre Eignung in Prognosemodellen untersucht werden sollte. Das dritte Unterziel ist dagegen nur teilweise erreicht. Einzelne exogene Variable werfen erhebliche Schwierigkeiten bei der Prognose auf; möglicherweise lassen sich diese Probleme zum Teil dadurch lösen, daß einige der „schwierigsten" exogenen Variablen durch weitere Antizipationsdaten ersetzt werden (vgl. Vorschläge S. 201 ff.). Im folgenden sei kurz auf die verwendeten exogenen Variablen eingegangen.

Exogene Variable des 1. Sektors (nominales Bruttosozialprodukt)

Exporte

Mit Ausnahme der Streikmonate scheint die Exportreihe in den USA nur geringe Schwankungen um den langfristigen Trend aufzuweisen. Es ist daher Fairs Aussage zuzustimmen, die Exportvorausschätzung sei in den USA nicht besonders problematisch. Ganz anders liegen bekanntlich die Dinge in der BRD und in den meisten anderen westeuropäischen Ländern. Hier ist die Exportentwicklung eine der konjunkturanfälligsten Komponenten des Bruttosozialprodukts. Bei einem kurzfristigen Prognosemodell für die BRD müßte der Exportentwicklung eine viel größere Aufmerksamkeit beigemessen werden als dies in einem US-Modell notwendig erscheint.

Staatsausgaben

Die Haushaltsbudgets der verschiedenen Gebietskörperschaften (Bund, Länder, Gemeinden) geben zwar wichtige Anhaltspunkte für die voraussichtliche Höhe der künftigen Staatsausgaben. Nach aller Erfahrung weicht jedoch das tatsächliche Ausgabenvolumen oft nicht unbeträchtlich von den Haushaltsansätzen ab; außerdem ist eine quartalsmäßige Aufteilung der geplanten Ausgaben für das kommende Haushaltsjahr recht problematisch. Besonders große Schwierigkeiten bereitet meist die Vorausschätzung der Gemeindeausgaben. Die Treffsicherheit einer gesamtwirtschaftlichen Wahrscheinlichkeitsprognose hängt sehr stark von der mehr oder weniger richtigen Schätzung dieser exogenen Größe ab. Verwendet man dagegen das Modell zur Simulation wirtschaftlicher Abläufe bei unterschiedlichem Staatsausgabenvolumen, so wird die exogene Größe zu einem Aktionsparameter des Konjunkturforschers. Es kommt dann nicht so sehr auf die nachträgliche Ex-ante-/Ex-post-Abweichung der Staatsausgaben an, auch wenn man versuchen wird, die wahrscheinlichste Variante aufzuzeigen.

Landwirtschaftliche Bauinvestitionen

Diese exogene Größe ist ebenfalls schwierig zu schätzen. Wegen des relativ geringen Gewichts dieser Nachfragekomponente wirken sich allerdings auch größere Fehler bei der Prognose dieser Variablen kaum spürbar auf die Güte der Bruttosozialprodukt-Prognose aus.

Konsumentenstimmung

Diese Größe weist starke Schwankungen im Zeitablauf auf, die Fair ebenso wenig wie eine Reihe anderer Autoren mit Hilfe von Reihen der amtlichen Statistik erklären, geschweige dann treffsicher prognostizieren konnte. Die Konsumentenstimmung als Indikator für die Kaufbereitschaft scheint damit — wie von Katona behauptet — einen autonomen Erklärungsbeitrag zu liefern. Man kommt nicht daran vorbei, die relativ teuren Verbraucherumfragen durchzuführen, um einen derartigen Klimaindex zu ermitteln.

Da der Stimmungsindex mit einem Lead von 1 bzw. 2 Quartalen in das Gleichungssystem eingeht, braucht er bei einer 3-Monats-Prognose nicht vorausgeschätzt zu werden. Problematisch werden dagegen 2-, 3-, 4- oder gar 5-Quartals-Prognosen, wie sie Fair präsentiert. Eine simple Trendverlängerung der Klimareihe führte zu beträchtlichen Fehlern bei der Vorausschätzung des Bruttosozialprodukts und seiner Hauptkomponenten. Es sollte daher versucht werden, den Konsumentenklimaindex nur mit einem Lead von 2 Quartalen in das Gleichungssystem einzuführen, auch wenn dadurch der „Fit“ etwas schlechter wird. Es sind dann zumindest 2-Quartals-Prognosen möglich, ohne daß der Klimaindex auf recht willkürliche Weise verlängert werden muß.

Investitionspläne

Das beim Konsumentenklima-Index Gesagte gilt hier analog. Eine „synthetische“ Planerstellung, d. h. eine nachträgliche Erklärung der Investitionspläne mit Hilfe von Daten der amtlichen Statistik, führte zu recht unbefriedigenden Ergebnissen. Hieraus resultiert auch die große Fehlermarge bei der Vorausschätzung der Investitionspläne. Es empfiehlt sich wohl auch hier, den Prognosehorizont des Modells dem der tatsächlich erhobenen Pläne anzupassen, d. h. sich auf 1 bzw. 2 Quartalsprognosen zu beschränken.

Neue Bauvorhaben

Diese exogene Größe des Bruttosozialprodukt-Modells wurde — wie erwähnt — in einem peripheren Untermodell u. a. mit Hilfe des Hypothekenzinses und der Spareinlagenzuwächse zu erklären versucht. Die zuletzt genannten Größen gehen zwar mit einem Lead von 1 bzw. 2 Quartalen in das Modell ein; sie brauchten deshalb an und für sich bei einer 1-Quartals-Prognose nicht vorausgeschätzt zu werden. In Wirklichkeit schrumpft der prognostische Lead jedoch auf einen Monat zusammen, da die statistischen Werte erst 6 - 8 Wochen nach Ablauf der Berichtsperiode vorliegen. Aus diesem Grunde kommt man nicht umhin, diese Größen trotz aller dabei bestehenden Unsicherheit vorauszuschätzen. Ein gewisser Trost ist darin zu sehen, daß sich auch größere Fehler bei der Prognose dieser exogenen Variablen nach den bisherigen Erfahrungen nicht gravierend auf die Treffsicherheit des Gesamtmodells auswirken.

Diese Tatsache ändert allerdings nichts daran, daß das Untermodell zur Prognose der Wohnbauinvestitionen, auch nach Eingeständnis von Fair, bisher noch nicht befriedigt.

f) Vergleich der Treffsicherheit des Fair-Modells mit der anderer Modelle

Nach einer Untersuchung von Zarnowitz[18] betrug die durchschnittliche Fehlermarge der nicht formalisierten US-Prognosen im Zeitraum 1953 bis 1969 rund 6,9 - 14,4 Mrd. $ pro Kalenderjahr; dies bedeutet immerhin eine Fehlerquote von mehr als 10 %. Das Fair-Modell kommt dagegen bei der Jahresprognose mit einem durchschnittlichen Fehler von rund 4 Mrd. $ aus. Zugunsten des Fair-Modells spricht zudem, daß es primär für die kurzfristigen Prognosen (1 oder 2 Quartale) konzipiert ist. Die 3- und 4-Quartals-Prognosen stoßen wegen der Prognose der exogenen Größen auf einige Schwierigkeiten. Noch deutlicher wird daher die Überlegenheit des Fair-Modells, wenn man den Vergleich auf Quartals-Prognosen beschränkt. Dies sei anhand folgender Tabelle gezeigt:

---

[18] Vgl. V. Zarnowitz, Forecasting Accuracy in Relation to the Method and Time Span of Forecast, Vortrag, gehalten auf der X. CIRET-Konferenz in Brüssel 15. bis 17. September 1971 (Tagungspapier S. 16 f.).

Tabelle 31

Mittlere quadratische Abweichung zwischen tatsächlicher und ex post geschätzter Entwicklung

in Mrd. $

Länge des Untersuchungszeitraums	Fair Modell	Warthon Modell A[a])	Wharton Modell	OBE-Modell[b])
	2. Vj. 1960—4. Vj. 1969	1. Vj. 1953—4. Vj. 1964	1. Vj. 1953—4. Vj. 1964	1. Vj. 1953—4. Vj. 1964
Bruttosozialprodukt (nominal)				
1 Qartal im voraus ..	2,86	5,11	6,75	4,62
2 Quartale im voraus	4,32	5,70	8,20	6,48
3 Quartale im voraus	4,46	—	7,70	7,62
4 Quartale im voraus	4,11	—	8,17	8,06
5 Quartale im voraus	3,71	—	8,19	8,41
Bruttosozialprodukt (real)				
1 Qartal im voraus ..	2,81	4,90	6,53	3,67
2 Quartale im voraus	4,25	5,20	7,54	5,06
3 Quartale im voraus	4,31	—	7,55	5,97
4 Quartale im voraus	3,77	—	8,96	6,44
5 Quartale im voraus	3,27	—	10,63	6,78

a) Diese Variante des Wharton-Modells enthält einige Erwartungsvariablen.
b) Das OBE-Modell wurde vom Department of Commerce entwickelt.
Quelle: Fair, S. 229.

g) Vorschläge

Wenn sich das Fair-Modell auch insgesamt gesehen als recht brauchbar für prognostische Zwecke erwiesen hat, so ergeben sich doch eine Reihe von „schwachen Stellen“. Hierzu zählen etwa die zum Teil unbefriedigenden Prognosen der Lagerinvestitionen, der privaten Wohnbauinvestitionen, der Preisentwicklung und der Beschäftigtenzahl. Im folgenden wird eine Reihe von Verbesserungsvorschlägen gemacht, die bei der Entwicklung eines Antizipations-Modells für die BRD berücksichtigt werden sollten.

Konsumfunktionen

Das Einbeziehen des Konsumentenstimmungsindex des Survey Research Centers, Michigan (Prof. Katona) führte zwar zu einer deutlichen Verbesserung der Konsumfunktionen. Neuere Erkenntnisse der Konsumforschung legen jedoch eine andere Konstruktion des Kaufbereitschafts-Index vor[19], als sie vom amerikanischen Survey Research Center zur Zeit noch praktiziert wird. Es läßt sich zeigen, daß die nach dieser neueren Methode konstruierten Stimmungsindizes in einer noch engeren Beziehung zum Kaufverhalten stehen als der SRC-Index. Die Prognose des privaten Verbrauchs, insbesondere des Absatzes dauerhafter Konsumgüter, dürfte sich deshalb noch verbessern lassen.

Private Bau- und Ausrüstungsinvestitionen (ohne Wohnungsbau und landwirtschaftliche Bauinvestitionen)

Wie gezeigt, ließen sich diese Investitionen recht gut mit Hilfe der Investitionspläne der vom Office of Business Economics (US Department of Commerce) befragten Firmen sowie des Bruttosozialprodukts als Korrekturgröße der Planangaben erklären und prognostizieren. Neuere Untersuchungen des Ifo-Instituts[20] deuten darauf hin, daß eine Kombination der Konjunkturtestreihen Geschäftsklima und Auftragsbestandsentwicklung im Bereich der verarbeitenden Industrie eine wesentlich bessere Korrekturgröße der Investitionspläne sein dürfte als das Bruttosozialprodukt.

Lagerinvestitionen

Die Lagerveränderung ist seit jeher eine der am schwierigsten zu erklärenden und zu prognostizierenden BSP-Komponenten. Die Lageranpassungsfunktion, die Fair schließlich in seinem Modell verwendet hat, gibt zwar im großen und ganzen die Entwicklung dieser Variablen gut wieder. Wie jedoch die gleitenden Regressionen gezeigt haben, sind die Koeffizienten der Funktion und damit auch die Struktur des Lagermodells im Zeitablauf wenig stabil. Fairs Versuche, das Lagermodell durch die Aufnahme der Umfrageergebnisse „Lagerbeurteilung", „geplante Lagerveränderung" und „Lagerquote" zu verbessern, waren nur wenig erfolgreich. Dieses enttäuschende Ergebnis könnte zum Teil darauf zurückzuführen sein, daß Fair nur die Testergebnisse der Industriefirmen heranzog und damit die gesamtwirtschaftliche Lagerentwicklung erklären wollte. Es kann durchaus sein, daß die Lagerurteile der Industriefirmen zwar recht gut deren eigene Lagersituation widerspiegeln, nicht aber auch die der Einzel- und Großhandelsfirmen, der Bauwirtschaft und anderer Sektoren. Es erscheint daher lohnend, zumindest einmal die Testergebnisse des Einzel- und des Großhandels, deren Hauptfunktion ja nicht zuletzt in der Lagerhaltung beruht, in das Modell mit einzubeziehen.

19 Vgl. S. 233 ff.

20 Vgl. S. 147 ff.

Wohnbauinvestitionen

Trotz des recht aufwendigen Untermodells zur Erklärung und Prognose dieser Komponente waren die Ergebnisse nur zum Teil befriedigend. Die Stabilität der unterstellten Strukturbeziehung ließ — auch auf kurze Sicht — teilweise zu wünschen übrig. Es sollte überprüft werden, ob nicht die zusätzliche Berücksichtigung von Ergebnissen des Ifo-Konjunkturtests für die Bauwirtschaft zu einer Verbesserung des Bau-Modells führen.

Exporte

Die Exporte wurden im Fairschen Modell aus den genannten Gründen recht stiefmütterlich behandelt. In einem kurzfristigen Prognosemodell für die BRD müßte dem Bereich „Außenwirtschaft" ein wesentlich größeres Gewicht beigemessen werden. An Antizipationsvariablen kommen insbesondere die monatlich erfragten Exporterwartungen der Firmen für die nächsten 3 Monate sowie — gleichsam als Kehrseite — die Konjunkturtestergebnisse unserer wichtigsten Abnehmerländer als Indikatoren für deren Importe in Frage.

Arbeitsmarkt (Sektor 2)

Der in dieser Arbeit nicht behandelte Sektor 2 des Fairschen Modells (Arbeitsmarkt) lieferte keine sehr befriedigenden Ergebnisse. Es ist zu überprüfen, ob eine Berücksichtigung von unternehmerischen Beschäftigtenerwartungen und Urteilen über die Arbeitsmarktsituation zu einer Verbesserung des Modells führt. Die in der vorliegenden Studie beschriebenen Erfahrungen mit derartigen Tendenzvariablen bei der kurzfristigen Beschäftigtenprognose waren sehr ermutigend (vgl. S. 156 ff.)

Preise (Sektor 3)

Fair versuchte, die Preisveränderungen ausschließlich mit gesamtwirtschaftlichen Angebots- und Nachfragelücken (Unterschied zwischen dem tatsächlichen realen und dem potentiellen realen Bruttosozialprodukt) zu erklären. Die Ergebnisse waren zwar im großen und ganzen recht befriedigend; die Stabilität der Strukturkoeffizienten ließ aber teilweise zu wünschen übrig. Dies dürfte nicht zuletzt daran liegen, daß sich die Preisentwicklung zum Teil verselbständigt hat und nicht mehr ausschließlich von der Kluft zwischen dem tatsächlichen und dem potentiellen Output abhängt; der Grad der wirtschaftlichen Konzentration und die damit verbundenen Machtverhältnisse üben ebenfalls einen wichtigen Einfluß auf die Preise aus. Es sollte versucht werden, ob nicht die Preiserwartungen der Firmen eine Verbesserung des Prognosemodells ermöglichen; über gute Erfahrungen mit Preiserwartungen wurde in dieser Arbeit an anderer Stelle berichtet (vgl. S. 151 ff.).

V. Ausblick

1. Bestimmungsgründe von Einstellungen

Es konnte in dieser Arbeit gezeigt werden, daß — bei richtiger Interpretation — die rezeptiv-kritischen Äußerungen der Unternehmer und der Konsumenten einen wichtigen Beitrag zur Erklärung und Prognose des konjunkturellen Prozesses liefern. Die Verhaltensrelevanz dieser Daten sollte noch intensiver untersucht werden. Hierfür kommt auf der Makroebene insbesondere der Einbau derartiger Umfrageergebnisse in Konjunkturindikatorensysteme und in Antizipationsmodelle in Frage. Im Abschluß daran könnte man daran gehen, die *Bestimmungsgründe* dieser Einstellungen herauszufinden. Für die Wirtschaftspolitik ergäbe sich dann eventuell die Möglichkeit, die Einflüsse bestimmter Maßnahmen, Ankündigungen etc. auf die Einstellungen *im voraus* abzuschätzen. Auf dem Gebiet der Einstellungs- und Verhaltensänderung existiert bereits eine Vielzahl vorwiegend theoretischer Arbeiten[1]. Bisher fehlt es jedoch an der methodisch abgesicherten Erprobung derartiger Theorien in der wirtschaftlichen Realität. Erste einschlägige Arbeiten auf diesem Gebiet kamen z. B. zu dem Ergebnis daß die wirtschaftlichen Einstellungen der Konsumenten besonders stark von Nachrichten über die Beschäftigungssituation beeinflußt werden. Meldungen über Entlassungen oder Kurzarbeit schlagen sich beispielsweise relativ schnell in einer spürbaren Verschlechterung des Klimaindex nieder. „Moral Suasion" erwies sich in einer solchen Situation als ein wenig wirksames Mittel, die Konsumentenstimmung wieder anzuheben[2].

2. Soziale Indikatoren

Die in dieser Untersuchung angesprochenen Verbraucher- und Unternehmerbefragungen dienen in erster Linie der Aufgabe, die Konjunkturanalyse und -prognose zu verbessern. Wenn auch diese Aufgabe allein derartige — relative teure — Umfragen rechtfertigt, so ist doch

---

[1] Vgl. z. B. C. Rohr (Hrsg.), Verhaltensänderung, München 1972 oder Jakoda, Marne & Warren (eds), Attitudes, Penguin Books, Harmondsworth, Middlesex, 1966.

[2] Vgl. G. Nerb, Konjunkturbefragung bei Konsumenten, in: Ifo-Studien, 18. Jg. (1972), H. 1, S. 74 ff.

zu überlegen, ob man nicht das Frageprogramm — insbesondere bei Verbrauchererhebungen — dahingehend erweitern sollte, daß die Ergebnisse auch zur Konstruktion *sozialer Indikatoren* herangezogen werden können. Hierfür lassen sich insbesondere folgende Argumente anführen:

— Während die Konsumgüterindustrie Millionen für die Marktforschung ausgibt, um die Marken- und Produktpräferenzen der Konsumenten ständig zu beobachten und daraus Schlüsse für die Marktstrategie zu ziehen, muß die Gesellschaftspolitik noch überwiegend ohne ein System demoskopischer Trenddaten auskommen, das es ihr gestatten würde, die Wirkungen ihrer Maßnahmen abzuschätzen und die wechselnden Wünsche der Bevölkerung und begrenzter Gruppen in ihr Kalkül einzubeziehen. Während sich fehlerhafte Marketingstrategien überdies recht bald in den Verkaufsziffern niederschlagen, fehlt es in der Gesellschaftspolitik bisher an sensiblen Rückkopplungs- und Warnsystemen. Es ist zu bezweifeln, ob die in größeren Abständen erfolgende Bekundung des Wählerwillens als ein hinreichend präzises Korrektiv für gesellschaftspolitische Entscheidungen angesehen werden kann[3].

— Gerade die Konjunkturumfragen bei den Verbrauchern eignen sich wegen ihrer guten Stichprobenanlage und der Art der Erhebung (mündliches Interview) besonders gut für die Messung sozialer Tatbestände.

— Die Finanzierung der Verbraucherumfragen dürfte hiermit auf eine breitere Basis gestellt werden können.

So sehr mittlerweile auch die Notwendigkeit eines in möglichst kurzen Zeitabständen aktualisierten Systems sozialer Indikatoren erkannt wird[4], so gehen doch in der wissenschaftlichen Diskussion die Ansichten über die optimale Struktur eines derartigen Systems noch sehr auseinander. Um ein solches System aufzubauen, muß zunächst einmal eine Einigung darüber erzielt werden, welche gesellschaftlichen Anliegen mit derartigen Indikatoren erfaßt werden sollen. Als nächster Arbeitsschritt folgt sinnvollerweise die Klärung der Frage, wie die entsprechenden Sachverhalte gemessen werden sollen. Es wird z. B. kaum jemand abstreiten, daß Gesundheit etwas Wünschenswertes und Erstrebenswertes ist; doch wie mißt man den Gesundheitszustand der

[3] Vgl. B. Strümpel, Soziale Indikatoren — Fieberkurve der Nation, in: Wirtschaftsdienst 1971 (VI), S. 305 ff. sowie G. Nerb, Wirtschaftliches Wachstum und Wohlfahrt, in: Ifo-Schnelldienst Nr. 49 v. 6. 12. 1972, S. 15 ff.

[4] Vgl. C. Leipert, Soziale Indikatoren — Überblick über den Stand der Diskussion, Literaturbericht im Auftrag der Kommission für wirtschaftlichen und sozialen Wandel, Augsburg 1972, S. 50 ff.

Gesellschaft? Der Arzneimittelverbrauch oder die Inanspruchnahme der Krankenkassen dürften wohl keine ausreichenden Kriterien hierfür sein. Als dritte Phase schließt sich dann die tatsächliche Erfassung der zahlenmäßigen Angaben an.

Was die erste Phase anbelangt, ist in der bisherigen internationalen Diskussion weitgehend eine Einigung erzielt worden. Die OECD hat beispielsweise nach mehr als einjährigen Beratungen im August 1972 eine Liste mit Aufgabenbereichen für soziale Indikatoren veröffentlicht[5]. Der wohl schwierigste Schritt des Indikatorprojekts, die Art der Daten zu bestimmen und damit auch das Meßproblem zu lösen, ist von der OECD erst vor kurzem in Angriff genommen worden; es wird nach dem Arbeitsplan etwa eineinhalb Jahre dauern, bis ein brauchbarer Lösungsweg erreicht ist. Auch wenn die mit dem Meßproblem zusammenhängenden Fragen erst an der Oberfläche behandelt worden sind, besteht kein Zweifel, daß

— ein Großteil der Daten durch Haushaltsumfragen in Erfahrung gebracht werden muß, und daß

— für viele Probleme nur ordinale Meßskalen (also z. B. gut, befriedigend, schlecht) in Frage kommen.

Die EG-Verbraucherumfragen bieten sich infolge der guten Stichprobenanlagen und der zum Teil engen Verwandtschaft zwischen den Themenbereichen „soziale Indikatoren" und „wirtschaftliche Einstellungen und Erwartungen der Konsumenten" geradezu an, entsprechende Fragen in die Interviews aufzunehmen.

Um zu vermeiden, daß eine mehr oder weniger willkürlich zustande gekommene Menge von untereinander unverbundenen Indikatoren gesammelt wird, erscheint es ratsam, sich an dem Aufgabenschema der OECD zu orientieren, das weitgehend den bisherigen internationalen Erkenntnisstand auf diesem Gebiet widerspiegelt. Es könnten dann jeweils für bestimmte Teilbereiche der Sozialpolitik — etwa Gesundheitssicherung oder Berufsausbildung — Indikatoren gesammelt werden, die in ein schrittweise zu entwickelndes kohärentes Indikatorensystem eingebaut werden können. In ein solches System müßten selbstverständlich auch Daten der amtlichen Statistik aufgenommen werden; erst eine derartige Kombination von qualitativen und quantitativen Daten kann das Indikatorensystem zu seiner vollen Leistungsfähigkeit führen.

Es sei abschließend noch darauf hingewiesen, daß auch schon die gegenwärtigen Einstellungsfragen zum Teil als soziale Indikatoren

[5] Vgl. OECD, Liste des Préoccupations Sociales, Paris 1973.

Abb. 27: **Konsumentenklima verschlechtert sich**

Zunehmender Pessimismus insbesondere bei den Haushalten mit mittleren und unteren Einkommen

Konsumentenklima [1]

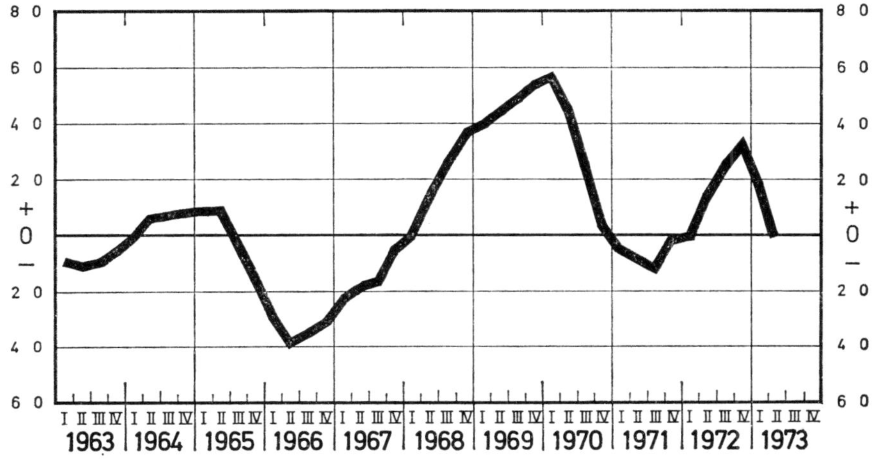

Erwartete finanzielle Entwicklung der Haushalte [2].....

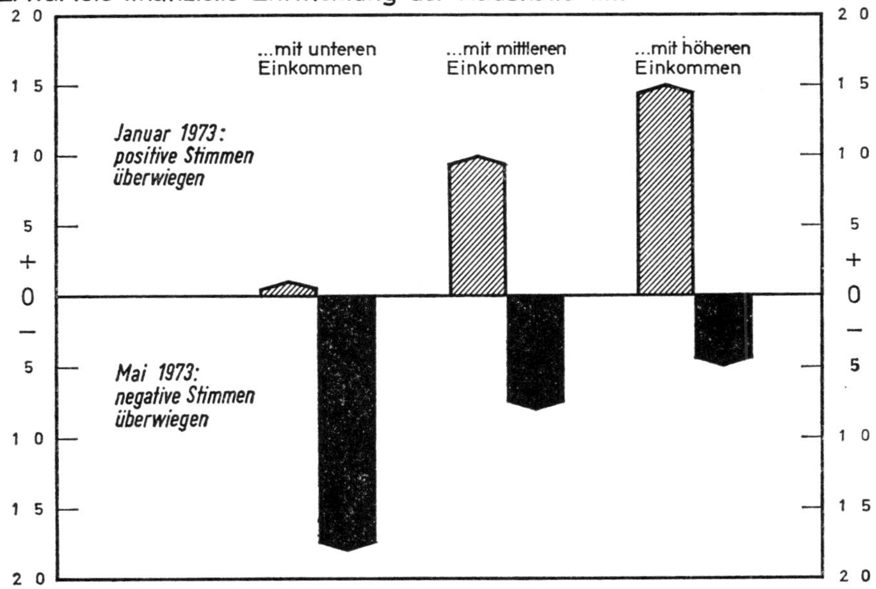

1) Berechnet aus Daten der EG-Kommission, der Forschungsstelle für empirische Sozialökonomik (Prof. Schmölders) und der Gesellschaft für Konsumforschung (GFK)

2) Differenz der Meldeanteile über eine erwartete Verbesserung (+) und eine erwartete Verschlechterung (−) der eigenen finanziellen Situation des Haushaltes in den nächsten 12 Monaten.

IFO-INSTITUT für Wirtschaftsforschung München 265/73

anzusehen sind. Als Beispiel sei die Frage nach der Beurteilung der eigenen finanziellen Lage genannt: In der Erhebung vom April/Mai 1973 überwogen nur in Frankreich und in den Niederlanden die Haushalte, die in den letzten 12 Monaten eine Verbesserung ihrer finanziellen Lage empfanden. In der BR Deutschland und vor allem in Italien registrierte dagegen ein größerer Teil der Haushalte einen Rückgang der realen Einkommen. Die starken Preissteigerungen, insbesondere bei Lebensmitteln, die Auswirkungen des progressiven Steuertarifs sowie die erhöhten Sozialversicherungsbeiträge trafen anscheinend besonders hart die Bezieher der unteren und mittleren Einkommen. Während beispielsweise in der BRD im Mai 1973 die Haushalte mit einem Nettoeinkommen von mehr als 1 750 DM im Monat ihre finanzielle Lage im Vergleich zum Vorjahr als unverändert bezeichneten, überwogen bei den Beziehern von mittleren Einkommen und insbesondere bei solchen Haushalten, die monatlich mit weniger als 800 DM auskommen müssen, die Meldungen über eine Verschlechterung der finanziellen Situation (vgl. Abbildung 27). Das zunehmende Bewußtsein vieler Arbeiter und Angestellten, sich real schlechter zu stehen als ein Jahr zuvor, deutete im April/Mai ernste soziale Konflikte an, die im Spätsommer 1973 dann auch in Form der wilden Streiks offenkundig wurden.

Anhang

A. Zur Bedeutung der „Erwartungen" in der Wirtschaftstheorie

(Ergänzung zu Punkt I.1. Bisherige Berücksichtigung von Urteilen und Erwartungen in der Konjunktur- und Wirtschaftstheorie)

1. Klassik und Neoklassik

Die Vertreter der klassischen Nationalökonomie wie etwa Adam Smith, David Ricardo, Thomas R. Malthus, gingen von der Vorstellung einer prästabilisierten Harmonie aus, die einen determinierten Ablauf garantiert, und zwar einen Ablauf in Richtung auf ein Optimum, wie er der deistischen Metaphysik des rationalistischen Naturrechts entsprach[1]. Diese Ordnungsvorstellung hatte bekanntlich nicht nur großen Einfluß auf die theoretischen Überlegungen, sondern wies auch einen starken normativen Gehalt auf (laissez faire, laissez aller, le monde va de lui même). Die Klassiker sahen ihre Aufgabe darin, die gleichsam naturgesetzlichen Regeln zu finden, nach denen die Wirtschaft abläuft. In diesem gedanklichen Schema wurde den Urteilen und Erwartungen der Wirtschaftssubjekte kaum eine Bedeutung beigemessen. Es finden sich lediglich einige Hinweise, vor allem von John Stuart Mill, der die Erwartungen zu Hilfe nahm, um Spekulationen der Kaufleute zu erklären[2]. Ein etwas größeres Gewicht für den Wirtschaftsablauf maß Thornton den Erwartungen und Urteilen bei[3]. Thornton stellte insbesondere die Einflüsse der Erwartungen auf die Entwicklung der Zinshöhe heraus. Übersetzt in die heute übliche Terminologie ließe sich Thorntons These folgendermaßen formulieren: Der Geldzins nähert sich tendenziell der Grenzleistungsfähigkeit des Kapitals. In der Grenzleistungsfähigkeit des Kapitals (marginal efficiency of capital) sind bekanntlich die künftigen Gewinnerwartungen berücksichtigt. Thornton kommt aufgrund dieser Überlegungen zu dem Ergebnis, daß eine

1 Vgl. G. Kade, Die Grundannahmen der Preistheorie, Berlin—Frankfurt 1962, S. 69 f.

2 Vgl. Peter Machinek, Behandlung und Erkenntniswert der Erwartungen in der Wirtschaftstheorie, veröffentlicht im Rahmen der Reihe „Volkswirtschaftliche Schriften", herausgegeben von Dr. J. Broermann, Berlin 1968, S. 19.

3 Vgl. W. Weber und E. Streißler, Erwartungen, Ungewißheit und Risiko, in: HdSW 3 (1961), S. 332.

einmalige staatliche Fixierung des Zinses die Preiserhöhung beschleunigen würde. Seine Argumentation geht etwa folgendermaßen: Bei steigenden Preisen erzielt der Kreditnehmer — etwa der Unternehmer — Gewinne, die über den Erwartungen liegen, wodurch ein Anreiz zu größerer Kreditaufnahme gegeben wird. Würde der Geldzins als Regulativ nicht ebenso ansteigen wie die Warenpreise, würde es zu einer sich beschleunigenden Inflation kommen[4]. Thornton beließ es bei dieser These und verzichtete darauf, die dargestellten Beziehungen so zu formalisieren, daß sie modellmäßig überprüft werden konnten. Irving Fisher vertiefte in seinen Werken die Gedankengänge von Thornton[5]. Seine Zinstheorie fußte auf der Erkenntnis: "The rates of interests are always based upon expectation[6]." Nach Fishers Definition ist der Zins der Prozentsatz des erwarteten Agios gegenwärtiger Güter über die künftigen Güter derselben Art[7]. Die in der Realität häufig nicht exakt festzustellende Anpassung des Zinses an das jeweilige Preisniveau führt Fisher darauf zurück, daß die Wirtschaftssubjekte häufig der Geldillusion unterliegen; aus Unkenntnis oder Gleichgültigkeit halten sie das Geld für wertbeständig[8].

Auch die Neoklassiker, als deren bedeutendste Vertreter Menger, Jevons, Walras, Pareto, Cassel und Wicksell genannt seien, sahen ihr Untersuchungsobjekt in der Analyse des wirtschaftlichen Gleichgewichts. Ebenso wie die Klassiker identifizierten sie den Gleichgewichtszustand mit Optimalität. Dieses Zusammentreffen leiteten sie allerdings nicht aus einer übergreifenden Harmonievorstellung ab. Es wurde vielmehr von ihnen nachgewiesen, daß ein mathematisch exakt definiertes ökonomisches Gleichgewicht als optimal hinsichtlich der einzelwirtschaftlichen Zielsetzung von Gewinn- und Nutzen-Maximierung anzusehen ist. Zu diesem Zweck mußten zunächst Axiome wie z. B. die Annahme des Rationalprinzips (homo oeconomicus) aufgestellt werden. Aus den Axiomen wurden durch logisch-strenge Deduktionsmechanismen ökonomische Gesetze abgeleitet[9]. Es ist zu prüfen, inwieweit Urteile und Erwartungen der Wirtschaftssubjekte in der neoklassischen Theorie berücksichtigt wurden. Der homo oeconomicus

---

4 Vgl. Henry Thornton, An Enquiry into the Nature and Effects of the Paper Credit of Great Britain, London 1802, reprinted and edited with an Introduction by Friedrich A. v. Hayek, New York 1962.

5 Irving Fisher, Appreciation and Interest, Publications of the American Economic Association, Vol. IX, Ng. 4, 1896, S. 331 ff.

6 Derselbe, Theory of Interest, Zitat nach: Reprints of Economic Classics, New York 1965, S. 221.

7 Vgl. ebenda, S. 36.

8 Vgl. ebenda, S. 399 f.

9 Vgl. Werner Meißner, Rekursivität und Interdependenz aus der Sicht des Kybernetikers, Berlin 1971.

ist nach den Prämissen ein ausschließlich rational handelndes Wirtschaftssubjekt, das die Fähigkeit besitzt, aus der Vielzahl der im Wirtschaftsleben zur Erreichung eines bestimmten Zieles offenstehenden Möglichkeiten und vorhandenen Mitteln die jeweils günstigsten herauszufinden. Der homo oeconomicus verfügt definitionsgemäß über eine vollkommene Marktübersicht. Er muß also insbesondere über die Absichten und Pläne aller seiner Marktteilnehmer informiert sein und den endgültigen Erfolg seiner eigenen Handlungen kennen[10]. Aus dieser kurzen Darstellung der Eigenschaften des homo oeconomicus geht bereits hervor, daß in der neoklassischen Theorie kein Platz für unsichere Erwartungen und subjektive Urteile vorhanden ist. Der homo oeconomicus verfügt gleichsam über „vollkommene Erwartungen", eine höchst unrealistische Annahme, die das Moment der Unsicherheit nahezu sämtlichen menschlichen Handelns vernachlässigt. „Obwohl die Erwartungen in Wirklichkeit ein Phänomen darstellen, das die Merkmale der Ungewißheit und Variabilität trägt, werden sie durch die Verwandlung in ein Datum ihrer Wesenseigentümlichkeit beraubt und auf diese Weise unfähig, dem System seine prägnante Starrheit zu nehmen[11]."

In einer Wissenschaft wie der Nationalökonomie, die sich die Erklärung der menschlichen Wirklichkeit zum Ziel gesetzt hat, ist es notwendig, daß nicht nur die Ableitungen logisch sind, sondern auch die Prämissen realen Bedingungen entsprechen.

Es war besonders ein Verdienst von John M. Keynes und der sogenannten Stockholmer Schule, auf die unrealistischen Prämissen und den dadurch bedingten geringen Erkenntniswert der neoklassischen Theorie für die Erklärung der Wirklichkeit hinzuweisen.

2. Die Stockholmer Schule

Angeregt durch Wicksells Theorie der kumulativen Prozesse beschäftigten sich einige schwedische Wissenschaftler — insbesondere Myrdal, Lindahl, Ohlin und Lundberg — mit dem Erwartungsproblem. Johan Åkerman prägte für diese Forschungsrichtung den Namen „Antecepationsschule"[12]. Um die Arbeiten dieser Schule richtig würdigen zu können, sei kurz auf die ökonomischen Arbeiten von Knut Wicksell eingegangen. Entscheidend für die Auslösung eines kumulativen Prozesses ist nach Wicksell die positive oder negative Spanne zwischen Geldzins und natürlichem Zins. Den „natürlichen" Zins

---

10 Vgl. Peter Machinek, Behandlung und Erkenntniswert ..., S. 38 ff.

11 Ebenda, S. 44.

12 Johan Åkerman, Das Problem der sozialökonomischen Synthese, Lund 1938, S. 262.

definiert Wicksell als den Zinsfuß, „bei welchem die Nachfrage nach Darlehenskapital und der Vorrat an ersparten Mitteln sich gerade miteinander decken, und der also dem erwarteten Ertrage der neugebildeten Kapitale mehr oder weniger entspricht ...“[13]. Der natürliche Zins Wicksells entspricht in unserer heutigen Terminologie weitgehend der Grenzleistungsfähigkeit des Kapitals (marginal efficiency of capital). Positive Ertragserwartungen fördern nach dieser Vorstellung die Investitionsneigung. Der natürliche Zins steigt, „während der Darlehenszins stillsteht oder ihm nur langsam folgt“[14]. Wicksell ist allerdings noch so in der klassischen Denkungsweise verhaftet, daß er sich nur reale Veränderungen — insbesondere neue Erfindungen — als auslösende Faktoren für höhere Ertragserwartungen und damit für ein Ansteigen des natürlichen Zinses vorstellen kann. Ein Sinken des natürlichen Zinses wird in analoger Weise als bedingt angesehen durch Schwierigkeiten bei der Verwendung neugebildeten Kapitals[15]. Der Beginn eines kumulativen Aufschwungsprozesses ist nach Wicksell dadurch gekennzeichnet, daß zusätzliche Nachfrage auf ein zunächst unverändertes Güterangebot trifft. Die Preise werden dadurch steigen. Diese ersten Preiserhöhungen werden nach Wicksell die Erwartung weiterer Preissteigerungen nach sich ziehen: „Sind die Preise einige Zeit ununterbrochen gestiegen, so werden die Unternehmer unzweifelhaft nicht nur mit den aktuell schon erreichten, sondern mit weiter ansteigenden Preisen zu rechnen beginnen[16].“ Werden die Preiserwartungen durch die tatsächlich eintretenden Preiserhöhungen noch übertroffen, so beschleunigt sich der kumulative Aufschwungsprozeß. Analog ist auch im Abschwungsprozeß eine Verstärkung der Preiserwartungen denkbar. Wegen zunehmender Absatzschwierigkeiten werden die Unternehmer ihre Preise reduzieren. Die Nachfrage wird nicht nur wegen der sinkenden Einkommen weiter zurückgehen; die Wirtschaftssubjekte werden sich auch deswegen bei ihren Käufen zurückhalten, weil sie eine Fortsetzung der rückläufigen Preistendenzen erwarten.

"Wicksell ... stressed the real factors (technology etc.) which raise the prospective rate of return of investment and so cause a spurt in capital formation[17]." Wie noch zu zeigen sein wird, erscheint diese Erklärung von Erwartungsänderungen als zu eng. Es wird dabei nicht

---

[13] Knut Wicksell, Vorlesungen über Nationalökonomie auf Grundlage des Marginalprinzips, Bd. 2, Jena 1928, S. 220.

[14] Vgl. ebenda, S. 233.

[15] Vgl. ebenda, S. 234.

[16] Vgl. ebenda, S. 211.

[17] Alvin H. Hansen, Business Cycles and National Income, New York 1951, S. 348.

berücksichtigt, daß es zu *spontanen* Erwartungsänderungen kommen kann, d. h. zu Erwartungen, die sich unabhängig von einer objektiven Datenänderung bilden können. Insgesamt bleibt festzuhalten, daß für Wicksell die Urteile und Erwartungen der Wirtschaftssubjekte nur eine prozeßbeschleunigende Wirkung haben; sie sind jedoch kein handlungsauslösender Faktor in seiner Theorie. Ihren Ausgang nehmen kumulative Schwankungen nach ihm entweder dadurch, daß der Bankzins geändert wird, oder daß der natürliche Zins infolge realer Gegebenheiten — technische Entwicklungen, nicht genügende Verwendungsmöglichkeiten für die zunehmende Kapitalmenge — variiert. Die Diskrepanz zwischen dem natürlichen Zins und dem Geldzins ist letzten Endes das auslösende Moment für kumulative Prozesse.

Die sogenannte Stockholmer Schule, die sich um Wicksell gebildet hatte, bemühte sich nach dessen Tod, die Theorie der kumulativen Prozesse weiter auszubauen. Als Hauptvertreter dieser Schule sind Gunnar Myrdal, Bertil Ohlin und Erik Lindahl zu nennen. Es ging diesen Forschern insbesondere darum, die Bedingungen des Gleichgewichts zu präzisieren und die von Wicksell angesprochenen kumulativen Prozesse zu formalisieren. Nur so erschien es ihnen möglich, Aussagen darüber zu machen, ob eine gegebene wirtschaftliche Situation als Gleichgewicht zu bezeichnen ist, und falls dies verneint werden muß, wie ein Gleichgewicht wieder zu erreichen wäre. Zur Definition des Gleichgewichtsbegriffs verzichteten sie auf Wicksells Übereinstimmung von natürlichem und Geldzins; sie stellten den Gleichgewichtsbegriff vielmehr ausschließlich auf die Übereinstimmung der Erwartungen von Anbietern und Nachfragern ab. Das Gleichgewicht hat man sich demnach als eine Situation vorzustellen, in der die ökonomischen Erwartungen aller Wirtschaftssubjekte wechselseitig kompatibel und somit erfüllbar sind. Die Verkaufserwartungen aller Unternehmer müssen mit den Kaufabsichten der Konsumenten und Investoren übereinstimmen, und die geplante gesamtwirtschaftliche Ersparnis muß der geplanten Investitionssumme entsprechen. Aus dieser sehr restriktiven Definition wird bereits ersichtlich, daß das ökonomische Gleichgewicht eher die Ausnahme als die Regel sein wird. Diese Gleichgewichtskonzeption erscheint theoretisch sehr überzeugend. Bei ihren Bemühungen, die Prozeßanalyse zu formalisieren und sie für die praktische Wirtschaftsforschung nutzbar zu machen, stießen Myrdal, Ohlin und Lindahl auf große Schwierigkeiten. Erwartungen der Wirtschaftssubjekte sind unbekannt, und es fehlen, wie Myrdal eingesteht, theoretisch fundierte Berechnungsmethoden von Erwartungen[18]. Der

[18] Vgl. G. Myrdal, Der Gleichgewichtsbegriff als Instrument der geldtheoretischen Analyse, in: Beiträge zur Geldtheorie, hrsg. von Friedrich A. v. Hayek, Wien 1933, S. 401.

Kern ihrer Theorie, die Erwartungen, ist damit recht nebulös. Myrdal muß sich dann auch den Vorwurf von Morgenstern gefallen lassen, er gehöre zu jenen Autoren, „die bereits darin einen Fortschritt der Theorie erblicken, wenn von Erwartungen undefiniert gesprochen wird“[19]. Um dennoch eine in sich geschlossene Theorie der kumulativen Prozesse vorführen zu können, ohne auf die Erwartungen der Wirtschaftssubjekte zu verzichten, wurden einige — mit Verlaub — rigorose Annahmen gemacht. Der Begriff Erwartungen wird zunächst einmal eingeengt. Erwartungen können sich demnach nur noch auf Größen beziehen, die der Einwirkungsmöglichkeit einzelner Wirtschaftssubjekte ganz oder weitgehend entzogen sind. Zukunftsgrößen, die Aktionsparameter der Wirtschaftssubjekte sind, werden unter dem Begriff „Plan“ subsumiert.

Geplante Größen wie etwa Verkaufspreise, Käufe für Investitions- und Konsumzwecke sollen nach dieser Theorie in unveränderter Form realisiert werden, da sie allein vom Willen der betreffenden Wirtschaftssubjekte abhängen[20]. Die für das Entstehen kumulativer Prozesse entscheidenden Überraschungen können demnach nur beim Unternehmer in Form unerwarteter Lagerinvestitionen oder -desinvestitionen auftreten. “Only under the assumption that purchasing plans are realized, will the excess of realized over expected sales appear as a logical necessity[21].” Es wird somit, worauf B. Hansen hinwies, implizit angenommen, daß unbeschäftigte Arbeitskräfte vorhanden sind, damit gegebenenfalls auch expansive Beschäftigtenpläne realisiert werden können[22]. Die Antizipationstheoretiker stehen offensichtlich so unter dem Eindruck der Wirtschaftskrise in den dreißiger Jahren, daß sie Angebotsschranken auf dem Arbeits- oder Gütermarkt gar nicht in ihre Theorie einbeziehen. Die noch verbleibenden „echten“ Erwartungen, nämlich die von den Unternehmern antizipierten Absätze versuchen sie, aus der Diskrepanz zwischen Ex-ante- und Ex-post-Werten der Vorperiode zu erklären. Metzler und Hicks haben die verbalen Ausführungen von Lindahl durch die Einführung spezieller Koeffizienten präzisiert[23]. Nach der Lindahlschen Hypothese ist der erwartete

---

[19] O. Morgenstern, Wirtschaftsprognose, Eine Untersuchung ihrer Voraussetzungen und Möglichkeiten, Wien 1928, S. 351.

[20] Vgl. Erik Lindahl, Studies in the Theory of Money and Capital, London 1939, S. 92.

[21] Ebenda, S. 127.

[22] Vgl. Bent Hansen, A Study in the Theory of Inflation, London 1951, S. 30.

[23] Vgl. Lloyd A. Metzler, The Nature of Stability of Inventory Cycles, in: Rev. of Ec. Stats. 23 (1941), S. 113 ff. Ferner John R. Hicks, Value and Capital, An Enquiry into some Fundamental Principles of Economic Theory, Oxford 1961, S. 205.

Absatz (A'_{t1}) eine Funktion der Absatzüberraschung in der Vorperiode ($A_{t0} — A'_{t0}$). Es läßt sich also schreiben

$$A'_{t+1} = A_{t0} + c\,(A_{t0} - A'_{t0}).$$

Geht man davon aus, daß der Unternehmer bis zur Periode $t - 1$ keine Überraschungen erlebte und daher keine Veranlassung hatte, eine Änderung des Absatzes zu erwarten, so ist der erwartete Absatz A'_{t0} gleich dem in der Vorperiode realisierten (A_{t-1}). Setzt man A_{t-1} anstelle von A'_{t0} in die obige Gleichung ein, so erhält man:

$$A'_{t+1} = A_{t0} + c\,(A_{t0} - A_{t-1}).$$

Der Metzlersche Erwartungskoeffizient c ist demnach

$$c = \frac{A'_{t+1} - A_{t\,0}}{A_{t\,0} - A_{t-1}}$$

Lindahl geht von drei typischen Werten von c aus: 1, 0 und —1. Im ersten Fall ($c = 1$) ist also eine unveränderte Fortsetzung der Absatzzunahme zu erwarten, im zweiten Fall ($c = 0$) eine Absatzstagnation und im dritten Fall ($c = -1$) ein Rückgang des Umsatzes auf das Niveau der Vorperiode (A_{t-1}).

Lindahl, Ohlin und Myrdal legten sich allerdings auf keinen bestimmten Erwartungskoeffizienten fest. Sie verzichteten damit auf eine geschlossene dynamische Theorie. Lundberg nahm die Gedankengänge der Antizipationstheoretiker in seine Sequenzanalyse auf und setzte den Erwartungskoeffizienten $c = 0$. Er unterstellt damit, daß die Unternehmer den in der abgelaufenen Periode realisierten Absatz auch für die kommende Periode erwarten. Durch diese restriktive Annahme ist sein Sequenzmodell zwar geschlossen, es ist jedoch — mit Verlaub — zu bezweifeln, ob damit ein Erkenntnisfortschritt erzielt ist. Es bleibt bei ihm völlig unberücksichtigt, daß sich Erwartungen unabhängig von einer objektiven Datenänderung bilden können; ferner wird unterstellt, daß die Unternehmer zu jedem Zeitpunkt auf eine gleichartige Absatzänderung in derselben Weise reagieren werden. Lundberg rechtfertigt sein Vorgehen damit, daß eine Aufgabe der Annahme, Erwartungen seien mit ökonomischen Ereignissen der Gegenwart und der Vergangenheit eng verknüpft, gleichbedeutend wäre mit einer Aufgabe der Nationalökonomie als einer selbständigen Wissenschaft[24]. Diesem Schluß kann — mit Verlaub — nicht zugestimmt werden. Es ist nicht einzusehen, warum die Nationalökonomie nicht auf Erkenntnisse anderer Disziplinen, beispielsweise der Psychologie oder Soziologie, zurückgreifen kann, anstatt sich selbst eine hausgemachte „Psychologie" zu schaffen.

---

[24] Vgl. Eric Lundberg, Studies in the Theory of Economic Expansion, London 1937, S. 175 f.

Die Behandlung des Erwartungsphänomens in Lundbergs Sequenzanalyse, die übrigens bei vielen modernen Nationalökonomen Schule gemacht hat, wird dem komplexen Sachverhalt „Erwartungen" nicht annähernd gerecht. Unter diesen Umständen erscheint es ehrlicher, auf den Anspruch zu verzichten, die Erwartungen der Wirtschaftssubjekte seien durch die Konstruktion von Time-Lags implizit berücksichtigt. Haberler scheint dem Rechnung zu tragen: Von einem streng logischen Standpunkt aus könne man das psychologische Band zwischen der Vergangenheit und der Gegenwart, das aus Erwartungen besteht, fallen lassen. Lediglich aus „psychologischen" Gründen halte er es für nützlich, noch von Erwartungen zu sprechen, weil dadurch daran erinnert wird, daß die theoretischen Relationen „nichts als Hypothesen" sind[25]. Insgesamt bleibt also festzuhalten, daß trotz der intensiven Bemühungen der Antizipationstheoretiker ihr Versuch gescheitert ist, die Erwartungen der Wirtschaftssubjekte als Kernstück in eine dynamische Theorie einzubauen. Es ist ihnen allerdings hoch anzurechnen, daß sie das wissenschaftliche Interesse auf das Erwartungsproblem gelenkt haben.

3. Die Behandlung von Urteilen und Erwartungen bei Keynes

Etwa zu derselben Zeit wie die Antizipationstheoretiker, aber weitgehend unabhängig von ihnen, beschäftigte sich J. M. Keynes mit dem Einfluß weitgehend psychologischer Größen wie Erwartungen und Stimmungen auf den Wirtschaftsablauf. Nach Keynes liegt der Fehler der klassischen Nationalökonomie nicht im Überbau, „... der mit großer Sorge für logische Geschlossenheit errichtet worden ist ...", sondern in den Prämissen[26]. Einen besonders gravierenden Mangel der orthodoxen Lehrmeinung sah er in der Annahme der ausschließlichen Zweckrationalität und der vollkommenen Marktübersicht, wie sie dem homo oeconomicus unterstellt wurden. Von dem Vorwurf, in den Prämissen seiner Theorie wirklichkeitsfremd zu sein, schließt Keynes auch nicht seinen Lehrer Alfred Marshall aus. Marshall glaubte ja bekanntlich, auf eine explizite Berücksichtigung von Motiven und Erwartungen verzichten zu können. Seiner Ansicht nach läßt sich die Stärke der Motive an der Höhe der Geldausgaben messen[27].

---

[25] G. Haberler, Prosperität und Depression, Eine theoretische Untersuchung der Konjunkturbewegungen, Tübingen—Zürich 1955, S. 241.

[26] Vgl. J. M. Keynes, The General Theory of Employment, Interest and Money, London—New York 1936, dt.: Allgemeine Theorie der Beschäftigung, des Zinses und des Geldes, übersetzt von Fritz Wagner, Berlin 1955, S. V.

[27] Vgl. Alfred Marshall, Principles of Economics. An introductory volume, London—New York 1959 (1890), S. 13.

Ökonomische Theorien, die nicht die Ungewißheit der Zukunft berücksichtigen, sind nach Keynes ungeeignet, einen Beitrag zur Erklärung und Prognose der Wirklichkeit zu leisten. Das Kernstück seiner eigenen wirtschaftstheoretischen Konzeption sind die drei grundlegenden psychologischen Faktoren, nämlich der psychologische Hang zum Verbrauch, das psychologische Verhalten zur Liquidität und die psychologische Erwartung über die künftigen Erträge aus dem Kapitaleinsatz[28]. Damit werden Einstellungen, Stimmungen und Erwartungen zu einem entscheidenden Bestimmungsgrund für die Höhe der Investitionen und der Beschäftigung. Schon vor dem Erscheinen seines Hauptwerkes „The General Theory of Employment, Money and Interest" hatte sich Keynes in anderen Veröffentlichungen mit dem Problem der Unsicherheit bei wirtschaftlichen Entscheidungen beschäftigt[29]. Die Berücksichtigung von Erwartungen zur Darstellung dynamischer Entwicklungen hat er aber — nach eigenem Eingeständnis — in diesen früheren Schriften „äußerst verworren" gelassen[30]. In seiner allgemeinen Theorie weist er den Erwartungen, insbesondere bei Investitionsentscheidungen, eine überragende Bedeutung zu. Den hier relevanten Einfluß der unsicheren Erwartungen versucht er einmal mit Hilfe der sogenannten Grenzleistungsfähigkeit des Kapitals und zum anderen mittels der Liquiditätspräferenz zu berücksichtigen. Bei der Grenzleistungsfähigkeit des Kapitals handelt es sich um den Zinssatz, mit dem die erwarteten Erträge, die aus einer Investition resultieren, abgezinst werden müssen, damit der Barwert gleich dem Anschaffungswert ist. Die Einführung der „marginal efficiency of capital" war allerdings keine völlige Neuheit — wie bereits gezeigt wurde, läßt sich der natürliche Zinssatz von Wicksell und Fishers „rate of return over cost" ähnlich interpretieren. Der Unterschied besteht darin, daß Keynes konsequenter als diese beiden Nationalökonomen den autonomen Charakter der Erwartungen hervorhob. Dies wird besonders deutlich in dem Kapitel „Zustand der langfristigen Erwartungen"[31] in der allgemeinen Theorie der Beschäftigung, des Zinses und des Geldes. Keynes unterscheidet zwischen langfristigen und kurzfristigen Erwartungen. Langfristige Erwartungen gehen nach ihm grundsätzlich Investitionsentscheidungen voraus; die kurzfristigen Erwartungen beziehen sich auf Erträge, die mit einer bereits vorhandenen Kapitalausstattung erzielt werden können. Große Bedeutung kommt nach

---

[28] Vgl. J. M. Keynes, Allgemeine Theorie ..., S. 206.

[29] Vgl. John M. Keynes, A Treatise on Probability, London 1921, dt.: Über die Wahrscheinlichkeit, übersetzt von Friedrich M. Urban, Leipzig 1926.
Derselbe: A Treatise on Money, London—New York 1930, dt.: Vom Gelde, übersetzt von Carl Krämer, Berlin 1932.

[30] John M. Keynes, Allgemeine Theorie ..., S. VI.

[31] Ebenda, S. 124 ff.

Keynes nur den langfristigen Erwartungen zu; die kurzfristigen können seiner Ansicht nach weitgehend vernachlässigt werden. Sie stützen sich nämlich ausschließlich auf die gerade abgelaufene Entwicklung und haben damit keinen autonomen Charakter[32]. Wie noch zu zeigen sein wird, unterstellt Keynes damit bei den laufenden Entscheidungen ein habituelles und nur bei den langfristigen Vorhaben ein rationales Verhalten. Im Grundsatz mag diese Auffassung zutreffend sein. Es sind jedoch durchaus Situationen denkbar, in denen unerwartete Änderungen zu Enttäuschungen führen, wodurch die kurzfristigen Erwartungen in eine ganz andere Richtung gelenkt werden[33]. Aus diesem Grunde erscheint die Beschränkung auf nur längerfristige Erwartungen als zu eng. Im Mittelpunkt der Keynesschen Überlegungen steht — wie schon bei den Klassikern und Neoklassikern — der Gleichgewichtszustand. Ähnlich wie bei ihnen ist das Gleichgewicht dadurch charakterisiert, daß die Grenzleistungsfähigkeit des Kapitals mit der Höhe des Zinsfußes übereinstimmt. Keynes ging es, wie er mehrmals betont hat, auch gar nicht darum, eine vollkommen neue Theorie zu entwickeln. Sein Hauptanliegen war es, die häufig stillschweigend unterstellten Prämissen auf ihren Realitätsgehalt hin zu untersuchen und gegebenenfalls durch realistischere zu ersetzen. Die „Neuheit" von Keynes besteht vor allem darin, den Einfluß von unsicheren Erwartungen bei der Grenzleistungsfähigkeit des Kapitals und beim Zustandekommen der Zinshöhe (Vorsichts-, Spekulations- und Einkommensmotiv neben der Geldmenge) besonders herauszustellen. Hicks stellt mit Recht fest, daß vom Standpunkt der reinen Theorie „... the use of the method of expectation is perhaps the most revolutionary thing about this book"[34]. (Anmerkung des Verfassers: Gemeint ist Keynes' Allgemeine Theorie.) Ein besonderer Verdienst von Keynes ist schließlich, den Mythos der Identität von ökonomischem Gleichgewicht und Vollbeschäftigung zerstört zu haben. Zu dieser Erkenntnis haben im wesentlichen die realistischeren Prämissen beigetragen. Die Erwartungen und Motivationen der Wirtschaftssubjekte sind ja nicht notwendigerweise auf Vollbeschäftigung ausgerichtet. Es kann deshalb sehr wohl der Fall eintreten, daß die Erwartungen der Wirtschaftssubjekte in Erfüllung gehen und trotzdem Arbeitslosigkeit herrscht.

So anerkennenswert es ist, daß Keynes wieder den Menschen mit seinen häufig nicht rationalen, auf unsicheren Erwartungen basierenden Entscheidungen in den Mittelpunkt seiner theoretischen Über-

---

32 John M. Keynes, Allgemeine Theorie ..., S. 41.

33 A. G. Hart, Keynes' Analysis of Expectations and Uncertainty, in: The New Economics, ed. by S. E. Harris, New York 1950, S. 420.

34 John R. Hicks, Mr. Keynes' Theory of Employment, in: Economic Journal 46 (1934), S. 240.

legungen stellte, so ist doch nicht zu verkennen, daß sich bei Keynes, ähnlich wie bei den Antizipationstheoretikern, die Erforschung von Urteilen, Stimmungen und wirtschaftlichen Erwartungen im wesentlichen auf gedankliche Konstruktionen beschränkt. Es wird nicht der Versuch unternommen, die Erkenntnisse von Nachbardisziplinen, etwa der Psychologie oder der Verhaltensforschung, zu nutzen, um die weitgehend psychologischen Größen zu messen. Vielleicht schwebte Keynes etwas Derartiges vor; er bemerkt nämlich, daß „... a priori nicht viel über den Zustand des Vertrauens gesagt werden kann“[35], obwohl dieser zu den Hauptbestimmungsgrößen der langfristigen Erwartungen zählt. Er schlägt deshalb vor, die Analyse „hauptsächlich auf die tatsächliche Beobachtung der Märkte und die Geschäftspsychologie zu stützen“[36]. Die Nachfolger von Keynes maßen einer empirischen Erfassung der statistisch schwer zugänglichen Stimmungen und Erwartungen keine große Bedeutung bei und verhängten bei ihren ökonomischen Analysen die Ceteris-paribus-Klausel über die Präferenzstruktur, Liquiditätsvorliebe und die Ertragserwartungen der Unternehmer.

Inwieweit die ökonomische Verhaltensforschung einen Ausweg aus dieser Sackgasse bringen kann, wurde in der vorliegenden Studie ausführlich untersucht.

B. Statistische Probleme beim Umgang mit rezeptiv-kritischen und finalen Äußerungen der Wirtschaftssubjekte

Man unterscheidet in der Statistik gewöhnlich zwischen quantitativen (heterograden) und qualitativen (homograden) Merkmalen[37]. „Die Zweiteilung in qualitative und quantitative Merkmale ist für manche Zwecke zu grob. Es leuchtet ein, daß z. B. unterschiedliche Berufskategorien nach jedem beliebigen Gesichtspunkt (etwa nach Alphabet, Verdienstmöglichkeiten usw.) geordnet werden können. Merkmale, deren Ausprägung eine derart willkürliche Auslegung gestatten, nennt man *nominal* (kombinatorisch) skaliert (Nominalskala). Die Merkmalsausprägungen „schlecht“, „mittel“, „gut“, „sehr gut“ weisen dagegen bereits eine eindeutige *rangmäßige* Ordnung auf. Dabei ist zunächst nichts ausgesagt über die Abstände der einzelnen Merkmalsausprägungen voneinander. Das heißt: Man kann nicht sagen, der Unterschied

---

35 J. M. Keynes, Allgemeine Theorie ..., S. 125.

36 Ebenda, S. 125.

37 Vgl. Hans Kellerer, Statistik, in: Handbuch der Wirtschaftswissenschaften, Band 2, herausgegeben von Prof. Karl Hax und Prof. Theodor Wessels, 2. Auflage 1966, Köln und Opladen, S. 360.

zwischen „schlecht“ und „mittel“ ist genau so groß wie beispielsweise zwischen „gut“ und „sehr gut“ (Beispiel Schulnoten). Eine solche Skala heißt „Ordinalskala“. Ist dagegen zusätzlich ein solcher Abstand definiert (vgl. etwa die Gradeinteilung einer Celsius-Skala für die Temperatur), so spricht man von einer Intervallskala. Dabei ist ein absoluter Nullpunkt nicht festgelegt. — Auf der höchsten Stufe der Skalierung sind Merkmalsausprägungen denkbar, bei denen neben Anordnung und Abstand auch noch eine Relation festgelegt ist, bei denen also die Bildung von Verhältnissen zwischen Merkmalsausprägungen sinnvoll ist (Verhältnisskala). Man denke etwa an die Messung der Körpergröße. Es ist leicht zu erkennen, daß der einzige Unterschied zwischen Intervall- und Verhältnisskala in der Existenz eines absoluten Nullpunktes bei letzterer besteht. Intervall- und Verhältnisskalen zusammen bezeichnet man als *metrische* Skalen. Metrisch skalierte Merkmale im eben definierten Sinne sind gleichbedeutend mit den oben erläuterten quantitativen Merkmalen[38].“

Bei den in dieser Arbeit zur Diskussion stehenden Befragungen werden die Informationen vorwiegend mit Hilfe von Ordinalskalen erfaßt[39]. Der Schwerpunkt dieses Kapitels soll daher bei statistischen Problemen liegen, die derartige Skalen aufwerfen.

1. Untergliederung der Meßskala

Es stellt sich zunächst die Frage, wieviele Abstufungen eine Ordinalskala aufweisen soll. In der psychologischen Fachliteratur wird dem Problem der Skalierung zwar eine große Bedeutung beigemessen[40]; eine allgemein gültige Schlußfolgerung läßt sich daraus jedoch nicht ableiten. Nach Green und Rao[41] haben sich im Zusammenhang mit dieser Fragestellung zwei „Lager“ gebildet. Auf der einen Seite die Verfechter einer möglichst differenzierten Skala, auf der anderen

---

[38] Ebenda, S. 390.

[39] Ausnahmen bestehen im Konjunkturtest bei Sonderfragen wie etwa Reichweite der Auftragsbestände (gemessen in Produktionsmonaten) und der Kapazitätsauslastung (betriebsübliche Vollastung gleich 100 %); im Investitionstest bei der erwarteten prozentualen Veränderungsrate und bei Konsumentenumfragen, wenn die Kaufabsichten mit Hilfe von subjektiven Kaufwahrscheinlichkeiten erfaßt werden. In diesen Fällen werden ausnahmsweise metrische Skalen verwendet.

[40] Vgl. W. R. Garner, Rating Scales, Discriminability and Information Transmission, Psychological Review, 67 (1960), S. 343; G. A. Miller, The Magical Number Seven Plus/Minus Two: Some Limits on Our Capacity for Processing Information, Psychological Review, 63 (1956), S. 81.

[41] Paul E. Green and V. R. Rao, Rating Scales and Information Recovery — How Many Scales and Response Categories to Use?, Journal of Marketing, Vol. 34 (July 1970), S. 33.

Fragebogen von Pickering u. a.
(Universität Sussex, Großbritannien)

Semantic Differential Scales used in the Consumer Surveys

	Agree strongly	Agree	Agree slightly	Agree with neither or both equally	Agree slightly	Agree	Agree strongly	
1. Financially, we, as a family, are better off than we were a year ago	☐	☐	☐	☐	☐	☐	☐	Financially, we, as a family, are less well off than we were a year ago
2. Financially, we as a family, expect to be better off next year than we are now	☐	☐	☐	☐	☐	☐	☐	Financially, we as a family, expect to be worse off next year than we are now.
3. My employment opportunities look good for the next year	☐	☐	☐	☐	☐	☐	☐	My employment opportunities do not look good for the next year
4. Over the next <u>three to five</u> years my employment opportunities look good	☐	☐	☐	☐	☐	☐	☐	Over the next <u>three to five</u> years my employment opportunities do not look good.
5. There are now good prospects of continuous economic progress in this country	☐	☐	☐	☐	☐	☐	☐	Prospects for continuous economic progress are <u>not</u> good at the present time.
6. The development of the economy is likely to be favourable to us as a family over the next year	☐	☐	☐	☐	☐	☐	☐	The development of the economy is <u>not</u> likely to be favourable to us as a family over the next year.
7. The development of the economy is likely to be favourable to us as a family over the next <u>three</u> years	☐	☐	☐	☐	☐	☐	☐	The development of the economy is <u>not</u> likely to be favourable to us as a family over the next three years.
8. This is now a good time to make major purchases of durable goods	☐	☐	☐	☐	☐	☐	☐	This is <u>not</u> a good time to make major purchases of durable goods.
9. This is now a good time to try to build up savings	☐	☐	☐	☐	☐	☐	☐	This is <u>not</u> a good time to build up savings.
1o. This is now a good time to buy stocks, shares and unit trusts.	☐	☐	☐	☐	☐	☐	☐	This is <u>not</u> a good time to buy stocks and shares and unit trusts.
11. There is a major durable good I would like to buy in the next 12 months;	☐	☐	☐	☐	☐	☐	☐	There are no additional major durable goods I would like to buy in the next 12 months.

	Agree strongly	Agree	Agree slightly	Agree with neither or both equally	Agree slightly	Agree	Agree strongly	
12. There is a major durable good that I already own that I expect to replace in the next 12 months.	☐	☐	☐	☐	☐	☐	☐	I do not expect to replace any of the durables I own in the next 12 months.
13. My purchases of durable goods would be affected by a temporary increase in income	☐	☐	☐	☐	☐	☐	☐	My purchases of durable goods would not be affected by a temporary increase in income.
14. My purchases of durable goods would be affected by a temporary decrease in income	☐	☐	☐	☐	☐	☐	☐	My purchase of durable goods would not be affected by a temporary decrease in income
15. Prices always rise less than wages	☐	☐	☐	☐	☐	☐	☐	Prices always rise more slowly than wages.
16. Prices of most goods are rising	☐	☐	☐	☐	☐	☐	☐	Prices seem to be pretty stable at the present time
17. Because prices of the major durables I want to buy are rising I ought to buy quickly	☐	☐	☐	☐	☐	☐	☐	There is no need to rush into purchases just because prices are rising
18. Because prices of foodstuffs and other things I have to buy and spend money on are rising I am less able to buy the durable goods I would	☐	☐	☐	☐	☐	☐	☐	The prices of foodstuffs and other things I have to buy have no effect on my ability to buy the durables I would like
19. If I saw a major durable that I wanted offered at a specially reduced price I would buy it now.	☐	☐	☐	☐	☐	☐	☐	Price reductions would not encourage me to buy a durable good at the present time.
2o. I expect to buy more durable goods in the next 12 months than I have done in the last year.	☐	☐	☐	☐	☐	☐	☐	I do not expect to buy as many durable goods in the next 12 months as in the last year.
21. We are currently saving up to buy a particular major durable.	☐	☐	☐	☐	☐	☐	☐	We are not saving up to buy any particular good at the present time.
22. I expect my financial commitments to increase in the next year or two.	☐	☐	☐	☐	☐	☐	☐	I expect my financial commitments to decline in the next year or two.
23. As a country, we are doing well at the moment.	☐	☐	☐	☐	☐	☐	☐	As a country, we are not doing so well at the present time.

Seite die Forscher, die eine Zwei- oder Dreipunktskala vorschlagen. Angesichts dieser unterschiedlichen Meinungen empfiehlt es sich, pragmatisch vorzugehen. Es muß von Fall zu Fall entschieden werden, ob nicht der eventuelle Vorteil einer höheren Meßgenauigkeit durch den Nachteil wesentlich höherer Erhebungskosten und einer eventuellen Überforderung der Befragten aufgewogen wird.

Aus eigener Erfahrung mit Ordinalskalen läßt sich sagen: Die vom Ifo-Institut beim Konjunkturtest und die vom Survey Research Center der Universität Michigan bei Konsumentenumfragen verwendete Dreierskalen weisen einige größere Nachteile auf. Im fortgeschrittenen Stadium eines konjunkturellen Auf- oder Abschwungs ist die obere bzw. untere Antwortkategorie bereits sehr stark besetzt. Eine weitere Beschleunigung des Konjunkturprozesses kann daher nur noch zu einer relativ schwachen Zunahme der entsprechenden Meldeanteile führen. In der harmonisierten EG-Befragung wurden daher grundsätzlich Sechserskalen (fünf Urteils-Abstufungen und eine Spalte für „Weiß nicht") eingeführt. Es ist zu hoffen, daß sich damit die Elastizität der Meßskala im unteren und oberen Bereich wirksam erhöhen läßt.

Ein recht interessanter Vorschlag zur Erfassung von rezeptiv-kritischen Konsumentenäußerungen wurde von den Autoren J. F. Pickering, J. H. Harrison und C. D. Cohen anläßlich der „Conference on the Use of Survey Data in Forecasting" in Oxford (März 1972) präsentiert[42]. Die Fragen, die Änderungen im Konsumentenvertrauen messen sollen, wurden in die Form semantischer Differentiale gebracht. Das semantische Differential (Polaritäts-Profil nach Hofstätter), das erstmals von Charles E. Osgood eingeführt wurde, hat mittlerweile einen festen Platz in der Umfrageforschung gefunden[43]. Beim semantischen Differential sind nicht alle Antwortkategorien verbal formuliert; die Testbegriffe werden vielmehr auf einer Sieben-Punkte-Skala Gegensatzpaaren zugeordnet. Die Testperson entscheidet dann durch Ankreuzen eines der sieben Antwortfelder, ob ihr z. B. die gegenwärtige wirtschaftliche Situation als gut oder als schlecht erscheint (siehe Fragebogen).

Insgesamt wurden von Pickering, Harrison und Cohen anläßlich von zwei Probeerhebungen im Februar und Mai 1971 23 Fragen in Form von semantischen Differentialen gestellt. Die dabei gewonnenen

---

42 Vgl. J. F. Pickering, J. A. Harrison, C. D. Cohen, Identification and Measurement of Consumer Confidence in Short-Term Forecasting, University of Sussex, März 1972 (als Manuskript vervielfältigt).

43 Vgl. Charles E. Osgood, E. H. Suci und P. H. Tannenbaum, The Measurement of Meaning, University of Illinois, 1957. Ferner: Elisabeth Noelle, Umfragen in der Massengesellschaft, Reinbach 1973, S. 285.

Ergebnisse dürften zwar kaum repräsentativ sein, da jeweils nur 203 bzw. 183 Personen pro Erhebung interviewt wurden[44]. Es konnte aber immerhin gezeigt werden, daß die Benutzung von semantischen Differentialen bei Konsumentenbefragungen ein gangbarer Weg ist. Ob er allerdings dem von Katona beschrittenen überlegen ist, müßte man in einer großangelegten Parallelerhebung prüfen.

2. Probleme bei der Aggregation von finalen und rezeptiv-kritischen Äußerungen

Die in dieser Arbeit untersuchten Umfragen bei Unternehmern und Verbrauchern haben das primäre Ziel, das ökonomische Verhalten auf einer höheren Aggregationsstufe zu erklären. Es geht nicht darum, beispielsweise die Investitionsentscheidungen des Unternehmers A oder das Kaufverhalten des Konsumenten Z zu erklären; es soll mit Hilfe der Befragungen vielmehr in erster Linie Aufschluß über das *gesamtwirtschaftliche* Investitions- und Konsumentenverhalten gewonen werden.

Für ein Forschungsvorhaben, das diesem Zweck dient, kommen grundsätzlich zwei Lösungswege in Frage:

— Es wird auf der Mikroebene das ökonomische Verhalten einer Vielzahl von Wirtschaftssubjekten untersucht. Aus diesen Mikroergebnissen werden Rückschlüsse auf das gesamtwirtschaftliche Verhalten gezogen.

— Auf Mikrountersuchungen wird verzichtet; die individuellen Angaben werden vielmehr aggregiert und in dieser Form zur Erklärung gesamtwirtschaftlicher Prozesse herangezogen.

Der zweite Lösungsweg erscheint einfacher und auch zielstrebiger. Wie sich zeigen wird, ist er jedoch nicht ohne Tücken: Die Tendenzangaben haben subjektiven Charakter; das kommt deutlich darin zum Ausdruck, daß ein und derselbe Tatbestand, z. B. Grad der Kapazitätsauslastung, von verschiedenen Unternehmern unterschiedlich beurteilt wird. Ähnliches gilt auch für finale Äußerungen, etwa Kaufwahrscheinlichkeiten. Die hieraus resultierenden Probleme sollen im folgenden näher untersucht werden.

---

[44] Die von Pickering u. a. durchgeführten Interviews fanden in der Form statt, daß die Interviewer die Testbogen von den Befragten selbst ausfüllen ließen, nachdem sie ihnen das Wesen des semantischen Differentials kurz erklärt hatten.

a) Aggregation von finalen Äußerungen die auf metrischen Skalen gemessen werden

Nehmen wir an, die Grundgesamtheit bestehe nur aus 10 Konsumenten. Alle zehn Personen sollen die gleiche „wahre, d. h. objektive“ Wahrscheinlich von 60 % für den Kauf eines PKWs in den nächsten 12 Monaten haben. Infolge subjektiver Gründe (in der Persönlichkeit der Interviewten begründet) empfinden die 10 Konsumenten jedoch ihre „wahre“ Kaufwahrscheinlichkeit als unterschiedlich hoch. Die Verteilung der tatsächlich gemeldeten subjektiven Wahrscheinlichkeiten möge folgendes Bild aufweisen:

Konsument	Subjektive Kaufwahrscheinlichkeit	
	Grundgesamtheit	Stichprobe
1	40 %	40 %
2	50 %	
3	70 %	70 %
4	60 %	
5	80 %	80 %
6	50 %	
7	50 %	50 %
8	80 %	
9	70 %	70 %
10	50 %	
Durchschnittliche Kaufwahrscheinlichkeit	60 %	62 %

Wir wollen nun aus der Grundgesamtheit (10 Konsumenten) eine Stichprobe von 5 ziehen. Die Auswahl soll so erfolgen, daß jeder zweite Konsument in die Untersuchung einbezogen wird, also die Konsumenten mit den Nummern 1, 3, 5, 7 und 9. Die durchschnittliche Kaufwahrscheinlichkeit dieser 5 Konsumenten liegt nach dieser Tabelle bei 62 %. Dieses Stichprobenergebnis kann als sehr guter Schätzwert für die „wahre“ Kaufwahrscheinlichkeit bezeichnet werden, obwohl die Treffsicherheit auf der Mikroebene zu wünschen übrig läßt.

Grundsätzlich gilt: Finale Äußerungen, z. B. Kauf- und Investitionsabsichten, die auf metrischen Skalen gemessen werden, sind auf der Makroebene immer dann treffsicher, wenn sie es auch auf der Mikroebene sind. Es gilt aber nicht der Umkehrschluß: „Fehlerhafte“ Mikrodaten schließen grundsätzlich eine hohe Treffsicherheit auf der Makroebene aus. Wie in dem Beispiel demonstriert wurde, ist es durchaus denkbar, daß — beispielsweise infolge der unterschiedlichen individuellen Meßskalen — die Treffsicherheit auf der Mikroebene schlecht, auf der Makroebene jedoch auf Grund des Fehlerausgleichs nach dem

Gesetz der großen Zahl recht gut ist. Voraussetzung für den Fehlerausgleich ist allerdings eine annähernd symmetrische Streuung der Mikrofehler um den jeweils wahren Parameter. Liegen jedoch systematische Fehler vor, d. h. werden beispielsweise die geplanten Investitionsausgaben auf der Mikroebene durchgehend von allen Befragten unterschätzt, so ist ein Fehlerausgleich auf der Makroebene ausgeschlossen.

b) Aggregation von finalen Äußerungen die auf Ordinalskalen gemessen werden

Es handelt sich hierbei um das Problem, beispielsweise die im Konjunkturtest erfaßten Produktions- und Preiserwartungen oder die mit Hilfe von verbalen Absichtsklassen erfaßten Investitions- und Kaufpläne zu aggregieren. Die Argumentation soll wiederum anhand eines fiktiven Beispiels geführt werden: Nehmen wir an, die Grundgesamtheit bestehe aus 10 Unternehmen, die alle im Berichtsmonat gleich viel produziert haben (durch diese Annahme erübrigt sich eine Gewichtung der einzelnen Meldungen). Am Ende des Berichtsmonats *t* melden die Unternehmen im Konjunkturtest ihre Produktionserwartungen für den nächsten Monat ($t + 1$). Es stehen ihnen nur die drei Antwortkategorien zur Wahl:

voraussichtlich steigen (+)

voraussichtlich gleichbleiben (=)

voraussichtlich fallen (—).

Die Gegenüberstellung der erwarteten Produktionsveränderung und der tatsächlichen Entwicklung möge folgendermaßen aussehen:

Unternehmer	Erwartete Veränderungstendenz der Produktion im Zeitraum $t + 1$ gegenüber t	Tatsächliche Veränderung der Produktion im Zeitraum $t + 1$ gegenüber t (in %)
1	—	— 2
2	—	— 1
3	—	— 1
4	+	+ 7
5	—	— 0,5
6	—	— 2
7	+	+ 10,5
8	=	± 0
9	+	+ 7,5
10	—	— 2
Gesamtergebnis Saldo	— 30	+ 16,5

Es geht hieraus hervor, daß die Ex-ante- und Ex-post-Tendenzen der Produktion in allen 10 Fällen übereinstimmen. In Form der üblichen Treffsicherheitsmatrix läßt sich dies folgendermaßen zum Ausdruck bringen[45]:

ex ante \ ex post	+	=	—
+	3	0	0
=	0	1	0
—	0	0	6

Alle Punkte liegen auf der Hauptdiagonalen, die von links oben nach rechts unten verläuft. Die Matrixfelder, die für die Vorhersagefehler vorgesehen sind, enthalten alle den Wert O. Wenn auch in diesem Beispiel auf der Mikroebene eine gute Übereinstimmung zwischen der jeweils erwarteten und der tatsächlichen Entwicklung festzustellen ist, so fällt der Vergleich der aggregierten Ex-ante-Tendenzen mit der quantitativen Ex-post-Veränderung recht ungünstig aus. Nach dem beim Konjunkturtest üblichen Aufbereitungsverfahren würde sich für die Ex-ante-Tendenzen folgendes Besetzungsverhältnis der drei vorgesehenen Antwortkategorien ergeben:

voraussichtlich steigen .... 30 %

voraussichtlich gleichbleiben ...... 10 %

voraussichtlich fallen .... 60 %.

Stellt man — wie im Konjunkturtest allgemein üblich — dem Saldo der Plus- und Minus-Meldeanteile die durchschnittliche Veränderungsrate laut Statistik gegenüber, erhält man:

Konjunkturtest	Veränderungsrate lt. amtlicher Statistik
Saldo: — 30	+ 16,5 %

Trotz der vollkommenen Übereinstimmung der Ex-ante- und Ex-post-Tendenzen auf der Mikroebene ergibt sich auf der Makroebene ein „extremer“ Voraussagefehler.

Ebenso ließe sich ein Beispiel konstruieren, in dem eine durchgehende Fehlschätzung auf der Mikroebene zu einer treffsicheren Tendenzangabe auf der Makroebene führen würde.

45 Vgl. Oskar Anderson jun., Das Konjunkturtest-Verfahren und sein Beitrag zur empirischen Untersuchung der Ex-ante, / Ex-post-Problematik, München, Dissertation, 1957, S. 111.

Es sei allerdings betont, daß es sich hier um ein sehr konstruiertes Beispiel handelt. Es wurden den Unternehmen, die eine Minustendenz meldeten, bewußt recht kleine Veränderungsraten zugeordnet, während bei den Unternehmen mit antizipierten Produktionserhöhungen die prozentuale Steigerung als relativ stark angenommen wurde. Wie insbesondere Anderson[46] nachgewiesen hat, ist jedoch eine Quantifizierung von Tendenzdaten auf der Mikroebene meist schon dann erfolgversprechend, wenn die Werte der zu erklärenden quantitativen Reihe stark autokorreliert sind. Dies ist bei wirtschaftlichen Zeitreihen meist der Fall. Hieraus erklärt sich wohl auch, weshalb mit aggregierten tendenziellen Planangaben recht gute Prognoseergebnisse erzielt wurden[47].

Grundsätzlich gilt: Bei finalen Äußerungen, die auf ordinalen Skalen gemessen werden, ist eine Ex-post-/Ex-ante-Übereinstimmung auf der Mikroebene weder eine notwendige noch eine hinreichende Bedingung für die Treffsicherheit auf der Makroebene. Wie empirische Ergebnisse zeigen, lassen sich auch bei einem nicht unbeträchtlichen Anteil von „falschen“ Mikrodaten recht gute Prognoseergebnisse auf der Makroebene erzielen. Der Grund liegt wiederum im statistischen Fehlerausgleich. Der Fehlerausgleich dürfte hier vor allem darauf zurückzuführen sein, daß die Indifferenz-Intervalle der einzelnen Befragten unterschiedlich groß sind. Die tatsächlichen oder erwarteten Veränderungen der einzelnen Variablen müssen gewissen Schwellenwerte überschreiten, damit sie als solche „bemerkt“ und angegeben werden[48]. Empirische Ergebnisse lassen vermuten, daß individuelle Unterschiede in den Indifferenz-Intervallen durch die Aggregation zu einem großen Teil ausgeglichen werden.

c) Aggregation von rezeptiv-kritischen Äußerungen auf ordinalen oder metrischen Skalen

Es läßt sich bei derartigen Daten nicht nachweisen, ob eventuelle „Fehler“ in der Mikroebene sich bei der Aggregation fortpflanzen, oder ob es zu einem — zumindest teilweisen — Fehlerausgleich auf der Makroebene kommt.

Fehler bei der Aggregation können einmal daraus resultieren, daß das Meßobjekt nicht bei allen Befragten das gleiche ist. So ist beispielsweise die „augenblickliche Geschäftslage“ kein exakt definierter Begriff.

---

46 Vgl. Oskar Anderson jun., Das Konjunkturtest-Verfahren ..., S. 46 ff.

47 Vgl. beispielsweise S. 156 ff. in dieser Arbeit.

48 Vgl. W. Marquardt und W. Strigel, Der Konjunkturtest, Schriftenreihe des Ifo-Instituts für Wirtschaftsforschung, Berlin—München 1959, S. 68 f.

Der eine Unternehmer stellt bei der Beantwortung dieser Frage mehr auf die Gewinnsituation ab, der andere auf die Auftragshöhe etc. Zum anderen taucht auch hier das Problem unterschiedlicher Indifferenz-Intervalle auf. Die zum Teil individuell unterschiedliche Begriffsinterpretation und die verschiedenen Schwellenwerte wirken sich allerdings nicht besonders störend aus, wenn der Befragtenkreis im Zeitablauf annähernd stabil bleibt. Es kann davon ausgegangen werden, daß der einzelne Befragte im Zeitablauf an seiner Begriffsdefinition und seinem Meldeverhalten festhält; somit ist eine Vergleichbarkeit der Ergebnisse im Zeitablauf gewährleistet. Liegt keine „Panel"-ähnliche Befragung vor, sollte man sich besonders intensiv darum bemühen, die im Fragebogen verwendeten Begriffe möglichst klar zu definieren. Selbst wenn dies nicht immer gelingt, ist anzunehmen, daß auch hier wie bei den Indifferenz-Intervallen zumindest ein teilweiser Fehlerausgleich bei der Aggregation erfolgt.

Grundsätzlich ist festzuhalten: Falls die subjektive Begriffsinterpretation und die Indifferenz-Intervalle bei allen Befragten gleich sind, ist eine Aggregation von rezeptiv-kritischen Äußerungen völlig unproblematisch. Aber auch, wenn diese Voraussetzungen nicht erfüllt sind, erscheint hier ein zumindest teilweiser Fehlerausgleich bei der Aggregation als noch wahrscheinlicher als bei finalen Äußerungen.

Diese Ergebnisse lassen es gerechtfertigt erscheinen, auch dann mit aggregierten Größen zu arbeiten — etwa sie zur Erklärung des gesamtwirtschaftlichen Konsum- und Investitionsverhaltens heranzuziehen —, wenn keine kostspieligen und zeitraubenden Mikrountersuchungen vorangegangen sind. Sollte sich allerdings herausstellen, daß der Erklärungsgehalt derartig aggregierter Größen im Zeitablauf recht unterschiedlich ist, empfiehlt es sich, Mikrountersuchungen vorzunehmen. Es wird sich dann eventuell zeigen, daß die auf der Mikroebene vorhandenen Zusammenhänge durch die Aggregation derart verdeckt wurden, daß eine Zuordnung der Ursachen und der Folgen auf der Makroebene ohne zusätzliche Informationen nicht mehr möglich war[49].

3. Umsetzen ordinaler Werte in metrische

Unabhängig davon, ob die Testdaten mit Hilfe einer der üblichen ordinalen Skalen (z. B. Dreier- oder Fünfer-Skalen) oder mittels semantischer Differentiale gemessen werden, taucht meist das Problem auf, die aggregierten Meldeanteile zu *einem* Meßwert zu komprimieren. Diese Notwendigkeit ergibt sich beispielsweise, wenn eine Zeitreihe

---

[49] Vgl. O. Anderson jun., Das Konjunkurtest-Verfahren und ..., S. 59.

qualitativer Werte graphisch dargestellt werden soll. Ein anderes Beispiel wäre die Aufnahme qualitativer Größen als erklärende Faktoren in einen Regressionsansatz. Um möglichst wenig Freiheitsgrade zu verlieren, besteht häufig der Wunsch, die einzelnen Meldeanteile nicht als separate Einflußgrößen, sondern nur einen komprimierten Wert aufzunehmen. Normalerweise wird dieses Problem so gelöst, daß man unterstellt, die ordinale Skala ließe sich durch eine lineare Intervall-Skala mit gleichgroben Abständen annähern. Auf einer derartigen Annahme beruht beispielsweise das Verfahren des Ifo-Instituts, die Differenz zwischen dem positiven und dem negativen Meldeanteil zu bilden (Testsaldo). Dieses Verfahren läuft darauf hinaus, daß der Plus-Meldeanteil mit + 1, der Gleich-Anteil mit 0 und der Minus-Anteil mit — 1 gewichtet wird. Entsprechend ließen sich bei einer Fünfer-Skala die Gewichte + 2, + 1, 0, — 1, — 2 heranziehen. Beim semantischen Differential erfolgt die Zusammenfassung der Meldeanteile meist in der Form, daß den einzelnen Antwortkategorien jeder Skala die Gewichte 1 bis 7 zugeordnet werden[50]. Dies sei an einem Beispiel demonstriert:

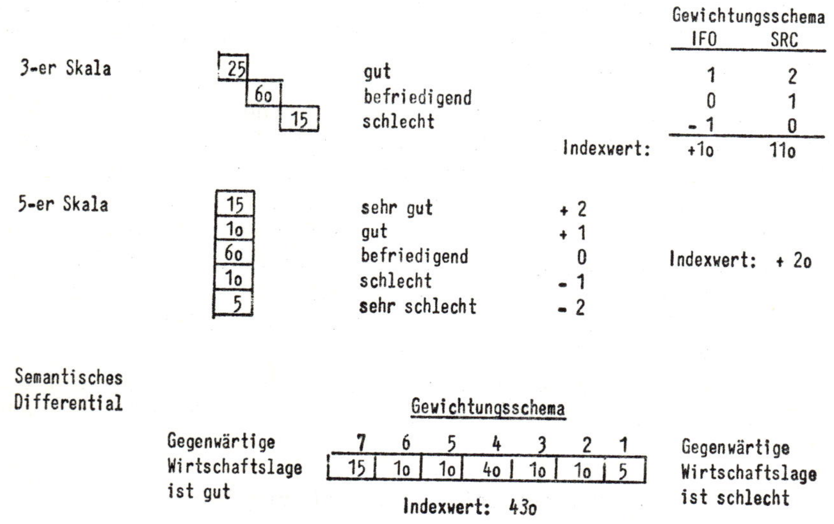

Diese Vorgehensweise ist nicht unproblematisch. Es wird nämlich jeweils eine Symmetrie der Skala unterstellt; in Wirklichkeit können dagegen die Indifferenz-Intervalle bei den positiven und negativen Antworten unterschiedlich groß sein. Denkbar wäre es, daß beispiels-

[50] S. J. Messick, Metric Assumptions of the Semantic Differential, Educational and Psychological Measurement, 17 (1957), S. 200.

weise eine graduelle Verschlechterung der allgemeinen Wirtschaftslage sich viel schneller in den Urteilen niederschlägt als eine Verbesserung. Der Schwellenwert, der überschritten werden muß, bevor eine Veränderung „bemerkt" und angegeben wird, wäre damit im positiven Bereich größer als im negativen. Eine Saldierung der positiven und negativen Meldeanteile oder auch eine analoge Zusammengewichtung bei der Fünfer-Skala oder bei dem semantischen Differential kann somit zu einem systematischen Fehler führen. Bei einer Reihe von Quantifizierungsversuchen mit Konjunkturtestdaten — einmal mit Test*salden* und das andere Mal mit positiven und negativen Meldeanteilen als separate Einflußgrößen — ergaben sich allerdings nur geringfügige Unterschiede. Der durch das Saldieren bedingte Fehler dürfte damit in den meisten Fällen zu vernachlässigen sein. Dies ist auch der Grund, weshalb die Konjunkturindikatoren des Ifo-Instituts vorwiegend Saldenreihen sind.

Eine andere Variante einer derartigen Saldenbildung wird vom Survey Research Center in Michigan praktiziert. Um negative Werte zu vermeiden, wird zu den Testsalden jeweils 100 addiert. Wie sich leicht zeigen läßt, läuft dieses Vorgehen bei der verwendeten ordinalen Dreier-Skala darauf hinaus, daß positive Meldeanteile mit + 2, neutrale mit + 1 und negative mit 0 gewichtet werden[51]. Diese auf den ersten Blick geringfügige Modifikation bewirkt

a) eine Glättung und

b) ein Durchschlagen des positven Meldeanteils auf den Indexwert.

Dies soll an folgendem Zahlenbeispiel gezeigt werden (vgl. umseitige Tabelle): Die prozentualen Veränderungen zeigen, daß der SRC-Index stärker von den positiven Meldeanteilen geprägt wird, als dies beim Ifo-Testsaldo der Fall ist. Außerdem sind die relativen Ausschläge des SRC-Index in beiden Richtungen wesentlich gedämpfter als beim Ifo-Testsaldo. In dem Zahlenbeispiel wurde auch noch eine weitere Form des Zusammengewichtens von Meldeanteilen angesprochen: das sogenannte Divisionsverfahren. Hierbei wird nicht die Differenz der positiven und negativen Meldeanteile, sondern deren Quotient gebildet. Auch dieses Vorgehen basiert auf der Annahme, die ordinale Skala ließe sich durch eine lineare Intervall-Skala mit gleichgroßen Abständen annähern. Beim Quotientenverfahren kann ex definitione die prozentuale Ab-

---

51 Beweis: Plus-Meldeanteile seien mit X, Gleich-Meldeanteile mit Y und Minus-Meldeanteile mit Z bezeichnet.

(1) $X + Y + Z = 100$, daraus folgt: $Z = 100 - X - Y$

(2) $X = 100 - Y - Z$

(3) $X - Z = 2X + Y$.

(4) $X - Z + 100 = 100 - Y - 2Z = 100 - Y - 200 + 2X + 2Y = 2X - 100 + Y$

Beurteilung der Geschäftslage

Kategorie bzw. Gewichtungsverfahren	Zeitpunkt der Befragung[a]				Prozentuale Veränderung		
	$t\,1$	$t\,2$	$t\,2^*$	$t\,2^{**}$	$t\,2/t\,1$	$t\,2^*/t\,1$	$t\,2^{**}/t\,1$
gut	25	20	10	40	− 20 %	− 60 %	+ 60 %
befriedigend	60	55	50	55	− 9 %	− 16 %	− 9 %
schlecht	15	25	40	5	+ 66 %	+ 267 %	− 66 %
IFO-Saldo	+ 10	− 5	− 30	+ 35	− 150 %	− 400 %	+ 250 %
SRC-Index[b]	110	95	70	135	− 14 %	− 36 %	+ 23 %
Quotienten-Index	$\frac{25}{15} = \frac{5}{3}$	$\frac{20}{25} = \frac{4}{5}$	$\frac{10}{40} = \frac{1}{4}$	$\frac{40}{5} = 8$	− 52 %	− 85 %	+ 380 %

a) Meldeanteile in %; es wurden zu Demonstrationszwecken 3 verschiedene Umfrageergebnisse im Zeitpunkt $t\,2$ angenommen ($t\,2$; $t\,2^*$; $t\,2^{**}$). — b) Gewichtungsverfahren des Survey Research Centers an der Universität Michigan (Prof. Katona).

nahme des Index nie über 100 Prozent hinausgehen; bei einer Zunahme kann er dagegen, wie im Beispiel demonstriert wurde, deutlich 100 Prozent übersteigen. Im negativen Meßbereich ist damit der Quotienten-Index weniger reagibel als etwa der Ifo-Testsaldo.

Ein abschließendes Urteil über die Zweckmäßigkeit der einzelnen Gewichtungsverfahren läßt sich nicht abgeben. Der Verfasser vertritt die Auffassung, daß man an den Saldierungsverfahren bei einer Dreier-Skala bzw. bei der Gewichtung + 2, + 1, 0, — 1, — 2, bei der Fünfer-Skala und den Werten 1 bis 7 beim semantischen Differential festhalten sollte, solange bisherige Vermutungen über Indifferenz-Intervalle nicht empirisch belegt worden sind.

Abschließend sei noch darauf hingewiesen, daß bei den vorgeschlagenen Gewichtungsverfahren eine eventuell vorgesehene Kategorie „Weiß nicht/Keine Antwort“ mit 0 gewichtet wird, also genauso behandelt wird wie die „Gleich“-Meldungen.

4. Konstruktion von Global-Indizes

Bei jeder Unternehmer- oder Verbraucherumfrage fällt eine Vielzahl von Informationen an, die auch nach der im vorigen Abschnitt beschriebenen Komprimierung noch zu unübersichtlich ist, um daraus bereits konjunkturelle Schlußfolgerungen ziehen zu können. Insbesondere für publizistische Zwecke kommt es darauf an, die vielen Einzelinformationen zu einprägsamen Global-Größen zu verdichten. Auch auf Grund der im ersten Kapitel angestellten Überlegungen erscheint eine Kombination der verschiedenen Meßwerte als notwendig. Die Feldtheorie, die den psychologisch-theoretischen Hintergrund derartiger Umfragen bildet, geht ja bekanntlich davon aus, daß das menschliche Verhalten von einer komplexen Vielfalt subjektiver und objektiver Einflußgrößen bestimmt wird. Katona, der wohl als erster das Gedankengut der Feldtheorie auf die ökonomische Verhaltensforschung übertragen hat, warnt deshalb mit Recht davor, einzelne Meßreihen isoliert zu interpretieren. Es sei vielmehr notwendig, die in den einzelnen Meßwerten verstreuten Informationen gleichsam wie Mosaiksteine zusammenzusetzen, um eine Vorstellung von dem psychologischen Feld zu gewinnen.

Aus diesen praktischen wie theoretischen Gründen sind verschiedene Versuche angestellt worden, einzelne Meßwerte miteinander zu kombinieren. Ein Beispiel hierfür ist etwa das Ifo-Geschäftsklima, das als geometrisches Mittel aus den Testsalden zur Beurteilung der augenblicklichen und der künftigen Geschäftslage errechnet wird. Ein weiteres Beispiel ist der mittlerweile von verschiedenen anderen Stellen weitgehend übernommene „Index of Consumer Sentiment“ des Survey Research Center der Universität Michigan (Katona).

Gegen so konstruierte Global-Indizes lassen sich allerdings verschiedene Einwände vorbringen:

— Zunächst ist es fraglich, ob die Zahl der erfaßten Variablen ausreicht, um damit zumindest einen wesentlichen Teil des psychologischen Feldes (beispielsweise die Investitions- oder die Kaufbereitschaft) abzustecken.

— Durch das relativ einfache Zusammengewichten (Addition oder geometrisches Mittel) wird die mögliche Interkorrelation der Informationen, ihr eventuell unterschiedlicher Einfluß auf eine Umstrukturierung des Feldes und damit indirekt auf das Verhalten nicht ausreichend berücksichtigt. Auf eine nicht unbeträchtliche Informationsüberschneidung deuten die Korrelationsmatrizen der Umfragedaten hin. Es seien hier nur einige Beispiele derartiger Korrelationsmatrizen bei Verbraucherumfragen vorgeführt:

Tabelle 32

Partielle Korrelationskoeffizienten für quartalsmäßige Einstellungsreihen (saisonbereinigt)

(Zeitreihenanalyse)

Periode 1. Vj. 1961 - 3. Vj. 1969

Erwartungen zur Entwicklung	der Einkommen	der Einzelhandelspreise	der Kreditbelastung	der allgemeinen Wirtschaftslage	der Arbeitslosigkeit
der Einkommen	1,000				
der Einzelhandelspreise	0,102	1,000			
der Kreditbelastung..	— 0,003	0,660	1,000		
der allgemeinen Wirtschaftslage ...	0,207	0,191	— 0,089	1,000	
der Arbeitslosigkeit..	— 0,359	0,512	0,229	— 0,572	1,000

Periode 1. Vj. 1961 - 2. Vj. 1971

Erwartungen zur Entwicklung	der Einkommen	der Einzelhandelspreise	der Kreditbelastung	der allgemeinen Wirtschaftslage	der Arbeitslosigkeit
der Einkommen	1,000				
der Einzelhandelspreise	0,395	1,000			
der Kreditbelastung..	— 0,068	0,619	1,000		
der allgemeinen Wirtschaftslage ...	0,042	— 0,221	— 0,064	1,000	
der Arbeitslosigkeit..	0,092	0,586	0,207	— 0,591	1,000

Quelle: G. Heald, British Experience of Consumer Anticipation Survey 1961 - 1971, vorgelegt als Manuskript anläßlich der Tagung „Conference on the Use of Survey Data in Forecasting“ 27. - 29. March 1972, Oxford.

Tabelle 33

Partielle Korrelationskoeffizienten für Ergebnisse von Verbraucherbefragungen in der BRD

(Querschnittsanalyse)

	Var.	1	2	3	4	5	6
März 1969	1	1,000	0,242	0,247	0,215	0,181	0,143
	2		1,000	0,142	0,303	0,169	0,328
	3			1,000	0,405	0,227	0,155
	4				1,000	0,276	0,195
	5					1,000	0,362
	6						1,000

	Var.	1	2	3	4	5	6
Juni 1970	1	1,000	0,469	0,305	0,224	0,330	0,290
	2		1,000	0,173	0,337	0,331	0,457
	3			1,000	0,383	0,173	0,126
	4				1,000	0,172	0,235
	5					1,000	0,498
	6						1,000

	Var.	1	2	3	4	5	6
November 1970	1	1,000	0,406	0,247	0,239	0,296	0,259
	2		1,000	0,185	0,311	0,297	0,379
	3			1,000	0,346	0,136	0,136
	4				1,000	0,195	0,183
	5					1,000	0,501
	6						1.000

Variable 1: Was würden Sie sagen: Geht es Ihnen und Ihrer Familie heute finanziell besser oder schlechter als vor einem Jahr?

Variable 2: Wie wird es wohl in einem Jahr sein: Glauben Sie, daß es Ihnen und Ihrer Familie dann finanziell besser oder schlechter oder genau so gehen wird wie heute?

Variable 3: Wenn Sie einmal 4 Jahre zurückdenken: Ist Ihr Einkommen heute höher, gleich oder niedriger als damals?

Variable 4: Was glauben Sie: Wird Ihr Einkommen in 4 Jahren höher, gleich hoch oder niedriger sein als heute?

Variable 5: Würden Sie sagen, daß die wirtschaftliche Lage im ganzen gesehen in der BRD besser, genau so oder schlechter ist als vor einem Jahr?

Variable 6: Und wie wird es Ihrer Meinung nach in einem Jahr sein? Wird die wirtschaftliche Lage in der BRD besser, genau so oder schlechter sein als heute?

Quelle: Forschungsstelle für empirische Sozialökonomik e. V., Köln.

Tabelle 34

Partielle Korrelationskoeffizienten von Verbraucherbefragungen in Großbritannien

(Querschnittsanalyse)

Variable	1	2	3	4	5	6	7	8
1	1,000	0,491	0,443	0,442	0,141	0,216	0,126	0,293
	1,000	0,601	0,493	0,455	0,203	0,315	0,323	0,343
2	0,491	1,000	0,420	0,414	0,194	0,164	0,178	0,256
	0,601	1,000	0,538	0,543	0,370	0,499	0,514	0,364
3	0,443	0,420	1,000	0,775	0,154	0,222	0,200	0,192
	0,493	0,538	1,000	0,834	0,282	0,322	0,346	0,262
4	0,442	0,414	0,775	1,000	0,091	0,210	0,257	0,247
	0,455	0,543	0,834	1,000	0,324	0,403	0,415	0,227
5	0,142	0,194	0,154	0,091	1,000	0,573	0,464	0,208
	0,203	0,370	0,282	0,324	1,000	0,659	0,577	0,264
6	0,216	0,164	0,222	0,210	0,573	1,000	0,745	0,227
	0,315	0,499	0,322	0,403	0,659	1,000	0,848	0,177
7	0,126	0,178	0,200	0,257	0,464	0,745	1,000	0,226
	0,323	0,514	0,346	0,415	0,577	0,848	1,000	0,242
8	0,293	0,256	0,192	0,247	0,208	0,227	0,226	1,000
	0,343	0,364	0,262	0,227	0,264	0,177	0,242	1,000

Die erste Zeile enthält jeweils Korrelationskoeffizienten für die Erhebung im Februar 1971, die zweite Zeile solche für die Erhebung im Mai 1971.

Quelle: Pickering u. a., University of Sussex, 1972, S. 13.

Variable 1: Finanzielle Situation gegenüber dem Vorjahr.

Variable 2: Finanzielle Situation im nächsten Jahr.

Variable 3: Berufsaussichten im nächsten Jahr.

Variable 4: Berufsaussichten in den nächsten 3 bis 5 Jahren.

Variable 5: Aussichten für wirtschaftliche Entwicklung Großbritanniens.

Variable 6: Wirtschaftliche Situation der eigenen Familie im nächsten Jahr.

Variable 7: Wirtschaftliche Situation der eigenen Familie in den nächsten 3 Jahren.

Variable 8: Gute oder schlechte Zeit, um größere Anschaffungen zu tätigen.

Wenn man davon ausgeht, daß bereits ein Korrelationskoeffizient von 0,4 — je nach Stichprobenumfang — meist schon auf einen statistisch signifikanten Zusammenhang hindeutet, ist die Informationsüberschneidung recht stark ausgeprägt. Insbesondere die Urteile und die Erwartungen über denselben Sachverhalt sind relativ hoch korreliert. Dies zeigt sich sowohl bei den Konsumentenumfragen (Urteile und Erwartungen zur allgemeinen Wirtschaftssituation, zur finanziellen Lage und zur Einkommenssituation des Haushalts), als auch beim Ifo-Konjunkturtest (hohe Interkorrelation von Urteilen zur augenblicklichen Geschäftslage und Erwartungen über deren künftige Entwicklungen). Ein einfaches Zusammengewichten der einzelnen Meßwerte führt dazu, daß die in den miteinander korrelierten Variablen enthaltenen weitgehend gleichen Informationen relativ stark auf den Gesamtindex durchschlagen.

Als ein methodisch wesentlich anspruchsvollerer, dafür aber wesentlich zuverlässigerer Weg zur Indexkonstruktion ist die Faktorenanalyse anzusehen. Der Sinn dieses Verfahrens der deskriptiven Statistik besteht darin, den Informationsgehalt einer Vielzahl von mehr oder weniger miteinander korrelierten Variablen mit einigen wenigen, linear unabhängigen Hauptkomponenten zu erfassen. Zum besseren Verständnis dieses statistischen Verfahrens seien die wichtigsten Arbeitsschritte der Faktorenanalyse kurz aufgezeigt[52]: Ausgangspunkt ist die Matrix der Variablenwerte, also beispielsweise 10 Testvariable mit jeweils 100 Beobachtungen. Diese 10×100 Ausgangsmatrix wird in eine sogenannte normierte Matrix überführt, indem die Originalwerte (X) ersetzt werden durch $(X_{ij} - \bar{X}_i)/s_{Xi} = Z_{ij}$[53]. Aus diesen normierten Z-Werten wird eine Korrelationsmatrix erstellt. An dieser Stelle beginnt die eigentliche Faktorenanalyse. Die Korrelationsmatrix wird — bis auf einen Rest — in Produkte der Faktorladungen zerlegt. Die Spalten dieser Ladungsmatrix werden als Hauptkomponenten bezeichnet. Die Hauptkomponenten sind orthogonal und damit definitionsgemäß linear unabhängig. Die Faktorenanalyse läuft also darauf hinaus, daß die ursprünglichen Testvariablen in einem neuen orthogonalen (rechteckigen) Bezugssystem gemessen werden. Graphisch läßt sich dies folgendermaßen darstellen:

---

[52] Vgl. Institut für Datenverarbeitung GmbH. & Co., Heidelberg, Beschreibung und Anwendung einiger *multivariater Methoden*, 1971, als Manuskript veröffentlicht (Manuskript wurde verteilt und erläutert von Dr. Marasche anläßlich eines Vortrags im Münchener Marktforscherclub am 9. 1. 1972.

[53] Hierbei bedeuten:

X_{ij} = Wert der Variablen X_i im Zeitpunkt j

X_i = Arithmetisches Mittel der Variable X_i im Berichtszeitraum

s_{Xi} = mittlere quadratische Abweichung der Variable X_i im Untersuchungszeitraum

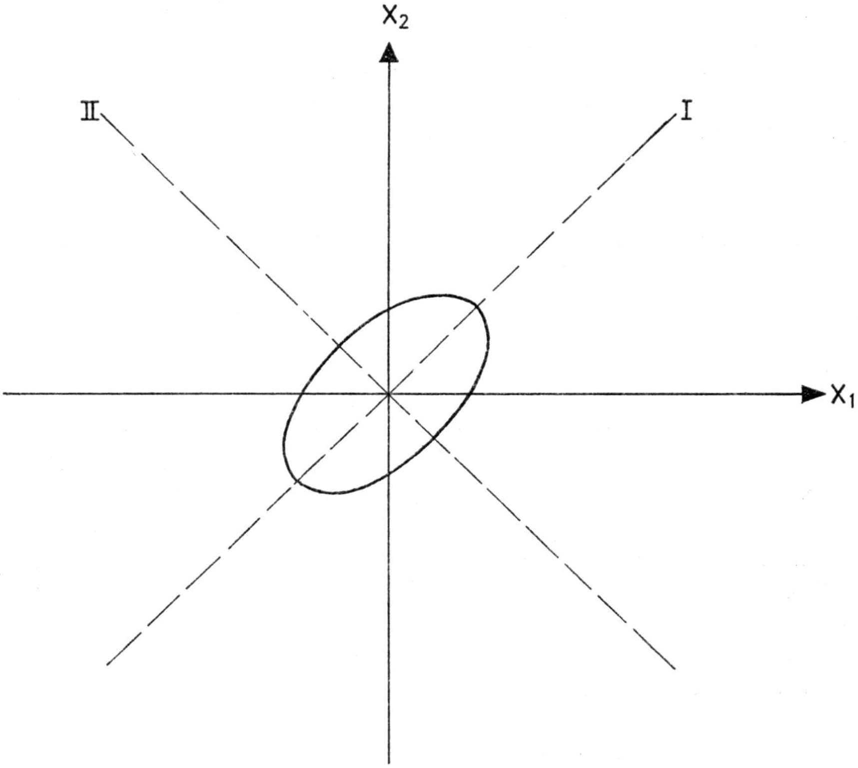

X_1 und X_2 stellen zwei Variable dar. Die Ellipse zeigt den Umriß der Fläche, die von der bivariaten Menge der N Individuen mit den Merkmalen X_1 und X_2 ausgefüllt wird. Die Aufgabe, die der Faktorenanalyse gestellt ist, besteht darin, einen Vektor zu finden, der die Gemeinsamkeiten der beiden Variablen mißt. Eine Lösung besteht darin, alle Punkte des Feldes auf die erste Winkelhalbierende (Hauptachse I) zu projizieren. Diese Hauptkomponente definiert den „Faktor", den beide Variable gemeinsam messen. Dasselbe gilt für die zweite Hauptachse.

Führt man eine dritte Variable ein, wird der Testraum dreidimensional und die Ellipse zum Ellipsoid. Führt man 50 Variable ein, wird ein 50dimensionaler Raum aufgespannt. Durch die Faktorenanalyse versucht man, derartige komplizierte Räume auf weniger dimensionierte zurückzuführen.

Es gibt unendlich viele Möglichkeiten, ein orthogonales Achsensystem durch das ursprüngliche Variablensystem zu legen. Üblicherweise wählt man folgendes Lösungsprinzip: Der erste Faktor soll den größten Teil der Gesamtvarianz auf sich ziehen, der zweite Faktor den größten Teil der Restvarianz etc. Als Ergebnis der Faktorenanalyse kristallisieren sich die Hauptkomponenten heraus. Im Falle einer vom Gallup Poll durchgeführten Faktorenanalyse bei Konsumentenumfragen ergab sich beispielsweise folgendes Ergebnis[54]:

Tabelle 35

Hauptkomponenten der britischen Konsumentenumfrageergebnisse
(Quartalswerte 1961 - 1969)

Testfragen a)		Hauptkomponenten I	II	III
Anteil (in %) der gesamten erklärten Varianz (Eigenwert)		44,0	27,6	15,8
Arbeitslosigkeit	Ladungskoeffizienten	0,840	— 0,321	0,102
Einzelhandelspreise	Ladungskoeffizienten	0,783	0,509	0,005
Wirtschaftliche Lage	Ladungskoeffizienten	— 0,623	0,467	— 0,497
Einkommenserwartungen	Ladungskoeffizienten	— 0,294	0,688	0,652
Kreditbelastung	Ladungskoeffizienten	0,638	0,572	— 0,325

a) Genauen Wortlaut der Testfrage siehe S. 76.
Quelle: Gallup Poll, London.

Die einzelnen Faktorladungen sind partielle Korrelationskoeffizienten, die angeben, wie hoch die Hauptkomponente mit den einzelnen Ursprungsvariablen (X_1, X_2 ...) geladen ist. Schwierigkeiten bestehen in der Praxis allerdings häufig in der Interpretation der einzelnen Hauptkomponenten. Falls sich die Hauptkomponenten nicht logisch interpretieren lassen, erfüllt die Faktorenanalyse nicht ihre Hauptaufgabe, die komplexe Informationsmenge überschaubarer zu machen. Man muß dann versuchen, durch Rotation der orthogonalen Hauptachsen eine bessere Interpretation des Faktorenmusters zu erzielen.

Im Idealfall erklärt die erste Hauptkomponente etwa 70 % und mehr der Gesamtvarianz und läßt sich obendrein sinnvoll interpretieren. In diesem Fall könnten aus den Ergebnissen der Faktorenanalyse z. B. folgende Schlußfolgerungen für die Praxis gezogen werden:

1. Reduzierung der Variablenzahl, so daß ein möglichst geringer Informationsverlust auftritt. Die Testfragen, deren Ladungskoeffi-

[54] G. Heald, The Gallup Poll, London, Intensions and Attitude in Short-Term Forecasting of Consumer — Durable Expenditures, Tagungspaper der 10. CIRET-Konferenz in Brüssel, 1971, S. 13.

zienten in der ersten Hauptkomponente sehr niedrig sind, können gestrichen werden.

2. Die Ladungskoeffizienten der ersten Hauptkomponente können als Gewichte zur Konstruktion eines Global-Index herangezogen werden.

   In der Realität kommt allerdings ein solcher Idealfall nur selten vor. In dem erwähnten Beispiel von Gallup Poll[55] trug im Durchschnitt der Jahre 1961 - 1969 der erste Faktor mit 44 % zur Erklärung der Gesamtvarianz bei, der erste und zweite Faktor zu 71,6 %, die ersten drei zusammen zu 87,4 %. Diese Zahlen lassen sich sinngemäß folgendermaßen interpretieren: Die Veränderung der fünf Testreihen, die in den Global-Index des Gallup Poll eingehen, werden zu 44 % in der ersten Hauptkomponente, zu 71,6 % von den ersten beiden und zu 87,4% von den drei Hauptkomponenten aufgefangen. Wenn der Eigenwert der ersten Hauptkomponente auch nicht besonders hoch ist, so hat dieser Faktor doch den Vorteil, daß er sich nach Ansicht von Gallup Poll relativ gut als Maß für die Konsumentenstimmung interpretieren läßt: Sein inverser Wert ist nämlich stark positiv korreliert mit den Erwartungen zur allgemeinen Wirtschaftsentwicklung, etwas weniger positiv mit den Einkommenserwartungen; negative Ladungskoeffizienten ergaben sich für die Erwartungen zur Preis-, Kredit- und Arbeitslosen-Entwicklung. Diese Ergebnisse erschienen durchaus plausibel; die Ladungskoeffizienten der ersten Hauptkomponente (inverse Werte) wurden daher fortan als Gewichte zur Zusammenfassung der Testergebnisse benutzt.

Die Beschränkung auf den ersten Faktor bei der Konstruktion des Konsumentenstimmungs-Index ist nicht unproblematisch; schließlich werden dadurch nur 44 % der in den fünf Variablen enthaltenen Informationen genützt. Das Vorgehen von Gallup Poll läßt sich jedoch folgendermaßen begründen: Jeder Global-Index ist mit einem Informationsverlust verbunden; auch wenn die erste Hauptkomponente nur knapp die Hälfte der Gesamtinformation enthält, so dürfte sie doch — vorausgesetzt sie läßt sich ökonomisch sinnvoll interpretieren — schon wichtige Anhaltspunkte für die Veränderungen der Konsumentenstimmung geben.

Eine mögliche Verbesserung des von Gallup Poll praktizierten Ansatzes ist darin zu sehen, die Testvariablen zunächst getrennt nach den Ladungskoeffizienten des ersten, des zweiten und des dritten Hauptfaktors zusammenzugewichten und anschließend die so ermittel-

---

[55] Ebenda, S. 111.

ten drei Teil-Indizes gemäß der Varianzanteile der Hauptfaktoren zusammenzufassen. Eine weitere Möglichkeit, die in der zweiten und dritten und eventuell noch weiteren Hauptkomponente enthaltenen Informationen für die Index-Konstruktion zu nutzen, deuten J. F. Pickering u. a. an[56]:

Gemäß der von ihnen durchgeführten Faktorenanalyse, in die die Werte von 23 verschiedenen Testvariablen einbezogen wurden, erwiesen sich die Ladungskoeffizienten der ersten Hauptkomponente — ebenfalls wie bei Gallup — als geeignet zur Konstruktion eines *allgemeinen* Konsumentenstimmungs-Index. Der erste Faktor ist nämlich besonders hoch korreliert mit Testvariablen, die sich auf die allgemeine Wirtschafts- und Arbeitsmarktsituation beziehen, während die Variablen, die in einer engeren Beziehung zum individuellen Kaufverhalten stehen dürften, wie beispielsweise die Frage nach der voraussichtlichen Auswirkung von Preis- oder Einkommensänderungen auf den Kauf von dauerhaften Konsumgütern, niedrige Ladungskoeffizienten aufweisen. Genau der umgekehrte Fall ist in der zweiten Hauptkomponente festzustellen: Hier liegt das Schwergewicht bei den Testvariablen, die laut Fragestellung in direktem Zusammenhang mit dem Kauf langlebiger Konsumgüter stehen, während die mehr allgemeinen Fragen zur Wirtschafts- und Arbeitsmarktsituation ein geringes Gewicht haben. Wenn die Ergebnisse dieser Studien von Pickering und anderen auch noch nicht statistisch gesichert sind, da nur zwei Verbraucherumfragen mit jeweils nur einem geringen Stichprobenumfang durchgeführt wurden, so erscheinen die Ergebnisse als durchaus plausibel. Die bisherige konjunkturelle Auswertung der Verbraucherumfrage-Ergebnisse in USA und in der Bundesrepublik zeigte ebenfalls, daß die generelle Einschätzung der wirtschaftlichen Lage noch nicht unmittelbar als Indiz für eine Verhaltensänderung der Konsumenten interpretiert werden darf. Eine verschlechterte Einschätzung der allgemeinen wirtschaftlichen Entwicklung läßt nach den bisherigen Erfahrungen nur dann mit größerer Sicherheit auf eine spätere konjunkturelle Abschwächung des privaten Verbrauchs und insbesondere des Absatzes dauerhafter Konsumgüter schließen, wenn dieser Pessimismus auch auf die Einschätzung der persönlichen finanziellen Lage durchschlägt. Die Ergebnisse der Faktorenanalyse können also in der Weise zur Index-Konstruktion verwendet werden, daß die Ladungskoeffizienten *einer* Hauptkomponente die Gewichte beim Index „allgemeine Konsumentenstimmung" abgeben, während die Ladungskoeffizienten einer anderen Hauptkomponente die Basis für die Konstruktion eines Index der Kaufbereitschaft bilden. Der zuletzt genannte Index hätte

[56] J. F. Pickering u. a., Identification . . ., S. 19 f.

damit eine Art Bestätigungscharakter für die im ersten Index zum Ausdruck kommende konjunkturelle Vorwarnung. Auf die Vorteile eines derart abgestuften Indikatorensystems wird an anderer Stelle noch eingegangen.

Das Konzept der Faktorenanalyse erscheint geradezu maßgeschneidert zu sein für die Komprimierung der bei Tendenzumfragen anfallenden Informationsmenge. Neben dem schon angesprochenen Problem der Interpretierbarkeit der Hauptkomponenten tritt allerdings häufig noch eine andere Schwierigkeit auf: Die einmal festgestellten Faktorladungen bleiben meist im Zeitablauf nicht konstant. Dies ist erfahrungsgemäß besonders dann der Fall, wenn die Faktorenanalysen auf Querschnitts- und nicht auf Zeitreihenwerten beruhen. Querschnitts-Faktorenanalysen liegen immer dann vor, wenn die Antworten der Befragten, die zu einem bestimmten Zeitpunkt abgegeben worden sind, der Faktorenanalyse unterworfen wurden. Eine Längsschnitt-Faktorenanalyse beruht dagegen auf (meist aggregierten) Werten der Testvariablen, die zu verschiedenen Zeitpunkten erhoben wurden. Eine höhere Stabilität des Faktormusters ist schon deshalb bei Zeitreihen-Faktoranalysen zu erwarten, da hier der durchschnittliche Einfluß der verschiedenen Testvariablen in einem längeren Zeitraum zum Ausdruck kommt. Diese glättende Wirkung fehlt bei Querschnitts-Analysen, auf die man immer dann zurückgreifen muß, wenn noch keine längeren Zeitreihen vorliegen. *Im konkreten Fall der EG-Konsumentenbefragung* könnte deshalb folgendes Problem auftreten: Sämtliche Mikrodaten werden nach jeder Erhebung einer Faktorenanalyse unterworfen. Die erste und die zweite Hauptkomponente erweisen sich zwar in allen Fällen als geeignet zur Konstruktion der beiden beschriebenen Global-Indizes. Allerdings unterscheiden sich ihre Ladungskoeffizienten teilweise im Zeitablauf. Sollen nach jeder Erhebung die jeweils aktuellen Ladungskoeffizienten verwendet werden? Oder soll versucht werden, die alten und die neuen Ladungskoeffizienten miteinander zu kombinieren? An und für sich wäre wohl aus Gründen der Vergleichbarkeit eine einheitliche und gleichbleibende Gewichtung vorzuziehen; aber gerade aus konjunkturanalytischen Überlegungen erscheint es wünschenswert, wenn *die* Einstellungen und Erwartungen der Wirtschaftssubjekte durch *die* Größen am stärksten beeinflußt werden, die gerade im Vordergrund ihrer Überlegungen stehen und damit zweifellos auch ihre Dispositionen beeinflussen dürften. Die im Konjunkturverlauf unterschiedliche Gewichtung der einzelnen Einflußfaktoren dürfte dem Global-Index eine größere Reagibilität gegenüber den üblichen Diffusions-Indizes verleihen, weil letzteren im Zeitablauf stets das gleiche Gewicht beigemessen wird, obwohl sich ihre indikatorische Bedeutung ändern kann. Als ein Kompromiß dieser beiden Anforderungen — Vergleichbarkeit und konjunkturelle Reagibilität — wird eine Konstruktion gemäß dem Fisherschen Ideal-Index vorgeschlagen[57]. Die Formel für diesen Indextyp lautet:

$$100 \cdot \frac{\sum P_1 Q_0}{\sum P_0 Q_0} \cdot \frac{\sum P_1 Q_1}{\sum P_0 Q_1}$$

Die Ladungskoeffizienten, die als Gewichte herangezogen werden, sind hierbei mit Q bezeichnet, die einzelnen Testvariablen mit P; die tiefgestellten Ziffern beziehen sich auf den Erhebungszeitpunkt: 1 bedeutet die gegenwärtige Erhebungsperiode, 0 die Vorperiode. Der Fishersche Ideal-Index bietet den Vorteil, daß die gegenwärtige Entwicklung nicht völlig losgelöst ist von der vergangenen und trotzdem Rechnung getragen ist, daß sich die relative Bedeutung der einzelnen Testvariablen im Zeitablauf ändern kann.

5. Signifikanzprüfung von Testergebnissen und Schlußfolgerung daraus für Frageprogramm, Stichprobenumfang und Befragungstechnik

Die folgenden Ausführungen gelten nur für reine Zufallsstichproben, nicht dagegen für Umfragen, denen eine bewußte Auswahl zugrundeliegt. Sie beziehen sich daher in dieser Arbeit nur auf Verbraucherumfragen, wie sie von der Kommission der Europäischen Gemeinschaften durchgeführt werden, nicht dagegen auf die Konjunktur- und Investitionstestfragen.

a) Signifikanzprüfung von Testergebnissen[58]

Die Aussagefähigkeit der Testergebnisse hängt ganz entscheidend davon ab, ob die von Erhebung zu Erhebung feststellbaren Unterschiede bei einzelnen Variablen oder Gesamtindizes statistisch signifikant sind. Wie bei sozialökonomischen Studien allgemein üblich, wollen wir einen Unterschied dann als statistisch signifikant bezeichnen, wenn er mit einer Wahrscheinlichkeit von 95,5 % (sog. 2-Sigma-Regel) abgesichert ist. Zur Illustrierung der folgenden Ausführungen sei ein Beispiel genannt: Der Konsumentenstimmungsindex, wie er etwa regelmäßig vom Survey Research Center in Michigan (SRC) veröffentlicht wird, habe bei der Erhebung im Monat t den Wert 102, bei der Erhebung im Monat $t + 1$ den Wert 105 erreicht. Kann man aus dieser Veränderung von 3 Indexpunkten bereits konjunkturelle Schlußfolgerungen ziehen, oder liegt

[57] Vgl. J. F. Pickering u. a., S. 20.

[58] Gernot Nerb, EWG-Konjunkturbefragung bei den Konsumenten, Studie erstellt im Auftrag der EWG (unveröffentlicht), München August 1971, S. 17 ff.

diese Veränderung noch im statistischen Fehlerbereich? Diese Frage läßt sich beantworten, wenn wir den wahrscheinlichkeitstheoretisch fundierten Vertrauensbereich für die beiden Stichprobenergebnisse bzw. für deren Differenz berechnen. Die Möglichkeit, nicht nur Punktschätzwerte, sondern auch Vertrauensintervalle anzugeben, ist der Vorteil von Zufallsstichproben gegenüber Teilerhebungen, denen eine bewußte Auswahl (z. B. Quotaverfahren) zugrundeliegt. Für die Signifikanzüberprüfung bieten sich zwei Wege an: Bei der ersten Methode berechnen wir die Vertrauensbereiche beider Stichprobenergebnisse und prüfen, ob sich die beiden Intervalle überschneiden. Ist dies der Fall, so ist der Unterschied nicht signifikant. Der Vertrauensbereich bei Erhebung 1 sei z. B. (bei Zugrundelegung der 2-Sigma-Regel) 102 ± 2,5. In Worten: Mit einer Wahrscheinlichkeit von 95,5 % können wir sagen, daß der unbekannte „wahre" Indexwert im Monat t im Bereich 99,5 und 104,5 liegt. Bei Erhebung 2 sei der statistische Vertrauensbereich (2-Sigma-Regel) angegeben durch 105 ± 2,5. Der wahre Wert liegt also mit einer Wahrscheinlichkeit von 95,5 % zwischen 102,5 und 107,5. Da sich die beiden Vertrauensbereiche überlappen, können wir den Unterschied nicht als signifikant ansehen.

Allgemein gilt: Die Stichprobe ist so anzulegen, daß der Vertrauensbereich bei gegebenem Sicherheitsgrad (z. B. 95 %) möglichst klein ist. Für die Größe des Vertrauensbereichs ist (bei gegebenem Sicherheitsgrad)

a) die Streuung der Merkmalsbeträge in der Stichprobe und

b) der Umfang der Stichprobe

relevant. Der Vertrauensbereich berechnet sich nämlich — bei heterograder Fragestellung — nach der Formel

$$\bar{x} + t \frac{s}{\sqrt{n}} \quad \text{(Formel I)}$$

Hierbei bedeuten:

$\bar{x}$ = arithmetisches Mittel der Stichprobe

s_x = mittlere quadratische Abweichung der Stichprobenwerte von x

$$\left(s_x = \sqrt{\frac{\sum_{i=1}^{n} (x_i - \bar{x})^2}{n-1}} \right)$$

n = Stichprobenumfang

t = Faktor für den Sicherheitsgrad (z. B. $t = 2$ bei einer statistischen Sicherheit von 95,5 %)

Je homogener also eine Grundgesamtheit ist, je kleiner also s_x ausfällt, desto kleiner braucht ceteris paribus der Stichprobenumfang (n) zu sein.

Bei der zweiten Methode brauchen wir nicht erst die Vertrauensbereiche der beiden Erhebungsergebnisse zu berechnen, sondern können unmittelbar die Differenz der Erhebungsergebnisse auf ihre Signifikanz hin testen. Es läßt sich nämlich zeigen, daß die Differenzen zweier aufeinander folgender Stichprobenergebnisse annähernd normal verteilt sind mit der Standardabweichung

$$\sigma_d = \sqrt{\sigma^2_{\bar{x}1} + \sigma^2_{\bar{x}2} - 2\,\sigma_{\bar{x}1\,\bar{x}2}} \qquad \text{(Formel II)}$$

und dem Mittelwert μ_d.

Mit Hilfe einer Schätzgröße für das unbekannte σ_d läßt sich eine Kontrollgröße für Veränderungen der untersuchten Indizes bilden. Ein erwartungstreuer Schätzwert für σ_d ist nämlich folgender Ausdruck:

$$\hat{\sigma}_d = \sqrt{\frac{1}{n}(s_1^2 + s_2^2 - 2\,s_{1,2})} \qquad \text{(Formel III)}$$

Hierbei gilt:

n = Stichprobenumfang (soll in Erhebung 1 und 2 gleich groß sein)

s_1, s_2 = Standardabweichung der Merkmalsbeträge in Stichprobe 1 bzw. 2

$s_{1,2}$ = Kovarianz der Werte in Stichprobe 1 und 2.

Der Vertrauensbereich für die Differenzen von Stichprobenergebnissen läßt sich also wie folgt angeben:

$$|\,\bar{x}_1 - \bar{x}_2\,| \pm t\,\hat{\sigma}_d$$

Hierbei gilt:

$\bar{x}_1, \bar{x}_2$ = arithmetisches Mittel in Stichprobe 1 bzw. 2

t = Faktor für Sicherheitsgrad (z. B. $t = 2$ bei einer statistischen Sicherheit von 95,5 %)

$\hat{\sigma}_d$ = siehe Formel III.

Ist die empirisch ermittelte Differenz zweier aufeinander folgender Indexwerte kleiner als der dazugehörende Wert $2\hat{\sigma}_d$, so ist der Unterschied mit einem Sicherheitsgrad von 95,5 % statistisch nicht signifikant. Wir können eine solche Veränderung des Index also nicht — zumindest nicht wahrscheinlichkeitstheoretisch abgesichert — konjunkturell deuten.

b) *Schlußfolgerung für Frageprogramm. Stichprobenumfang und Befragungstechnik*

a) Eine Vergrößerung des Stichprobenumfangs um z % verkleinert — ceteris paribus — den statistischen Vertrauensbereich um $\sqrt{z}$ %; eine Vervierfachung des Stichprobenumfangs halbiert also beispielsweise den Vertrauensbereich.

b) Je homogener die Testergebnisse, je kleiner also die mittleren quadratischen Abweichungen s_1 und s_2 sind, desto enger („strammer") wird ceteris paribus der Vertrauensbereich. Wie empirische Untersuchungen gezeigt haben, ist die Varianz bei Konsumentenstimmungen (attitudes) wesentlich niedriger als bei Kaufabsichten oder auch bei subjektiven Kaufwahrscheinlichkeiten. Dieses Ergebnis war zu erwarten, da

α) Konsumentenstimmungen (attitudes) wesentlich gleichförmiger und stabiler sind als individuell ganz unterschiedliche Kaufabsichten oder subjektive Kaufwahrscheinlichkeiten.

β) die Streuung der Kaufabsichten schon deshalb sehr groß ist, da hier die untere Randklasse der Skala, also keine Kaufabsicht bzw. Kaufwahrscheinlichkeit nahe 0, relativ stark besetzt ist.

c) Je größer die Kovarianz $s_{1,2}$ ist, je enger also der Zusammenhang[59] zwischen zwei Stichprobenergebnissen ist, desto kleiner wird ceteris paribus der Vertrauensbereich.

Es ist anzunehmen, daß bei einem Panel — also einem im Zeitablauf identischen Berichtskreis — die Kovarianz zwischen zwei aufeinander folgenden Umfrageergebnissen wesentlich größer ist als bei zwei völlig verschiedenen Berichtskreisen. Hierfür spricht folgende Überlegung: Die Meßskalen für Konsumenteneinstellungen (attitudes) und Kaufpläne bzw. subjektive Kaufwahrscheinlichkeiten sind nicht nur ungewohnt, sondern dürften individuell auch recht verschieden sein. Bei wiederholten Befragungen desselben Haushalts dürfte der Meßfehler reduziert werden, wenn man dem Interviewten nochmals seine Antworten zur vorausgegangenen Erhebung nennt und anschließend fragt, ob, in welchem Ausmaß — und eventuell warum — sich seine Einstellung bzw. Kaufabsicht oder -wahrscheinlichkeit geändert hat.

---

[59] Der Kovarianzausdruck ist nämlich der Zähler des Bravais-Pearsonschen Korrelationskoeffizienten

$$\left(r_{xy}^2 = \frac{\text{cov}_{xy}}{\text{var}_x \, \text{var}_y}\right).$$

Je größer also die Kovarianz, desto höher ist ceteris paribus, d. h. konstante Werte von var_x und var_y vorausgesetzt, der Korrelationskoeffizient.

Hierdurch läßt sich voraussichtlich erreichen, daß der Interviewte in etwa die gleiche Meßskala wie bei der vorausgegangenen Befragung benutzt, d. h. vom gleichen Bezugspunkt („Nullpunkt") ausgeht und dieselbe Intervallbreite zugrundelegt. Hiermit dürfte sich die Kovarianz $s_{1,2}$ erhöhen, da bei wiederholten Interviews der Zusammenhang zwischen den zwei Umfrageergebnissen in geringerem Maße durch Meßfehler verschleiert wird.

Auch für die Überprüfung der Treffsicherheit von Kaufabsichten und subjektiven Kaufwahrscheinlichkeiten auf der Mikroebene ist eine wiederholte Befragung erforderlich.

Diese Argumentation soll allerdings kein Plädoyer für ein Panel sein. Den eben genannten Vorteilen eines gleichbleibenden Berichtskreises stehen nämlich zwei erhebliche Nachteile eines Panels gegenüber:

1. Es ist wesentlich schwerer, einen repräsentativen Berichtskreis zur *dauernden* als zur zwei- oder dreimaligen Mitarbeit an einer Umfrage zu gewinnen. Vielbeschäftigte oder wenig interessierte Leute werden voraussichtlich nach der zweiten oder dritten Befragung ihre Aussage verweigern. Wird das Panel — wie allgemein üblich — durch eine bewußte Auswahl von Personen (Quotaverfahren) wieder aufgefüllt, geht der Zufallscharakter der Stichprobe verloren. Die Testergebnisse können somit nicht mehr wahrscheinlichkeitstheoretisch überprüft werden.

2. Durch häufige Befragung derselben Personen bildet sich ein sogenannter Panel-Effekt heraus: Die befragten Personen versuchen häufig — in viel stärkerem Ausmaß als bei den ersten Interviews —, rationale Antworten zu geben und den Sinn der Befragung zu durchschauen. Die Untersuchungsergebnisse werden somit einen systematischen Fehler (bias) aufweisen.

Man sollte also versuchen, die Vorteile von unabhängigen Zufallsstichproben und die von Panelbefragungen zu kombinieren. Hierfür bietet sich das Verfahren rotierender Zufallsstichproben an. Es wird also ein — zufällig ausgewählter — Teil der Befragten, z. B. die Hälfte, einer vorausgegangenen Erhebung zu einem späteren Termin nochmals interviewt. Die andere Hälfte wird neu ausgewählt.

Die aus der Formel III (Berechnung von $\hat{\delta}_d$) abgeleiteten Schlußfolgerungen lassen sich zum Teil anhand von Tabelle 36 demonstrieren. In dieser Tabelle sind für ausgewählte Reihen des Survey Research Centers in Michigan (SCR) empirisch ermittelte Standardabweichungen der Differenzen (δ_d), die arithmetischen Mittel der Differenzen sowie ein Maß für die Präzision der Testgrößen ausgewiesen.

Tabelle 36

Relative Stichprobenpräzision von ausgewählten Testreihen
(Verbraucherumfragen des amerikanischen Survey Research Center)

Variable (1)	Standardabweichung der Differenzen $(\hat{\sigma}_d)$ (2)	Arithmetisches Mittel der Differenzen in 17 Erhebungen (3)	Relative Stichprobenfehler (Spalte 2/ Spalte 3)
(1) Persönliche finanzielle Lage (ex post)	2,82	5,40	0,52
(2) Persönliche finanzielle Lage (ex ante)	1,78	2,97	0,60
(3) Allgemeine Wirtschaftslage (ex post)	1,86	7,89	0,24
(4) Allgemeine Wirtschaftslage (ex ante)	2,01	7,94	0,25
(5) Beurteilung der Einkaufssituation für dauerhafte Konsumgüter	2,23	6,29	0,35
(6) Einfluß der Preisänderungen auf Kaufverhalten	3,62	7,45	0,49
(7) Kaufpläne für Häuser	14,24	12,69	1,12
(8) Kaufpläne für Pkw	6,83	8,52	0,80
SRC-Konsumenten-Stimmungsindex (Variablen 1 bis 6)[a]	1,30	4,16	0,31
SRC-Kaufabsichtenindex	8,20	8,33	0,98

[a]) Seit 1963 wird Variable 6 nicht mehr in den SRC-Konsumenten-Stimmungsindex einbezogen.

Quelle: L. Kish, Variances for Indexes from Complex Samples, in: Proceedings of the Social Statistics Section, American Statistical Association, 1962, S. 196 f.

Erläuterungen zu Tabelle 36:

Zum Verständnis der Tabelle wird hier stellvertretend für die übrigen Ergebnisse die erste Zeile kommentiert: Im untersuchten Zeitraum betrug die Differenz von zwei hintereinander erhobenen Werten der Variablen „Augenblickliche persönliche finanzielle Lage der Haushalte im Vergleich zum Vorjahr“ 5,40 Indexpunkte. Die mittlere quadratische Abweichung der Differenzen lag bei 2,82 Indexpunkten und betrug damit 52 % des arithmetischen Mittels der Differenzen. Wendet man für die Signifikanzprüfung die 2-Sigma-Regel an, so erhält man als statistischen Fehlerbereich $\pm 2 \times 2{,}82$, also $\pm 5{,}64$. Wenn demnach eine Zu- oder Abnahme des Indexwertes der Variablen „Persönliche finanzielle Lage/Vorjahresvergleich“ bei Erhebung II im Vergleich zu Erhebung I weniger als 5,64 Indexpunkte beträgt, kann man die Veränderung nicht — zumindest nicht mit einer Wahrscheinlichkeit von 95,5 % — als statistisch signifikant und damit — in diesem Zusammenhang — als konjunkturell bedeutend bezeichnen.

Wie aus den bereits oben genannten Gründen zu erwarten war, fiel die Stichprobenpräzision von Kaufabsichtsvariablen wesentlich schlechter aus als die von Konsumenten-Stimmungsvariablen. Am besten schnitten die Variablen „Beurteilung der allgemeinen Wirtschaftslage/Vorjahresvergleich“ und „Voraussichtliche Entwicklung der allgemeinen Wirtschaftslage in den nächsten 12 Monaten“ ab[60].

Die recht unterschiedliche Präzision der Erhebungsergebnisse bei SRC-Kaufabsichten und SRC-Konsumentenurteilen und -erwartungen führte auch dazu, daß die 35 Differenzen, die bei 36 Erhebungen im Zeitraum 1952 und 1965 beim SRC-Stimmungsindex einerseits und dem SRC-Kaufabsichtsindex andererseits gemessen wurden, in sehr unterschiedlichem Maß statistisch signifikant waren (vgl. Tabelle 37).

Tabelle 37

Statistische Signifikanz von Veränderungen des SRC-Konsumentenstimmungsindex und des SRC-Kaufabsichtsindex

(36 Erhebungen, 1952 - 1965)

Differenz von zwei aufeinander folgenden Indexwerten statistisch signifikant?	*SRC*-Konsumentenstimmungsindex	*SRC*-Kaufabsichtsindex
	(von 35 Differenzen waren ... % hochsignifikant, signifikant, nicht signifikant	
Hochsignifikant t: 2 oder mehr	45	33
Signifikant t: 1 — 1,99	33	17
Nicht signifikant t: $\leqslant 1$	22	61
insgesamt	100	100

Quelle: E. Scott Maynes, Consumer Attitudes and Buying Intensions: Retrospect and Prospekt, S. 50.

60 Dies erklärt vielleicht auch, weshalb diese beiden Variablen den relativ größten Erklärungswert für Veränderungen des globalen SRC-Konsumentenstimmungsindex aufweisen. (Vgl. Adams, F. Gerard, „Consumer Attitu-

Erkenntnisse aus Tabelle 36:

1. Die relative Stichprobenpräzision ist bei SRC-Stimmungsindizes etwa 2 bis 3 mal so groß wie die der SRC-Kaufabsichten. Durch eine bessere Meßtechnik (z. B. Justers Vorschlag der subjektiven Kaufwahrscheinlichkeiten) dürfte sich die Präzision der Kaufabsichten zwar verbessern lassen. Es wird aber immer gelten: Um den gleichen relativen Stichprobenfehler zu erhalten, muß der Stichprobenumfang bei Absichtsfragen wesentlich größer sein.
2. Wollte man die beim SRC-Konsumentenstimmungsindex erreichte Präzision auch bei verbalen Kaufabsichten (wie z. B. von INSEE in Paris oder SRC in Michigan gestellt werden) erzielen, müßte man mit einer Stichprobe von 13 000 bis 14 000 Haushalten arbeiten.

   Begründung:

   Der relative Stichprobenfehler beim SRC-Kaufabsichtenindex ist 3,16 mal so groß wie beim Konsumentenstimmungsindex (0,98 : 0,31 = 3,16). Es gilt also:

$$\frac{\dfrac{\hat{\delta}_{d_{KA}}}{d_{KA}}}{\dfrac{\hat{\delta}_{d_{KS}}}{d_{KS}}} = \frac{\dfrac{1}{n^2_{KS}} \sqrt{s^2_{1KA} + s^2_{2KS} - 2_{s\,1,2\,KA}}}{\dfrac{1}{n^2_{KS}} \sqrt{s^2_{1KS} + s^2_{2KS} - 2_{s\,1,2\,KS}}} = 3{,}16$$

Hierbei bedeuten: KA = SRC-Kaufabsichtsindex
KS = SRC-Konsumentenstimmungsindex
(die übrigen Symbole sind weiter oben erläutert).

Soll der relative Stichprobenfehler in beiden Fällen gleich groß sein, müßte, ceteris paribus, der Stichprobenumfang bei Kaufabsichtsfragen um das $3{,}16^2$-fache, also ungefähr das 10-fache größer sein als der gegenwärtige Stichprobenumfang des SRC (1 300 bis 1 400 Haushalte).

Ein Stichprobenumfang in dieser Größenordnung scheidet aus finanziellen Erwägungen für die meisten EG-Länder aus. Auch aus methodischen Gründen erscheint ein so großer Stichprobenumfang als nicht notwendig. Es ist nämlich zu berücksichtigen, daß

a) die im EG-Test angewandte Meßtechnik (subjektive Kaufwahrscheinlichkeiten) bei Kaufabsichten der recht rudimentären Methode des SRC überlegen sein dürfte;
b) die besonders unscharfen Kaufabsichten für Häuser, die erheblich zum schlechteren Abschneiden des SRC-Kaufabsichtsindex beige-

des, Buying Plans and Purchases of Durable Goods: A Principal Component, Time Series Approach", Review of Economics and Statistics, November 1964, S. 347 - 355.)

tragen haben, in der EG-Erhebung nicht enthalten sind. (Auch das SRC hat mittlerweile davon Abstand genommen, die Kaufabsichten für Häuser in der ursprünglichen Form zu erfassen.)

Aufgrund dieser Überlegungen erscheint der bei den Verbraucherumfragen der EG übliche Stichprobenumfang von jeweils 5 000 Haushalten pro Mitgliedsland als ausreichend. Sollte man sich — aufgrund der wenig befriedigenden Erfahrungen mit Kaufabsichten — auf das Erfassen von rezeptiv-kritischen Konsumentenäußerungen beschränken, dürfte ein Stichprobenumfang von 2 000 Haushalten pro Land und Erhebung ausreichend sein.

C. Ergänzende Schaubilder zu EG-Verbraucherumfragen (S. 130 ff.)

Aufgliederung ausgewählter Umfrageergebnisse nach schichtenspezifischen Merkmalen

Abb. 28: **EG-Verbraucherumfragen**

Frage Nr. 3: Wie hat sich Ihrer Ansicht nach die allgemeine Wirtschaftslage in den letzten 12 Monaten entwickelt?

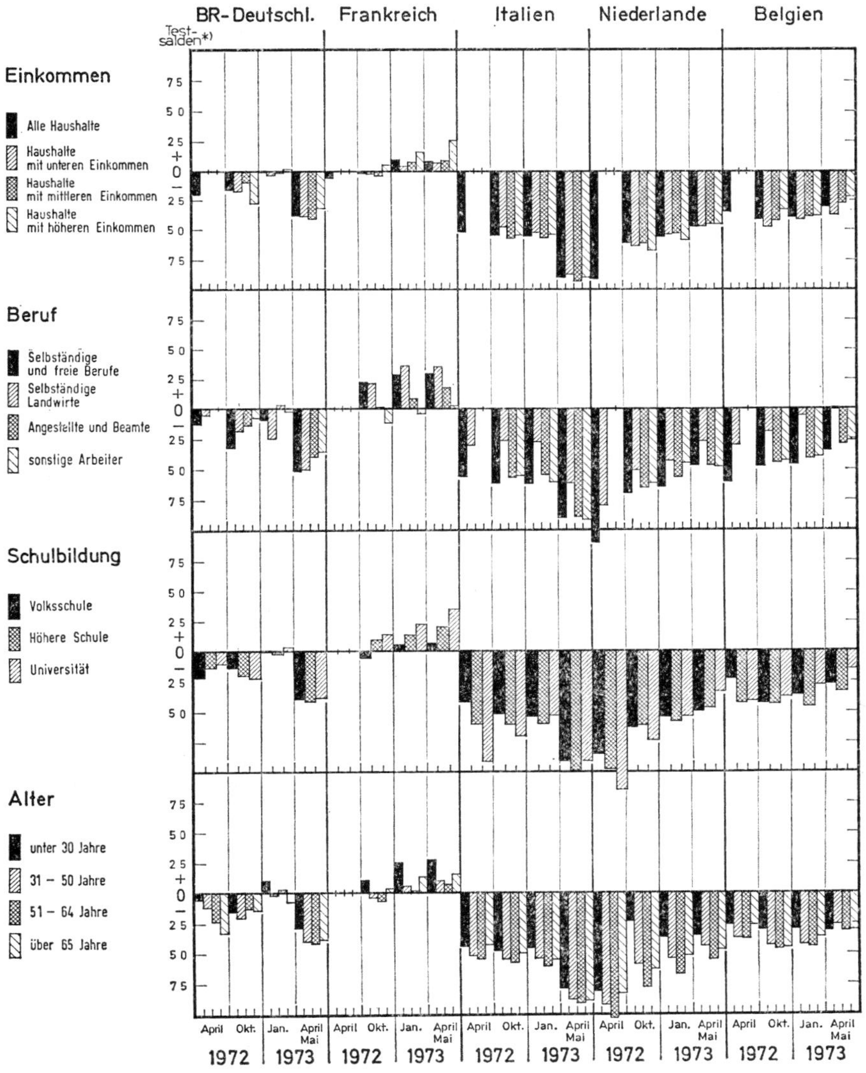

*) *Differenz der gewichteten Meldeanteile "verbessert" (+) und "verschlechtert" (-).*
Quelle: Kommission der Europäischen Gemeinschaften, Generaldirektion Wirtschaft und Finanzen.

Abb. 29: EG-Verbraucherumfragen

Frage 4: Wie dürfte sich Ihrer Ansicht nach die allgemeine wirtschaftliche Lage in den nächsten 12 Monaten entwickeln?

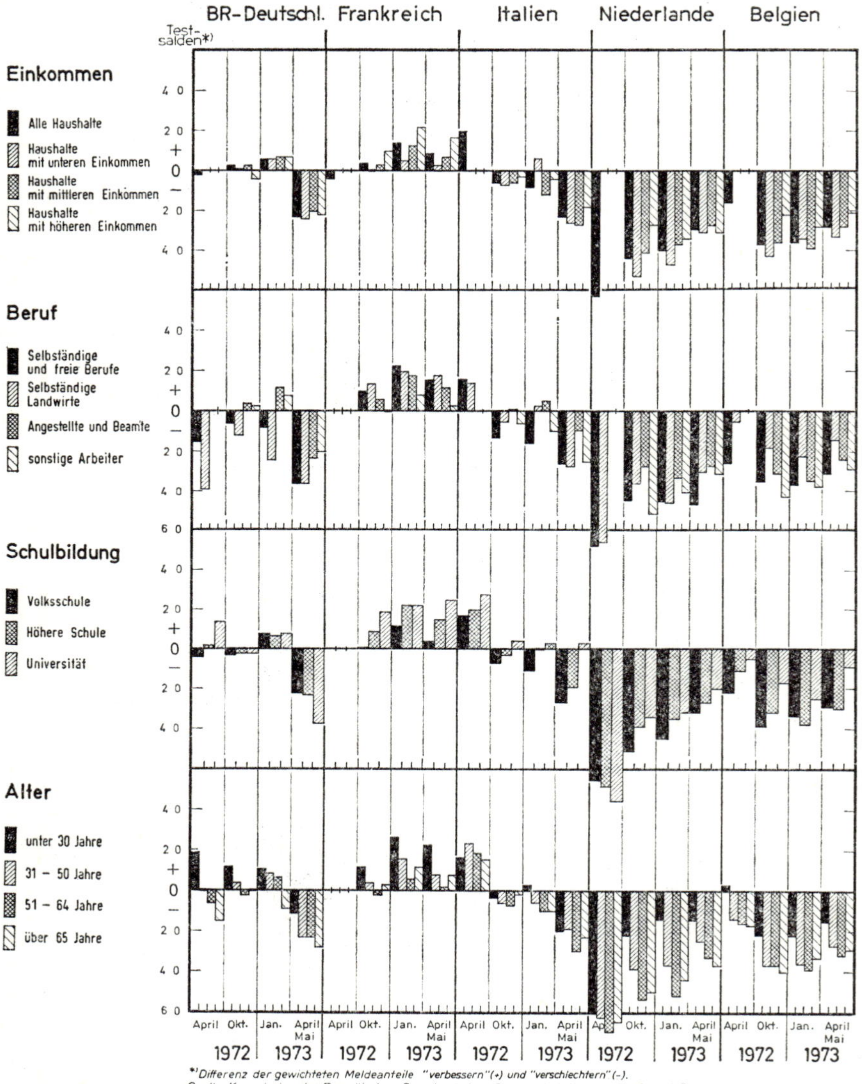

*) Differenz der gewichteten Meldeanteile "verbessern" (+) und "verschlechtern" (–).
Quelle: Kommission der Europäischen Gemeinschaften, Generaldirektion Wirtschaft und Finanzen.

Abb. 30: EG-Verbraucherumfragen

Frage 7: Wie hat sich die finanzielle Lage Ihres Haushalts in den letzten 12 Monaten entwickelt?

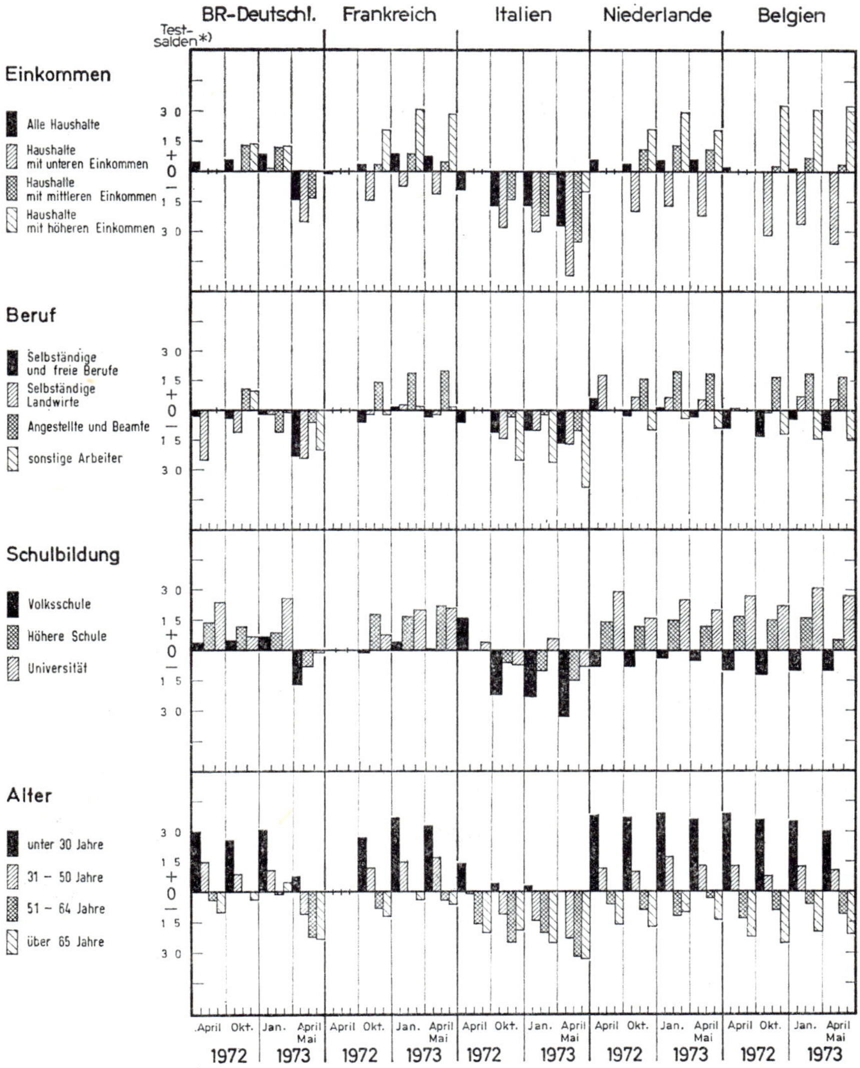

*) Differenz der gewichteten Meldeanteile "verbessert" (+) und "verschlechtert" (–).

Quelle: Kommission der Europäischen Gemeinschaften, Generaldirektion Wirtschaft und Finanzen.

Abb. 31: EG-Verbraucherumfragen

Frage Nr. 9: Glauben Sie, daß es z. Zt. ratsam ist, größere Anschaffungen (Möbel, Waschmaschinen, Fernsehgeräte usw.) zu tätigen?

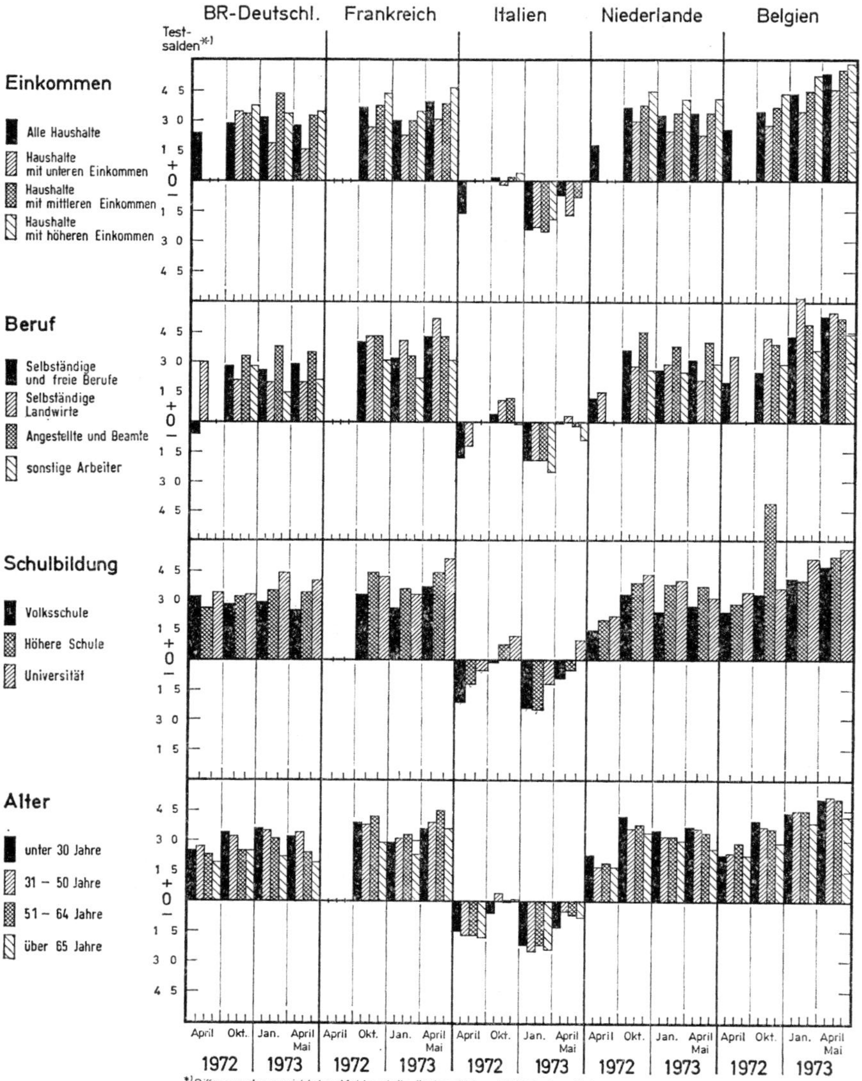

*) Differenz der gewichteten Meldeanteile "ratsam" (+) und "nicht ratsam" (–).

Quelle: Kommission der Europäischen Gemeinschaften, Generaldirektion Wirtschaft und Finanzen.

Abb. 32: **EG-Verbraucherumfragen**

Frage Nr. 10: Wie ist die finanzielle Lage Ihres Haushalts?

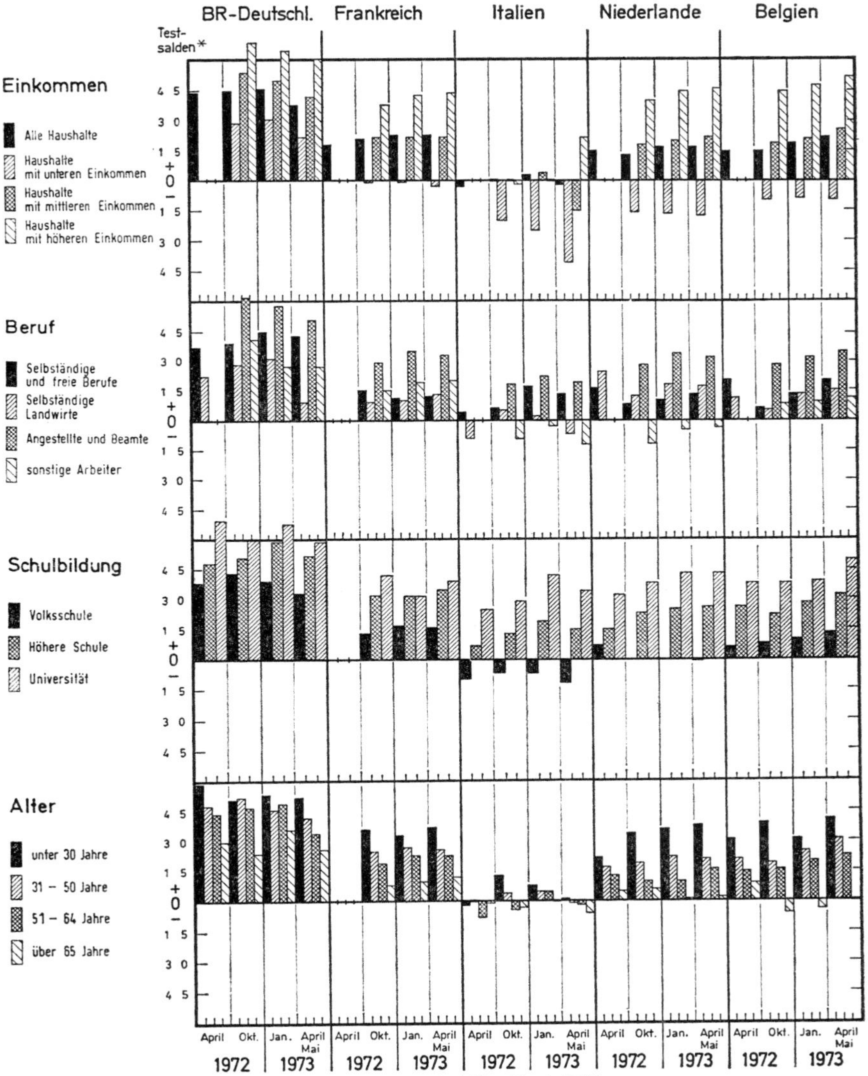

* *Differenz der gewichteten Meldeanteile "günstig"(+) und "ungünstig"(-).*
Quelle: Kommission der Europäischen Gemeinschaften, Generaldirektion Wirtschaft und Finanzen.

Abb. 33: **EG-Verbraucherumfragen**

Frage Nr 11: Wie wird sich Ihrer Ansicht nach die Arbeitslosigkeit in den kommenden 12 Monaten entwickeln?

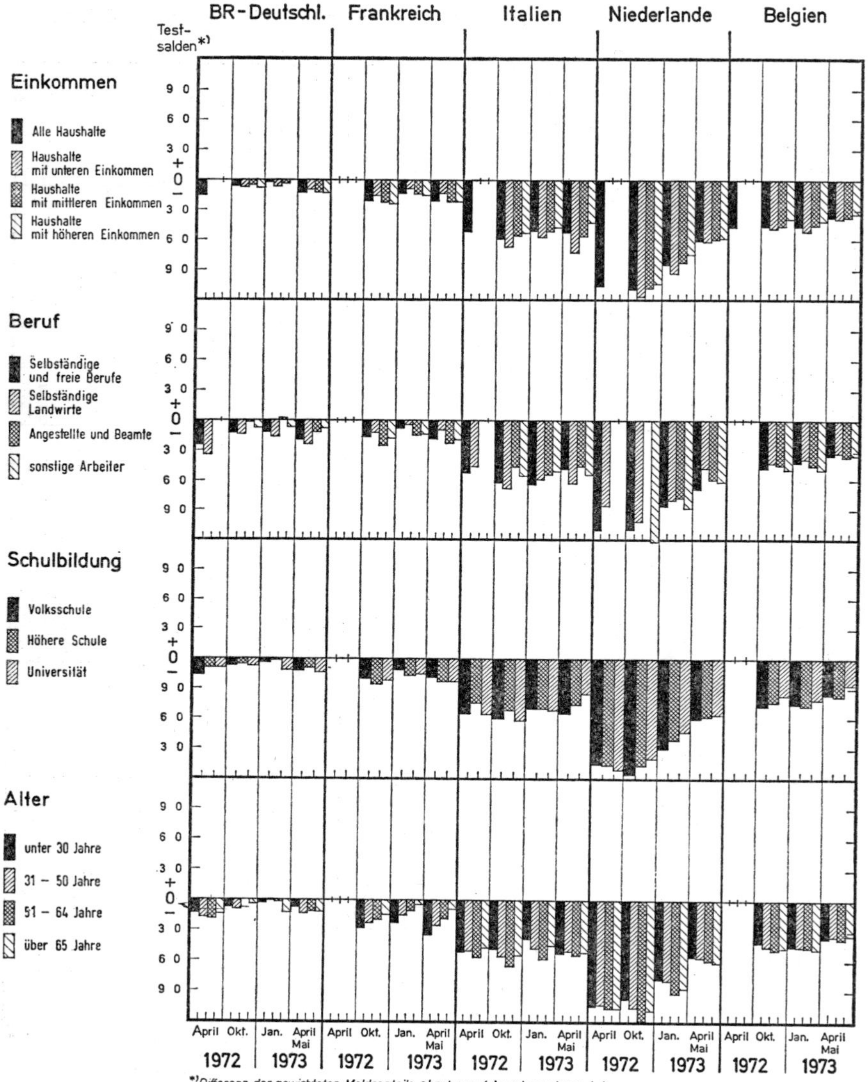

*) *Differenz der gewichteten Meldeanteile abnehmen (+) und zunehmen (–).*
Quelle: Kommission der Europäischen Gemeinschaften, Generaldirektion Wirtschaft und Finanzen.

Abb. 34: **EG-Verbraucherumfragen**

Frage Nr. 31: Glauben Sie, daß es Ihnen in den kommenden 12 Monaten gelingen wird, Geld zu sparen?

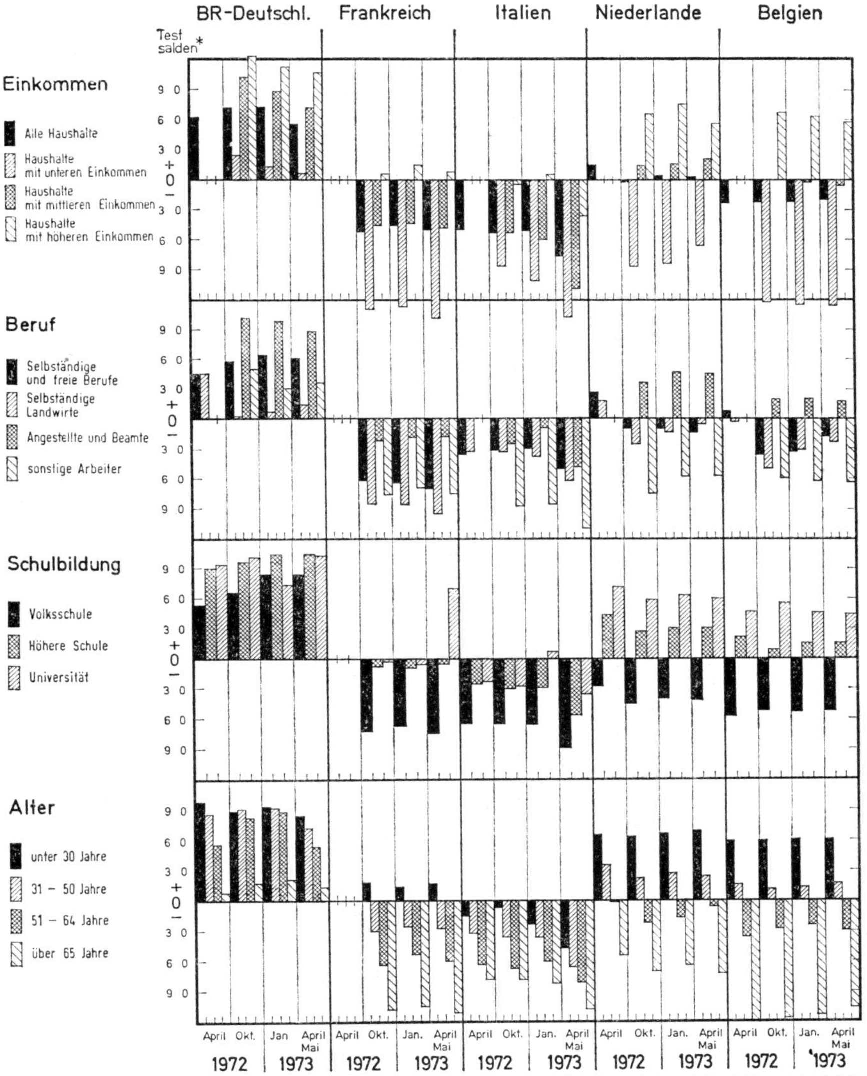

* Differenz der gewichteten Meldeanteile „ja, sicher" bzw. „ja, vielleicht" (+) und „wahrscheinlich nicht" bzw. „sicher nicht" (–).
Quelle Kommission der Europäischen Gemeinschaften, Generaldirektion Wirtschaft und Finanzen.

Abb. 35: **EG-Verbraucherumfragen**

Frage Nr. 33: Glauben Sie, daß es in Anbetracht der allgemeinen Wirtschaftslage sinnvoll ist, zu sparen?

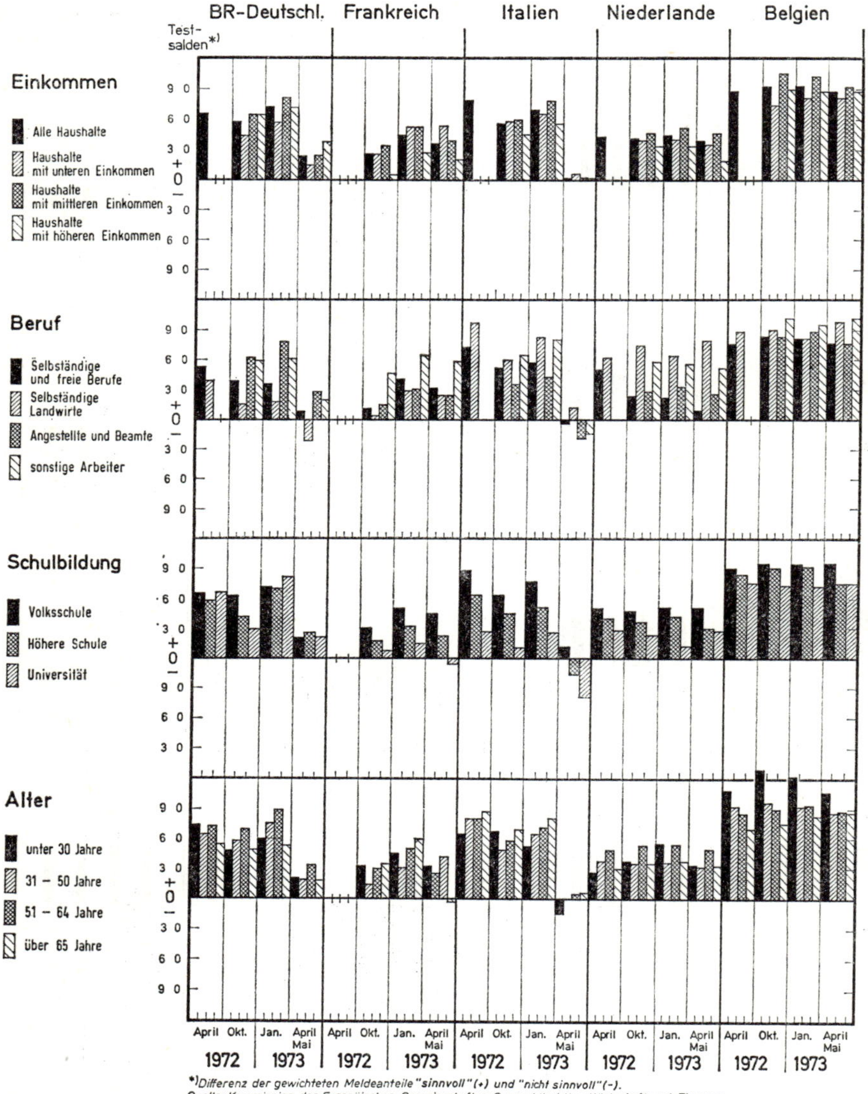

*) *Differenz der gewichteten Meldeanteile "sinnvoll" (+) und "nicht sinnvoll" (–).*
Quelle: Kommission der Europäischen Gemeinschaften, Generaldirektion Wirtschaft und Finanzen.

Literaturverzeichnis

Bücher und Aufsätze

Adams, F. Gerard: Consumer Attitudes, Buying Plans and Purchases of Durable Goods: A Principal Component, Time Series Approach, in: Review of Economics and Statistics, November 1964, S. 347 - 355

Anderson, O. jun.: Ein Grundkonzept zur Konjunkturtestauswertung, in: Ifo-Studien, 18. Jg., 1972, Heft 2, S. 215 - 217

Bemerl, R., F. O. *Bonhoeffer* und W. *Strigel:* Wie plant die Industrie?, Wirtschaftskonjunktur, 18. Jg., 1966, H. 1, S. 27 - 36

Biervert, R., H. P., *Haarland* und H. J. *Niessen:* Empirische Konsumforschung und Konjunkturprognose, Köln 1972

Biervert, B. und H. J. *Niessen:* Privater Verbrauch und Konjunktur, Ergebnisse empirischer Konsumforschung, in: Jahrbücher für Nationalökonomie und Statistik, Band 186, Heft 5, 1972, S. 369 - 382

Bonhoeffer, F. O. und W. H. *Strigel:* Amerikanische Unternehmer- und Verbraucherbefragungen. Schriftenreihe des Ifo-Instituts für Wirtschaftsforschung, Nr. 63, Berlin—München 1966

Burch, S. W. (Federal Reserve System): The Forecasting Accuracy of Consumer Attitude Data, in: Journal of the American Statistical Association, Vol. 64 (Dezember 1969), S. 1225 - 1247

Christ, Carl F.: Econometric Models and Methods, New York 1966

Courtois, J. M., G. *Goldrian* und S. *Richter:* Indikatoren aus Konjunkturumfragen in den Europäischen Gemeinschaften, CIRET-Studien Nr. 17, München 1972

Courtois, J. M. und B. *Molitor:* Les enquêtes de conjoncture auprès des consommateurs de la CEE, Premières réflexions, Papier vorgelegt auf der 11. CIRET-Konferenz in London, 12. - 14. September 1973

Evans, M. K., Y. *Haitovsky* und G. J. *Treyz:* Analysis of the Forecasting Properties of U.S. Econometric Model, Manuskript, vorgelegt auf der „Conference on Research in Income and Wealth", Cambridge, Massachusetts, 14. und 15. November 1970

Fair, Ray C.: A Short Run Forecasting Model of the United States Economy, Lexington/Mass. 1971

Fricke, D.: Das Sparverhalten der privaten Haushalte in der Bundesrepublik Deutschland, Duncker & Humblot, Berlin 1972

Friend, I. und W. *Thomas:* The Predictive Performance of Anticipatory Data in Alternative Econometric Models. Tagungspapier auf der 10. CIRET-Konferenz in Brüssel, September 1971

Gerstenberger, W., J. D. *Lindlbauer,* G. *Nerb* und W. H. *Strigel:* Abschwung und Rezession im Spiegel quantitativer und qualitativer Statistik, CIRET-Studien Nr. 15, München 1972

Green, P. E. und V. R. *Rao:* Rating Scales and Information Recovery — How many Scales and Response Categories to Use, in: Journal of Marketing, 34, 1970, S. 33 - 42

Hatzold, O. und H. *Helmschrott:* Analyse unternehmerischer Verhaltensweisen (Untersuchungen anhand von Konjunkturtestdaten), Schriftenreihe des Ifo-Instituts für Wirtschaftsforschung Nr. 44, Berlin 1961

Heald, G.: The Predictive Value of Buying Intentions in Great Britain, Tagungspapier zu der ökonometrischen Tagung in Amsterdam vom 2. - 7. September 1968

— British Experience of Consumer Anticipation Surveys, Tagungspapier zum Symposium „Konsum und Qualität des Lebens", vom 20. - 21. Oktober 1972 in Mainz

Hilgard, E. R.: Theories of Learning, New York 1956

Hillmann, K. H.: Soziale Bestimmungsgründe des Konsumentenvertrauens, Stuttgart 1971

Johnston, J.: Econometric Methods, New York 1963

Jöhr, W. A.: Zur Rolle des psychologischen Faktors in der Konjunkturtheorie, in: Ifo-Studien, 18. Jg., 1972, H. 2, S. 157 - 184

Juster, Thomas F.: Anticipations and Purchases, Analysis of Consumer Behavior, Princeton University Press, 1964

— Anticipations of Purchases of Consumer Durables, als Manuskript veröffentlicht vom National Bureau of Economic Research, April 1968

— Consumer Anticipations and Models of Durable Goods Demand: The Time-Series Cross-Section Paradox Reexamined, in: Economic Forecast and Expectations, hrsg. von Jacob Mincer, Columbia University Press, 1969

Juster, Thomas F.: Consumer Anticipations Surveys: A Summary of U.S. Postwar Experience, National Bureau of Economic Research, New York, August 1969

Katona, George: Psychological Analysis of Business Decisions and Expectations, in: Am. Ec. Rev. 36, 1946, S. 44 - 62

— Psychological Analysis of Economic Behavior, New York 1951

— The Powerful Consumer, New York 1960

— Das Verhalten der Verbraucher und Unternehmer. Über die Beziehungen zwischen Nationalökonomie, Psychologie und Sozialpsychologie, hrsg. von Erik Boettcher, Tübingen 1960 (Original 1951)

Katona, G., B. *Strümpel* und E. *Zahn:* Zwei Wege zur Prosperität, Düsseldorf—Wien 1971

Ketterer, K. H.: Die Beschreibung des Konjunkturverlaufs mit Hilfe von Indikatorensystemen — Der Versuch des Sachverständigenrates. Manuskript zu einem Vortrag anläßlich des Symposions „Konsum und Qualität des Lebens" in Mainz am 20. und 21. Oktober 1972

Keynes, J. M.: The General Theory of Employment, Interest and Money, London—New York 1936, dt.: Allgemeine Theorie der Beschäftigung, des Zinses und des Geldes, übersetzt von Fritz Wagner, Berlin 1955

Kish, Leslie: Variances for Indexes from Complex Samples Proceedings of the Social Statistics Section, American Statistical Association, 1962, S. 190 bis 199

Klein, L. R.: An Essay on the Theory of Economic Prediction, Helsinki, The Academic Book Store, 1968

Knöbl, A.: Price Expectations and Actual Price Behavior, Veröffentlichung des International Monetary Fund, DM/73/54, Washington 1973

Koopmans, T. C.: "Measurement without Theory", in: Readings in Business Cycles, Homewood 1965

Krelle, W.: Theorie wirtschaftlicher Verhaltensweisen, Meisenheim—Wien 1953

Küng, Emil: Die Volkswirtschaftslehre auf dem Weg ins 21. Jahrhundert, Kieler Vorträge, N.F. 70, Tübingen 1972

Leipert, C.: Soziale Indikatoren — Überblick über den Stand der Diskussion, Literaturbericht im Auftrag der Kommission für wirtschaftlichen und sozialen Wandel, Augsburg 1972

Leland, H. E.: Saving and Uncertainty: The Precautionary Demand for Saving, in: Quarterly Journal of Economics, Vol. 82, 1968, S. 465 - 480

Lindlbauer, J. D.: Schätzung des Produktionsindex mit Hilfe von Ex-post- und Ex-ante-Daten des Konjunkturtests, CIRET-Studien Nr. 11, Ifo-Institut für Wirtschaftsforschung, München 1969

Lindlbauer, J. D. und J. *Puhani:* Fortschreibung unternehmerischer Investitionspläne mit Hilfe von Konjunkturtestergebnissen, CIRET-Studien Nr. 18, Ifo-Institut für Wirtschaftsforschung, München 1972

Lindlbauer, J. D., G. *Nerb* und C. Ch. *Roberts:* Ein Konjunktur-Indikatorensystem für die BRD, CIRET-Studien Nr. 20, Ifo-Institut für Wirtschaftsforschung, München 1973

Machinek, Peter: Behandlung und Erkenntniswert der Erwartungen in der Wirtschaftstheorie, veröffentlicht im Rahmen der Reihe „Volkswirtschaftliche Schriften", hrsg. von Dr. J. Broermann, Berlin 1968

Marshall, Alfred: Principles of Economics. An introductory volume, London—New York 1959 (1890)

Marquardt, W. und W. *Strigel:* Der Konjunkturtest — Eine neue Methode der Wirtschaftsbeobachtung, Schriftenreihe des Ifo-Instituts für Wirtschaftsforschung, Nr. 38, Berlin—München 1959

Maynes, E. Scott: Consumer Attitudes and Buying Intentions: Retrospect and Prospect, University of Minnesota, 1966

— An Appraisal of Consumer Anticipations Approaches to Forecasting, in: Proceedings of the December 1967 Meetings of the American Statistical Association, S. 116 - 160

Moore, G. H. und J. *Shiskin:* Indicators of Business Expansions and Contractions. Occasional Paper 103, New York, NBER, 1967

Mueller, F.: Ten Years of Consumer Attitudes Surveys: Their Forecasting Record, in: Journal of the American Statistical Association, Dezember 1963, S. 899 - 940

Murray, J. A.: Canadian Consumer Expectational Data: An Evaluation, in: Journal of Marketing Research, 6 (1969), S. 54 - 68

Nerb, G., W. *Gerstenberger* und S. *Schittenhelm:* Unternehmerische Urteile und Antizipationen über den Bedarf an Arbeitskräften, CIRET-Studien Nr. 11, Ifo-Institut für Wirtschaftsforschung, München 1969

Nerb, G.: Zur Aussagefähigkeit der Konjunkturtestreihen im Handel, Internes Merkblatt des Ifo-Instituts, Nr. IX/1/71, München 1971

Nerb, G.: Konsumentenverhalten wird durchsichtiger — Erste Ergebnisse der neuen EG-Befragung, in: Ifo-Schnelldienst Nr. 29 vom 19. 7. 1972, S. 9 - 17

— Konjunkturbefragung bei Konsumenten, in: Ifo-Studien, 18. Jg. 1972, H. 1, S. 74 - 79

— Wirtschaftliches Wachstum und Wohlfahrt, in: Ifo-Schnelldienst Nr. 49 vom 6. 12. 1972, S. 15 - 20

— Unternehmerische Antizipationen über den Bedarf an Arbeitskräften, in: Mitteilungen aus der Arbeitsmarkt- und Berufsforschung, hrsg. von der Bundesanstalt für Arbeit, 6. Jg., 1973, H. 3, S. 203 - 214

— Vor allem untere und mittlere Einkommensgruppen fühlen sich von der Inflation betroffen, Ifo-Schnelldienst Nr. 36 vom 5. 9. 1973, S. 7 - 13

— Reaktionen der Konsumenten auf inflationäre Preissteigerungen, Ifo-Schnelldienst Nr. 40 vom 3. 10. 1973, S. 7 - 12

— Konsumenten befürchten zunehmende Arbeitslosigkeit, Wirtschaftskonjunktur, Monatsberichte des Ifo-Instituts, H. 4, 1974, S. 27 - 31

Okun, Arthur: The Value of Anticipations Data in Forecasting National Product, in: The Quality and Economic Significance of Anticipations Data, Princeton University Press for National Bureau of Economic Research, 1960

Pickering, I. F., I. A. *Harrison* und C. D. *Cohen:* Identification and Measurement of Consumer Confidence in Short-Term Forecasting, University of Sussex, März 1972

Poser, G.: Der Beitrag der Konsumforschung zur Diagnose und Prognose konjunktureller Entwicklungen, CIRET-Studien Nr. 15, Ifo-Institut für Wirtschaftsforschung, München 1969

Poser, G. und P. *Hecheltjen:* The Use of Anticipatory Data in a Quarterly Econometric Model of the Federal Republic of Germany's Economy, vorgelegt als Tagungspapier auf der CIRET-Konferenz in London, September 1973

Rödig, S.: Zur Erfassung der tatsächlichen und der künftigen Preisentwicklung im Konjunkturtest, CIRET-Studien Nr. 2, Ifo-Institut für Wirtschaftforschung, München 1964

Rohr, C. (Hrsg.): Verhaltensänderung, München 1972

Schulz, R.: Kaufentscheidungsprozesse der Konsumenten, Betriebswirtfchaftlicher Verlag Dr. Th. Gabler, Wiesbaden 1972

Schmölders, Günter: Konjunkturen und Krisen, Hamburg 1955

— Ökonomische Verhaltensforschung, in: Arbeitsgemeinschaft für Forschung des Landes Nordrhein-Westfalen, Köln—Opladen, o. J., H. 71

Streck, H. R., L. *Wirth* und R. *Voet:* Konjunkturumfragen bei Konsumenten in der BRD, Internes Merkblatt des Ifo-Instituts, Nr. IX/2/67, März 1967

Streissler, E. und M. (Hrsg.): Konsum und Nachfrage, Köln—Berlin 1966

Strigel, W. H.: Konjunkturindikatoren aus qualitativen Daten, in: Ifo-Studien, 18. Jg., 1972, H. 2, S. 185 - 214

Strümpel, B.: Soziale Indikatoren — Fieberkurve der Nation, in: Wirtschaftsdienst 1971 (VI), S. 305 - 312

Theil, H. und R. *Kosobud:* How Informative are Consumer Buying Intensions Surveys? Review of Economics and Statistics, Februar 1968, S. 50 bis 57

Warr, P. B. und C. *Knapper:* Perception of People and Events, New York 1968

Wertheimer, Max: Productive Thinking, New York 1945, dt.: Produktives Denken, übersetzt von Wolfgang Metzger, Frankfurt a. M. 1957

Wirth, L. und R. *Voet:* Konsumentenbefragungen in Frankreich, Internes Merkblatt des Ifo-Instituts für Wirtschaftsforschung, Nr. IX/1/1967

Zarnowitz, V.: Forecasting Accuracy in Relation to the Method and Time Span of Forecast, Tagungspapier zu einem Vortrag, gehalten auf der X. CIRET-Konferenz in Brüssel am 15. bis 17. September 1971

Dissertationen und Diplomarbeiten

Anderson, Oskar jun.: Das Konjunkturtest-Verfahren und sein Beitrag zur empirischen Untersuchung der ex ante- und ex post-Problematik, Münchener Dissertation, 1957

Laaf, H.: Kaufpläne und deren Realisation, Kölner Diplomarbeit, WS. 1970/71

Schaffranek, M.: Zur prognostischen Bedeutung von Erwartungen bei Konsumentenbefragungen, Mannheimer Diplomarbeit, 1966

Schiefer, H. W.: Konjunktur und Konjunkturindikatoren. Ein kritischer Beitrag zu dem Konzept der Konjunkturindikatoren des NBER, Münchener Dissertation, 1969

Sonstige Quellen (ohne Verfasserangabe)

CIRET-Informations- und Dokumentations-Zentrum: Konjunktur-, Investitions- und Verbrauchertests, München, November 1971

Conference Board: Consumer Attitudes and Buying Plans, in: Conference Board Record, New York, Februar 1968

Deutsche Bundesbank: Statistische Beihefte zu den Monatsberichten der DBB, Reihe 4, Saisonbereinigte Wirtschaftszahlen, November 1973, Nr. 11

Ecole Polytechnique Laboratoire d'Econometrie: Prognose der Kaufabsichten (Interne Studie für die Sachverständigengruppe „Konjunkturbefragungen bei den Verbrauchern" bei der Kommission der Europäischen Gemeinschaften), Paris 1968

Federal Reserve Board: U.S. Congress, Joint Economic Committee, Reports of the Federal Reserve Consultant Committee on Economic Statistics, Washington/USA 1955

Infas-Institut: Konsumenteneinstellungen als wirtschaftliche, politische und soziale Indikatoren, Bericht über ein Arbeitsseminar, das vom 10. bis 13. August 1971 im Institut für angewandte Sozialwissenschaft stattfand

Institute for Social Research: University of Michigan, The Outlook of Consumer Demand, Ann Arbor/USA, März 1973

Institut National de la Statistique et des Etudes Economiques (INSEE), Erhebung über das Verhalten und die Kaufabsichten der privaten Haushalte — Erste Zusammenfassung zehnjähriger Erfahrung (Interne Studie für die Sachverständigengruppe „Konjunkturbefragungen bei den Verbrauchern" bei der Kommission der Europäischen Gemeinschaften), Paris 1968

INSEE: Tendances de la conjoncture, Nr. 26 der „Informations INSEE Rapides", 14. März 1972

OECD: Liste des Préoccupations Sociales, Paris 1973

Sparen und Inflation — Wenig Hilfe von der Theorie, in: Wirtschaftswoche, Nr. 38, 26. Jg., 22. Sept. 1972

U.S.Department of Commerce / Bureau of the Census: Current Population Reports, Consumer Buying Indicators, Series P—65, No. 36, Mai 1971

Schriftenreihe des Ifo-Instituts für Wirtschaftsforschung

19 **Erfolgsbeteiligung der Arbeitnehmer.** Von W. Huppert. 58 S. 1953. vergr.

20 **Die Holzwirtschaft der Welt.** Von R. Schroeder. 106 S. 1953. DM 15,60

21 **Statistisches Handbuch der Bauwirtschaft.** 3. Aufl. 199 S. 1954. DM 43,60

22 **Kaffee, Tee und Kakao.** Von O. Amonn. 88 S. 1954. DM 11,60

23 **Der Ertrags-/Aufwandsvergleich in der westdeutschen Landwirtschaft.** 136 S. 1954. DM 15,60

24 **Betriebliches Miteigentum der Arbeitnehmer.** Von W. Huppert. 65 S. 1954. DM 8,—

25 **Zur Frage der Verzinsung von Verkehrswegen.** Von W. L. Schneider und J.-P. Petersen. 51 S. 1954. DM 4,60

26 **Internationale Rohstoffregulierungen.** Von J. Schöllhorn. 181 S. 1955. DM 22,60

27 **Zur volkswirtschaftlichen Problematik der dynamischen Sozialrente.** 37 S. 1956. DM 3,60

28 **Güterproduktion und Transportaufkommen.** Von W. L. Schneider und A. Rüthlein. 60 S. 1957. DM 8,60

29 **Zehn Jahre Möbel im Bundesgebiet.** Von R. Schroeder und S. Prokoph. 88 S. 1957. DM 16,80

30 **Die westdeutsche Industrie als Investor und als Käufer von Ausrüstungsgütern auf den Märkten der Investitionsgüterindustrien.** Von W. Schmidt. 59 S. 1958. DM 11,80

31 **Bestimmungsfaktoren des Konsums in der Bundesrepublik.** Von G. Gehrig. 105 S. 1958. DM 21,60

32 **Die Berechnung der kumulierten Umsatzsteuerbelastung von Erzeugnissen.** Von J.-P. Petersen. 76 S. 1958. DM 11,60

33 **Kumulativwirkung und Zusatzsteuer.** Von W. Faber. 102 S. 1958. DM 17,80

34 **Das Handwerk als Konkurrent des Einzelhandels.** Von E. Batzer und H. Laumer. 31 S. 1958. DM 7,60

35 **Der Großhandel in Gegenwart und Vergangenheit.** Von E. Batzer und H. Laumer. 90 S. 1958. DM 17,80

36 **Exporterwartungen im Konjunkturtest.** Von W. Marquardt und D. Brück. 68 S. 1959. DM 15,60

37 **Kapitaleinsatz und Produktivität in Landwirtschaft und Industrie.** Von G. Müller und H. Schmidt. 70 S. 1959. DM 11,80

38 **Der Konjunkturtest.** Von W. Marquardt und W. H. Strigel. 224 S. 1959. DM 38,60

39 **Die deutsche Handelsstatistik.** Von E. Batzer und H. Laumer. 103 S. 1960. DM 19,80

40 **Die Entwicklungstendenzen des Güterverkehrs in der Bundesrepublik Deutschland bis zum Jahre 1970.** 163 S. 1960. DM 31,60

41 **Die Bedeutung des Kapitals für die Einkommensbildung im landwirtschaftlichen Betrieb.** Von H. Schmidt, 144 S. 1960. DM 23,80

42 **Güterproduktion und Transportleistung.** Von R. Streifinger. 51 S. 1961. DM 11,80

43 **Wirtschafts- und finanzpolitische Probleme der Hersteller-Zusatzsteuer.** Von H.-P. Hoffmann. 66 S. 1960. DM 11,60

44 **Analyse unternehmerischer Verhaltensweisen.** Von O. Hatzold und H. Helmschrott. 103 S. 1961. DM 22,60

45 **Aufgaben und Grenzen der gemeindlichen Kreditnahme.** Von E.-G. Winkler. 114 S. 1961. DM 19,80

46 **Die Arbeitsmarktsituation im westdeutschen Großhandel.** Von H. Laumer. 175 S. 1961. DM 39,80

47 **Der Großhandel in der westdeutschen Wirtschaft.** Von E. Batzer. 184 S. 1962. DM 44,—

48 **Zur Bedeutung und Problematik des Funktionsrabattes.** Von E. Batzer. 135 S. 1962. DM 29,60

49 **Probleme industrieller Investitionsentscheidungen.** Von Th. Oursin. 65 S. 1962. DM 12,80

50 **Der Großhandel in den außerdeutschen EWG-Ländern.** Von E. v. Miller. 107 S. 1962. DM 23,80

51 **Soziale Auswirkungen des technischen Fortschritts.** 522 S. 1962. vergr.

52 **Eine ökonomische Analyse des Konsums von 1925 bis 1938 und 1950 bis 1957.** Von G. Gehrig. 104 S. 1962. DM 27,60

53 **Finanzpolitische Instrumente der Konjunkturpolitik.** Von L. Klein. 118 S. 1963. DM 22,60

54 **Langfristige Branchenprojektionen.** Von F. O. Bonhoeffer. 78 S. 1963. DM 17,60